高等学校
"十三五"规划教材

视听节目形态解析

熊忠辉 主编

刘永昶 滕慧群 副主编

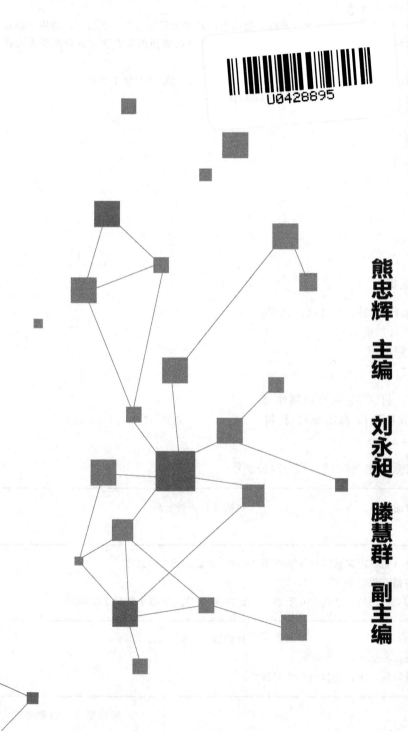

化学工业出版社

·北京·

内 容 提 要

《视听节目形态解析》以当前国内外主要流行的视听节目形态为对象，全面解析不同的视听节目的特点、内涵、组成元素、构成方式和运作机制，所涉及的节目形态主要有广播节目、视频新闻节目、专栏性视频新闻节目、视频谈话节目、演讲类视频节目、视频综艺娱乐节目、真人秀节目、视频活动类节目、栏目剧与网络剧节目和视频社教类节目十类。

《视听节目形态解析》结合大量案例进行多方位解析，把抽象的理论知识通俗化、实战化，适用于迫切需要了解节目形态构成和运作的高校教师、学生，也适合想在视听节目的策划创新方面有所行动的实践操作者阅读。

《视听节目形态解析》可作为新闻传播学相关专业高等院校本科生、高职高专学生的教材。

图书在版编目（CIP）数据

视听节目形态解析/熊忠辉主编．—北京：化学工业出版社，2018.6（2024.2 重印）
高等学校"十三五"规划教材
ISBN 978-7-122-31922-7

Ⅰ.①视… Ⅱ.①熊… Ⅲ.①电视节目制作-高等学校-教材②广播节目-节目制作-高等学校-教材
Ⅳ.①G222.3

中国版本图书馆 CIP 数据核字（2018）第 074133 号

责任编辑：唐旭华　尉迟梦迪　　　　　　装帧设计：张　辉
责任校对：王　静

出版发行：化学工业出版社（北京市东城区青年湖南街13号　邮政编码100011）
印　　装：北京虎彩文化传播有限公司
787mm×1092mm　1/16　印张 15½　字数 396 千字　2024 年 2 月北京第 1 版第 7 次印刷

购书咨询：010-64518888　　　　　　　　售后服务：010-64518899
网　　址：http：//www.cip.com.cn
凡购买本书，如有缺损质量问题，本社销售中心负责调换。

定　价：43.00 元　　　　　　　　　　　　　　　　　　　版权所有　违者必究

本书编写人员名单

主　编：熊忠辉

副主编：刘永昶　滕慧群

编写人员（按姓氏笔画排序）：

　　　　王惟红　王煦之　石艳艳　刘永昶　李　军

　　　　吴家斌　张晓锋　张笑寒　易前良　南竺君

　　　　郭领领　阎　安　蔡之国　熊忠辉　滕慧群

前言

节目是视听媒体（包括传统广播电视媒体和新兴网络视听媒体）的终端产品，是传播者、受众和广告主实现各自目的的载体。生产出适合受众需要和广告主需求的不同形态的节目，是各类视听媒体从业人员毕生的追求。因此，视听媒体从业者需要尽量熟悉和掌握不同形态的节目的生产规则。《视听节目形态解析》正是为了这样的目的而编写的。作为新闻传播学相关专业的基础课之一，视听节目形态解析是一门融理论和实践于一体的新闻传播实务课程，要求学生掌握各种节目形态的组成元素、构成规则和运作机制，分析理解不同节目形态的特点、内涵，并能够策划、制作相关形态的节目。

本书本着与时俱进的要求，注重吸收了近30年广播电视节目以及近几年来新兴网络视听媒体实践和研究的最新成果，特别注重对当前国内外主要流行的节目形态的讲解，力求符合视听节目形态发展的规律。本书结合大量案例进行多方位解析，把抽象的理论知识通俗化、实战化，重点讲解并使学生掌握不同节目形态的特点、构成元素和组合规则，有利于培养学生的分析能力和实践能力。每章后都附有思考题，部分章后还有习作题，便于学生复习与自学。另外，与本书同系列的《视听节目案例精选》收集了大量精选案例，将由化学工业出版社出版，欢迎广大师生及读者选用，相信会对学习视听栏目相关课程有所帮助。

本书适用于迫切需要了解节目形态构成和运作的新闻传播专业的高校教师、学生，也适合于广大的广播电视媒体工作者、视音频产品的生产制作者以及正在或打算进行媒体融合节目实践与生产的人员，对那些想在视听节目的策划创新方面有所行动的实践操作者也大有裨益。当然，任何一个想了解这一领域的读者也可从中得到一些有益的帮助和指南。

本书主要作者及单位如下：熊忠辉（原南京政治学院新闻传播系教授）、刘永昶（南京师范大学新闻与传播学院教授）、滕慧群（江苏第二师范学院文学院副教授）、李军（镇江市广播电视台新闻综合频道总监）、蔡之国（扬州大学新闻与传媒学院副教授）、阎安（国防大学军事文化学院军事文化传播系副教授）、石艳艳（南京财经大学新闻学院副教授）。

本书的编写分工如下：熊忠辉负责教材整体的框架设计、协调、统稿、审阅，熊忠辉、滕慧群编写第一章、第六章，阎安编写第二章、第八章，熊忠辉、李军编写第三章、第四章，蔡之国编写第五章、第九章，石艳艳、郭领领编写第七章，刘永昶、王煦之编写第十章，刘永昶、张笑寒编写第十一章。张晓锋、易前良、吴家斌、南竺君、王惟红等也对部分章节的内容有所贡献。

在编写过程中,我们参考了许多同仁的研究成果。对此,编写组十分感激,除了在参考文献和正文注释里明确标注的,还有许多的文字和见解,没有一一详细标注,敬请谅解。

当前中外的视听节目形态发展变化非常丰富而复杂,使得本书在体系上可能与业界和学界其他同仁的看法不完全一致,这只是学科视界的不同,并不存在根本性的对错。

由于编者水平有限,书中难免存在不足之处,敬请广大同仁和读者批评指正。

编者

2018 年 3 月

第一章 绪论 … 1
- 一、节目形态是什么 … 1
- 二、视听媒介重构生活形态 … 3
- 三、节目形态何以显形 … 4
- 四、栏目化与类型化 … 5
- 五、节目形态变迁的因素 … 7
- 六、加强对节目形态的研究和实践 … 8
- 七、关于本书之形态 … 9
- 思考题 … 10

第二章 广播节目形态解析 … 11
第一节 广播传播与广播节目 … 11
- 一、广播的媒介特征 … 11
- 二、广播的传播符号 … 12
- 三、广播节目形态的构成 … 14

第二节 常见广播节目形态解析 … 20
- 一、基本节目形态 … 20
- 二、广播音乐节目 … 21
- 三、广播新闻节目 … 23
- 四、广播谈话节目 … 26
- 五、广播剧 … 28

第三节 广播节目形态的发展与创新 … 31
- 一、广播改革与广播节目形态创新 … 31
- 二、嫁接与融合：广播节目的新形态 … 32
- 思考题 … 34

第三章 视频新闻节目形态解析 … 35
第一节 视频新闻节目概要 … 35
- 一、视频新闻节目的分类 … 35
- 二、视频新闻节目的基本特征 … 36

第二节 常规视频新闻节目解析 … 39
- 一、消息类视频新闻的采编分析 … 39
- 二、连续报道与系列报道的采编分析 … 40
- 三、深度报道的采编分析 … 42
- 四、新闻评论的形态分析 … 44

第三节　融合直播类视频新闻解析 ………………………………………… 45
　　　一、直播类视频新闻的基本含义 …………………………………………… 46
　　　二、融合直播类视频新闻解析 ……………………………………………… 49
　　思考题 ………………………………………………………………………………… 52
　　拓展练习题 …………………………………………………………………………… 53

第四章　专栏性视频新闻节目形态解析 ………………………………………… 54
　　第一节　专栏性视频新闻的基本特征 …………………………………… 54
　　　一、专栏性视频新闻的基本含义 …………………………………………… 54
　　　二、专栏性视频新闻的流程解析 …………………………………………… 55
　　第二节　杂志型视频新闻解析 …………………………………………… 57
　　　一、电视新闻杂志节目的发展概要 ………………………………………… 58
　　　二、杂志型视频新闻的形态特征 …………………………………………… 58
　　　三、视频新闻杂志的组成元素分析 ………………………………………… 59
　　第三节　民生故事类新闻专题解析 ……………………………………… 62
　　　一、选题的平民化和人文化表现策略 ……………………………………… 63
　　　二、叙事技巧的故事化表现策略 …………………………………………… 64
　　　三、视听语言的包容性表现策略 …………………………………………… 66
　　　四、主持人承载多重功能 …………………………………………………… 68
　　思考题 ………………………………………………………………………………… 69

第五章　视频谈话节目形态解析 ………………………………………………… 70
　　第一节　视频谈话节目概述 ……………………………………………… 70
　　　一、视频谈话节目的概念界定及发展历程 ………………………………… 70
　　　二、视频谈话节目的构成要素 ……………………………………………… 72
　　　三、视频谈话节目的类型 …………………………………………………… 72
　　　四、视频谈话节目的特征及新趋向 ………………………………………… 74
　　第二节　谈话节目的"谈话人"分析 …………………………………… 76
　　　一、主持人："会客厅"里的主人 …………………………………………… 76
　　　二、嘉宾：谈话节目叙（评）述的主体 …………………………………… 79
　　　三、观众：谈话节目的互动者或观看者 …………………………………… 81
　　第三节　谈话节目的"话题"解析 ……………………………………… 81
　　　一、谈话节目的话题选择 …………………………………………………… 81
　　　二、谈话节目的话题结构 …………………………………………………… 83
　　　三、话题的表现形式 ………………………………………………………… 84
　　第四节　谈话节目的"场景"要素分析 ………………………………… 85
　　　一、谈话场地的设计 ………………………………………………………… 86
　　　二、道具的使用 ……………………………………………………………… 88
　　　三、音乐的运用 ……………………………………………………………… 88

第五节　谈话节目制作需注意的问题 ·· 89
　　　一、创意不足，节目同质化严重 ·· 89
　　　二、表演拙劣，节目主持人缺乏个性 ·· 90
　　　三、无关痛痒，谈话节目平淡无"刺激点" ····································· 91
　　　四、若有似无，节目互动意识缺失 ··· 92
　　思考题 ··· 93

第六章　演讲类视频节目形态解析 ··· 94
　　第一节　演讲类视频节目概要 ·· 94
　　　一、演讲类视频节目发展简要历史 ··· 95
　　　二、演讲类视频节目的基本含义 ·· 96
　　　三、演讲类视频节目的形态特点 ·· 97
　　第二节　传播主体的角色定位 ·· 101
　　　一、演讲者的"角色期待"：大众化、多元化、人情味 ··················· 101
　　　二、提问者：身份和功能的多重化 ··· 103
　　　三、主持人：联通演讲者与普通观众的桥梁 ································ 104
　　第三节　传播内容的表达与呈现 ·· 106
　　　一、演讲故事：以演讲内容彰显人文价值 ···································· 106
　　　二、现场问答：营造公众话语空间 ··· 108
　　　三、节目隐性表达：主流意识形态的创新呈现 ······························ 109
　　第四节　传播形式的时代印迹 ·· 111
　　　一、紧跟时代步伐，TV2.0的制播模式 ······································· 111
　　　二、多符号联合呈现，凸显传播价值 ·· 114
　　　三、互动对话，打破元叙事藩篱 ·· 116
　　思考题 ··· 117

第七章　综艺娱乐节目形态解析 ··· 118
　　第一节　综艺娱乐节目的界定与分类 ··· 118
　　　一、综艺娱乐节目的界定 ··· 118
　　　二、综艺娱乐节目的分类 ··· 119
　　第二节　综艺娱乐栏目设计 ··· 125
　　　一、风格设计 ··· 126
　　　二、单元环节的设置 ·· 127
　　　三、元素手段的运用 ·· 129
　　第三节　综艺娱乐栏目制作的一般流程 ·· 130
　　　一、主题策划 ··· 130
　　　二、特别策划 ··· 131
　　　三、系列策划 ··· 132
　　第四节　综艺晚会制作的一般流程 ··· 133

  一、综艺晚会的特点与分类 …………………………………… 133
  二、电视晚会创意策划 ……………………………………… 134
  三、晚会节目策划 …………………………………………… 136
 思考题 …………………………………………………………… 137
 练习题 …………………………………………………………… 137

第八章　真人秀节目形态解析 …………………………………… 138
 第一节　真人秀节目概述 ……………………………………… 138
  一、电视真人秀的发展历史与现状 ………………………… 138
  二、中国电视真人秀发展概观 ……………………………… 140
  三、电视真人秀的特点及分类 ……………………………… 142
 第二节　主题竞技秀 …………………………………………… 145
  一、主题竞技秀基本形态解析 ……………………………… 145
  二、主题竞技秀策划制作思路提要 ………………………… 148
 第三节　现实生活秀 …………………………………………… 151
  一、现实生活秀基本形态解析 ……………………………… 151
  二、现实生活秀策划制作思路提要 ………………………… 153
 第四节　才艺表演秀 …………………………………………… 156
  一、表演秀的基本特点 ……………………………………… 156
  二、表演秀的模式与环节 …………………………………… 158
  三、表演秀的形态创新 ……………………………………… 161
  四、表演秀的营销与产业链 ………………………………… 163
 思考题 …………………………………………………………… 165

第九章　视频活动类节目形态解析 ……………………………… 166
 第一节　视频活动类节目概述 ………………………………… 166
  一、视频活动的概念界定 …………………………………… 166
  二、视频活动的特征 ………………………………………… 167
  三、我国视频活动类节目发展概述 ………………………… 169
  四、视频活动的分类 ………………………………………… 170
  五、视频活动的价值 ………………………………………… 173
 第二节　视频活动类节目的文本解析 ………………………… 175
  一、视频活动的文本策划 …………………………………… 175
  二、常见视频活动文本的表现程式 ………………………… 178
  三、成功视频活动文本的因素分析 ………………………… 180
 第三节　视频活动的市场营销 ………………………………… 183
  一、视频活动内外部资源的整合 …………………………… 183
  二、视频活动传播方式的整合 ……………………………… 184
  三、视频活动经济效益实现路径的整合 …………………… 186

思考题 ··· 189
　　练习题 ··· 189
第十章　栏目剧与网络剧节目形态解析 ························· **190**
第一节　电视栏目剧的界定与分类 ······························ 190
　　一、电视栏目剧的界定 ·· 190
　　二、栏目剧的分类 ··· 191
第二节　电视栏目剧的节目形态特征 ···························· 193
　　一、电视栏目剧的跨节目类型融合 ······························ 193
　　二、电视栏目剧的节目特征 ······································ 194
　　三、电视栏目剧与其他电视节目类型的比较 ··················· 196
第三节　栏目剧的选题及剧本 ···································· 198
　　一、选题的来源 ··· 198
　　二、栏目剧的剧本特征 ··· 198
　　三、剧外的主持人 ·· 201
第四节　电视栏目剧的制作与运营 ······························ 201
　　一、栏目剧的制作流程 ··· 201
　　二、栏目剧的运作模式 ··· 203
　　三、宣传与营销策划 ··· 203
第五节　网络剧的界定与分类 ···································· 204
　　一、网络剧的界定 ·· 204
　　二、网络剧的分类 ·· 205
第六节　网络剧的形态特征 ······································· 208
　　一、网络剧的互动特征 ··· 208
　　二、网络剧的碎片化特征 ·· 209
　　三、网络剧的娱乐化特征 ·· 209
　　思考题 ·· 209

第十一章　视频社教类节目形态解析 ····························· **211**
第一节　社教类节目的界定 ······································· 211
　　一、社教类节目的基本特点 ······································ 211
　　二、社教类节目的作用 ··· 212
　　三、社教类节目的分类 ··· 213
第二节　女性电视节目解析 ······································· 214
　　一、节目定位 ·· 215
　　二、选题角度 ·· 216
　　三、类型和风格 ··· 217
　　四、主持人和嘉宾 ·· 219
第三节　少儿电视节目解析 ······································· 220

  一、节目定位 ……………………………………………………………… 220
  二、类型和风格 …………………………………………………………… 222
  三、环节设计 ……………………………………………………………… 223
  四、主持人和嘉宾 ………………………………………………………… 224
 第四节 老年电视节目解析 …………………………………………………… 225
  一、节目定位 ……………………………………………………………… 225
  二、选题角度 ……………………………………………………………… 227
  三、模式和风格 …………………………………………………………… 228
  四、主持人 ………………………………………………………………… 229
 第五节 生活服务类电视节目解析 …………………………………………… 229
  一、节目定位："为您服务" ……………………………………………… 230
  二、选题来源：百姓生活 ………………………………………………… 230
  三、节目风格：快乐生活 ………………………………………………… 231
 第六节 文化知识电视节目解析 ……………………………………………… 232
  一、知识"生产"的节目定位 …………………………………………… 233
  二、知识传播的节目模式 ………………………………………………… 233
  三、娱乐化的节目环节 …………………………………………………… 234
  四、节目的类型创新 ……………………………………………………… 235
 思考题 ……………………………………………………………………………… 235

参考文献 ……………………………………………………………………… **236**

第一章　绪　　论

一、节目形态是什么

1. 这些视听节目是什么形态

近几年来，随着网络媒体特别是移动互联网和智能化终端设备的发展，受众收听广播和收看视频节目的渠道多元化，除了传统的广播电视台，像喜马拉雅FM、蜻蜓FM之类的在线网络广播崛起，老牌的视频网站如腾讯视频、爱奇艺等比较坚挺，斗鱼、映客、今日头条、梨视频等视频类直播平台风生水起。这些兴盛于网络的新媒体，生产制作了一些与传统广播电视媒体节目形态所不同的内容，诸如《奇葩说》《罗辑思维》《火星情报局》《我们十五个》《一席》等，它们创新了表现形态，获得了广大受众的喜爱。

这些新的视听节目（从播出的时间结构形式出发，我们把网络媒体上播出的内容也称作节目），也并非完全凭空而来，而是继承了传统广播电视节目形态中的诸多元素，并结合网络的在线、互动等基本特点，创新了形态，有的内容还可能运用了VR等新的表现技术。当然，在媒体融合的趋势下，传统广播电视媒体在表现和播出方面也有所创新。比如东方卫视的一档时尚类节目《女神新衣》，就把渠道播出和在线销售结合起来。更多的传统媒体甚至包括传统纸媒，开通了视频App，在移动互联网这块新地上耕耘。

多年来，作为视听节目主管部门的国家广电总局，每一年都会在诸多广播电视台制作播出的节目中遴选出20个左右的创新创优典型节目形态，以提倡广电媒体创新节目。一些曾经名噪一时的节目被推崇，如中央电视台的《开讲啦》《中国诗词大会》《朗读者》《等着你》《音乐大师课》，江西卫视的《传奇故事》《金牌调解》，江苏卫视的《非诚勿扰》《最强大脑》，上海文广集团的《头脑风暴》《欢乐喜剧人》，河北卫视的《读书》，四川卫视的《真情人生》《咱们穿越吧》，内蒙古卫视的《蔚蓝的故乡》，安徽卫视的《相约花戏楼》，重庆卫视的《拍案说法》，湖南卫视的《我是歌手》《爸爸去哪儿》，黑龙江卫视的《珍贵记忆》，北京电视台的《岁月如歌》，湖北卫视的《有奖有法》《大王小王》，东南卫视（福建卫视）的《中国正在说》和浙江卫视的《中国好声音》《奔跑吧！兄弟》等。

这些典型节目形态，在内容上涉及了新闻资讯、文化评论、故事解说、综艺展示、真情讲述、深度访谈、普法德育、读书教育、舆论监督、体育竞技等多个方面。广电总局的相关资料表述说，它们之所以能成为典型节目形态，是因为这些节目定位准确、视角独特、内涵丰富、形式新颖、格调健康，贴近实际、贴近生活、贴近群众，满足了人民群众精神文化多层次、多方面、多样化的需求，深受广大群众的喜爱和好评。这些节目倡导了正确的人生观和价值观，营造了和谐健康的舆论氛围，体现了广播电视媒体的公益服务精神，彰显了广播电视媒体的社会责任，树立了广播电视媒体的亲和力、公信力和影响力。

粗一看，这些节目形态之所以是典型，除了节目外在表征鲜明外，更多是因为它们承载了社会责任。节目形态是体现节目的定位、视角、内涵、形式、格调的一个总体表征。但往深里和细处究，又觉得这些节目形态似乎更应该称为栏目，在这样的列举中，并没有清楚表明每一个节目是什么类型、什么形态。比如江西卫视的《传奇故事》、四川卫视的《真情人生》，就都是民生故事类的；浙江卫视的《奔跑吧！兄弟》和湖南卫视的《爸爸去哪儿》，恐怕都是以户外体验秀为核心元素。如果用功能类型、传播样式、外部特征等不同的视阈为形态标准来划分这些节目，恐怕一时也难有统一的意见。对于视频网站上的《我们十五个》《火星情报局》等节目来说，更加不易以这些标准来进行形态划分。

透过创新创优节目遴选的活动，实际上反映出当前国内外在广播电视节目形态的认识上的纠结，业界、学界和受众几个层面各有自己的立场和视角。这也说明形态这个词语是具有多种理解角度的。也许，在节目市场日益繁荣的今天，形态之争并不重要，重要的是让受众能够在接受时减少理解障碍而获得更多的体验。但是，相对清楚地认识每一种类型的节目具有什么样的内在规定性，掌握每一种形态的内在规律和外部表征，更有利于传播者和接受者之间的交流。

2. 不同学科对形态的认识不一样

"形态"在《辞海》里的注解是：①形状神态，形状姿态；②指事物在一定条件下的表现形式。

唐朝张彦远在《历代名画记·唐朝上》写道："冯绍正开元中任少府监，八年为户部侍郎。尤善鹰鹘鸡雉，尽其形态，觜眼脚爪毛彩俱妙。"巴金的《家》："还有山、石壁、桃树、柳树，各有各的颜色和形态。"这里的"形态"所对应的对象，是来源于生活的画作中表现出来的事物，指的是作为艺术表现的画中之物与现实之物之间的比较。或者说，对于呈现于视觉方面的艺术作品，世人衡量其优劣的一个重要标准是看其主要表现对象与现实生活中对应事物在本质一致上所能达到的程度。毛泽东在《学习和时局》写道："过去的宗派现在已经没有了。目前剩下的，只是教条主义和经验主义思想形态的残余。"这里的形态却具有了抽象性，思想形态有哪些表现形式？做事生搬硬套、工作不主动、为人处世不灵活等，这些在现实生活中的具体行为，都包括在形态中，但不同时代、不同民族乃至同一个人的不同历史阶段，恐怕又会表现出很多具体的不同。

在不同的学科领域，形态的意义是不一样的。

形态的概念（Environmental concepts）根植于西方古典哲学性的研究框架论与方法思维以及由其衍生出的经验主义哲学（Empiricism），其中包含两点重要的思路：一是从局部（Components）到整体（Wholeness）的分析过程，复杂的整体被认为是由特定的简单元素构成，从局部元素到整体的分析方法是适合的并可以达到最终客观结论的途径；二是强调客观事物的演变过程（Evolution），事物的存在有其时间意义上的关系（Chain of being），历史的方法可以帮助理解研究对象包括过去、现在和未来在内的完整的序列关系。作为西方社会与自然科学思想的重要部分，形态的概念广泛地被应用于传统历史学、人类学和生物学研究。

形态是语言学概论中重要的概念，是指词与词组合时词的形式上发生的变化，是表达语法意义的重要手段。形态学（又称"词汇形态学"或"词法"）是语言学的一个分支，研究词的内部结构，包括屈折变化和构词法两个部分。由于词具有语音特征、句法特征和语义特征，形态学处于音位学、句法学和语义学的结合部位，所以形态学是每个语言学家都要关注的一门学科。词的中心地位引发两个重要的问题：第一个总是涉及词的形式，即如何描述词素的变体，从而就会有多种研究模式；第二个问题涉及词的句法和语义功能，即词的句法和语义功能跟句法学和语义学的相互联系，从而就会同语言学的其他学科有交叉的领域。上述两个问题使形态学的独立地位经常受到挑战，并且使形态学研究具有多种模式。单词的内部结构的研究，以及单词形成的规律，被称之为形态学。

在艺术层面，艺术形态是诉诸欣赏者感官的外部形式，这种形式由塑造艺术形象的各种媒介（色彩、线条、音乐、文字等）所决定，又可表现为抽象或是具象，西方艺术形态和我国传统艺术形态等。艺术是意识形态，也是生产形态。任何艺术，它的本质特征是审美的、创造性的意识形态；也是审美的、创造性的生产形态。艺术，是人借助一定的物质材料和工具，借助一定的审美能力和技巧，在精神与物质材料、心灵与审美对象相互作用、相互结合的情况下，充满激情与活力的创造性劳动。艺术创造的目的，主要是实现它的审美价值，它要满足的是人们心灵的渴求和精神上的需要，它要唤醒的是人们超越美学贫困的自创力。

形态的方法用以分析城市的社会与物质环境可以被称为城市形态学，在英文文献中以 Urban morphology、Urban form 或 Urban landscape 表达。城市形态的概念在建筑学、城市规划和城市地理学等学科已引起广泛的关注，广义的城市形态研究包括社会形态和物质环境形态两个主要方面。不同的学者从不同角度与层面对这一概念有不同的认识，城市形态可以被定义为一门关于在各种城市活动（其中包括政治、社会、经济和规划过程）作用力下的城市物质环境演变的学科。

其他学科就不一一列举。但总体看，形态应该是可以被正常人通过感觉器官感知的比较明确的信息，并且是可以归类的信息。这些信息是通过一定的内部结构组合起来的，但又借助外在形式表现出来。要之，形态（Format）可被称为程式（Convention），指一种结构性要素，体现着对形态所流行的那个时代的重要观念的关注。不同的元素的排列组合或者编码方式构成不同的形态。

如是观之，节目形态是构成一个视听节目的各个形式要素依照不同的组合方式、不同的功能指向，而最终形成的节目的存在样态，具有相对稳定的外部形式和内部构造。

二、视听媒介重构生活形态

1. 视听媒介提供超常体验

今天，无论是重大活动、体育竞赛，还是民生新闻、娱乐选秀，乃至日常行为等信息内容，我们都可以在传统广播电视或互联网媒体里获得。这种存在似乎并不那么重要，但对于绝大多数受众而言，几乎不用置身于现场中发生的场景、事件里，大家却可以在各种终端里收听、观看有关他人的故事，撇除可能会身受牵连的普遍性事件（如大面积的自然灾害），大多数时候，绝大部分视听节目首先还是给受众提供了一次围观（这里的围观不带有贬义）而已。

任何事件（自然发生的或人为安排的）的发生，都会带来物理学意义上的时间和空间的变化，而这种变化，普通受众的凡身肉眼往往是难以经历或者感受的。在麦克卢汉看来，借助媒体，人可以一定程度实现器官功能的延伸，在媒体经验中扩散自己的感知范围。尤其是视频（包括传统电视和互联网视频）媒体，以几近完全纪实的手法，把现场情景的图像、声音及记录、报道、采访等转换为视频信号，直接发射出去。体育赛事和娱乐活动的视频播出，把现场的情节乃至细节和气氛传播并呈现给了观众；而"真人秀"之类的节目如腾讯视频的《我们十五个》则提供了"表演"和"窥视"。

中国的媒体已经进入平民时代。无论是各大电视台的平民选秀，还是民生新闻，抑或网络视频直播，都把普通大众放置在一个很重要的前台位置，普通大众成为了视频媒体呈现给观众的围观之"物"。自2003年以后各城市电视台涌起的民生新闻和越来越多的现场直播，彻头彻尾完成了媒介不在生活中的那种街头围观。而在被称为"直播元年"的2016年之后，斗鱼、映客等网络直播平台更是把普通人的生活和工作的常态直接呈现给网民。

因此，可以说，在当今这个媒介视角立体化的时代，视听媒介之于受众的价值存在，其根本乃在于，对于自然状态下大多数人不可亲历之事件，它可以即时把那个空间"挪移"过来。尽管这种时空是"假借"在媒体机器而非活生生的现场的，但毫无疑问，在媒体运用中，这种时空呈现的物理学意义，我们是无法否认的。这种呈现，绝大多数是合乎现实生活中关于时间和空间的经验的。

人们为什么需要广播电视、需要互联网？是因为足够发达的广播电视技术、信息技术和网络传播技术可以拿出来展示，是因为媒体竞争加剧、争夺眼球的需要？其实，受众对于扩大在日常生活状态下无法得到的对于事件进行围观的体验和经历的根本需求，才是广播电视和网络媒体传播存在的基础。尽管这种围观与日常现实生活中的围观存在区别，视听媒体围观一般不构成临时的人群社团，现实中的围观者之间、围观者与事件当事人之间的交流、评论等互动性行为在此缺席。

2. 被重构的生活在视听媒介中的表达

一定程度上，一切艺术形式都是对日常生活的演绎和重构。在复制技术没有发展起来之前，人们通过戏曲、宗教仪式等人际方式传情达意。人们通过身体器官发出声音、动作、表情直接传情达意，也会借助服饰、环境等媒介物传情达意。这些来自于人本身和居所有关的符号，常常超越日常生活被创造性地制造成其他的形式，诸如音乐、舞蹈、绘画等我们称之为艺术的表达形式，而这些形式往往比较集中地运用到诸如婚嫁、祭祀等仪式中。这样的仪式，于族人而言，是参与者、观赏者、组织者，通过这样的仪式完成生活的某种意义。

日常生活是一种经验的存在，它具有一种惯性的、自敝的作用，而仪式是通过一种陌生化的方式，使人们重新体验和感受它的存在❶。仪式其实是媒介技术尚未发展时期的一种直接表达形式。通过这样的"直接媒介"形式，人们感知世界与他人，获取欢乐和认同。

早期的这些"媒介形式"，包含着人们观察世界的已经理论化的动作思维。这种思维，是自觉地认识总结动作思维发生的规律、表现方式，并在审美价值观念的原则的指导下，使其思维形成集中化、典型化、规律化，主要有音乐、舞蹈、雕塑、绘画、文学、戏曲等形式❷。

随着媒介传播技术的发展，人们的创造性思维活动日益复杂，但归根结底借助早期形式来实现。鲁道夫·阿恩海姆在《艺术与视知觉》中把媒介分为基于印刷技术的阅读媒介和基于电子技术的视听媒介，电子媒介的视听是通过形象语言来进行的，更多地诉诸感性。在任何一个认识领域中，真正的创造性思维活动都是通过"意象"进行的。在艺术中，意象以三种方式存在：造型艺术的纯粹视觉意象、音乐创作的听觉意象、语言艺术的语象。

总体而言，广播电视和网络视听媒介依然借助这三种方式传播信息，不过是既继承又超越的。比如戏剧，在形式方面有三个基本原则：观众可以看到演出中的整个场面，始终看到整个空间；观众总是从一个固定不变的距离去看舞台；观众的视角是不变的❸。但视频媒体不仅能够让观众从一个场面中的各个孤立的镜头里看到生活的最小组成单位和其中隐藏的最深的奥秘，并且还能不漏掉一丝一毫。而在诸如 3D、VR、H5 等制作传播技术兴起之后，传统电视的平面观看经验被立体、精细的观看方式所补充和部分替代，这种新的观看方式已经完全超越了日常的"有限式"体验。

三、节目形态何以显形

视听节目把日常生活仪式化、陌生化乃至游戏化，这个过程依然是借助日常现实生活中存在的各种传情达意的形式来完成的，只不过它的内部构造规则不同于日常生活中的信息表达规则，外部形式也因此不同于现实生活中的外在形式。现实生活中信息传播的环境有完全

---

❶ 胡志毅. 现代传播艺术. 杭州：浙江大学出版社，1997：77.
❷ 苏越，刘荣光等. 现代思维形态学. 北京：中国政法大学出版社，1994：17.
❸ [匈] 贝拉·巴拉兹. 电影美学. 何力译. 北京：中国电影出版社，1986：15.

纪实、虚构和半虚构三种。完全纪实是日常生活的一般状态，如工厂车间里的生产；虚构环境基本上是人为建构甚至想象出来的，可能尚未发生，具有梦幻特质，比如我们的白日梦；半虚构环境大多是为了达到某种目的而建构的，如婚礼、活动等仪式性的行为发生之所。这三类环境，是我们的现实生活和视听节目得以存在的时空依据。环境是由携带着形式和内容的不同元素组成的。

构成节目的元素分为内容和形式两大类元素，内容元素主要有经济、政治、文化、社会、情感、故事等元素，形式元素主要有视觉、听觉、时间、空间、刺激、技术等元素。构成视听节目形态的主要是形式元素。基本形态的不同组合会创造出新的节目形态，节目模块（环节）的不同排列也会创造出新的节目形态，节目元素之间的差异和组合，那就更让节目形态千变万化了。就视频节目制作而言，生产制作就是一个编码过程，观看视频节目就是一个译码过程。以什么样的编码规则来对视听讯息（视听传播符号）进行编码，就能够形成什么样的视频节目形态。

模块（Module；Block），又称构件，是指能够单独命名并独立地完成一定功能的程序语句的集合（即程序代码和数据结构的集合体）。模块的组合总是以某种结构方式而存在。模块的结构方式有：链接式、嵌入式和混合式。有些"模块"的外部特征并不明显，我们把它叫做环节更为恰当。环节（Link；Sector）是指相互关联的许多事物中的一个。节目环节之间存在着内在的逻辑递进关系，设计者按游戏规则把整个节目设计为几个环节。

暨南大学的谭天教授研究大量节目模式后，归纳认为视听节目模式和环节的结构方法主要有三种类型：拼盘式的模块组合、层递式的环节链接以及前两种结构方式的混合型。模块的组合和环节的链接须遵循视听节目形态的限定性。限定性是视听尤其是视频节目形态的基本要义，没有限定性就谈不到节目形态，有什么样的限定，才会形成什么样的形态，所谓形态创新，其实也就是对限定方式的创新❶。

节目形态不仅是节目的制作形式，还是节目的播出形式。视听节目形态的限定性作用有两个：一是节目工业化生产的需要，有利于节目的标准化和大规模生产。因此，为了满足栏目的常态播出和流水线生产方式，对于节目都有某种规范性要求，如叙事方式、主持风格、播报语态，以至包装标识等。二是在视听栏目化的今天，节目都是在特定的栏目内构成的，因此都有时长的限定，制播的限定。这样有利于观众的辨识和记忆，也有利于节目品牌的塑造和积累。当然，随着互联网在线播出的出现，栏目化生产和播出的方式也发生了变化，受众收听收看不必被固定时段的固定栏目所严格限制，视听时间安排的自由程度大大提高。

由此可见，视听节目形态有两个主要特点：一，视听节目形态还是属于形式的范畴，它强调对视听节目内容的承载和传达，因此它与内容既有独立又有关联度；二，形态是一个介乎于抽象的形式和具体的样式之间的中间状态，它与具体的节目样式和结构方式关系密切，可以说它是节目模式的基本构成。

四、栏目化与类型化

1. 节目栏目化

视听栏目是视听节目内容的播出和存在形式，它确定了一套基本的制作和运营模式用以规范其形式和内容，包括固定的宗旨、名称、标识、播出时间、播出时长和风格。当然，由于网络资源存储的便捷性和自由性，起算网络视听节目的播出时间并不严格，受众需要的是

---

❶ 谭天．论电视节目形态构成——一种用于节目研发的理论模型．现代传播．2009，(4)．（下文引用相关论点不再一一标注）

点击时间的方便性，大多不会掐着节目上线的时间来收看。即使是传统广播电视台制作的栏目，不少也已经在互联网电视上拆分出来播出。

栏目相对于节目来说，具有三个方面的特点：视听节目制作的标准化、视听节目播出的契约化、视听节目传播的人格化。

制作的标准化，更准确地说是制作的流水线化。它有两个特点，一个是节目的制作是可预期的，是有计划的，不再是随意的；还有一个就是规模化生产，栏目规则一旦被确定下来，后面只要按照"模子"操作即可，这样有利于减少成本，减少随节目数量激增而来的压力。但视频网络内容的标准化却要灵活一些，比如腾讯视频生产的"体验真人秀"节目《我们十五个》，在网站上是24小时直播，每天的内容精剪之后则在东方卫视以栏目化形式播出。至于视频直播的内容，其实已经很难运用传统的节目标准理论来分析了。

播出的契约化指在传播者和受众之间建立起一种"约会机制"，在某一个时间栏目将准时播出，不再随意变更，这样有助于观众收视的方便，契约化是现代社会人际交往的重要特点，人与视听媒介之间亦不例外。视听节目传播的人格化主要指的是主持人的出现，众所周知，视听栏目一般会由主持人来担纲，他不仅是栏目制作、运营和播出的核心人物，还是这个栏目的灵魂和形象代言人，栏目因而被烙上人的印迹，被注入主持人的人格气质。不论是传统的广播电视还是新的媒体平台，栏目化播出的节目内容都会有主持人这样的角色。比如董卿之于《中国诗词大会》、高晓松之于《奇葩说》、汪涵之于《火星情报局》、张召忠等之于喜马拉雅FM，甚或《我是演说家》里导师群构成的"主持人"，都需要通过主持人来体现节目的价值，以达到吸引受众的目的。

属于同一类型的栏目或多或少都具有一些共性，或者说，都遵循一些共同的"程式"，同时也必须认识到，任何一个具体的栏目又都有自己的独特之处，类型不过是一种抽象，它存在于一个个具体的栏目之中。关于"程式"和"类型"的关系，美国大众文化研究学者卡威尔提（Cawelti John）用"烹调"进行比喻——在烹调之前，我们脑海中就已然存在"怎样做"的一些想法，这些想法涉及方方面面，其中很多都是共识，这就是"程式"；不过，我们还是需要菜谱，而菜谱就是"类型"。此外，"类型"是在实践中形成的，并且是变动不居的动态过程，某一个栏目在遵循程式的基础上，做了富有创新的尝试，其创意的部分可能溢出类型的范畴，并且通过反复实践，产生足够的影响，得到创作者、观众和社会的广泛认可后，就可能产生出新的类型，如此反复，视听节目形态因应着文化背景、技术变革、受众需求的变化而不断推陈出新。

2. 视听栏目的类型化

作为一个动态的大众传播流程，视听传播需要相对稳定的阅读机制和规则，使视听媒介的内容所携带的意义和快乐能得到有效传播，这就使得视听媒介成为高度类型化的事物。任何一个视听节目都不可能是"孤本"，都必然有与之相类似的同类产品，因此都可以归属于同一个视听类型。

视听节目为什么是高度类型化的？从制作者来看，视听节目是否畅销是以充分理解为前提的，因此，创新意味着巨大的市场风险，为确保收视率与经济效益，电视制作机构更倾向于生产与过去的成功之作相似的产品。电视工业化和视频商业化提供了一种重新组合的文化，在这种文化之中，新产品被用于模仿过去的成功之作，将几个同类产品的特点结合在一起，或使用过去在其他媒体获得成功的产品。这里说到的重新组合，即类型的整合。其次，从接受者的角度来看，类型可以在观看前制造出某种期待，在观看中引导受众理解视频节目，观看后则方便人际间的传播，使之顺畅地进入到大众的文化生活中去，"类型是引导观众选择和观众期待的首要因素"（谭天）。观众本来熟悉或偏好某些类型，当一个相似类型的节目出现，尤其是经过媒介的宣传以后，这种"似曾相识"的亲近感更容易激发出"观看期待"，而在观看的过程中，类型引导观众按照既定规则而不是别的去理解节目。视频节目类型实际上就是传播者与接受者所共同遵守的常规，由于传播在大众层面进行，这种常规是必要的。

因此，视频节目类型不仅仅是一种分类，视频的方方面面都显示出对类型的倚赖，整个行业都按照类型来进行节目生产以及日常运作，在美国尤其如此。学者苗棣在《中美电视艺术比较》中对此有准确的认识："类型可以说是美国电视业的核心框架，节目的组织原则、制作流程与编排、观众的自主选择都以类型作为依据。对于美国电视而言，类型不仅仅是一种描述性手段和制作中的分类工具，而且还是认识世界的方法，类型为观众理顺对于社会问题、人类经验和文化行为的认识提供了途径。"

类型既然是一种文化实践，那么在视听栏目策划的过程中，就应该充分意识到类型的存在。一方面，在策划的过程中不必异想天开，另起炉灶，开创出一个全新的节目，其实这也是不可能的事情，就算如此，生产出来的节目也不会受到观众的欢迎。另一方面，在借鉴的基础上，选择突出原有类型中的某些要素，或者直接嫁接上一些新的元素，这就是所谓的视听节目类型的"创新"。这种创新实际上只是在原有类型基础上的变异而已，借鉴要远远多于改造，只有把握住这个度，才能使已有的成功类型在"似曾相识"中获得大众热切的关注。2005 年湖南卫视推出的《超级女声》就是一个成功的例子，它照搬了《美国偶像》的一些基本要素，在此基础上，它又有一些新的变异：第一，突出受众的选择与参与；第二，把参赛选手限定为女性。《开讲啦》《真正男子汉》《爸爸去哪儿》《奔跑吧！兄弟》《中国诗词大会》《火星情报局》等曾经风靡一时的视频栏目，都可以在其中找到"类型化"的元素。

可见，电视和视频网络是"高度类型化"的媒介，在进行栏目的策划时，应该意识到：类型借鉴与模仿是必然的，也是必要的。视听栏目的创新必然是建立在已有类型的基础上的，事实上，"超类型"的视听节目并不存在，就算有，也无法为大众所接受，模仿并非坏事，关键是如何模仿。

五、节目形态变迁的因素

以电视节目为基础来看，视频节目其实经历了由作品—产品—商品的发展阶段。每一个阶段人们对节目形态的认识都是不同的。电视节目是类型化的，电视节目形态是有模式的，而电视模式是电视从业人员长期智慧的结晶，它是一种技术。运用这种技术，我们能够生产出相应节目，而这种技术是否先进，直接导致电视节目是受到欢迎还是惨遭淘汰。

20 世纪 80 年代，国内电视节目形态以新闻、电视专题、电视晚会和电视剧为主，新闻几乎是会议新闻一统天下，电视专题往往主题先行，电视晚会和电视剧等娱乐性较强的节目类型也成为宣传"主旋律"的另一种方式，传媒角色可以简要地定位为"喉舌"，传媒传播信息、服务受众等社会功能还居于次要地位。究其因，广播电视被掌握在政治家和文化人手里，他们的文学创作方式和经验决定了这个阶段节目的"作品化"。比如传统的电视专题的方式，它是一种逻辑推理的方式，它把鲜活的事实切碎之后，按照逻辑的需求重新码砌，所有我们拍摄的东西都被作为论据来使用。传统专题节目的形态持续的时间很长，而且表现形式太单一了，很长时间就只有专题那么一种形态❶。内地电视节目形态的飞速发展集中体现在 20 世纪 90 年代，有学者评价说"电视在 90 年代的成长速度超过了以往的 30 年"。这一时期，电视频道的数量规模增大，需要按照工业化的生产方式来供应播出所需的节目，这就

---

❶ 汪文斌、李幸."大众化"与"新形态".现代传播.2002 年第 1、2 期（总第 114、115 期）.

促使许多新兴的节目类型出现，而且原有的节目形式也随着电视观念的演变而焕然一新。而近几年来，电视产业化、市场化的步伐加快，视听新媒体抢滩视听行业，受众分化分流到视听新媒体，电视媒体需要根据商品属性来生产和传播节目，特别是推行制播分离，节目需要按照电视、视频网络等不同渠道和终端的规律来销售。

视听电子媒介是一种技术媒介，通过人的实践和研究，可以把视听符号的几个元素乃至人际交流的表达形式固化到节目里面，形成一种结构之后，就形成了各种形态，形态是最电视化、视频化的一种产物。形态可操作，而不是创作，是流水线似的。这种流水线是操作流程上的、结构上的一套软件。任何人拿到这个模式和形态都可以操作，都可以把它变成自己的产品。《GOBINGO》《好声音》《达人秀》之类的节目能在世界各国都能够成功，原因就是模式、流水线的先进性，产品设计的先进性。

视听节目类型的变化趋势首先是融合进一步增强。一方面是融合度；另一方面是数量。比如《咱们穿越吧》节目作为综艺节目则增加了纪实性的因素，也可以说在某种程度上有了"真人秀"的痕迹。再比如2010年流行的相亲交友类节目，就具有脱口秀、真人秀、评论等混合元素。而在电视和视频上播出的《火星情报局》，则把表演、游戏、对话等多种元素都融合在一起，使节目更具可看性。还有喜马拉雅FM、蜻蜓FM，虽然主要还是音频，但在内容元素方面则对传统的广播节目进行了融合。《饭局》等网络综艺节目，以及VR视频内容，都出现了新的表现元素，与传统的元素结合起来，创造了新的观看体验。融合是有机的、成长的，体现的是1+1>2的效果。这正是节目形态变化的精髓所在。

另一种趋势是科技因素在节目形态的变化中将发挥更大作用。融合性趋势在很大程度上依赖于科技发展提供的整合手段，网络、手机介入电视节目，开创了多种媒体参与的新形式，比如《中国好声音》的海选、晋级设置观众手机短信参与环节，网络则推动节目进一步扩散。再如《女神新衣》，则把时装设计、展示表演、明星走秀、竞价拍卖和在线销售结合起来。

在这样的环境下，视听节目形态就既是形式产品，又是播出产品。作为播出产品的视听节目具有两种形态：第一，它是单独的传播渠道的时间产品，不论视频栏目是在电视上限时播放收看还是在网络上的点击收看，都是以栏目化形式播出，栏目就是典型的时间产品；第二，它是跨越多个传播媒介的空间产品，如大型活动的多媒体运营，多媒体播出的视频节目。当今，媒介融合趋势明显，受众和广告主的需求直接影响节目的生产，我们有必要从市场原点出发，去探求节目形态创新的动力。

六、加强对节目形态的研究和实践

视听节目的形态问题非常重要。生产制作视听节目尤其是视频节目有两个方面要研究，一个是节目，一个是经营。研究视频媒介实际上主要就是研究节目形态。新的节目形态不仅仅是对过去节目形态的扬弃，更是顺应相应的历史时期受众的接收心理和视听需求变化而产生的。

20世纪80年代中期起，朱羽君教授就呼吁"声音是形象不可分割的组成部分，没有声音的形象是不完整的形象，不记录声音的纪录是不完整的纪录。"但在实际操作中，许多时候声音被任意裁割，当作佐证来使用。分析原因，就是因为我们无视电视传播规律，把电视节目当作了文章来做，完全是按照逻辑推进的方式来构成，而不是故事性的方式来组合。这样做越来越不适应电视的传播优势和规律。出现这种落后的节目形态，我们认为是缺乏对观众需求的研究和缺乏对电视的本体研究。这种现象在不少电视节目中还存在，但在新兴的网络视频节目中却几乎没有，网络视频先天就是交互的、动态的，对节目形态的创新表达有内在的要求。

从《押运兵》《潜伏行动》开始，纪实手法走进了中国电视人的视野，到《望长城》的播出，纪实大潮开始在中国电视界涌动。纪实是一种全新的电视观念，是我们对电视本体特征的进一步把握。纪实手法虽然首先在纪录片领域出现，但纪实观念却冲击了整个电视界，影响了许多节目门类。大量的纪实手法开始运用到专栏节目中，带来的是专栏节目形态的变革。这一节目形态的重要的外部特征就是保持了生活的鲜活性，那些过去被割裂、弄碎的生活流程，被完整地、原汁原味地保留了下来，情节的随意性和偶发性也凸显出来，现实生活被赋予了极大的尊重。

随后，各种与国内人们生活变化总体相适应的节目形态纷至沓来。比如说杂志型，是一种栏目的形态，这种形态的代表是《东方时空》。杂志型是从美国过来的，《60分钟》开创了这种节目形态。比如"脱口秀"，我们中国叫谈话节目，原来有电视报告、电视讲话，后来发现脱口秀好才拿过来。脱口秀这种形态还用在其他类型的节目里去了，比如说在娱乐节目里面，《超级访问》用的是脱口秀的形态。这就是说，不是一种形态就一种节目，而是一种形态可以变换出种种花样，这种形态还会流到别的节目类型里面去。

形态有它的历史性和继承性。比如，今天做节目如果还用过去那种专题片的形态，结果会怎么样呢？很典型很极端的专题片样式是电视散文、电视小说，它和我们今天的生活节奏、气势，和我们这种浮躁的、大家都想挣钱的状态在感觉上是不对应的。一个新形态不会从天上掉下来，一般来说，它会跟历史的形态有一定的关系。比如真人秀《幸存者》，这种形态看起来很新鲜，其实这种形态有它的历史继承性，就是电影的纪录片，就是真人真事纪录片，它来自于西方的纪录电影。再如东方卫视的《跟着贝尔去冒险》，到底是真人秀，还是一种新的纪录形态，抑或是两者的混合、融合。

继承、模仿，还是创新，并不是节目生产的核心症结。一个节目火爆了，迎来一批模仿者。这被称为同质化。同质化让受众疲劳，但同质化也是节目类型化的经由之路。类型化了，才可能固定出某类节目的形态和模式，才可能推动节目生产者不断前行创新，不断满足受众变化着的需求。

电视和视频上有很多新观念都还不准确，因为电视和视频本身还在发展着。另外，电视以及视频的许多定义都不太规范，没有完成，因为实践还在发展着。只能从现在的、一般的认识来解释。视频节目形态的变化是视频观念、手段的综合体现，它体现出诸多要素的有机应用，也是视频节目发展规律的体现。当我们一时无法分清一个视频节目的类型时，可能一种新的节目形态正在形成，因为在它身上体现了新颖的、融合的东西。

七、关于本书之形态

节目形态的形成，遵循一个基本原则，即，大体须有、定体则无。

节目形态之大体，是各种表现元素及其构成的基本规则。表现元素在日常生活里基本都可以找到对应的物事，在视觉方面有空间构成、人物的外观、神态和形体动作，听觉方面有言语和乐声等，这些元素都可以用以传情达意。但广播电视和网络媒介并不是对日常生活的实录，而是一种重构，重构的方式很多，这可以理解为定体则无。定体则无是节目形态创新的基本准则。一来人们认识和接受某类节目总是受到自身经验和社会因素的限制，二来生产者于整体社会在文化上是同构的、难以完全跳离社会的规约，同时生产者又必须超越日常生活经验，制作出让受众觉得出乎意料之外而又在情理之中的节目。节目为大众提供的体验，应该是似曾相识的、如梦似真的，是"围观"，现在还需要"参与"。

节目形态是内容和形式的集合体。这种集合在大众看来，未必需有严格的标准限定。比如《中国好声音》，是听觉方面的唱歌选秀为主，但里面还夹杂着视觉方面的形体服饰秀，选手的服饰同时在电商网站上销售，而节目运作方面则表现出鲜明的活动性，所以，看客说它是"选秀"，广告主说是"活动营销"。早期的节目就比较纯粹，基本上是生产者制作者的姿态，如专题片、纪录片。但随着节目介入日常生活的深入，节目在形式、内容、功能上面的元素杂糅在一起，形成了"混搭"形态。《我是演说家》是谈话+演说+表演，《我是歌手》是唱歌+竞赛+综艺+娱乐，《天天向上》是访谈+礼仪+文化+娱乐+脱口秀，《非诚勿扰》是婚恋+交友+娱乐+真人秀派对+论坛+脱口秀，《奔跑吧！兄弟》是体验+真人秀+竞技+户外游戏，《火星情报局》是访谈+脱口秀+游戏+表演+综艺。现在几乎很难找到一档形态单一的节目。不管生产者怎样做怎样想，受众接受才是关键。理论分析时我们把一个节目按照形式、内容、功能进行拆分，而现实中受众是照单全收的，他们评价节目的好坏，往往只是在一个元素指标上，这种评价来自于现实经验，也来自于对以往所接触到的节目的参照。比如2006年前后的选秀节目、2010年的相亲交友节目、2014年的户外体验节目，众多观者和论者发表的看法，可为见仁见智，无所谓绝对正确和错误。

我们需要记住的是，每个人的生活都是一支万花筒，并且是"动态"变化的。这样的无数个人，对接收节目存在期待，他们的期待是节目生产者的原动力，也是限定性。节目要提供给受众既熟悉又陌生的体验，让他们既看到自己又看到别人，让他们既是观者又是角色。

本书在选取节目形态时，尽量合乎历史变化和受众视角，合乎"大体须有、定体则无"的原则，合乎越来越鲜明的"元素融合"潮流。因为，人们在日常生活中的传情达意，本来就是一个复合行为。

思考题

1. 构成节目形态的元素主要有哪些？
2. 简要分析节目形态变迁的历程。
3. 如何理解视听节目是对生活的重构这一说法？
4. 如何理解节目形态变化的"大体须有、定体则无"的基本原则？

第二章 广播节目形态解析

1920年11月2日,美国匹兹堡KDKA电台正式开播。当时,一位名叫康拉德的年轻工程师用自己的实验电台播放录音唱片,结果大受欢迎,历史上第一家商业电台就此诞生。到1922年,美国广播电台已发展到500家。20世纪60年代以后,电视业的发展对广播形成了较大的冲击,但随着调频技术、卫星技术,特别是数字和互联网等新传播技术的出现,广播又获得了新的生机。

在我国,广播至今仍是最重要的大众媒介之一。在与报刊、电视、互联网等媒体竞争合作的过程中,广播节目创新创优的步伐一刻也不曾停止,"汇天下之精华,扬独家之优势",一批符合广播传播规律,受到大众欢迎的名优节目不断涌现。但与此同时,广播也面临生存与发展的诸多压力。那么,广播传播的特性究竟是什么?广播常见的节目形态有哪些,它们分别有哪些特点和内在规律?在媒介融合的过程中,广播节目的创新之路在哪里?我们将在对广播节目形态的解析中破解这些疑问。

第一节 广播传播与广播节目

一、广播的媒介特征

对广播媒介传播规律的认识有助于我们深刻把握广播节目的内在特点。吴缦、曹璐在《新闻广播研究》中提出广播传播具有"远距离""线性""非实体""一对众"等原生性特征[1];李幸教授提出广播具有"点对面传播""平民化传播""便捷性传播"等特征[2];郝朴宁、陈路则认为广播传播的特点是"传播的快速性与声音的易逝性""传播的广泛性与收听的随意性""内容的丰富性与接收的被动性""声音的传真性与信息的变异性"[3]。学界关于广播媒介传播特征的思考颇多,其中有两点共识值得关注。

1. 广播是时间媒介

任何传播媒介都以一定的形态存在于时间和空间之中,并显示出自身独特的性质。书籍、杂志、报纸、照片、石碑等,是占有空间的媒介;广播、电话、对讲机、无线通讯等,是时间性的媒介;面对面交谈、面向公众演讲、电影、电视、电脑等,则是时空兼具的媒介。空间性媒介是以负载有序的线型的文字符号为主或辅以部分平面图画,因而较适宜用来传播高深的观念、复杂的思想、琐碎的情报和严谨的材料,也适用于传播篇幅长的、准备作为证信的或不紧急的信息资料。时间性媒介是以负载有规律的诉诸听觉器官的声音符号为主,因此较适合用来传播悦耳的音乐、紧急的事情和短促的、无需留存或不准备作为证信的信息,也适合用来表述"弦外之音"和进行情感暗示。

广播节目以时间为"篇幅"。广播的时间性是指:广播不占据物理空间,而仅在时间中

---

[1] 吴缦,曹璐.新闻广播研究.北京:北京广播学院出版社,1997:54.
[2] 李幸.早期广播所确立的媒介特征.现代传播,2000,(2).
[3] 转引自在线收音机博物馆,http://www.942radio.com/museum/dde55de6-b99b-4d19-b78c-777ba220ad0c.html.

展开；广播的超距离、大范围传递信息的特性，大大延伸了耳朵的功能；广播传播稍纵即逝，其线性不可逆性质，使接受者在信息的选择上受到限制。还应该看到，广播能够吸引一定区域内大规模的不特定受众同时"在场"，并能够进行实时的直接互动。

2. 广播是伴随性媒介

广播的伴随性是广播区别于其他电子媒体的重要属性。伴随性也称"伴侣性"（Companionship），是指人们在收听广播时，还可以从事其他工作，也就是说，收听广播可以只作为一个伴随行为❶。这是广播最突出的特点之一。

其实，广播的伴随性有两层涵义：其一是说广播收听行为常常与人的其他活动同时进行；其二是说广播具有便携、移动的接收优势。众所周知，一定响度的声音传播距离是有限的，距离声源越远，清晰收听信息的难度也就越大。如果广播的接收终端无法便携，则必然导致听众只能在声源附近的有限距离内活动，其结果，不是广播伴随人，而是人伴随广播。早期的收音设备体积和重量都比较大，人们只能围坐在收音机周围收听，或在有限范围内活动。为了解决这一问题，街头巷尾的"大喇叭"和进村入户的"小喇叭"一度得到迅速发展，但直到便携式、移动式的收音设备普及，广播的伴随性才真正得以实现。"随身听"正是对这一状态的形象化描述。

便携是广播最大的生存优势之一。美国广播界有句名言："车轮子和干电池拯救了广播。"说的是二十世纪六七十年代，当美国广播被电视逼到悬崖边缘时，车轮子和干电池赋予广播在移动领域的优势，使广播继续生存下来，并且有了今天三分天下有其一的局面。

现如今，便携式电视接收机、便携式影像播放器、便携式电子书、便携式互联网终端（智能手机、平板电脑等）纷纷出现。但真正能在伴随性上达到广播程度的还没有，除了技术因素，广播仅借助声音进行信息传播的"单信道"优势也是重要原因。

二、广播的传播符号

声音是"构成广播的唯一的物质材料和运动形式，没有声音便没有广播。用声音传播信息是广播的主要特点，听觉感知是广播的本质属性"。声音性是广播传播的首要特征。广播节目和电视节目的最大区别也在于此，广播以创造声音形象为己任，而电视则给人们视听兼备的直观形象。声音形象是诉诸听觉的，通过听觉激发人的思维和想象，产生"闻其声如见其人"的效果。从这个意义来说，广播能够最大限度地调动人的心理能力来参与创作过程，而电视通过耳闻目睹，可以获得非常清晰、完整的印象，这种感觉比较直观、具体。广播和电视适应各种不同内容的表现，由此产生了广播节目与电视节目在形式方面的种种差异，如"夜话节目""心理咨询"等需要保留受众部分隐私，就不适合在电视中暴露，而更适合在广播中交流，"热线电话"则更是广播的专利。

广播以声音为传播符号。"声音对人的依赖、声音的独特感染力、声音在时间中展开时具有的空间容量（多路声音同时混播）、声音的转瞬即逝等，是全部广播节目制作的根据。"❷

（一）声音的特性

1. 物理属性

声音在本质上是一种波动。人之所以感受到不同的声音，首先是因为传到人耳朵的声波存在差异，具体体现在音高（音调）、音强（响度）、音色（音质）和音长等几个方面。

---

❶ 毕一鸣. 现代广播电视论纲. 北京：中国广播电视出版社，2007：315.
❷ 李岩. 广播学导论. 自序. 杭州：杭州大学出版社，1997.

2. 知觉属性

按照知觉心理学理论，外界的声音刺激、人的知觉以及人的内在情感之间，存在着统一的联系；人常常对外界刺激（如声音）表现出一种"不由自主"的知觉反应。因此，声音响度、音调、音色的不同组合，能够作用于人的心理，具有表情达意的功能。洪深在《洪深文集》第三卷中曾讲过一个故事：一位著名的波兰悲剧女演员，用波兰语念一段菜单，同样能让不懂波兰语的英国人潸然泪下。在广播中，口头语言的表现力，能够比文字语言对受众施加更大的影响，因为充满感情的人的话语往往比书面文字更能触动人心。

3. 心理属性

同样的声音，在不同的人听来，或者同一个人在不同的情境中去听，都可能会产生不同的感受。这是因为人们听到的声音，实际上掺杂了复杂的心理因素。声音会引起人们的种种联想、思维或条件反射。人的生活经历、审美经验各不相同，也可导致人们对同一声音的不同反应。例如，在老师讲课的时候，有人在教室里放音乐，干扰了讲课，这时音乐就不再是音乐，而是噪声；再比如，睡眠时的脚步声是噪声，但是当你听见你等待很久的朋友的脚步声时，这个脚步声就成了悦耳的声音。可见，对声音的感知包含了接受者的主观因素。

4. 社会属性

声音在人脑中形成的形象，不但可以反映出声源的内容，还带有这个形象本身的环境和时代特点，这便是声音所具有的社会性。一些声音与特定的时空环境紧密相连。例如，"1231｜1231｜345—｜345—"这个曲调对不同时代、不同地域的人来说，其涵义是不同的。有的人想到"两只老虎，两只老虎，跑得快，跑得快"的儿歌，有人说这是《闪闪的红星》里的"打倒土豪"，还有人说这是北伐军唱的"打倒列强，逐军阀"。事实上，这首歌曲是从日本传入我国的，而其本身则是法国19世纪作曲家古诺的歌剧《浮士德》的插曲。

（二）声音的要素

广播的声音符号包括语音、音乐、音响三大要素。其中，语音也称有声语言，是信息的主要载体，是广播传情达意最主要的手段；音乐、音响则是渲染气氛、增强真实感、提高传播效果的辅助手段。由语音、音乐、音响等听觉讯息构成的节目内容，通过无线电发射、接收设备或导线传送转换成电波讯号，听众通过听觉器官感觉到声音讯息，通过对声音的感知、分析和理解，接受广播节目中加载的信息内容——这便是广播传播的全过程。

1. 有声语言

语言是广播最基本、最直接、最重要的传播手段。在广播中，语言的含义是诉诸听觉的社会约定俗成的音义结合的符号系统。广播中的语言都是依托声音进行传达的，主要是有声的口头语言，包括传情达意的言语，以及起辅助作用的类言语。言语是声音和语义的结合体，类言语则是声音和情态的结合体。在广播传播实践中，它们相类相从，不可或缺。

广播的形象主要凭借有声语言来塑造，广播的内容需要依托有声语言来传达。有声语言的主要功能在于，将大家共同会意的语音讯息通过修辞手段，传达出特定的含意，从而达到"信息交流与共享"的目的。在广播中，有声语言主要发挥以下作用：①传布信息；②整合节目；③制造情境；④描述情节。

2. 音乐

音乐是通过一定的谐音曲调形式来表达感情、反映社会现实的艺术。通过音乐旋律、节奏、和声、复调、音色、力度、速度等要素构成艺术表现形式，它是在一定的时间和空间条件下延展声音旋律的动态艺术。当音乐经过电子技术处理，并列入广播节目序列时，就成为我们常说的广播音乐节目，包括声乐、器乐等演唱、演奏艺术，以及带有曲调特点的戏曲、说唱、曲艺等艺术形式。由于广播中的音乐表演自动失去了舞台上的视觉成分，所以实为

"听感音乐"。广播中的音乐既可以成为独立的节目单元，也可以成为节目单元的一部分。前者称之为音乐节目，后者称之为节目音乐。

音乐节目是以主题音乐为结构的节目形式，其主要功能在于欣赏。节目编播人员通过对音乐作品的编辑、组合，形成具有较高欣赏价值的内容单元，这就是音乐节目。音乐广播是广播中播出时间最长、栏目最多的节目。在综合台中它的播出时间也会占到一半以上，更不要说专业的音乐频率了。

节目音乐是表现节目主题的音乐素材。它以节目的宗旨、结构和风格作为自己的出发点，与有声语言、自然音响有序组合，相互补衬，融为一体，以形成节目的整体效应，如节目的版头音乐、片花音乐、情境音乐、结束曲等。节目音乐主要具有以下功能：一是深化节目主题，产生渗透力；二是渲染环境氛围，增强感染力；三是协调节目要素，提高表现力。

3. 音响

音响不同于音乐，它是客观环境中自然产生的，给人以真情实感的听觉效果。譬如：笑声、哭声、喧嚣声以及汽笛、喇叭、雷电等，音响蕴含着丰富多彩的表现力，比音乐具有更强的时空感和逼真性。

在现代广播节目的制作中，自然音响与人工拟音效果有所区别。前者是指自然环境和社会生活中的原生音响，其获取的主要方式是现场采录，以最大程度地还原真实的效果。自然音响作为广播节目的构成要素，其准确运用能够起到叙事、表达情感和渲染情绪气氛的作用。拟音则是一种通过人工方式模拟出的音效。在数字技术条件下，拟音的逼真性大大提高，还可以"模拟"出一些并不存在的音响，比如科幻作品中的激光发射声等。在实际工作中，音效库中的音效种类繁多，其中不少是人工拟音，在强调真实性的记录形态的节目中，拟音是禁止使用的。如新闻性、专题性节目中所使用的音响都应是真实的自然音响，其目的是为了更真实地表现事物的自然状况，给人以如临其境、如见其人的感受。尤其是新闻性节目，音响本身就是一种客观事实，不允许虚构、渲染。而文艺性节目的音响效果则可以虚构、模拟、制作、移植，以满足剧情发展的需要，达到艺术形式与内容的统一。

三、广播节目形态的构成

广播节目形态是广播媒体组织传播活动的基本形式和播出方式，它是与节目内容相对应的节目表现形式，是节目制作方式的核心。构成、影响和制约广播节目具体形态的因素很多，列举如下：

（一）声音要素的组合方式

广播的耳感性讯息主要通过有声语言、自然音响和音乐来传达和表现。它们是广播的三大要素，这些要素的不同组合构成了千变万化的广播节目，其常见组合方式有以下六类。

1. 纯语言类组合

由于广播需要那种富有表现力、明白晓畅、悦耳动听的语言表达方式，所以我们也称它为播音艺术语言。这种语言本身就具有音乐性，所以很受听众的欢迎和肯定。除了消息、通讯、评论三大新闻性文体的朗读以外，还包括专题服务、文化教育、文学作品的播音及演播，在主持人节目中则主要是谈话类节目。

2. 纯音乐类组合

主要是指"无主持人音乐节目"或"音乐频率"等，即确定某类音乐主题以后，不需要主持人串联，周而复始按节目单元自动播放，各音乐单元有机、自然过渡。但大多数广播音乐节目都少不了语言的编串，那种简单的报题、插报仅起整合节目的作用。所以我们仍认为这类节目为纯音乐类节目。

3. 纯音响类组合

据说国外有专门播送自然音响的电台，整日播放海滨的浪声、森林中的林涛以及鸟鸣虫啾、微风阵阵的大自然音响。人们置身其中会排除喧嚣的城市噪声，得到一种静谧、和谐、温馨的环境氛围，从而放松紧张的身心，获得轻松自然的感受。这可能是广播功能的一种延伸，它满足了人们在烦嚣的都市生活中一种新的心理需求。

4. "有声语言＋自然音响"组合

这类节目主要由有声语言和自然音响构成，常见于现场报道和录音报道。现场报道是在新闻事件发生的现场，拾取实况音响，其中，一种特殊的现场报道形式是现场直播。它所报道的事实是随发的、真实的，通过记者或主持人的解说，给人如临其境的真实感受，如"二战"时美国著名记者爱德华·默罗在英国广播公司楼顶所做的现场报道《这里是伦敦》。

录音报道与现场报道的区别在于，它是非同步性的，是对已经发生的事实的报道。记者自己的描述语言和人物的讲话录音及客观事物的实况音响融汇于一体，形成完整的新闻报道。这种报道是在录音的基础上，经过编辑、剪接合成之后播出的，属于选择性报道，因此音响更精练也更有表现力。

5. "有声语言＋节目音乐"组合

这类节目除了新闻中的配乐通讯以外，大多是文学类或文艺类节目。在这些节目中，由于主题内容不同，音乐素材的运用也不一样，可以分为两种情况：一是以音乐为主，语言为辅；另一种是以语言为主，音乐为辅。前者主要是指经过语言解说后合成的音乐节目，譬如主持人在播放一首新歌或一部音乐作品时，需要借助有声语言进行点评或介绍。后者主要是配乐故事、配乐小说、配乐散文、配乐诗朗诵等文学类的广播节目。

6. 混成类组合

即"有声语言＋音乐＋音响"形态。常见于广播剧，此外有些专题性新闻报道也使用这种方式。

（二）广播节目的编播方式

所谓节目，其实是电台播出内容的基本组织形式和播出形式，是由多个具体的内容单元（如一条消息、一支歌曲、一次访谈等）组成的集合体，是一个经过编排的完整播出时段。编排方式、播出方式（录播或直播）直接影响了一档节目的具体形态。纵观中外不同时期的广播节目，我们发现，存在四种不同的方式。

1. "准节目"方式

早期广播节目没有专门的播音员，形式非常自由。比如前苏联中央台开播时，邦契·布鲁耶维奇教授自己说："喂喂！请注意！莫斯科中央广播电台，现在，开始播送广播音乐会……"❶ 对于早期广播来说，"读报上的新闻，放几张唱片"，节目只是一个个界限并不清晰的内容单元，"没有用节目时间表的方式对外公布，既不是天天都有'准节目'，也不是播准节目都在相同的时间，更没有什么确定的名称"❷，不少节目都是临时决定播出的，更谈不上给节目"挂牌""命名"了。这种"原始状态"的节目主要在广播的初创期存在。

2. 栏目化方式

栏目是按照一定的宗旨和目的，把一些或一组题材内容、内容性质、功能目的或形态相近的小节目纳入一个定期、定时长的某时段中播出，并将这一定期、定时长播出的某时段冠以名称。这一冠名播出时段的节目我们习惯称之为栏目。栏目是格式化的播出产品，强调

---

❶ 苑子熙. 外国广播电视事业史简编. 北京：新华出版社，1990.

❷ 陈尔泰. 中国广播发轫史稿. 北京：中国广播电视出版社，2008.

"定期""定时""定量"，即有固定的栏目头、播出时间，以及相对固定的节目长度和包装形式。栏目化形态有利于听众记忆和收听；有利于电台对节目的管理、运作和编排；有利于打造广播节目品牌。

早期的广播理论没有"栏目"的概念，不论是挂牌的名称还是播出的内容，统称为"节目"。经过多年栏目化运作，"栏目化形态"的广播节目在我国已经发展成熟。2005年，我国评出首届广播十佳栏目，《新闻和报纸摘要》（中央电台）、《阳光热线》（河北电台）、《焦点时刻》（湖北电台）、《直播南京》（江苏广电总台）等荣膺"新闻栏目十佳"。

3. 板块化方式

板块与栏目代表着广播节目的不同结构形式和编排思路。在广播电视学中，"板块"是对集合式广播电视节目的一种形象性称呼。板块式节目是指具有基本固定播出时段及周期、节目内容融新闻、信息、服务、文化娱乐等多种节目类型为一体，多采用主持人串联形式播出的大时段节目，亦称"杂志型节目"。在我国，板块化形态源于1986年珠江经济广播电台开创的"大时段综合"节目。这个用全新方式广播的频率，一反传统的"录播"和"分割式"节目编排，采用"以新闻信息为骨架，以大板块主持人节目为肌体"的形式，按听众的收听习惯和需要安排内容，通过主持人灵活地将新闻、资讯、服务、娱乐等各种内容熔于一炉。进入20世纪90年代，上海东方电台开始推行24小时主持人直播板块节目。

板块式编排的优势在于，打通不同栏目的界限，在内容上做关联性处理，形成整体的节目布局，有利于发挥广播的整体传播优势；形式上以主持人串接，连贯性强；按受众接受习惯（主要是时段习惯）编排，选择性明确；集中满足目标受众的多种需要，使节目更容易获得稳定的受众群体，形成高收听率广告优势。

4. 类型化方式

类型化电台，国际上称为Format radio，又被译为格式化、个性化、风格化电台。它淡化一个个节目，而凸现整个频率的面貌；听众不需要节目表，打开收音机随时收听所需内容。与此相对应的是栏目化电台，或称堆砌栏目的电台（Block programming radio），每个节目区别明显，听众必须依照节目表锁定特定时间收听特定节目。类型化意味着以一种时钟循环的概念运行和操作节目，广播节目成为一种"循环流动的内容"。美国纽约类型化新闻台880WCBS以一小时为一个组合体，逢整点为新闻网联播，4分为本地新闻，8分为天气、路况信息，12分为本地新闻，14分为最新要闻快览，15分为体育报道……如此循环往复。

按照类型化原则进行编播，事实上是淡化名牌栏目，转而以打造名牌频率为目标。我国第一个类型化电台是2002年推出的中央人民广播电台"音乐之声"，这个开播第二年即在北京创下31.13%收听率的频率，却几乎没有一个知名主持人和品牌栏目。中央人民广播电台立足实际，对第三套节目调频立体声进行了彻底改革。这次改革打破了文艺综合频率的定位，精细定位于流行音乐的类型，颠覆了以往音乐广播板块型播出形态，大区块划分时段。18小时的音乐节目整体设计，统一风格呈现，以2~3小时为单位，将全天节目划分为"早安音乐""中国Top排行榜"等8个栏目，并对语言与音乐的比例进行严格规定，给音乐广播带来了全新的理念、全新的风格。在短短几年时间里，先后有近40家省市电台效仿"音乐之声"类型化的频率定位、独特的节目设置、独家的频率包装等特点，纷纷推出自己改革后的音乐广播。

经过2008年、2011年两次大改版，中央人民广播电台"音乐之声"已常态化采用"板块＋轮盘"的播出方式。所谓"轮盘"，就是按类型化编排的时钟循环。相比传统编播方式，类型化形态更加符合听众收听习惯，尊重传播规律。对听众而言，则更容易记住电台特色，更容易形成高的忠诚度。

（三）播音主持的语体风格

一般认为，"语体是话语主体在特定的语境中，为了适应不同的交际目的、对象、内容等的需要而形成的语言运用的体系，是运用全民语言材料所形成的语言功能变体"❶。与报刊杂志的书面语体相区别，广播语体属于口头语体。随着受众需求的变化，单一语体的播音状态不可能满足不同节目类型的需要，广播语体的多样化成为一种必然。作为广播中有声语言的主要使用者，播音员、主持人是广播媒介的"界面人物"，担负着与听众沟通交流的中介作用，其语体风格决定和制约着广播节目的具体形态。

1. 朗读语体

"有稿播音"即为典型的朗读语体。根据1994年出版的《中国播音学》关于"文体播音"的分类，"新闻播音""评论播音""通讯播音"以及"文艺播音"等都属于朗读语体。由于历史原因，"朗读"一度被异化，强调"爱憎分明、讲气势、重激情、求规范"，其结果是导致播音与日常口语分离。中国广播电视传统的"播音腔"即为这种风格的代表，"传统风格"不仅源自播音活动本身，更源于意识形态需要。过去，广播在很大程度上是"团结人民，教育人民"的工具，是宣传新中国建设成就，同国内外各种敌对势力进行斗争的工具。改革开放之后，播音语体逐渐由"精英"形态回归"世俗"。播音员和主持人在播报状态、语气分量、速度节奏等方面做出调整，经过"降调—口语化—新风格"的转型，更加贴合受众心理。

目前，朗读语体主要出现在报道式节目和部分社教类、文学类节目形态中，以新闻播报最为常见。播音员、主持人将消息的文字稿件转化为有声语言进行传播时的语言样态，即为"新闻播音"或"播新闻"。在西方，此类主持人被称为Newscaster或Newsreader。

2. 阐说语体

阐说实际上是一种演讲语体，通常认为，演讲就是在听众面前就某一问题表示自己的意见或阐说某一事理。其基本特征是：面向大众，阐述己见；出口成章，言之成理。广播电视中主持人所进行的现场报道、现场直播、现场解说、新闻点评、广播讲话等，都带有明显"阐说"语体特征❷。

"说"有时会变形为"侃"或"聊"。与"播"不同，"说"是口语化色彩较浓的"告知"，而非"报告"。这种方式有助于缩短受传双方的距离，便于受众接受和理解，优化广播内容的有效传播。"说"通常在"无稿"状态下进行，或采取"提纲加资料"的方式，播音员、主持人因而有了一定自由发挥的空间，能够对广播内容进行解释、说明、补充，并稍加评论，从而为受众的理解提供引导和服务。

3. 谈话语体

"谈乃相语说之意"，谈话是双向的言语交流。当前，越来越多的广播节目致力于创造一种双向交流的情景。譬如：广播热线电话节目、信箱节目、对话节目等。当谈话情景出现时，必然要求使用交流性的谈话语体。谈话语体更为口语化，句式也较为简练、松散、灵活；由于句式结构比较自由，根据对象对语意的理解程度可以灵活调整，应对如流。谈话的双向性，使得反馈及时，可以不断矫正表意不足的缺陷，做出补充性说明。所以这种语体沟通及时，便于理解。

谈话语体将人际交流融入大众传播，以"一对一"式的交谈，实现"一对众"的沟通。

---

❶ 李水仙. 播音主持艺术的语体特征. 新闻界，2005（5）.
❷ 毕一鸣. 广播电视语境和适应性语体. 新闻知识，2004（7）.

在广播中，"主持人节目是指主持人主导、运用交谈方式进行双向传播的节目结构形态"[1]。主持人节目一般使用谈话语体，相对于播音员的朗读，主持人采取"交谈式播音，谈话体语言"。在广播节目中，谈话语体通常依托于"谈""访""评""讲""辩""串"等主持业务，节目形式包括交谈式、访问式等。

4. 演播语体

演播语体强调"演"，即运用文艺表演的形式来表达内容。除广播剧外，多用于知识性内容、文艺专题性内容和广告，一般是根据节目内容设计一定人物、情节和场景，通过艺术形式来表达某种观念和感受。

一些新闻性节目也"跨界"使用演播语体。如辽宁电台的《新闻演播厅》，它把新闻演绎成故事，像是一个配乐广播剧。《新乌鸦与麻雀》节目的两位主持人则以动物角色出现，把自己比喻成乌鸦或麻雀，再由此就一些新闻性、社会性、娱乐性话题进行讨论、交锋。沈阳台的《叽喳姐妹》也是角色型的，两位主持人一位是成熟保守的姐姐，一位是聪明前卫的妹妹，两人在节目中以角色的性格特征主持节目、发表意见。再如，杭州交通经济广播《惊喜躲不开》节目，主持人与编辑会依据当天一些选题设置某种情景，通过饰演听众身边所熟悉的亲友、同学与听众连线互动。主持人在节目中具有一定的表演技艺，更具有按照预先设置驾驭整期节目的能力，在与听众互动中制造某些悬念，让听众不知不觉成为节目中的某种角色。类似的还有大连台的《HAHAHOHO》，长春台的《晓铮说吧》等。

（四）受众参与方式

受众参与节目是指受众在某种程度上参与到节目制作播出过程中来，进行直接的双向交流，这就给受众更多的通过公众媒介直接参与社会活动的机会，使传授相互渗透，彼此交融。传统广播时代，听众只是被动接受者，广播是"我播你听"的单向传播。20世纪90年代以来，让受众更多地参与到节目中来，已成为广播业界的共识，也是广播节目发展的基本趋势。广播互动从听众信箱转为了热线电话，现在是短信平台、微博、QQ群、微信以及微信公众平台。可以说，技术的发展，给广播更多传播信息的新平台，也改变了广播节目的受众参与方式。

1. 书信参与

"信箱节目"是主持人节目刚刚兴起时运用得比较多的一种节目形式。例如，1981年元旦，中央电视台对台部从对台湾同胞广播的实际需要出发，率先开办了由徐曼主持的《空中之友》节目，台湾同胞以来信的方式参与到节目中。广东人民广播电台也在1981年4月开办了《大众信箱》。主持人李一萍、李东以"一对一"的方式和听众谈心，帮助青年人解决思想、学习、生活上的实际困难，广受好评。节目播出不到20天，就收到1800多封听众来信。这样的节目形式在全国起到示范作用，各地纷纷效仿，四川台的《农村信箱》，上海台的《蔚兰信箱》、江苏台的《故乡与亲人》、武汉台的《听众信箱》等都在本地产生了不小的影响。但由于来信都是由主持人代读，所以受众参与的程度是有限的。

2. 电话（含手机）语音参与

借助电话与受众直接交流，这种节目形式在国外出现较早，这与电话的普及程度有关。率先改革开放的珠江经济台首先在"板块节目"中运用这种形式，仅1987年一年，就接到听众电话7万多个，其中有3000多个是直接与主持人在"热线"中交谈的。随后不久成立的南京经济台、杭州"西湖之声"电台则大量采用电话参与的节目形式，取得了较好的传播

---

[1] 陆锡初．主持人节目学教程．北京：中国广播电视出版社，2001：1.

效果。1992年10月28日成立的上海东方广播电台，则把"热线电话"直播节目的优势发挥得淋漓尽致，全天候综合节目24小时由主持人直播，用热线电话随时与听众联系，包括热线点播、热线专访、热线谈话、热线投诉等。其中，5分钟的《东方大哥大》节目，每10秒钟就有800多个电话拨打"大哥大"热线，被学者们称为"东广效应"。电话参与具有对话性强，现场感强的优势，也存在内容难以编辑，可能有噪声等局限。

3. 短信参与

与使用手机直接打进电话不同，手机短信参与节目属于一种"延时交流"，从短信发出到被念读存在一个时间差。此外，由于手机短信的内容需要通过主持人传达，听众听不到自己的说话声音，与直接语言对话的热线电话相比，现场气氛感比较淡。但是，随着手机的普及，短信参与节目已经被许多电台用作听众参与的一种重要手段，大部分直播节目都开通了短信平台。短信参与和热线电话、互联网相比更加方便、快捷、便宜，同时规避了热线电话太"热"导致的"挤出效应"，也便于主持人编辑、把关。

4. 网络参与

网络参与的形式包括网络直播、在线点播、在线互动、论坛留言点评等。广东人民广播电台1999年11月22日播出的主持人节目《评说"神舟"首航成功》，就曾运用网络、电话等手段把分散在各地的嘉宾、听众、网友联系在一起，互相促动、彼此交流。这个节目得到了高度评价，就因为创新性地运用了网络参与方式，拓展了广播的传播功能。

在网络发达的现代社会，"粉丝"可以跨越真实与虚假，在网络空间建立自己的认同和迷文化（Fan culture），线上线下互动成为常态。主持人也以节目组的名义举办多样化的听众互动活动，派生出由节目"粉丝"组成的听友会、听众俱乐部等民间社群。在分众的背景下，那些拥有相似生活形态的网络受众重新聚集，形成各种不同的小群体。对广播的研究显示，"网络在模拟线下的生存格式，线上生存格式也会反作用于真实的人际圈子。广播的线下圈子体现为新媒体影响下的新型'广播圈子'"[1]，即那种虚拟与现实相结合的"圈子"。也就是说，收听同一节目的人将形成新的关系社群，进而衍生出新的节目形态和广播营利模式，这是网络时代广播受众社群化的结果。

5. "两微一端"参与

随着移动互联终端的发展，近年来以微博、微信和客户端为代表的"两微一端"迅速占领移动传播平台，成为受众接触大众传播媒体的重要方式。传统的广播电视也纷纷借力微博、微信等强势移动互联平台进行传播，或通过微博、微信征求网友对热点新闻话题的意见、对节目的看法，从而使节目更有针对性。例如，全国广播创新创优栏目浙江之声的《方雨大搜索》便十分注重利用微信平台，提升听友参与度。为配合杭州整治交通大行动，栏目请网友发表如何劝阻那些不听指挥、乱闯红灯、横穿马路的行人，众多网友建言献策，一时成为城市热议话题。"两微一端"良好的交互性、便捷的伴随性和不断优化的用户体验，为"网播"状态下的广播更好地与受众互动提供了便利。从2013年年底开始，"中国之声"广播微信公众平台每天推出的《为你读诗》节目，诗歌简短隽永、音频制作精美，时长在3分钟以内，不仅有央广雅坤、凤凰卫视陈鲁豫等知名主持人读诗，也有大量普通诗歌和朗诵爱好者参与读诗。据统计，《为你读诗》节目的阅读用户每天平均超过六万以上。

6. 现场参与

现场参与节目是沟通媒体内外联系渠道，密切受众关系的有效方法。在这样的传播活动中，要求主持人按照节目宗旨，组织协调群体关系，融洽场内气氛，调动场外受众参与。由

---

[1] 孟伟．新媒体语境下广播传受互动理念的建构，《现代传播》，2012年第7期。

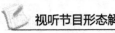

于借助声音传播信息，广播节目演播的现场空间相对有限，因此，现场参与节目多是电视所为。但一些广播电台邀请热心听众走进直播间录节目，或将直播间搭建到公共场所，吸引普通群众参与，或组织主持人与听众的现场互动并进行报道，这也都是听众参与节目的具体形式。

第二节　常见广播节目形态解析

一、基本节目形态

目前，我国现行的广播电视管理条例中没有对广播节目类型的限定。因此，为了对广播节目的类型有一个清晰的认识，可依据目前广播电台节目的表现方式、播出性质以及制作方式，进行多角度的分类。

李岩在《广播学导论》中，依据传统的"四分法"，将广播节目分为新闻性节目、教育性节目、文艺性节目和服务性节目❶。

也有学者提出按节目表现方式分为新闻节目、谈话节目、戏剧节目、娱乐节目、音乐节目、对象性节目、广告节目、信息服务类节目和网络广播节目；同时，依据播出性质分为新闻性节目、教育性节目、文艺性节目、服务性节目和商业性节目❷。

然而，广播节目的历史经验耐人寻味：尽管在广播鼎盛时期出现过多种节目形态，诸如"广播播报（News casting）""广播表演（News acting）"等；在我国还有独具特色的"广播大会""广播体操"，但媒体发展的历史表明，"音乐＋新闻＋谈话"的节目形态是广播最基本也是最具生命力的节目形态❸。

音乐节目是广播最初的节目类型。世界上第一座广播电台 KDKA 每天播出音乐、谈话、新闻三类节目，其创办者工程师康拉德自己介绍唱片、播送新闻。在 20 世纪 60 年代中期至 70 年代，随着调频广播的兴起，一度受到电视冲击的广播迎来了"第二个春天"，对文化事务与古典音乐喜爱的人们成为调频广播最重要的受众群体。无论是 20 世纪 60 年代的美国，还是 90 年代的中国，音乐和娱乐始终是最重要的广播节目。

在广播鼎盛时期，"音乐＋喜剧"的娱乐性节目一直最受听众喜欢。1929 年，对许多行业带来致命打击的"全球经济危机"却给广播业带来前所未有的繁荣契机：经济大萧条，人们需要娱乐来宣泄愤怒与不满，打发多余的空闲时间。1928 年到 1929 年间，收音机和备件的销售额从 6.5 亿美元上升到 8.42 亿美元。广播出现了令人难以置信的盛况：为了适应喜剧《阿莫斯与安迪》的播出，全美国改变了作息时间。工厂早早收工，在东部时间 7 时到 7 时 15 分之间出租汽车司机拒载乘客。

新闻节目的兴起与战争和危机传播紧密相连。第二次世界大战时期，广播是世界各国人民获知战事的最重要的媒介。后来，随着流动装备的发展和磁带录音机的使用，电台新闻报道的数量大大增加，从战场、轰炸机和作战中心都可直接发回报道，重大战事的即时播报是电台在竞争中异军突起的重要原因。此外，每每危机时刻，广播播报重要新闻的功能都异常突出。比如，1998 年抗洪期间，广播除了及时通报最新汛情之外，还担负着现场动员的作用；在汶川地震之时，广播凭借其特殊优势，成为关键媒体，在突发事件应急管理中扮演着

---

❶ 李岩．广播学导论．杭州：杭州大学出版社，1997：120.
❷ 董旸．广播节目策划与制作．北京：中国传媒大学出版社，2007：58.
❸ 栾轶枚．广播曲线启示录．中广网，http://www.cnr.cn/home/column/2004gflt/gdzs/200410220510.html.

重要角色。

　　谈话节目是一类较为古老的广播节目。广播历史上最为著名的谈话节目，可能是美国总统罗斯福的"炉边谈话"，他使广播成为了当时美国人最信赖的伙伴。在某种意义上来讲，广播媒介是一种"危机媒介"，其自身特点决定了它在危机时刻不可替代的地位。

　　由于一些广播节目形态与电视大同小异，本章我们将主要立足广播的个性化特点，着重探讨音乐节目、新闻节目、谈话节目和广播剧等节目形态。

二、广播音乐节目

　　音乐是"听"的艺术。与新闻可以读，戏剧可以看，谈话可以亲身参与不同，音乐几乎唯一的欣赏方式就是"听"。虽然演唱会、音乐剧等音乐类型，因为融合了其他艺术元素，强调视觉效果和现场体验，但"听"仍是最重要的欣赏方式。正因为此，音乐与同样强调"听"的广播之间有着密不可分的联系。目前，在广播业中，音乐节目的发展十分活跃，音乐节目和音乐频率的附加价值也在逐步提升。拥有了广大热爱音乐的群体，广播经营者就有了更多"出卖"音乐的机会，就能赢取更多的广告商，音乐频率的听众也更愿意购买电台出版的附属媒介产品，如音乐杂志、音乐在线广播等。音乐公司与音乐电台为了宣传和取得效益也达成了更多双赢的合作项目。

　　对于音乐广播来说，音乐就是介质，始终贯穿于节目类型选择、创意与编排之中。音乐节目的常见类型有：①音乐报道；②音乐专题；③音乐知识；④音乐欣赏；⑤音乐剧[1]。

　　此外，在流行音乐节目中，还有两个常见的内容元素，一是排行榜和数据统计（唱片销量、下载量、转发量等）；二是音乐明星的"八卦"轶闻。

（一）欣赏类音乐节目

　　从各音乐栏目和音乐频率的播出情况看，音乐欣赏无疑是最重要的节目类型，其有两种常见形态——纯音乐形态与综合形态。

1. 纯音乐形态

　　纯音乐形态的广播节目常见于类型化编排的音乐频率。当然，虽然称之为"纯"音乐，但并非没有人声，只是尽可能减少主持人的评论和串联，尽可能地完整播放歌曲。中央人民广播电台"音乐之声"，节目以2小时为一个段落，音乐和主持人语言有严格的比例限制。主持人在节目中每小时评论时间限定在7分钟，同时要求主持人在每首歌间隔之间插入的话语是具有衔接性和整体性的。这种限定时间注重质量的方式使得"音乐之声"节奏快且内容丰富。主持人在节目中对音乐的评论通常是点到即止，主持人的作用更多的是根据听众的要求来安排音乐播出，带动气氛。这样操作，使主持人的工作职能回归到了原始的DJ状态。

　　与此类似的有湖北电台音乐频率。考虑到现代人生活节奏加快，听众不喜欢听主持人说太多话，主持人的语言每小时限定在5分钟内。各节目虽然标称为"音乐放清新""音乐放经典""音乐放流行""音乐放精彩"等名目，但并没有严格意义上的不同，只是在不同的时间选择了不同的歌曲作为区分。频道的宣传广告是："FUN MUSIC RADIO……音乐放不停、音乐不归零"，就是让音乐与听众随时相伴。

　　在美国的广播电台中，所占比例最高的就是类型化的音乐台，大约有9000多家，其中乡村音乐台数量最多，有2134家，其他还有各种抒情音乐、摇滚音乐、福音、蓝调音乐台，其中有不少是无主持人的音乐台[2]。美国流行音乐台常见的运作方式是循环播出，也就是将

---

[1] 董旸. 广播节目策划与制作. 北京：中国传媒大学出版社，2007：205.
[2] 张勉之. 世界广播趋势. 北京：中国广播电视出版社，2005：16.

最热门的流行歌曲，按排行榜位次的高低决定其播出的频率。最流行的歌曲在最短的时间内回放，位次靠后的歌曲回放的频率降低，间隔时间拉长；歌曲依排行位次递减且回放次数递减。流行榜每天在打，音乐根据排行榜不断改变，今天和昨天是不一样的格局。

2. 综合形态

综合形态的音乐节目构成元素较为丰富。除了音乐，还为主持人预留了较多空间。从内容上看，普遍融入音乐知识、音乐报道等；或与时令话题相结合，以一定的时令主题统领音乐的编排，如"情人节专题""毕业生专题"等，主持人有较多的评论与串联。综合形态的音乐节目常融主持人脱口秀、情感交流、文学欣赏、讲故事、资讯播报、听众互动等于一体，在"大板块"编排的广播节目中较为常见。在音乐节目中，听众互动的最主要方式是"点播"歌曲，这一方式已有较长历史，从最初的热线电话点播，到时下流行的短信平台留言、网络讨论版留言等，点播内容以"送祝福"为主。其他的互动方式还有幸运抽奖、趣味竞猜、音乐相关知识答题等。

综合形态的音乐节目与纯音乐节目的本质区别在于，对主持人作用的不同定位。由此带来主持人在音乐节目中是"多说"还是"少说"，有声语言和音乐在节目中各自的比例如何确定等一系列问题。从国际经验看，类型化编排的纯音乐频率更符合广播节目生产的通行标准，但从其在中国的实践看，并非"放之四海而皆准"，其中，"江苏音乐台现象"值得关注。

20世纪90年代，大板块热线直播开启了江苏广播的黄金岁月，深具个性色彩的主持人，至今仍令听众难忘。2005年"类型化"改版之后，原来拥有多位知名主持人的FM89.7改为CITY FM城市之音，以打碟方式连续播出流行歌曲，主持人作用被严重削弱。几年下来，忠实听众渐渐减少。不少听众认为，类型化电台功能与一个随机播放的MP3无异，"它让人能听，但是没有牵挂，不会上瘾。"2010年年初，江苏音乐台再次改版，把已经实践了约5年的"类型台"风格彻底颠覆，重返"古典主义"，全天提倡主持人"有个性，有态度，有引导"。结果仅一个月，收听率跃升两级。类型化编排的音乐节目缺乏人性化、个性化元素，也失去了DJ的灵性与魅力，对于听众来说，虽多了音乐欣赏的空间，但少了人际交流的快感。可见，"类型化"并非中国音乐电台的唯一模式。在竞争条件下，差异化乃是胜出之道。

大项音乐活动节目是综合类音乐节目的重要子形态，其策划与组织也是各种专业音乐媒体创新内容、提升影响、塑造品牌的重要方式。中央人民广播电台"音乐之声"旗下两大品质节目《中国TOP排行榜》《全球流行音乐金榜》已成为华语流行音乐的风向标。年度的"Music Radio中国TOP排行榜颁奖盛典"成为全国唯一经中宣部批准的国家级流行音乐颁奖典礼。"中国TOP排行榜"2004年推出，颁奖晚会2005年举办，经过多年的完善已成为中国最具权威和影响力的品质节目与品牌活动。创办于2003年的一年一度的大型公益助学行动"我要上学"，10多年来已累计动员近500名歌手加入其中，发动社会各界募集资金超过5000万元，捐助农村留守与流动儿童超过4.3万名，成为我国大型公益知名品牌，获得中国少年儿童基金会颁发的多项奖项。再如上海东广"音乐动感101"以其时尚、专业的音乐节目为依托，成功策划运营"东方风云榜颁奖典礼"等活动，给频率带来近千万元的广告收益。

（二）参与类音乐节目

除音乐欣赏类节目外，另有一种特殊的音乐节目——听众唱歌节目。这类节目属于参与类音乐节目，带有比较明显的娱乐节目色彩。根据参与方式的差异，又可分为"录音唱歌"和"热线唱歌"两种。

1. "录音唱歌"

对于广播来说，制作某些以声音见长的受众参与节目，可以发挥广播的独特优势。早在1986年，"全国越剧中青年演员广播大奖赛"就引发轰动。广播界正是从自己的特点出发，一开始就把注意力放在演唱质量和录音质量上，从十多个省市初选出来的50名参赛演员的唱段，全部采用立体声录音，用一个多月时间在7家电台反复播放，最后根据10万多张选票决出优胜者。这可以说是一次成功的听众参与节目。由于注重演唱质量，节目办得精美，既充分发挥了参赛者水平，又满足了人们高标准的欣赏要求。

目前，一些电台策划的"校园歌手海选""楼道歌手""的哥唱歌比赛"等，由参与者自己提供歌唱录音，如上传至指定网站；有时也邀请其中的优秀者进台录音。

2. "热线唱歌"

"热线唱歌"节目融合了热线直播、平民化唱歌、"海选"、真人秀、网络互动等元素，是一种新型的广播音乐节目样式。台湾飞碟电台的夜话节目《夜光家族》拥有稳定的高收听率。其中"在线家族KTV"单元，就是由听众通过热线参加歌唱比赛，透过话筒，尽情展现歌喉。比赛方式比较周密详细，借用了电视真人秀的元素，任何听众均可以传真或热线形式推荐身边会唱歌的高手。目前，类似形态的音乐节目还有山东广播娱乐调频的《幸福放声唱》、深圳广电集团音乐频率的《K歌我最红》、福建经济广播电台的《醉想听你唱》等。

"热线唱歌"节目在一定程度上借鉴了电视歌唱类选秀节目的形态元素，由于广播具有匿名、隐身等特点，又形成了自己的特色。从平民化的角度看，广播唱歌节目更具草根精神，也更加原生态。但由于电话传输本身的局限，演唱的专业性受到一定影响，加上节目元素相比电视唱歌节目单一，制约了此类节目的发展。目前，不少"热线唱歌"节目选择与组织群众参与性歌唱活动相结合，或邀请草根歌手走进直播间，或参与网络歌唱选秀，辅以短信或网络互动，以提高节目质量，扩大影响力。

当前，随着互联网的发展，特别是移动互联网的普及，"听众唱歌"形态在技术层面已被进一步"激活"。这种形态的出现，意味着广播音乐节目发生了从"听歌"—"点歌"—"唱歌"的转变。尽管在未来的节目生态中，"听歌"仍将占据主导，但随着互动的增加，听众的主体意识已经觉醒，参与性音乐节目将越来越多。

三、广播新闻节目

新闻性节目是指"以传播新闻、报道真人真事为主要内容的节目的总称。广播新闻以播出消息为主，同时也播出通讯、特写、评论、广播讲话等。"[1] 在综合频率中，新闻节目常以栏目或板块的形态出现；在类型化频率中，新闻则呈滚动刷新状态。

（一）形态表征

1. 快闻速递窗口

由于制播技术更为简单，发稿流程更为便捷，不受发排、印刷的限制，"快"成为广播新闻最大的优势和魅力。美国传播学者雪莉·贝尔吉谈到，广播这一起居室中心的媒体，已经被移入了卧室、汽车，甚至浴室。美国90%的家庭有收音机，每5个成年人里有4位每星期至少听一次广播。40%的美国人在上午6点到午夜12点之间的某个时候听广播。电视发展以来，广播并没有消亡，在快速的新闻发布和最新热点报道方面，没有什么能够与广播匹敌。

一般情况下，广播新闻多为编排播出；在特殊情况下，单条消息也可以以插播的形式在

---

[1] 李岩.广播学导论.杭州：杭州大学出版社，1997：120.

其他类型的节目中出现。2003年3月20日10时40分30秒，中央人民广播电台突然中断正在播出的老年节目《桑榆情》，插播了一条仅有20个字的快讯，在国内首先发布伊拉克战争爆发的消息。这条消息领先了央视国际频道11秒，领先了新华社大约3分钟，领先了央视一套8分钟。

在互联网条件下，广播的"快闻"优势得以进一步强化。例如，"中国之声"便运用新媒体手段改进时政报道工作，第一时间通过官方微博播发国家领导人在考察、出访活动中的现场讲话音频，并配发文字说明和图片等，开创了广播时政报道新方式，提升了主流媒体的网络舆论引导能力，赢得社会各界的强烈反响。

2. 要闻资讯总汇

传统广播新闻有录音新闻、录音通讯等体裁，长消息、新闻专题、社教节目一度成为广播记者精心打磨的对象。然而，研究发现，人们如今收听广播新闻更多地是为了获知信息，而非长篇大论，在某种程度上，"深度报道""调查报道""解释报道""精确新闻"等新闻报道形式已不能构成广播的"核心竞争力"。广播新闻节目在与报纸、电视、网络对弈的过程中必须重新定位，"简明新闻""信息集纳"因其"即时、简短"的优势，逐渐成为广播受众的新宠。尽管我们仍能听到《新闻纵横》这样体现深度报道与新闻评论的新闻节目，但"短""快""活"的新闻定位正不断得到强化。事实上，老牌新闻栏目《新闻与报纸摘要》中的"简讯"单元和"报摘"（媒体报道介绍）单元就一直以"言简意赅、大信息量、汇天下精华"的编排，备受听众瞩目。

要闻总汇的形态特征在类型化新闻频率中体现得十分明显。最典型的类型化新闻电台当属已经运作了40年的纽约"1010WINS"。这个台的节目构成为每20分钟一个组合体，新闻都是提要式的，每条长度不超过40秒。它的广告词是："给我们20分钟，我们给你整个世界。"中国国际广播电台2005年开播的环球资讯广播（CRI NewsRadio）以小时为单位，每小时又细分为若干个板块，涵盖国际、国内、财经、科技、体育、文化、娱乐、媒体浏览、天气资讯、新闻英语等内容。听众想变换听觉感受，等待时间不会超过三分钟，此即欧美流行的"24小时资讯便利店"模式。

互联网时代的海量信息为广播资讯类节目的发展提供了便利。例如，浙江之声在2010年秋季改版时推出《方雨大搜索》，节目的口号是："你还在路上，我已为你翻开今天的世界"，节目定位清晰，主持人点评有节制，信息量大而有序，赢得了听众的青睐。为提升信息容量，该节目还设立"联通微世界""微信动起来""人物微语录"等小插件，与网络紧密联动，做到第一时间呈现网上最新热议话题。

3. 生活服务平台

现代广播强调信息服务的功能。广播信息服务可以囊括经济、科技、市场、文化、生活等各个领域。从具体的节目内容看，路况信息、天气预报、证券行情、彩票信息、演出动态等，是近年来出现的最主要的信息服务节目类型。新闻信息服务的兴起与市场经济的发展和社会环境的变化密不可分。比如，城市汽车拥有量的增加、交通问题的凸显使得路况信息炙手可热；人们对天气变化的关注、对灾害性天气的预警，使得天气预报成为收听率最高的节目。

信息服务类节目依据具体类型的不同，或"插播"，或以独立节目的方式呈现。比如，北京交通广播的路况信息播报覆盖每天的7:00～23:00时段，并贯穿各个节目。交通平峰时段平均15～20分钟定时播报，交通高峰时段随时插播，每30分钟由交通民警直播全市范围的路况，做出提示，或指导司机绕行。天气预报则是逢整点、半点各播报一次。路况信息、天气预报最短只有几十秒。

4. 直播连线中枢

传统广播新闻节目制作比较繁琐，记者从采访到成稿再到录音制作，需要一定的时间，而记者的连线报道能使其采访到的新闻在第一时间播出。同时，由于单纯的音频连线较电视的音视频连线更加方便，使用移动电话进行连线已成为广播新闻发挥时效性优势的"法宝"。电话连线的新闻传播方式，能将各方面信息进行整合、过渡、衔接，在直播状态下，主持人与前线记者随时连线，记者以第一人称，通过声音展现新闻第一现场，发布最新的现场新闻，充分体现了电子媒体的时效性和传真性优势。在一些电台，连线报道不仅仅用于突发事件报道，异地连线直播节目已趋于常态化，新闻直播间成为了连线八方的信息中枢。

随着手机的使用，外派记者几乎可以做到随时随地发回报道。在2008年年初南方雨雪冰冻灾害的报道中，广播传播方便快捷的优势充分得到体现。2月2日，在前往重灾区湖南郴州的列车上，时任国务院总理温家宝通过中央人民广播电台向全国听众、向灾区的群众拜年。随团记者在信号微弱的情况下通过手机连线将这个消息告知中央人民广播电台本部的导播，很快在第一时间播出，将党中央和国务院的温暖传向四面八方。

（二）典型形态与非典型形态

1. 典型形态

传统的广播稿新闻、录音新闻、报摘新闻（或"网摘"新闻），以及新近流行的现场新闻、连线新闻，加上滚动直播条件下简讯与深度报道、新闻分析相互穿插，以强调信息量为主的编排模式，构成了当前广播新闻节目的典型形态。

2. 非典型形态

强调广播"更适合做资讯服务，不代表广播媒体就不可以解读新闻，也不意味着广播媒体就不能做深度报道，关键在于能否消除节目的单调、乏味感，让听众在一种相对轻松的状态下收听节目。因此，以强化听众收听兴趣，消除听众收听疲劳为旨归的新闻节目碎片化追求，成了广播节目形态变革的主要内容"❶。有学者据此提出，可以"通过信息的分解与组合解读新闻"，还可以通过"说"和"聊"的形式报道新闻，以实现新闻的"碎片化"。这就涉及广播新闻的一些非典型形态，如植入式新闻。一些媒体在专题节目、娱乐节目、脱口秀的直播过程中，可以随时插播"交通信息"，连线路况记者，念读短信平台或微博平台上的"新鲜事儿"……这类植入非新闻板块或栏目的"新闻信息"，散布面广，随机性强，十分快捷机动。例如，《小新的一家》是黑龙江广播电台都市女性频率的一档民生资讯节目。其宗旨是"给听众带来实用的信息，给听众带来好听的故事"，节目以生活化、故事化的方式呈现，主要关注民生、养生、教育、科普等方面内容。主持人均以角色化身份出现，以演绎的语言样态表达；人物角色设置为爸爸、妈妈、小英及小新姐妹俩，人物血型、星座、性格都不相同，因而形成了人物间冲突，产生了故事剧情，节目时长为1~3分钟。这种单元小、信息量大、节奏感强的节目类型，不仅符合听众碎片化的审美，还易于吸引广告商的投资。

广播新闻节目在表现形式上也可以尝试与"音乐""谈话"节目融合，"嫁接"这两类节目的优势，创造独特的新闻播报方式。比方说，可以"音乐＋新闻"，在背景音乐映衬下播报新闻，江苏文艺台名牌栏目《音乐早报》几个板块的新闻内容就分别辅之以不同风格的音乐；还可以"新闻＋谈话"，既然广播是"贴身媒介"，娓娓道来当然比高高在上亲切自然。

3. 与电视联姻

广播新闻的另一种节目形态源于与电视的联姻。我国各地省市广播电台电视台合并之后，一些广播电视台的采编力量被整合为一体，节目制播方面的合作得到深化。如我国第一

---

❶ 申启武．广播节目：形态变革进行时．中国广播电视学刊，2008，(1)．

家省级广播新闻类型台——江苏新闻广播（FM93.7）就是一家由广播电视资源共享、联合打造的电台。江苏新闻广播与同集团内部的强势电视媒体——江苏城市频道强强联合，除品牌、线索、人力、宣传推广等领域的协同外，还同步直播知名电视新闻栏目《零距离》，录播《绝对现场》。但是，从传播符号系统、主持人语体、节目形式等方面看，电视新闻的音频版毕竟不能等同于广播新闻节目。"音频版电视"只能作为一种非主流广播新闻形态出现，而更为符合广播规律的做法是：其一，对电视播出的重要新闻加工后再度使用；其二，深化采编领域合作，充分利用类型广播滚动刷新新闻的直播优势，第一时间消化新闻线索和资源，弥补电视栏目在规定时段播出的局限。

四、广播谈话节目

谈话节目在国外被称为"脱口秀"（Talk show），自广播诞生开始，这种形式就被视为广播的宠儿。1921年美国马萨诸塞州普林菲尔德WBZ电台播放的"为农村听众讲解农场经营"的脱口秀节目，被认为是广播谈话节目的起点。但当时的节目形态多为一个人唱"独角戏"，没有主持人与听众的互动交流。1933年，广播谈话节目有了进一步的发展，听众开始出现在节目中，而这种节目也越来越吸引听众的注意，因为大家都想知道别人在想什么。由此，谈话节目的内容也开始向广大听众关心的热点靠拢，如热点时事、公共事务、家庭生活等。

从内容角度划分，广播谈话节目可分为新闻性谈话节目、教育性谈话节目、娱乐性谈话节目以及商业性谈话节目；从谈话者的角度划分，又可分为一人直述式、两人对话式、圆桌座谈式以及听众参与式[1]。也有学者认为，谈话节目可分为：①有话题节目，即根据栏目定位，每次设置一个中心话题；②无明确话题的节目，但栏目本身有主旨范围和指向，如《往事回忆》《你好，老爸》等；③无话题节目，即以热线为主的无主题交谈节目，如情感类的《孤山夜话》《今夜不设防》《伴你到黎明》等[2]。此外，根据美国学者吉妮·格拉汉姆·斯克特的分析，谈话节目有四大类型：新闻—信息节目；杂耍—喜剧—访谈节目；人际关系、自助、心理和日常生活节目；以及为特殊受众服务的特别谈话节目[3]。

谈话节目的优势在于扩大参与面，网聚人气；同时这也是一种制作成本相对低廉的广播节目类型。从节目形态的角度看，以"热线直播谈话"为代表的广播谈话节目较具特色。

1. 以"双向交流"彰显沟通力量

谈话是一种交流。把日常生活中的人际交流和团体互动引入广播，是谈话节目的核心理念。谈话一般都会有一个操持者（如家庭主人或会议主持等），广播谈话追求"双向交流"的传播效果，是典型的主持人节目。主持人节目的特点和优势在于：其一，传播者以个人身份出现；其二，传播者与受传者的关系是朋友式的[4]。传播实践表明，要使传播内容作用于受众，使受众、主持人展开积极的思想交流，有效方法之一就是缩短传播者与受传者之间的心理距离，而个性化、人格化的表达无疑有利于拉近这种距离。日本民间放送联盟编写的《日本广播电视手册》认为：广播节目个性的好坏取决于个性化的主持人、信息和音乐这三方面因素。他们用"Personality"（"个性""人格"）来注释广播中长时间直播节目的主持人，因为其作用不单纯是进行节目的播出，正确地传达信息，而且还要以自身的人格和个性

---

[1] 董旸. 广播节目策划与制作. 北京：中国传媒大学出版社，2007：137.
[2] 俞虹. 节目主持人通论. 北京：中国广播电视出版社，2004：236.
[3] 吉妮·格拉汉姆·斯克特. 脱口秀. 北京：新闻出版社，1999：273.
[4] 毕一鸣. 现代广播电视论纲. 北京：中国广播电视出版社，2007：244.

与听众进行面对面的交流。

广播谈话节目主持人和听众之间利用人际通信媒介——电话，沟通感情、交流思想，再通过大众媒介把人际间的这种真情实感广泛渗透、深入人心。调查发现，参与广播谈话的听众消除了披露个人隐私的顾虑，从而保护了他们的自尊。同时它又有助于听众克服孤独感，与社会保持联系。法国国际广播电台的《喂！玛霞》节目，曾经产生过很大影响。主持人玛霞·贝朗治女士每天深夜1点到3点，在电台播出听众与她通话的实况，她把普通的谈话化为倾诉衷曲的谈心，她热心为听众服务，甚至成全了21桩姻缘……由于电话产生的双向交流更加直接、便捷，使得广播谈话节目愈兴愈盛，其社会影响不容低估。

总之，主持人、"热线"等元素，使谈话节目区别于传统的"单向广播"模式。主持人在双向沟通中营造出"交流情境"，以人格魅力和个性化的真实，满足多样化的听众需求。

2. 以"舆论领袖"实现引导功能

谈话节目包含访谈、聊天、对话、辩论、交谈等多种元素，是聚合舆论的场所，不同观点特别是对立观点常常在节目中汇集。一般来说，谈话节目中的嘉宾、听众总会存在一些不同的观点和认识，从而形成矛盾冲突，而展开矛盾并疏导众人意见，最后形成意向性结论，则是这类节目的突出特点和一般性程序。

节目主持人是谈话节目的灵魂和核心。主持人起着控制整个节目节奏的作用。在谈话节目传播群体中，主持人是唯一固定的，嘉宾和现场观众则是流动的。主持人对节目的进程、节奏、内容、格调甚至节目的整体质量起着至关重要的作用。主持人在节目开始是引言人，中间是串联人，结尾是总结人，全程节奏是控制人。当然，强调谈话节目中主持人的核心作用，并不意味着节目可以变为主持人个人发表意见、自说自话的园地。在我国，谈话主持人实际充当着舆论领袖角色。

在国外，访谈节目主持人（Talk-master）、热线电话节目主持人（Hot-liner）被视为能够阐释各类社会问题、公共关系问题或心理问题的专家，他们在构建"谈话场"，引导谈话方向的过程中发挥着关键作用。美国知名谈话电台WOR710HD的《乔伊·布朗博士秀》（The Dr. Joy Browne Show）栏目，是美国最受欢迎的心理谈话节目。在20世纪80年代，主持人乔伊·布朗是全美第一位做广播节目且有行医执照的心理学家，今天，她的节目是美国本土电话交谈治疗类节目中经营时间最长的节目之一。节目由数段听众热线电话组成，在对话过程中，主持人帮助听众找到面对问题的解决方法，在家庭伦理、性、子女教育、工作关系等方面给予具体的建议和行为引导。

在谈话节目中，"热线"是实现听众参与、开展双向交流的一个最为直接也较为有效的方式。通过广播热线，让听众的声音直接在电波中流淌，多种声音的汇集、碰撞使"广播是声音的媒介"这一基本特征得到进一步体现。但正是由于"热线直播"的存在，给主持人驾驭谈话节目带来了一定的"风险"，2003年湖南电台经济频率的"罗刚事件"便颇具代表性。

3. 以"广播对话"构建公众论坛

广播谈话节目的参与性，又称介入性，不仅仅是指听众打入"热线"，或作为来宾参加演播现场的互动，更主要是引发受众心理上的参与感受。谈话的参与者多是普通群众，不受思想、文化、表达能力限制，大家可以实话实说，畅所欲言。这类节目在一定程度上启发了群众的自主意识，调动起公众民主参与的热情，构建起广泛参与社会生活的话语平台。从更加积极的层面来理解，它对推动社会民主政治建设也会起到积极作用。

早在20世纪80年代，美国就出现了现代的"广播对话"节目，它给广播事业注入了活力，而且形成一支社会政治力量。1989年，美国国会企图给自己加薪51%，全美国成千上万的听众打电话给节目主持人，表达他们的愤慨，并让主持人将电话信息转达给国会办公室，迫使国会让步。众议院在1990年提高了薪金，但远远低于原先设想的标准。纽约杂志分析家形容谈话节目主持人是"20世纪90年代的政治组织家"❶。著名广播节目主持人布鲁斯·杜经常通过节目影响公众意见，并在某种程度上影响到政治决策。他说："我认为广播谈话就是一个会发声的公告牌。但是以我做这种节目25年来的经验，我强烈地感到美国的选民并不仅仅把它作为一种指桑骂槐、责骂当选官员的游戏。我认为美国人民期望解决问题，也期望能从民选官员那里听到解决问题的方法。我认为他们已经完全厌烦了只是反复地摆出问题，他们在寻找答案，他们在寻找新的主张，他们在寻找那些努力解决问题的人，这也正是我在自己节目中想做的事情之一——为人们提供一个讲台，使大家可以讨论解决问题的方法，并且得到回答。"

在我国，1992年上海人民广播电台开办了《市民与社会》节目，把党政领导、专家学者、普通市民都邀请到广播中来，相互对话，共同讨论。在传播方式上改变了"你播我听"的单向模式，建立起在同一时间里有来有往，有问必答，此呼彼应，平等讨论的双向和多向交流模式，国外传媒称这个节目为中国独特的"公众论坛"。从节目构成的角度看，不少公众谈话节目都是"新闻话题＋嘉宾访谈＋热线电话（或网络互动）"的模式。

近年兴起的"行风政风热线"和"广播问政"节目，延续了"广播对话"的形态定位，由于听众的参与和互动，在广播中形成了一个个"舆论场"或"民主论坛"。以河北台《阳光热线》为例，节目每天邀请参加行风评议的省直51个职能部门的主要领导和有关处的负责人轮流走进直播室，通过"热线"与听众对话，或围绕某个主题，解答听众的政策咨询，受理听众对相关部门的投诉。与此同时，《阳光热线》的记者现场追踪，即时采访，在第二天的节目中通报问题的处理结果。自开播以来，该节目每期都有一万多人（次）拨打热线，被业界和学界称为"《阳光热线》现象"。"行风政风热线"为政府职能部门开辟了以人为本的"政务公开窗口"，实现了专门机关监督、舆论监督和群众监督的"合三为一"。这种形式有利于延伸和保障广播的舆论监督功能，也最大限度地满足了公众的知情权和话语权，促进了舆论的充分表达。目前，不少电台都办有类似节目，如河南电台的《政府在线》、江苏电台的《政风热线》、新疆电台的《新广行风热线》等。

五、广播剧

广播剧（Broadcasting Play或Radio Drama）是指在广播播送，主要为播音员或配音演员所演出的戏剧，也称为放送剧、音效剧、声剧。1924年1月，伦敦广播电台播出的理查德·休斯的广播剧《煤矿之中》（《危险》）是世界上第一部广播剧。中国第一部广播剧剧本《恐怖的回忆》发表于1933年1月20日。到20世纪30年代后期，广播剧已遍及欧美。1938年10月30日，美国哥伦比亚广播公司播出的《星际大战》几乎达到以假乱真的程度，造成了全国性恐慌。这从另一个侧面说明了广播剧的魅力和影响。

1. 纯声音的艺术

广播剧是广播节目的最高艺术形式，也是一门具有想象力的艺术。它通过声音塑造艺术形象，营造场景，激发听觉美感。语言是广播剧的第一媒介，"凡是思维能达到的语言就能达到。加之声音语言中的音色、音高、力度、节奏更可以传达人物的情感、性格和气质，更能为听众所感知所理解。音乐、音响不仅有配合语言抒发感情，渲染戏剧气氛，营造典型环境，推动情节转换和发展等作用，而且它是剧情中的音乐、音响，具有'语言的性质'，以

---

❶ 詹姆士. 广播对话的力量. 北京广播学院学报 1993，（3）.

表达人物内心深处的隐秘或更激烈的思想意态。"❶

以经典广播剧《杜十娘》为例,在杜十娘得知李甲又把她转卖给盐商孙富以后,悲愤难抑,将自己多年积攒的珠宝投入江中:

（珠宝落水声）

孙富:哎、哎、哎、哎——呀!娘子,不要再扔了,不要再扔了。你不要理会,不要理会李甲那小人。

李甲:十娘,十娘,是我对你不起,我实在是错了。

杜十娘（呼喊）:苍天哪,苍天!让我杜十娘这一片真心、满腔痴情和我这无价的百宝箱,都随着这滚滚的江流一起去吧!

（浊浪滔天声,悲壮的音乐扬起）

解说（浑沉地）:恶风恶雨紧相逼,人世艰险少真情。十娘抱恨投江死,留得清白万世名。

（剧终）

根据听众只能凭听觉进行欣赏的特点,此剧以人物对话和解说为基础,充分运用音乐伴奏、音响效果来加强气氛。解说、人物语言、音乐和音响共同呈现了一个动人的情节,给听众带来无限的想象力、感染力和震撼力。广播剧的制作是把广播剧本声音化的过程,它考验制作者对故事情节、感情的理解及对声音艺术的想象力和创造力。失去视觉手段乃是广播剧的弱点,但是,听觉手段可以充分调动听众的想象力,使之直接参加创造,从而获得特殊的艺术享受。在国外,不少广播剧尝试表现梦境、幻觉、回忆等题材,并且获得了成功。

2. 广播剧的栏目化生存

在西方,一些公共媒体办有主打广播剧的频率,如 BBC 的 Radio 4。其典型栏目包括名著改编系列（Classic serial,每集大约 1 小时）、女性剧场（Woman's Hour Drama,每集十五分钟,大多由经典剧目、名人故事或重要事件改编）；此外还有以紧张、神秘著称的"周六剧",情节美丽动人的"周五剧",以及每天下午固定播出的广播剧栏目。

1950 年,为纪念"二七"铁路大罢工,中央台制作了反映铁路工人修复铁路支援国家建设的广播剧《一万块夹板》,标志着新中国广播剧的诞生。创办于 20 世纪 80 年代初期的《广播剧院》（后改称《广播剧》）一度是中央台最受欢迎的文艺广播栏目,曾经位居听众收听排行榜第二名,仅次于《新闻和报纸摘要》。由上海电台推出的大型系列广播剧《刑警803》也可谓家喻户晓。这个系列从 1990 年 8 月播到 1995 年 7 月,共 39 部 208 集。其规模之大,延续时间之长,均创中国广播剧之最,全国有 33 家电台先后播放,掀起了经久不衰的收听热。2001 年,上海台文艺频率推出新版《刑警803》,取材近年来有影响的真实案件,再度受到欢迎。截至 2015 年,累计播出剧集超过 1000 集,成为广播剧界的常青树。不过,随着新的文艺和娱乐形式的普及,一段时期以来,广播剧创作出现低谷。不少电台对于投入大、效益低的广播剧不甚感冒,广播剧栏目逐渐淡出频率,取而代之的是形态更为简单的小说连播、"主持人讲故事"节目,有的电台则直接剪辑播放热门的影视剧录音。中央人民广播电台第一套节目"中国之声"曾专门开办过广播剧栏目《黎明剧场》。

在节目交易市场,目前小说类广播节目价格相对较低,而广播剧单期价格较高,需要有剧本、音效,角色扮演以及后期录音师的剪辑制作,技术含量也相对较高。但从节目形态角

---

❶ 张凤铸. 中国广播文艺. 北京：北京广播学院出版社，2000：276.

度看,广播剧有其局限性。一是互动性弱。广播与其他媒介相比,重要的优势就是它能和听众之间构成即时互动,广播剧则几乎没有互动,所有节目都是演播。二是时效性差。因为录播,与当下社会的许多热点话题多少处于脱节状态。三是缺少"有用"性,难以长时间有效吸引听众。四是对听众的卷入度要求高。广播剧不仅要求听众投入时间,还要求听众投入情感,甚至投入智力,并且是长时间的投入。这么强的卷入度要求,不太符合当下听众的收听心理。生活节奏的加快,使人们更注重广播的伴随性。高卷入度使广播剧流失了大批活跃的年轻听众,一些年龄偏大、收入偏低的听众成为广播剧的主体听众群。

3. 从广播剧栏目到广播栏目剧

任何事物都会在自我扬弃和脱胎换骨中获得新生。广播栏目剧即为一种新兴的节目形态,由于通常每一集都较为短小,因此也被称为"微型剧"或"广播小品"。与传统广播剧相比,在形式上它借鉴了小品的艺术元素,有规定的情景、相对固定的人物和一些简单的情节。内容上则更加灵活,无论是评议时事、服务生活还是娱乐大众都可以;风格上则贴近普通听众生活,讲求时效;由于基本上是日播,因此制作上相对于传统广播剧要简单得多。

《阿亮的烦恼生活》是浙江电台的一档广播情景剧。节目紧扣时事新闻,演绎百姓生活。主持人阿亮在节目里扮演各种角色,既是主持人又是主人公。有时候还添加一些额外的角色,由工作人员客串。通过角色的生动幽默,富有时代气息的对白,演绎现实生活中百姓对新闻事件和社会现象的看法。目前,北京电台的《都市人》、山东电台的《老鲁一家亲》等都成了当地家喻户晓的名牌栏目。在珠三角地区,粤语广播小品更是深得当地听众青睐,几乎每家电台有类似栏目。《老友鬼鬼》是广东电台城市之声的一档广播新闻评论剧。剧中角色都由主持人扮演,情景设定在一家甜品店。节目借用小吃店员工和食客之口,对社会热点进行点评,嬉笑怒骂,针砭时弊,将市民心声表现得淋漓尽致。中山电台的《庆记茶寮》则已持续播出10多年,累计3000多集,可谓长盛不衰。

近些年,一些广播电视台都在尝试推动广播剧的产业化运作,并形成了良好的示范效应。如黑龙江人民广播电台下属的龙脉影艺公司成立于2007年,经过几年发展,成为年产2000部(集)、广播长书8000余小时的音频生产类文化企业。成立于2005年的湖南金鹰之声传媒有限公司近些年开发和制作了广播剧《青瓷》《长沙、长沙》《三十,而立》等,在市场上获得了良好的口碑和经济效益。

从某种意义上说,广播栏目剧"短小集中""注重矛盾冲突""情感冲击力强""语言智慧幽默"等特征决定了它的风靡流行。《的哥哈喜喜》是宁夏广播电视台推出的一个午间方言类广播情景系列剧,2006年推出至今已十多年,累计播出2000多集,成为当地老百姓非常喜欢的广播品牌节目。值得注意的是,该剧的演播采用了无剧本现场演播的方式,主创人员在录制时依照前期设计好的故事大纲和主题在演播室内即兴表演。两位主创人员"哈喜喜"的演播者江涛和"夏莉莉"的演播者马茵现场编排主体情节线索,边录制,边创作,一个小时内完成18分钟左右的剧集录制。究其优势,一是现场感强。无剧本演出使得戏剧演员与现场观众的互动性加强,增强了观众的参与性;二是时效性强,通过即兴的评述和表演,将新闻性事件带入戏剧情境中,使得戏剧内容有了新闻的时效性特征。快速录制可以缩短新剧与听众见面的时间,将生活中发生的新事件及时纳入广播剧进行演播,以此拉近与听众的时间距离。此外,无剧本创作的另一个好处就是有效降低了制作成本,为广播剧的市场化运作提供了更多可能。

4. 微剧时代

2012年,中国广播剧研究会、浙江交通广播、宁波鄞州广播电台联合举办首届中国广播剧微剧大赛,以"畅想未来"为主题,通过微型(每个作品时长3分钟至8分钟)广播剧的制作、选评、展播，促进中国广播剧事业的创新发展。该项赛事已连续举办四届，这种新型的广播艺术形式充分适应了现代人在网络时代碎片化、自主性阅读和收听的习惯，通过广播电台播送、微博和微信转发、网站手机在线或下载收听等方式推动，为内容产品影响力实现最大化。

例如，获金奖的作品《爸爸》累计点击率达到300万人次，参赛作品在网络展播期内仅10天时间点击量和手机分享量便超过50万人次。分析此类广播微剧节目，可以发现其本身也是为手机终端用户精心制作的音频节目。移动网络用户在短暂的时间里，快速地听到专业的广播剧艺术是一件很享受的事情。诸如此类的节目样式成功探索了广播文艺类节目在社交媒体平台的推送，也提升了广播媒体的品牌传播效应。

第三节 广播节目形态的发展与创新

一、广播改革与广播节目形态创新

改革开放以来，我国广播界多次吹响改革号角，每次改革都是广播节目形态演进的契机。可以说，广播节目形态的每次创新，都与中国广播改革的大潮相生相伴。

1. "珠江模式"

1986年，广播界以"珠江广播模式"拉开改革大幕。珠江台一反传统的"录播"和"分割式"节目编排，采用"以新闻信息为骨架，以大板块主持人节目为肌体"的形式，每逢半点播出新闻，逢正点播出经济信息，按听众的收听习惯和需要安排内容，通过主持人灵活地将新闻、资讯、服务、娱乐等各种内容熔于一炉，开通热线电话与听众即时交流、实时直播，实现了听众的直接参与，展示了广播的大众性、信息性、服务性和娱乐性等崭新面貌，赢得了听众。

2. "东广模式"

1992年，以东方广播电台成立为标志的"东广模式"为广播第二次裂变的标志。他们倡导以提高节目信息量为标志的开放型改革思路：新闻编排上打破了先本地、后国内、国际的陈旧模式，根据新闻本身的重要性"排座次"；不"画地为牢"，请进各方代表人物进直播室，将各方面新闻媒介的最新消息尽快提供给听众；努力开发节目资源和频率潜力，实现24小时直播。东方广播电台的做法，深化了大板块直播节目的内涵，实现了广播节目与社会活动的内外联动，树立了电台的品牌形象。

3. 专业化实践

20世纪90年代到21世纪初，以全国各地频率专业化探索和建设为广播第三次改革的标志。90年代以后，广播的核心受众群正在由乡村转向城市；随着私家车数量的迅猛增加，受众由固定收听转向移动收听；由收听调幅广播转向收听调频广播甚至数字音频广播。北京、上海、广州、深圳、南京等城市率先建立了诸如文艺频率、新闻频率、音乐频率、交通频率等专业化频率，我国广播开始了"窄播"和频道类型化的探索实践。

4. 融合化探索

媒介融合正不断催生新的媒介形式。这些新的媒介形式融合了传统媒体和新媒体的特色和优势，具有极强的互动性和参与性，最终通过各类不同多媒体终端呈现出来。近10年来，伴随着互联网浪潮的汹涌澎湃，传统广播媒体纷纷"上网冲浪"，展开了融合化、新媒体化的大胆探索。由于以社交媒体为代表的新媒体具有自发传播、感染力强、参与性高等特性，传统广播媒体需针对融合化平台的传播特点，为用户"量身打造"节目样式，形成与传统节目形态的差异化传播，使其各具特色，相辅相成。以中央人民广播电台"中国之声"为例，目前，其新闻内容不仅在传统广播中播出，还会在微博、微信、新闻客户端、央广网以及各类商业网站同时呈现。打开"中国之声"官方微信公众号，页面不仅设有"收听直播""节目单""主持人""电台简介"等菜单，还设置了"新闻调查"专属互动平台，平台上的内容每日进行更新，话题互动性很强。其官方微博，改变了主流媒体应对网络热点时迟缓和失语的状态，截至2017年年底粉丝已达2068万，成为广播媒体微博中粉丝数量、影响力指标均排名第一的官方微博。"中国之声"微电台一直位列微电台收听榜新闻类第一名。目前，"中国之声"还和新浪、腾讯、百度等多家商业网站开展了密切的合作，网友评价其"敢说、真说、不胡说"。

二、嫁接与融合：广播节目的新形态

媒体融合背景下的新广播形态，具有许多区别于传统广播的新特点。

1."全媒体广播"：广播与互联网的嫁接

从世界范围看，广播与互联网的嫁接基本都经历了两个阶段。早期的"嫁接"即简单地将传统广播节目"照搬"上网，将网络视为传统广播的扩展和补充，但这种方式并没有获得普遍成功，互联网用户对此并不"买账"。当前，这种嫁接进入了"互联网＋广播"的新阶段，即认为"新终端上的内容产品是严格意义上的互联网产品，照搬传统广播的内容是行不通的，必须跳脱传统广播的理念、流程和生产方式，把优质的、用户最感兴趣的音频产品在合适的时间、合适的位置推送给用户。"❶ 基于此种认识，在传统广播生产和经营的具体实践中，经营者除了借助新媒体的力量在创新与融合中变革节目形态、丰富节目内容、进一步凸显广播的功能和优势外，还应充分利用新媒体推送一些具有新媒体特色音频及衍生产品。2013年4月雅安地震，国家应急广播运用多媒体传播，第一时间开通微博、微信等在内的社交媒体，很多用户在最快时间里通过社交平台传播受灾图片，在社交群里互相问询情况，还在朋友圈里发布地震后的自救措施，或等待四川的朋友报平安，迅速扩大了突发性事件的传播影响。2014年3月8日8点45分，"中国之声"官方微博发出第一条关于"马来西亚航空公司飞机失联"的图文微博，短短15分钟内，用户评论和转发累计次数达到2500次以上。此后的半个多月，"中国之声"持续跟进的报道，用户参与的频次累计达到几万次。

2013年以后，在广播与移动互联网嫁接的过程中，蜻蜓FM、考拉FM、喜马拉雅电台等手机广播软件和音频聚合平台相继出现，成为广播节目创新的新平台。例如，中央人民广播电台文艺之声《海阳现场秀》脱口秀节目，将广播的一小时节目长度拆分成五分钟左右的小制作音频，放在蜻蜓FM、喜马拉雅等App。辽宁电台还推出"广播级故事音频聚合平台"，用户通过手机登录腾讯微博就可听到"瓢虫"网络广播，并在24小时内不间断地收听广播故事。可以认为，在全媒体时代，必须站在基于移动互联网的IT产业链上来实现传统广播与新媒体之间的创新、融合、发展，而不能简单地把传统广播节目移植到新媒体上，一定要研究新媒体用户的体验和需求，把以往对"听众"的认识对接到"用户"的理念上来，树立开放、分享的互联网意识，以全新的多媒体、全媒体产品形态来迎接新媒体，迎接新媒体用户，迎接广播的新机遇。

2."播客广播"：广播与UGC的嫁接

所谓UGC，即User Generated Content，意为"用户原创内容"。以UGC为特色的网站如各大论坛、博客和微博站点，其内容主要由用户自行创作，管理人员只是协调和维护秩

---

❶ 王求. 革旧纳新天地更宽——中央电台发展新媒体的实践与思考. 中国记者，2013（8）.

序。不过，相较纯文字或图片内容而言，广播内容生产始终存在一定的专业门槛，这导致互联网上的原生音频一度显得相对"业余"，不过，视角独到、选题精到、贴近草根的 UGC 视频内容仍具有传播优势。随着网络的普及，一些与网络相互融合的广播节目呈现出良好的发展态势，尤其是网络播客、博客、微博的兴起对广播节目影响很大。播客和博客是"自媒体时代"到来的标志。它们彻底改变了传统媒介时代大众传播的"传受模式"，使大众传播的主体从"专业化媒介组织"变为个体的人。为顺应这一趋势，江苏电台则基于微信平台通过"微应用"产品为邓煌、成杰思、阿束等知名主持人开办"自媒体网络电台"。

  传统广播利用热线电话等形式和听众发生互动，但听众对电台节目选择、编排的影响较小，听众间的交流和互动也较少。而依托网络形态的广播则不同，强互动性使个性化的收听成为现实，听众可以选择自己喜爱的节目内容。更重要的是，听众变成用户，在一定程度上获取了传播者能力，听众可以通过上传自己制作节目（即 UGC 内容）和与其他听众进行交流等方式，在内容选择方面获得自主权，并能通过便捷的双向互动和交流，直接影响电台节目的选择和编排。由此，广播的传播模式变为电台与用户之间的"多点对多点"的网状传播。

  《net 仔 net 女 k 时代》是佛山电台知名度最高的节目之一。节目特点在于广播同网络的结合，通过广播给青年人制造了一个展现自我的平台。具体的操作方式是：佛山电台同广州日报网站合作，共同建立了一个网站。音乐爱好者注册为网站会员后，可以将自己唱的歌曲（原创、翻唱均可）通过特殊软件上传到网站。网民登录网站便可以收听这些歌曲，并对歌曲的优劣进行评判。主持人根据网民给出的分数将歌曲排定次序，形成榜单，在节目中播放。在周六的特别节目中，主持人还将歌手请到户外直播间为现场听众演唱。节目还不定期的举办演唱会，在经济和社会效益上都取得了不小的收益。

  《波哥播客秀》是上海东广都市 792 频率 2005 年 8 月推出的一档广播节目。众多的"播客"将其音频作品发送到"新广播网"参赛，入围作品可在节目中播出；播出的作品将进一步通过广播和网络接受网友、听众、手机用户的评选、投票、评价。经过初赛、复赛、决赛，选出最后的优胜者。《波哥播客秀》节目也同时在"新广播网"播出。《波哥播客秀》不仅播出"播客"作品，还报道"播客"生活；《新广播网》不仅是参赛和非参赛"播客"作品的集散地，同时也成为电台专业 DJ 的"播客"作品展示平台。《波哥播客秀》是全国第一档反映"播客"内容的广播节目，主办者想"实现传统广播媒体新的互动参与方式""实现传统广播跨媒体多平台的新的运作方式""把广播业与 IT 业嫁接起来"。

3. "可视广播"：广播与视频的嫁接

  虽同为 Broadcast，广播与电视的媒体形态有所差异。广播的"单信道"特点使广播成为"想象力媒介"，听众需要发挥自己的想象力，弥补图像缺失的遗憾。以广播节目主持人为例，不同听众"心中"的主持人形象必然有所差异，这反而给广播主持人披上了神秘的外衣，愈发吸引听众的好奇。然而，百闻终究不如一见。一些媒体开始尝试使广播可视化，以满足听众对主持人及其工作状态的好奇。

  2006 年 7 月 10 日，浙江电视台钱江都市频道推出了全新的午夜谈话节目《万峰时间》，将浙江广播电台文艺台的著名节目《伊甸园信箱》搬上了荧屏，每晚 23:45～00:30 播出。这是广播与电视结合的一种尝试。广播谈话节目主要依靠人物的有声语言传播，谈话内容的质量是节目的关键。电视媒体由视觉和听觉语言系统构成，具有传播符号的综合性、事实氛围的传真性和深度涉入的参与性等特征，偏重于动态的视觉效果。因此，广播形态的节目要转化为电视形态，必须要制造出画面元素。

  钱江频道的做法是，将镜头对准在电台直播间的主持人万峰，真实记录万峰主持节目的原生态场面，经过剪辑后以录像形式在电视台播出，中间插播广告。《万峰时间》的主画面为主持人近景，下方以滚动字幕播放经过编辑的观众评论，这不仅丰富了画面元素，更增加了节目的参与感。由于《伊甸园信箱》是直播节目，在一个半小时里，存在很多不确定因素，如没有听众打进热线电话，节目就显得不够饱满、连贯；而《万峰时间》经过剪辑播出，有效地控制了节目时间，使受众能最大程度地欣赏到精彩的内容，可以说是《伊甸园信箱》的浓缩版。《万峰时间》无疑是电视节目，但也是广播节目《伊甸园信箱》的衍生产品。通过记录万峰的一言一行、一举一动，很好地展示了万峰的神态，保留了广播节目原汁原味的精华，满足了受众对主持人工作的好奇心。

与此类似的嫁接是江苏电台的"播ing网"。江苏台通过一个具有直播和点播功能的音视频网站，将《男生宿舍》《股市直通车》《梨园漫步》等主持人节目推至"幕前"，进行跨媒体互动视频实时播出。与直接嫁接电视有所不同，"播ing网"不受电视节目播出时段和容量的限制，能够提供更多的"可视化广播"节目，同时具有更好的时效性和即时互动性。然而，此类广播节目衍生产品出现的初衷，源于受众的好奇心，而非通过视觉通道传递的核心内容信息，因此，受众好奇心能维持多久，决定了节目的生命力，如"播ing网"就在开播两年后退出市场。如果节目长期保持以静为主、以听为主的画面，很容易导致受众的"审美疲劳"；而一旦融入更多的动态视觉内容，就变成了真正意义上的电视节目。事实上，由成功的广播谈话节目衍生出电视谈话节目，在一些地区并不鲜见。

4. "透明广播"：广播与户外展示的嫁接

通过户外直播形式，办"透明广播"，是加强与听众直接交流的重要方式，也是电台节目推广的常用策略。早在20世纪80年代，就有媒体进行过此种尝试。1987年5月，珠江经济广播电台在文化公园与听众联欢，蜂拥而至的人群将整个公园挤得水泄不通；几个月后，人民路高架建成的第一天，珠江台与有关部门发起"高架路上万人行"活动，记者站在附近高楼上的直播点发回直播报道。1992年10月，珠江经济台与南方大厦合办"南大直播室"，这是国内第一家看得见的直播室。直播室开播后，好奇的听众经常到"透明直播室"前观看主持人做节目。当前，在城市繁华地段的商场内开设户外直播室，把一些大众参与的节目搬到户外做，已成为不少电台的选择。2010年，为服务世界博览会，上海交通广播、东方都市广播，把电台直播间搬到世博园区，为听众提供了新鲜、全面的世博播报。可见，走到户外，走向听众，与户外展示媒体巧妙嫁接，能够让节目产生更大的吸引力、号召力和影响力。

此外，广播户外活动（节目）也是重要的媒体展示形式。广播媒体的户外活动主要有沟通型、服务型、晚会型、竞赛型等。活动策划一般包括时间、地点、人员、主题和流程五个要素。其中，人员包括活动主办、协办（联办）、承办、赞助等方面的相关机构与工作人员；主题包括该次活动的主要目的、中心任务和意义；流程则指按照日程顺序和人员分工来安排活动的分项目。通过这种形式，节目制作、电台推广和听众服务活动"三位一体"，广播办出了"形"，实现了与听众的"零距离"。

思考题

1. 哪些因素制约和影响了广播节目的具体形态？
2. 类型化编排的新闻节目和音乐节目分别有何特点？
3. "热线"和主持人在广播谈话节目中分别起着什么样的作用？
4. 栏目化形态的广播剧有何优势？
5. 广播媒体与互联网的融合传播对广播节目形态有何影响？

第三章 视频新闻节目形态解析

视频新闻节目是电子媒介较之于纸质媒介最吸引人之处。电子媒介经历了由广播电视到如今的互联网的发展过程，当前在视频新闻领域的竞争比较激烈。传统电视台不断拓展新闻的表现形式和内容深度，新浪、搜狐等老牌互联网站与今日头条、梨视频等新的视频网站，都开辟了专门的视频新闻，运用交互、移动和在线的优势发展新闻资讯业务。其中，H5和VR等交互化、精密化、立体化的数字技术和软件技术、App和公众号等新型平台都被电子媒体融合式地应用，传统电视、智能移动设备、视频网站在视频新闻方面逐步融合，视频新闻出现了一些新的表达。但总体看，视频新闻的节目形态依然以传统电视的新闻节目形态为基本标准。

20世纪80年代以后，随着"四级办台"方针的提出，我国电视台数量增加，电视新闻的竞争也日趋激烈，为了获得发展机会，各个电视台都进行节目的改革和创新，使电视对新闻和信息的传播走上了飞速发展的道路。从20世纪90年代中期起，我国内地许多电视台都进行了大刀阔斧的改革，各电视台在节目的栏目和形式上都推陈出新，再借助大力推广的电视数字化，更使得电视在新闻传播中的主体地位凸现，成为大众获知新闻、休闲娱乐的首选。

发展到今天，相比早期那种借鉴报纸新闻的形式和功能都比较单一的模式，电视新闻节目无论是在栏目设置上还是节目编排上，都有很了大进步。而网络技术赋予了视频新闻更多的灵活性，无论是节目形态、播出方式还是生产制作方面，网络视频都逐渐突破电视栏目化的限制，变得更加灵活自由、交互立体。

第一节 视频新闻节目概要

一、视频新闻节目的分类

中国电视新闻节目在过去近60年的发展中形成了众多的分类标准，而各种标准之间又形成了交叉，特别是随着受众收视需求的变化，电视新闻节目形态也一直处于不断的变化中，这就导致对电视新闻节目进行统一的分类比较困难。

1993年出版的《中国应用电视学》将电视新闻节目分为消息类新闻节目、专题类新闻节目、言论类新闻节目。1994年出版的《电视新闻分类与界定》将电视新闻分为消息类新闻、专题类新闻和评论类新闻。2002年出版的《广播电视新闻学》则认为："电视台完整的电视新闻节目系统，从宏观上看，应由消息新闻、专题新闻、言论新闻组成。"而2005年出版的《电视新闻栏目定位与运作实录》认为："电视新闻分为消息类节目、专题类节目、评论类节目和直播节目。"

另外，根据其他的标准，电视新闻节目可以有以下分类：

按题材涉及的范围可分为国际新闻、国内新闻、地方新闻等；

按题材的专业内容可分为时政新闻、经济新闻、法制新闻、社会新闻、科教新闻、体育新闻等；

按体裁可分为消息类新闻、专题类新闻、评论类新闻等；

按播出方式可分为电视新闻节目录播、电视新闻节目直播和新闻事件现场直播等。

总之，新闻节目的分类没有固定的标准，在不同的研究需要下，人们可以有不同的分类。

总体看，网络视频主要是在播出的标准化方面与传统电视不同，但在单个视频节目的形态方面并没有太大的突破性变化。比如，目前比较受关注的梨视频，是跨平台的、开放的新媒体公司，提供优质短视频内容，每日更新的短视频内容不仅在其自有的移动App和网站上呈现，更以多样化格式在中国及全球的社交网络和视频平台上有效分发。大部分视频"时长控制在30秒到3分钟之间"，力求展现新闻事件最精华的内容。梨视频中已经打响名声的栏目有"微辣Video""冷面"等，"微辣Video"以趣味性为长，"冷面"是新闻人物回访类视频，"风声视频"瞄准社会问题，"老板联播"则是关注大佬动向。还有关注海外的如"时差视频""DIGGER"，以及文娱类的如"文娱小队长""眼镜儿视频"。可以看出，梨视频应该是基于互联网的专门资讯平台，类似于传统电视的新闻频道，其资讯内容的表达，整体遵循传统电视新闻的划分标准。

二、视频新闻节目的基本特征

（一）视频新闻节目的题材元素

题材元素既是指视频新闻节目报道的具体题目范围，又指表现主题思想的材料。具体说来，视频新闻节目在选择题材上要遵循以下标准。

1. 迅速的事实信息

新闻要迅速传播事实信息，信息的新鲜程度、信息量的大小是观众对新闻报道的首要需求与期望。事实信息作为不确定性程度减少的量，体现在新闻报道中，应力求传播观众想知道又不知道或虽知道一点但又认识不足的事实信息。记者要深入实际，深入群众，深入生活，把题材扩展到社会生活的各个领域。视频新闻节目从题材到内容都要突出观众未知、欲知、应知的事实信息，以新鲜生动的画面形象和文字语言，以采访对话的个性化语言和形象给观众以事实信息。

2. 丰富的情感信息

报道题材本身既含有事实信息，也有情感信息，记者在报道时也会包含情感。真实性是视频新闻节目的生命，电视新闻节目只有及时准确地反映了事实信息，才具有传播事实本身所蕴含的情感信息的基础。情感信息在节目中的应用要有选择性，并不是每个节目都要写成故事，要具体问题具体分析。心理学认为，认识、情绪、意志是人类三种主要的心理活动，它们彼此是相互联系和制约的。在视频新闻传播实践中，这三种心理活动也在相互作用。情感信息目前已成为视频新闻节目的创新形式之一。

3. 鲜明的个性信息

人是整个新闻传播过程中最活跃的元素。多媒体新闻采集系统和在线播出软件的应用使视频记者由幕后走到了台前。观众跟随视频记者到新闻事件发生的现场，目睹其采访、调查事件，事件发生和发展的情况。在采访报道的过程中，记者的业务水平和人格魅力也被观众所发现。当视频镜头对准人的时候，要以人格化采访来表现受访对象和采访记者的独特个性，从而激发观众的思想参与，只有能吸引观众参与的视频新闻节目才算是成功的节目。

（二）视频新闻节目的叙事元素

视频新闻节目的叙事元素包括事件、时间、地点、人物、原因、过程、结果、意义。其中事件、时间、地点和人物属于基本叙事元素，传播的是构成新闻事实的最原始、最直接的显性信息；原因、过程、结果、意义是拓展叙事元素，传播的常常是隐藏在新闻事实表象之下的隐性信息，需要对新闻事实做进一步的挖掘才能做到。

现代视频新闻传播理念是以受众为核心，在这一理念的指导下，上面八种叙事元素的组合体现出以下特点。

主题事件化。主题是视频新闻节目的核心，主题决定着选题。主题事件化就是选择最典型、最重要的事件来报道，在新闻活动中，常常遇到一些枯燥乏味或晦涩难懂的题材，而视频又是擅长以声音和图像取胜的大众传媒，在这种情况下，要化难为易，并且能够用视听元素来承载主题，寻找典型事件是一个很好的选择。

事件故事化。事件故事化就是用故事来结构新闻报道，以讲故事的方式来叙述事件的发生和发展，并构造起伏和悬念来吸引观众的注意。不论是老牌的电视新闻栏目《新闻调查》还是新的网络视频"梨视频"，栏目化播出的节目，有的是专业性选题制作，有的是"拍客"的街头随手拍，但都注意采取故事化倾向来讲故事。

故事人物化。故事人物化就是让新闻报道中的人物形象立体起来，用人物命运的变迁加深观众对新闻的印象，为新闻主题服务。现代新闻报道越来越注重人，视频新闻节目视听兼备、直观形象的传播特点决定了其表现人时有更有利的条件，而一个成功的视频新闻节目，令观众回想起来的，首先是一个个鲜活的人物。

人物个性化。人物个性化指的是在新闻人物的刻画和描述中，重视细节的描述，用细节来突出人物的形象，从而加深观众对新闻的印象。现在的"两会"新闻报道就一改过去沉闷无趣的面貌，用人物串起故事，用个人的故事来加深观众对报道的印象，将镜头对准人物，特别是其神态、表情、动作等细节，展现人物的个性色彩，正是电视新闻节目的魅力所在。

值得注意的是，在视频新闻节目的实际操作过程中，主题事件化、事件故事化、故事人物化、人物个性化这四点是相互联系不可分割的，要处理好它们之间的关系。此外，随着视频网络的发展，一些视频新闻呈现出碎片化、生活化的趋势，实录的成分多于主题思考。这是网络弥补电视在即时资讯发布方面的缺陷，本质上并不是以浅显碎片取代深度。

（三）视频新闻节目的新闻元素

视频新闻节目的新闻元素也叫新闻价值元素，指的是事实所包含的、能够构成新闻事实的各种差异元素的总和。新闻元素可进一步分为时效性、真实性、重要性、接近性和互动性。下面对各个子元素分别进行简要分析。

1. 时效性

时效性是指视频新闻节目产生应有传播效果的时间限度，即在什么时间范围内，新闻节目才有传播价值，新闻事件的报道时间和新闻价值成反比，报道时间越迟，新闻价值就越低。时效性的衡量又可以从时新性和适宜性上表现出来。时新性就是要求新闻报道得越快越好，现代电子技术的发展使得电视可以做到"现在的新闻现在报道"乃至"在线直播"，因而视频在时新性上具有无时间差的现场直播独特优势。要注意的是，只有在适当的时机对适当的新闻予以报道才能产生预期的传播效果。

2. 真实性

真实是新闻的生命。视频新闻要尊重事实，对报道的事件、事态在细节和语言上都要力求准确，对事件的解释也要以事实为准绳，引文、数字、史料等都要持之有据。首先要做到事实真实，即节目所报道的事件是真人真事，不能犯采访不深入或偏听偏信的错误；其次还要做到本质真实，在多元化的社会中，事物本身有可能是多因果关系，视频新闻节目如果还简单的就事论事，就难以从表面的"事"中求出本质的"是"来；最后还要表现真实，也就是说视频中的声和像必须都是真实的，切不可为了某种目的而随意"制作"画面。

3. 重要性

重要性指在新闻事实中因为事物的质变而对社会造成重大影响并和受众的切身利益相关的性质，新闻的重要性通常是由事物本身所蕴含的新闻价值决定的。一般来说，有关重大党务或政务活动的新闻都是有新闻价值的，这是由电视新闻传播的党性原则决定的。除此之外，一些社会上的热门话题和焦点问题也具有较大的新闻价值，因为这些话题大都关系到很多公众的利益，譬如物价、就医、房价等，这些节目做出来，无疑会受到受众的关注。

4. 接近性

接近性指视频新闻节目中的事实因为同观众在利益上、心理上、地理上的距离比较近从而吸引他们的元素。对观众来说，新闻报道中的事件与自己相关程度直接影响到其对报道的关注程度，如果报道中有其关心的人或事，那么观众肯定会关注此报道。同样，与观众地理距离近的地方发生的事件比与距离远的地方发生的事件对观众有更大的吸引力，也有的新闻事件虽然发生在远处，但由于两地之间存在特殊的关系，也能使受众关注新闻，这就是心理接近原因。

5. 互动性

视频媒体在传播新闻的过程中，要求其与观众之间有一种"面对面"的平等交流，从而使观众产生心理上的互动感，视频新闻节目也是这样，它不仅仅是要受众接收信息，还要积极地参与到报道中去，从而达到其所希望的传播效果，视频新闻节目的互动性主要体现在接受认可、信息反馈和提供素材三个方面。

（四）视频新闻节目的视听元素

1. 视觉元素

视频新闻节目的视觉元素可进一步分为画面、字幕、动画、图表等。画面是对现实的再现。视频新闻画面的首要作用就是忠实记录新闻事件的原貌，并通过剪辑加工将这种原貌还原给电视观众，所以在编辑的时候要选择那些最能表现事件本质的画面，并加以合理剪辑，这样就能把新闻发生的现场环境、关键情节和典型细节呈现给受众。另外，视频画面因具有直观性和连续性，所以有很强的实证功能，对于一些有争议、有疑惑的事件，视频画面可以有很强的说服力。通过积累、对比、关联等蒙太奇手法，画面还能产生种种不同的寓意，从而弥补解说词的不足或与其相得益彰。

字幕是具有独立表意功能的视觉元素，是制作者为了实现视频节目的传播效果，在后期编辑中加到时间线上并在播出中直接在屏幕上显示的文字。字幕是各类视频新闻节目中普遍运用的一种表现手段，在视频新闻节目的内容表达和画面构成中是不可或缺的元素。字幕可以弥补画外音和解说词的不足，对画面可能存在的多重含义进行解析。

视频新闻节目中的动画是新闻性和艺术性相结合的产物，它通过动画语言报道和评论新闻事实。比如有关科技和科普知识方面的新闻题材，用动画表达能得到形象生动、清楚易懂的效果。在关于神舟系列飞船的报道中，制作方就制作了专门的动画将飞船从发射到返回的全过程作了形象化的展示。

图表也叫信息图或信息图表，主要有趋势图、曲线图、示意图、地图等。图表的适当应用既能增加观众的感性认识，又能补充语言、画面、文字的不足，加深对新闻内容的了解。它能使复杂的数据变得一目了然、清晰易懂。

2. 听觉元素

视频新闻节目的听觉元素可分为音响、同期声、音乐等。音响也叫实况音响、背景声或环境效果声，是新闻现场的环境所发出来的声音和响声。通常情况下，音响是用于描述新闻报道主体所处的空间环境特征，作为新闻报道主体信息的补充，特别是一些现场感强的新闻事件，音响更是不可缺少。

同期声是在新闻拍摄过程中同步采录的人物的声音，采访对象的讲话、记者与采访对象面对面的讲话都是同期声。同期声是人物语言和画面同时出现，是一种复合形态，具有图像和声音的双重功能，它能增加新闻信息的真实性，展示新闻人物的个性色彩，表现无画面的过去情境。

音乐主要应用于篇幅较大的专题节目中，在篇幅较小的新闻节目中几乎不用，但因为音乐特殊的表现力，它仍然是视频新闻节目中的一个重要元素。音乐具有揭示、概括、深化主题的作用，利用音乐来概括和揭示画面主题，是深度报道常用的手法。另外，音乐还能把一些看似无关或散乱的镜头组合成一个连贯的整体，人们把这种手法称为音乐蒙太奇。

第二节　常规视频新闻节目解析

消息、连续报道和系列报道、深度报道、评论是视频新闻的常规样式，它们在形态方面各有特色。

一、消息类视频新闻的采编分析

消息类视频新闻是视频新闻中最常见的节目形态，它具有快速、短小、活泼的特点。以消息为主体构成的新闻节目是视频媒体显示要闻总汇的总渠道，是受众了解国内外大事的主要窗口，在新闻类节目中占重要地位。

（一）消息类视频新闻的限定性

1. 报道内容上注重对象性

视频新闻改革的根本出路之一在于突出对象性，在报道内容上注重对象性成为视频新闻传播特色的首要构成因素。杭州电视台的新闻节目《阿六头说新闻》，是一档方言新闻栏目，它以高收视率成为业界广为关注的热点。它的主持风格属于"讲"，以讲故事般的绘声绘色的语气语调来叙述新闻，在关键的地方还采取了在讲故事中常用的"抖包袱""卖关子"等技巧。

2. 报道形态上注重现场性

观众看视频重在"看"，现场性是视频新闻的独特魅力所在。传统电视现场报道中大量现场的情景和鲜活的同期声，加上记者在现场的同步解说，构成一幅幅声画并茂的原生态。摄像机和话筒可以带领观众走进千家万户、田间地头，使观众耳闻目睹新闻事件发生、发展的全过程，这种"同步"犹如现场直播，观众不再关注事件发生的"时间点"，而是将目光投射到事件发展的动态过程之中。而如今的视频直播，更是通过无数的"拍客"让街头巷尾每时每处的直播成为可能。

3. 报道方式上注重灵活性

经过多年的实践，新闻报道形成了"客观、公正、真实、全面"的规范化要求，视频新闻若能抓住报道方式上的灵活性，就能不断开掘出新的生长点，适应市场，赢得受众。在当今这个信息爆炸、鱼龙混杂的时代，新闻报道不能仅仅停留在报道事实的层面，还应以事实为依托，进行必要的分析。观众获取新闻不仅仅在于知道"是什么"，还要弄清"为什么"，因此，报道新闻的过程中添加意见性描述和点睛式总结正是契合了观众这样的需求。

（二）消息类视频新闻栏目的编排要求

整体来说，视频新闻依然是以栏目作为播出的形态，节目编排应以发挥整体效果，拓展信息含量的广度和深度,满足不同层次观众的多元化收视需求与收视心理为目标,使观众在准确理解编辑意图的基础上产生共鸣。

1. 选准头条,突出重点

头条新闻是新闻节目编排思想的集中体现,应该反映党和政府当前的工作重心,既是国内外重大新闻事件的纪录,也是广大受众关注的社会生活的反映。头条新闻是否具有冲击力、吸引力,直接影响了受众观看新闻节目时的注意程度和兴趣。不同电视台、频道的不同新闻节目,它们的宗旨和定位各不相同,它们的地域性和观众群也各不相同,因而,新闻编排的头条选择要求也有差异。凤凰卫视《时事直通车》将"国际专列"作为常规报道的第一环节,将大事作为头条,内地也已经有不少观众习惯从《时事直通车》中对当天重大新闻进行快速浏览,其影响力可见一斑。

2. 优化组合,注重结构

一档新闻节目结构安排不能纷繁复杂,令人眼花缭乱,而应重点突出,条理清楚,层次分明。一般来说,新闻节目多是板块式结构,如传统电视台采取"国内新闻""国际新闻""地方新闻"的区划,而视频网站则突出风格,如梨视频的"微辣Video""冷面"等。各个板块之间或由主持人串接,或由特技画面转换。新闻组配就是将几条从不同侧面、不同角度但有一定内在联系的新闻集纳编排,或组合,或对比,或关联,互作补充,互为背景,使一档新闻节目在有限的时间内承载更大的信息量,从而增强新闻内容的密度、力度和深度。

3. 安排峰谷,营造节奏

峰谷技巧是美国电视新闻制片人提出的概念,他们认为电视新闻编排要遵循三个概念:峰谷、节奏和分段。在一档新闻栏目中,不可能每一条新闻都能引起观众兴趣,如果观众连续收看不感兴趣的新闻,就可能改换频道。通过交错式的编排,可以把节目设计成有一系列波峰、波谷的起伏形状,错落有致的编排可以产生富有韵律的节奏,使新闻既有轻重缓急之别,又有张弛有序之感,不断制造新的兴奋点,从而提高收视效果。

(三) 消息类视频新闻的组合方式

按照思维逻辑的特点与要求,视频新闻的分类组合方式通常有以下几种。

(1) 积累式组合。将几条同类题材或内容相近的视频新闻以一个共同的角度或支点编排在一起,类似于积累蒙太奇,又称"集纳组合"。这种组合方式在加深报道思想,突出新闻价值方面具有独特的优势。

(2) 对比式组合。将两条或两条以上内容相反(如是与非、善与恶、美与丑等矛盾双方)的视频新闻安排在一起,激发观众的分析比较,以揭示其差异,进而启迪和教育观众。这种组合的特点是对照强烈,是非分明。

(3) 平行式组合。平行式组合是指将同一时间、不同空间有相互呼应关系或相同、相似内容的电视新闻编排在一起。编辑在编排新闻过程中,时常会遇到这样的情况,由于两篇或两组新闻稿件的质量相对等,这时,编辑在处理稿件上要注意对等的原则,力求平衡、均等,不偏不倚。如果说对比编排是为了强调反差,引起重视,那么,对等编排则是为了利用接近性形成平衡态。

(4) 关联式组合。将具有因果关系、现象与本质关系、局部与整体关系、偶然与必然关系的电视新闻组接在一起,使观众了解事物之间各种逻辑联系,对新闻事实获得完整的认识。

二、连续报道与系列报道的采编分析

连续报道和系列报道是动态报道中常见的两种报道形式,是消息类新闻的深化、补充、拓展和延伸。从传播来看，连续报道和系列报道不是一个完整的节目，它通常在动态（消息类）新闻节目中播出。连续报道是对同一新闻事件或新闻人物在一个阶段内的有关情况的发生、发展、结局的持续性报道，系列报道是围绕某一新闻主题，从不同角度、不同侧面所进行的多次性报道。

（一）连续报道的采编

连续报道的题材通常是重大的新闻事件，它追踪事件的最新动向，连续地做深入、详尽的报道。一旦发生为广大公众所关注的，能引起社会反响的重大新闻事件，记者应立即出动，千方百计追踪事态，连续不断地作报道。在特定新闻事件演变过程中，记者不断以事件变动为新闻根据，分段分次地将事件发展中有价值的新动态及时传递给观众。它能完整反映新闻事实的发生、发展、结局及其影响，具有整体连贯、报道及时、时效性高等特点。

连续报道中的每一篇新闻都围绕着同一核心事件，因此连续报道的策划重点是跟踪性，即围绕事件的进展作全方位的跟踪报道，包括事件性新闻内容和与此相关的非事件性内容。2007年12月24日，我国首颗月球探测卫星"嫦娥一号"发射升空，此后，《新闻联播》开始持续关注。

10月24日：我国首颗月球探测卫星"嫦娥一号"发射升空

10月25日："嫦娥一号"卫星第一次变轨成功

10月25日：绕月探测工程负责人表示："嫦娥一号"成功发射为探月工程打下坚实基础

……

10月31日："嫦娥一号"卫星第三次近地点变轨成功

10月31日：专家高度评价"嫦娥一号"卫星顺利进入地月转移轨道

11月1日：国防科工委宣布"嫦娥一号"卫星各系统状态正常飞行轨道正常

……

11月5日：胡锦涛、温家宝致电视贺"嫦娥一号"卫星第一次近月制动取得圆满成功

11月5日："嫦娥一号"卫星顺利进入环月轨道

11月5日：新闻特写：绕月成功这一刻

11月6日："嫦娥一号"卫星第二次近月制动成功

……

11月12日：远望二号测量船圆满完成"嫦娥一号"测控任务返回祖国

11月17日：中国航天发射进入快速发展期

11月18日："嫦娥一号"飞行良好探测仪器明起开机

11月20日："嫦娥一号"卫星首次开启16项有效载荷

（二）系列报道的采编

系列报道是针对某一重大复杂的题材从不同角度和侧面所进行的多次性报道，是一种完成时态。系列报道大多是主题性新闻题材，它着重于通过多次报道突出体现某种主题思想、挖掘某种共性、反映具有普遍意义的状况或趋势，以引起社会舆论的重视。系列报道策划的重点是做好前期工作，注重前瞻性设计，通过前期科学的调查设计采访、拍摄和编辑制作提纲，完成整个报道。

1. 总体立意确立

系列报道题材多是主旋律，是具有很强指导性的正面报道，其立意就是明显地体现社会主义新闻的舆论导向作用。比如，每年高考之后，都有很多家境贫困、成绩优异的考生无法凑够高昂的学费。针对此问题，2001～2002年间，黑龙江电视台《新闻夜航》栏目策划了

关注贫困高考生的《给梦想插上翅膀》系列报道，唤起全社会的人对贫困高考生给予关注，帮助他们走进大学校园。

2. 播出结构设计

系列报道的结构是同一主题的不同侧面，以横向联系为主的不同角度、不同侧面的各条新闻之间的"无序"排列，即新闻与新闻之间的先后次序可调换，但"无序"中仍存在"有序"。因此，对于系列报道而言，结构的安排也不是可有可无的。

中央电视台新闻频道《新闻30分》栏目从2008年4月16日至4月23日推出系列报道《聚焦新医改》，每天从不同的角度透视新医改，从看病难到看病贵，从大医院到小社区，从城市到农村，从基本医疗到公共卫生，大致勾勒出了百姓看病吃药的现状、面临的问题以及初步的探索。

3. 表现手法选择

电视新闻的表现手法非常多，比如电视画面、现场报道、同期声、解说词、音乐、特技、字幕等。如何才能让新闻好看、并能让观众看懂？应根据已经掌握的新闻素材以及表现的需要，对表现形式进行选择、组合，调动一切电视手段，丰富画面构成，以博采众家之长的方式来保证报道的生动活泼、通俗易懂，使许多不易言表的内容一目了然，给观众留下深刻印象。

三、深度报道的采编分析

深度报道以追寻事物的本原、开掘事物的内涵、揭示事物的本质为目的。纪实性是深度报道节目的特性之一，视频具有"再现"的功能，即采用纪实主义的手法，真实地纪录社会现实。这种"再现"生活的方式，能真实地纪录"今日之事态""昨日之背景"，将真实的生活形态直接展现在观众面前，为向观众"说出明日的意义"奠定基础，使报道具有立足之本。

艺术性也是深度报道的属性之一，这属于"表现"功能，可以大大加强报道的表现力、感染力和冲击力。深度报道不能满足于只在屏幕上描摹生活的表象，要善于从生活的表象中揭示出本质与现象、必然与偶然、思想与现象的辩证关系，从中提炼出富有哲理意味的深邃思想。

深度报道还具有引导性，深度报道同其他新闻样式一样对社会舆论形成具有重要作用。它在舆论导向中起"龙头"作用，集中力量首先解决最紧迫、最关键的问题，推动各项工作的进展。

（一）深度报道的选题分析

深度报道是目前各类媒体重点经营的高端产品，也是媒体竞争的核心地带。对于深度报道来说，内容为王，选题特别重要。一个好的选题，节目就成功了一半。选题质量直接关系到节目成品的质量，选题本身具有吸引力，那么整个报道的品质就会上升。

对于以"内容为王"的深度报道来说，报道事件的主题至关重要，而好的新闻线索的获得也有多种方式，每一种方式都可能提供好的选题。深度报道节目的采编人员应该有"慧眼识珠"的本领，从海量的报刊、广播、杂志、网络以及手机等其他途径发现有报道价值的线索。新闻线人也是媒体竞争新闻源的一支生力军，新闻线人的出现弥补了记者第一时间不在现场的缺憾。发展到视频网络，线人就成为了签约的"拍客"。当然，广大的受众可以通过来电、来访、手机短信、电子邮件、微信等方式提供线索。但最重要的是具备独家发现的能力。独家发现选题，是在现实生活中新闻记者通过自己的眼光或思考积累的素材。

选题是深度报道策划的第一关，它关系到一个深度报道的导向，必须要有一个明确的目标。一般说来，选题要考虑三个标准。

（1）选题要重要。深度报道的主题定位是决定深度报道能否取得成功的关键性因素。只有具有重要性的选题才是有价值的选题，即那些与当前社会生活和广大群众的切身利益有密切关系的选题，容易引起人们的普遍关注。

（2）选题要典型。深度报道的力量就在于把脉时代跳动的脉搏，能够反映一些具有普遍意义的社会现象，揭示的社会现象具有代表性和普适性，或反映典型人物，如《新闻调查·网瘾少年》；或报道典型事件，如《新闻调查·透视运城渗灌工程》；或揭示典型意义，如《新闻调查·看病难》等。

（3）角度要独特。选题的独特性，从历史的角度来看，要看它是否具有新颖性、新鲜性，这种新颖性从纵向进行比较，它表现为前所未有、不同凡响；从价值角度来看，它表现为突破性，看它对社会的进步所呈现的重要意义。《新闻调查》首期播出的节目《宏志班》，本是一个小题材，但编导从理性的角度进行多层次透视，做出了特殊的味道，让人感到很丰富饱满、入情入理，不乏情感和故事，更闪现出理性的光辉。

（二）深度报道的叙事设计

选题确立后，形成完整的调查样式和结构设想是电视新闻深度报道策略必不可少的重要环节。如果说选题策划是为了选"好故事"讲，那么叙述策划则是为了"讲好"故事。选题只是确立报道的方向，而叙述则进入到具体的信息组织与传播过程之中，是对于前期策划的力量汇聚。

1. 注重结构设计

深度报道的结构是指通过谋篇布局交代事件、揭示主题、展开论证的内容组合。深度报道常常是以基于社会宏观或中观层面的结构式来展现，其结构原则应是：在主旨突出的基础上着重考虑如何做到清晰流畅，如何做到生动而富于感染力。深度报道的常用结构方式有以下三种。

（1）顺序式结构。依据事件进程的自然顺序或认识事物的逻辑顺序来组织情节结构，安排作品层次的方式。这种结构方式具有明显的发展线索，一般呈现线性态势，注重起、承、转、合的有机连贯，层次清晰，循序渐进。一般又分为两种方式。①时间顺序式。以时间为轴线，按照事件发展的先后顺序组织安排材料，把事实内容逐渐介绍给观众，可以使观众很清楚地抓住事情发展变化的脉络。比如《新闻调查·大官村里选村官》（1998年4月24日播出）采用的就是时间顺序结构法。②认识顺序式。这种结构方式，以内容的深入程度为顺序，内容意义由浅入深、由表及里、由具体到抽象，反映作者对事物的认识逐渐由表面到本质的过程，如层层剥笋，不断深化主题，使作品的力度不断加强。

（2）交叉式结构。将不同时空中的两条或两条以上有着内在联系的线索，按照一定的艺术构思交叉来组合安排，并以此组织情节，推动事件发展。这种结构方式完全打破了生活的正常时间和空间的连续性、顺序性，形成具有一定深度和广度的网状结构，往往以某种情绪、某种思想、事物之间的某种内在联系或者一定的悬念来贯穿。

（3）板块式结构。用几大块相对独立的内容并列地组织在一起，每块有一条自己的线索，但都从一个基点出发，综合地表现一个总主题。在总主题的支配下，相对独立发展，每一块内容都以自己的线索组织发展。可以把有联系的、在不同时空内展开的事实按一定顺序组接起来，来表现一个共同的主题。也可以在一些报道中，围绕一个主题，把能够反映这一主题的不同典型编制在一起，产生较强的概括力和思想深度。

2. 优化叙事效果

优化叙事效果是指对新闻事实和观点进行叙事方式改造，将材料组织成一个引人入胜的结构，达到最佳的传播效果。基本要领是引人入胜，也就是说要有悬念，有兴奋点，有起、承、转、合的情节，有层层推进、环环相扣的逻辑结构。《60分钟》这样的节目在后期编辑时，都会对摄制完成的素材进行重新梳理，从"好看"的角度，来结构节目的框架，力求每2~3分钟就能闪现一个兴奋点或小高潮。

首先是合理设置悬念。将悬念运用到节目创作中，最重要的作用就是能够提高节目的艺术感染力，吸引观众的注意力，从而实现其叙事的价值和传播的效果，扩展其社会影响力，提高节目的核心竞争力。悬念叙事可以引起观众的注意，推动叙事的深入并引发观众情感上的共鸣。《新闻调查·一只猫的非正常死亡》节目中，编导设置了四个悬念：如何找到视频、图片的制作者？当事人的参与目的？生活中当事人表现如何？谁是真正的"幕后黑手"？悬念的设置，引起观众极大的观看兴趣。随着节目的逐一解密，观众看到了事态的进程，知晓了事件的原委，了解了人性的复杂。

其次注意运用细节叙事。细节是指社会情景、事件发展、人物性格和自然景观的最小组成单位。在深度报道中，编导要充分开掘细节的造型和表意力量，善于通过具有揭示作用的细节深化主题。1998年9月，《新闻调查》曾播出一期后来成为一种调查范例的节目：《透视运城渗灌工程》。许多收看过的观众难以忘记：记者王利芬在采访中敏锐地发现了渗灌井后面的秘密，她跳上井台，费力地拔出插在农田里的水管，观众一目了然地看见了什么叫做"造假"——这节水管就像一节木桩一样插在地上，下面没有半点水的影子。就是这短短的几幅电视画面构成的典型细节，使当地大搞虚假渗灌工程的事实昭然若揭。

四、新闻评论的形态分析

新闻评论的核心是评论，而评论的本质是"意见表达"。过去我们把《观察与思考》《焦点访谈》《新闻调查》《道德观察》等都归入新闻评论的行列，甚至把中央电视台下面的新闻制作机构命名为"新闻评论部"，这是不合适的。《焦点访谈》等栏目的定位是呈现事实真相，"述"重于"评"，其目的不是表达观点和意见，只能算是深度报道。表达是主体在一定社会语境中，基于一定立场表述自己的利益诉求，或就某一公共事件表明态度和观念的行为。视频新闻评论类节目，除了要抓住观点表达这个核心，也要尽可能运用视频来说话。

1. 提高新闻的锐度

提高新闻的锐度主要体现为凸显视频"意见表达"的功能。锐度并不以时效性作为第一落点，而是以对新闻的阐释作为第一落点，阐释即提供观点，其实质是对话语权的争夺。进入媒体多样化时代，报纸、广播、电视、互联网及以数字技术为基础的各种新媒体在新闻领域，构成既合作又竞争的共存格局。在信息高速膨胀的当今，社会日益开放、民众高度参与新闻，停留于信息的简单收集和播报、争夺独家新闻殊非易事，通过观点的提炼占据话语的制高点，锻造媒介公信力是必由之途。

央视的《新闻1+1》就致力于提高锐度，栏目聚焦时事政策、公共话题和突发事件，从中选取当天最新、最热、最快的新闻话题展开评论和分析。栏目采取演播室直播方式，第一时间跟进时事，采用"1+1"即一位主持人和一位新闻观察员的双人谈话的模式。节目主要由白岩松和董倩联袂担纲主持，主持人和观察员二者之间形成立体交互的评说，针对具体新闻事件，在新闻的阐释和意见表达上相互补充、辩诘，深入解析新闻幕后错综复杂的背景脉络，以对新闻事件进行深入阐释，重在观点的呈现和表达，以引领社会舆论。《新闻1+1》充分发挥电视视听兼备的传播优势，大量运用同期声、电话连线、现场采访、影像资料等多元手段，提供详尽的事实的论据，使得节目充满质感。

例如，2009年11月23日题为《代课教师能否"修成正果"》的节目，讨论兰州市教育局清退代课教师的事件。在讲述该事件的时候，依次采访了教育界的专家、当地教育局的局长、作为当事人的代课教师，最后提及《人民日报》、新华社的相关评论，显然，这照顾到了多方主体，他们分别代表公共知识分子、当事方的地方政府、当事方的弱势群体、《人民日报》及新华社？——表明其立场，多种声音的呈现使主持人和观察员的表达建立在事实的基础上，建立在平衡与理性的基础上，同时也使节目本身充满了张力，既有深入思考，也"好看"。

2. 表达多种声音

多媒体时代，视频新闻竞争已经从资讯传播向观点传播拓展。比如凤凰卫视的《一虎一席谈》，栏目宣传"这里不是一言堂，所有的意见都备受尊重"，试图以这样的理念营造"众声喧哗"的公共空间。它颠覆了以往电视节目"传—受"的传播模式，拒绝规定的宣讲内容，不仅让当事人说自己敢说的话，让多元观点在现场彼此针锋相对，更重要的是，它赋予现场观众随时插话、发表个人意见的权利。具体来说，该栏目在形态和运营上具有以下三个突出的特点。

第一，选题具有及时性、公共性和冲突性，栏目所讨论的话题都是大众普遍关心的热点，并且涉及多方利益，其背后潜藏着多元价值的冲突。有研究者称该栏目的选题标准为"是否具有'显话题-原话题-原结构'的延伸度"，显话题指新闻事件本身，原话题指新闻背后的社会意义及其延展的空间，而原结构指原话题背后的延展空间是否涉及人类最基本的生存的需求。比如说，近几年来中国关于房价的问题，住房价格的飞涨本身是一个热议的显话题，其背后的原话题涉及政府政策的制定、地产市场的规范、国内经济的发展、百姓的民生，而原话题背后的原结构则关乎人对安居的基本需求。

第二，精心挑选嘉宾和现场观众。选择的标准是代表性和多元性，尽量使各方利益主体都来到现场，这是形成话语抗辩的基础。《一虎一席谈》的现场大抵有三类人：具有独立思考的持差异化价值判断的几位专家、新闻当事人、持不同意见的现场观众。表达的主体尽量多元化，才能有观点和思想的激荡和碰撞，营建出火爆的充满张力的抗辩现场。

第三，与《新闻1+1》旨在通过深入阐释新闻事件，表达权威、客观的观点不同，《一虎一席谈》是为多方主体构建一个宽松而火爆的论辩现场。主持人胡一虎是论辩规则的执法者，以公正、平等为目标，对强势的表达者予以规制，对弱势的表达者进行鼓励。他绝对不是观点的"调停者"，相反有些"挑拨离间"和"煽风点火"的意思，唯恐观点不鲜明，唯恐意见的冲突不激烈。

第三节 融合直播类视频新闻解析

视频新闻最大的优势是通过影像、声音、字幕、图表等多种手段，迅速、直观地再现或同步还原新闻事件。现场直播是最能发挥这一优势的传播形态。从工作涉及面之广来看，直播是最具有融合特点的视频新闻。即使是当前把传统电视、智能设备融合到一起多渠道同步、交互进行的直播，在生产形态上也主要遵循传统电视的直播规律，主要是在播出形态上有所变化。

世界范围内，早期电视直播一般都用于重大的媒介事件或国家的政治活动之中，如"登月计划""日本皇室婚礼"。我国真正意义上的电视新闻现场直播是在改革开放后才发展起来的。1984年10月1日，中央电视台直播建国35周年庆典活动，1987年3月，中央电视台对"两会"的开幕式进行现场直播，并将中外记者招待会实况录播。1996年1月1日，中央电视台《新闻联播》从录播改为直播，虽然是演播室直播，但也宣告了直播时代的悄然来临。现场直播走向成熟并创造首次辉煌的是1997年，这一年被称为"直播年"，主要开展了"日全食——彗星天象奇观"柯受良驾车飞跃黄河等直播活动。2003年是我国电视新闻现场直播具有重大突破的一年。3月20日至4月20日，中央电视台对伊拉克战争实施了直播报道，电视新闻直播进入了一个新的阶段。同年5月1日，中央电视台新闻频道开播，频道以直播为特色，成为直播常态化的标志性事件。

如今，随着互联网、数字等技术的普遍融合式应用，直播几乎成为各类媒体在新闻资讯传播方面的"标配"，基于互联网的直播也发生了一些形态变化。

一、直播类视频新闻的基本含义

（一）现场直播的形式

现场直播是在新闻现场直接播送反映新闻事件的图像和声音，从而使新闻事件的发展和播出与受众的收看同步进行的一种电视节目播出方式。通常，直播包括以下三种形式。

（1）演播室直播。主要是新闻节目直播在演播室播出，即节目的制作与播出是同时进行，是相对于"录播"的一种播出形式，并非严格意义上的直播。它与录播的不同之处在于时效性的提高，录播节目的制作过程与播出分步，一般要求在播出前完成所有节目的制作与合成。而直播则不同，其截稿时间就是新闻节目的播出时间，可以做到新闻的随到随播，使新闻能在第一时间传播出去。

（2）现场实况转播。现场实况转播是对新闻事件的全过程进行忠实记录与传播。与演播室不同的是，现场实况转播是将报道地点从演播室转移到事件现场。这类转播通常没有主持人或现场记者，是对过程的录制及同步播出。比如，"两会"开闭幕式直播、记者招待会、文艺晚会等。

（3）现场直播报道。现场直播报道是对在新闻现场所发生的新闻事件及新闻人物的图像声音和记者的报道转换为电子信号直接发射、即时播出的一种报道和播出同步进行的方式。这类直播报道通常包含现场报道和直播特别报道两种形式。

（二）现场直播报道的特点

现场直播报道作为最能体现视频新闻特性与优势的一种手段，具有以下特点。

1. 现场感

新闻现场是直播报道的支点，没有现场就不可能进行直播。现场既是新闻发生和新闻采集的地点，又是观众目光关注的焦点，因此，现场应该是整个报道的着力点，占据报道的首要位置，形成报道系统的主干。在实际报道中，现场往往不局限于某一个具体的地点，而是包含了与新闻事件和报道主题相关的一个或多个地点，通过多点呼应表现主题。

例如，在北京申办2008年奥运会直播中，进行了多点直播，除直接聚集事件空间——莫斯科世贸中心国际奥委会全会现场，也将镜头延伸到国内外多个地点。当萨马兰奇宣布北京获得2008年奥运会主办权、观众的期待变成现实时，场内场外、国内国外的中华儿女群情振奋、欢呼雀跃。同时，电视画面在国内各个城市的欢庆场面中切换，这时的现场已经跨越了国界，申奥成功的消息和欢腾的现场感染着电视机前的每一位观众。

2. 动态性

现场又是富有动态、千变万化、充满未知的，同步传送现场动态是直播的主要特征之一。直播的魅力不仅仅在于最终揭示事件的结果，其最大的吸引力在于带领观众走近现场、体验过程。"9·11"事件电视直播时纽约的世贸双塔在亿万电视观众眼中相继倒塌，在更早一些时候收看直播的观众中，观众甚至看到第二架飞机撞向世贸南楼的全过程，这种电视直播史上前所未有的经历把观众牢牢地锁定在电视机前，随着这起事件的变化发展，观众的心也一起跌宕起伏。

3. 冲突性

人类天生的好奇心让观众对于充满故事性的事件有强烈的关注欲望。在做视频新闻直播的时候，一定要突出新闻事件中的悬念、冲突和戏剧性元素，从而激起观众强烈的收视期待。虽然直播不能像录播那样精心编辑、集中展示，但是直播中的现场同步拍摄、不加修饰的画面以及同期采录的声音却能够让观众全面、立体地感受新闻现场。一些特殊的拍摄手法和特别机位镜头的运用使得观众能够得到前所未有的全新体验，获得强烈的视觉听觉刺激。

4. 悬念性

一般来说，对于观众，越符合预料的事件越引不起他们的收视兴趣，而充满未知性的新闻事件就非常符合他们的心理预期。直播这种特殊的传播方式本身就蕴含着不可预料的变数。现场直播是将不可预测的事件发展过程和结果同步传播给观众，它所产生的新鲜感和悬念始终给观众以强烈的吸引力，充满悬念性是直播报道最大的看点。比如，汶川大地震发生后，"汶川地震到底有多少人受灾？""通往映秀镇的道路能否如期打通？""受灾的百姓能否得到妥善安置？""还会不会有余震？""其他地方有影响吗？"等，这一系列疑问造成的强大吸引力会把观众锁定到电视机跟前，在这种情况下，收看电视直播成了大众的最佳选择。

（三）直播类视频新闻的要素分析

现场直播报道的表现元素主要有以下几个方面，这是要素设计的重点。

1. 事件现场

现场应该是整个直播报道的着力点，占据报道的首要位置。表现好事件现场是直播最基础和最重要的工作，主要应当把握以下三点。

（1）全息传播。运用多机位、多角度同步展现同地或异地的时空，同时对其进行合理而全面的集中、放大和组合，使新闻事件中所蕴含的更为本质的东西得到更快捷、直观、生动、充分的凸现。现场直播中的"现场"并不是事件现场的"拷贝"，它是经过记者、摄像、现场导播等依据一定的审美标准、价值标准以及业务标准进行选择、编辑、组合而后形成的新的"现场"。

（2）控制节奏。在直播报道中要善于把握好报道的节奏，对信息进行有层次、有起伏的控制，这样才能避免观众产生感官疲劳，才能使观众保持兴趣，锁定频道。一方面，突出重点，善于在现场众多机位镜头之中选取最有价值、最能满足观众信息需求的画面。另一方面，注意节奏，适时利用演播室和多样播报方式巧妙避开乏味冗余的过程。

（3）深度开掘。在传播事实的基础上，结合直播中镜头前发展场景进行现场述评、专家点评等声音也相当重要，叙议结合，既情趣相生，又能简明扼要向观众解疑释惑，帮助他们分辨是非。比如，香港回归大型直播的主题是：洗刷百年国耻，维护国家主权。直播中，面对中国人民解放军驻港部队入港的画面，现场记者出镜有感而发："现在我们还能看到，就在我的身后，就是大家熟悉的邓小平的巨幅画像。在这个画像的上面，有一句话叫'坚持党的路线方针100年不动摇'。这很容易使我们想起，关于香港邓小平同志也说过一句大家留下深刻印象的话，那就是'一国两制50年不变'。这一句话，给很多香港同胞吃了定心丸。"丰富而生动的画面，成为就事论理、以理评事、因势利导的绝佳时机，其感染力和说服力更强。

2. 演播室

作为现场直播节目的一种表现元素，演播室起到了穿针引线的作用。尤其是在大型现场直播节目中，演播室就是一个直播的调度中心，担负着组织协调的功能。在现场直播的整个进程中，演播室主持人是传播信息，协调整体工作的枢纽。主持人要即时播报事件现场信息，及时联络现场记者报道，适时组织现场新闻评述等。演播室中嘉宾可以是新闻当事人，也可以是某一领域的专家，还可以是新闻评论员等。嘉宾的设置可以丰富节目形式，提升节目品质，提高节目专业含量。

演播室一般设置在室内，主持人坐在演播室介绍相关信息，然后切入事件现场信息。经过多年实践与探索之后，演播室的环境设计也出现了一些变化，形式也灵活多样起来。节目直播开始选择与事件现场紧密相连的演播室，从而使观众始终能够感受到现场氛围，而且由于主持人与嘉宾身处现场，使其发言评论显得更具可信性与真实性。1997年长江三峡工程大江截流，中央电视台在对截流进行直播时就将演播室设在了离龙口200米处江面上的一艘船上。演播室的设立还呈现出一种以节目为中心、为节目效果服务的趋势，朝着多样化、灵活化、风格化的方向发展。2007年"嫦娥一号"探月卫星发射升空，中央电视台4套推出了7个多小时的"嫦娥奔月"特别节目，启用了600平方米的演播室，在设计上大胆突破，宇宙、星空、月球车、太空人——所有的道具使用都是力图营造"身处月球谈月球"的超时空氛围，整个设计营造真实、生动的月球氛围，让观众在感受中国航天发展的同时与"嫦娥一号"一起展开一次奇妙的探月之旅。

3. 现场记者

现场记者要有细致的观察能力和准确的判断能力，在现场观察的基础上，尽快地分析现场，迅速地对事件做出归纳和判断，理清思路，抓住现场的本质，确定报道的重点，捕捉最能体现本质的人物及其活动、事件的场面氛围，以反映新闻事件的本质和内涵。

现场记者要有精彩的解说能力和独到的提问能力，以现场目击者的身份向观众描述所见所闻，还应从现场直播的要求出发，注重在现场一次性提问中准确到位。比如在香港回归直播中，面对彭定康离开港督府时，彭定康的轿车临行前在港督府绕场三圈，现场记者将汽车转动的具体形象和历史车轮的抽象形象巧妙地联系起来，其解说别有意味："历史的车轮不会在原地转圈。"

现场记者要有高超的驾驭能力和即兴的应变能力。现场报道和传统的录播的最大区别是现场报道会面临一系列的不确定性，而且，现场报道的信息具有不可逆转性，一旦播出，就会对观众造成"先入为主"的印象，即使通过更正，也会产生很大的负面影响。所以，要求现场记者对突发的、意料之外的事件做出快速的反应，报道中做出快速地调整，及时增加、修改报道的内容、报道的方式、采访的对象等，以适应事件的动态发展过程。

现场记者要具备准确的定位能力和理性的控制能力。在现场报道中，电视记者的角色应是新闻现场冷静的旁观者。他与新闻事件和新闻人物又需要保持一定的距离，保持新鲜感。他应尊重事件发展和人物行为的自然流程，对新闻事件不加干预地以"第三者"的立场完成对新闻事件的客观报道。

（四）直播类视频新闻的流程解析

现场直播报道的设计主要包括确立直播报道选题、拟定直播报道框架、组建直播报道系统、做好直播报道准备等四个阶段。前期策划工作对于直播报道的正式实施有着重要的导向性意义，是直播节目与观众见面并取得效果的思想机制。

1. 确立直播报道选题

现场直播的首要问题是"播什么"，这就是选题。好的选题直接影响到现场直播的成功与否。在相当长时间内，现场直播几乎成为"大型"仪式或事件新闻报道的代名词。重大的政治事件或突发事件、对国民生活有重大影响的事件或活动、群众关心的新闻事件均是直播的重要选题。选题要适合播出，报道对象应该具有现场感，具有可以用视觉化和听觉化的方式加以呈现的必要性。报道过程具有动态性，即具有一定的变化过程，比如"9·11"事件本身是一个重大突发事件，凤凰卫视在华语传媒中抓住其偶然性，持续关注，赢得了良好的声誉。报道内容还应该具有引人关注的兴奋点。比如2008年北京奥运会主会场——国家体育场（即"鸟巢"）钢结构施工最后、最重要的一个环节——钢结构卸载，令人关注：当初为什么要用钢架支撑？为什么不一下子卸载？卸载的具体环节是什么？卸载后鸟巢如何承重？这些问题具有很强的悬念，容易激起观众强烈的收视期待。北京卫视于2006年独家现场直播了这一过程，为观众一一解答。

2. 拟定直播报道框架

现场直播的重点是"怎么播"，也就是如何运用电视手段将活生生的新闻事件传播到电视荧屏，这就是框架的设定问题。首先，要深入挖掘主题。现场直播也需要尽可能详尽地了解新闻事件，并对其深入细致地分析，以发掘可以展现的主题。主题的确定对于之后节目框架的设立以及节目表现元素的选取有着重要的指导意义，影响着节目的内容和风格。其次，确立节目结构。现场直播中常见的结构形式主要有线性结构和平行交叉结构两种，线性结构以展现事件进程为主，按照事件发展的时间顺序安排结构，适用于表现线索单一、情节集中的事件。平行交叉结构将同一时间内不同空间内的线索平行交织在一起，互为呼应，同时将新闻事件本身与新闻事件背景相交错，围绕事件，通过其他相关信息进行深度开掘、升华报道意义。第三，选择直播形式。直播节目的总体形态有常规报道和特别报道两类，常规报道的直播体量相对较小，适合于事件信息量相对较小的题材，如中央电视台以前的《直播中国》。特别报道是指以独立的节目形态存在，并针对特别的题材而采取特别的报道方式。这种报道通常适用于题材较大、关注度高的新闻事件。例如，2005年的"连战大陆行直播特别报道"，中央电视台联合江苏电视台、陕西电视台、上海电视台，采用台北、香港、北京、南京、西安、上海等地记者接力式连线报道的方式，为观众提供了连战一行的全过程，多视角凸显了连战一行首次访问大陆所产生的历史和现实意义。

3. 组建直播报道系统

组建一个高效运转、配备合理的直播体系不仅有利于策划方案的有效实施、促进直播各部门之间的通力协作，而且能够有效保证直播的顺利完成。决策机构由节目主管部门的领导组成，对于直播报道中涉及的问题拥有最终的决定权。策划系统以原有的核心策划小组为主，在整个系统中担任着"桥梁"的作用，对现有的直播策划方案实施补充、修正，同时协调、沟通各分系统，使之更加有效运转。节目系统是直播内容的核心主导，主要包括编导（导演）、记者、撰稿、节目包装、编务等工作人员，他们负责直播过程中视听形象的呈现。技术系统的主要作用是为节目系统提供技术支持，保证直播中视频、音频和通讯技术设备的完好运行，保证总导播与各分系统导播、导播与现场记者、导播与摄影师、导播与演播室主持人等之间联络的顺畅。此外，支援系统负责对所有系统提供公共支援，包括提供节目制作中所需资源、录制直播节目的相关资料以及提供后勤保障工作。

二、融合直播类视频新闻解析

随着移动互联网和智能设备的发展，传统媒体和新兴媒体在新闻报道中纷纷创新和运用"融合"报道方式，以吸引更多的受众。通常认为融合报道的关键是运用多媒体手段进行新闻报道，多媒体手段可以为受众呈现图文、视音频、超链接乃至动态变化趋势图、GPS位置信息等立体信号。多媒体手段的运用，使得融合新闻报道的业务流程、报道方式与单一媒介形态时代的新闻报道有所不同。究竟有何不同，目前具体的报道实践各有心得，但并无完全一致的认识。其中，国内外做融合报道实践较多的仍然是以纸质媒介为母体的网络型媒介机构，这些多样性手段实际上很大程度补充了传统纸媒形象性现场性信息不足的短板。总体看，融合式报道越来越注重新闻的现场性、传播的交互性和渠道的连接性。从视频音频呈现、动态播出和实时接收这三个元素看，融合报道与直播的关系愈加密切，融合直播类节目可谓是融合报道和现场直播的融合应用，是直播类节目在互联网时代的创新发展。

1. 搭建多媒体智能平台，制造"开放互动"的视频传播新场景

融合直播类视频新闻与传统电视直播报道一样，多运用于重要的仪式性事件如体育赛事、大型会议。就接受范围的可控性看，融合直播类视频新闻与纸媒为主的"中央厨房"并不一样。如人民日报的"两会报道"，近年来运用"中央厨房"，改变了生产环节原有的条块分割，把图文、视频音频和互动融合在一起，但在播出端依然是单向推送式的。而融合直播类视频新闻除了生产环节的多种媒体融合，更是在播出环节探索信源与受众的互动。

2016年4月24日，扬州第11届鉴真国际半程马拉松赛（以下简称"扬马"）举办，中央电视台体育频道进行了常规式直播，而作为地方广电的扬州台，对这次"扬马"进行直播报道，如何突出本地特色、吸引本地观众，特别是吸引新型智能互联环境下的手机平台用户，就需要与央视传统的体育赛事报道有所区别。经过研究，扬州广电决定把这次赛事报道做成"扬州人民的体育盛事"，这种盛事不仅仅是通过广播电视终端播出比赛，更重要的是让扬州人民尽可能地参与到比赛中来，并且把这种参与通过传统媒体和智能平台展示出来。这种展示，实际上是现代化的传播方式——多媒介的融合。

为此，扬州广电把电视、电台、手机等介质融合到一起，在国内首次运用 H265 技术，以传统电视和智能手机"扬帆 App"为"双位"播出平台，全景式地直播呈现"扬马"，产生了别开生面的传播效果，提升了受众对此次赛事的关注度，当日独立的手机 IP 用户访问总量就超过 12 万次，开创了全国同类赛事融合直播的先河。

扬州马拉松比赛的现场设置在瘦西湖地区，全程覆盖了扬州最美的景点，最能展示扬州的风景特色；除了国际专业运动员参与外，扬州还有三万五千多位市民也参与了跑步，这些本地的"跑者"比专业运动员更受当地受众的关注。要让扬州群众可以通过电视观看、广播收听、手机参与到整个活动中来，把扬州的地区效应扩散出去，需要突破传统单一收看电视直播的方式和体验。智能平台为此提供了可能性和可行性。

当日 7:30～11:30 从比赛前期到赛事结束，"扬帆 App"全程进行了直播。这次融媒体直播的方式，与传统电视直播不同，与纸质媒体的网站融合报道也不同，它需要尽可能全方位地展现马拉松赛事现场内外的扬州群众。这种展示是立体的，需要传播同一时间维度下不同空间的行为，可以说是"将视频进行到底"。这里的视频不同于传统电视的多机位拍摄画面，而是把少数的电视拍摄和更多的手机直播结合在一起，构建一个"电视＋"的新视频场景。

扬州广电启用了 8 台直播车、150 台摄像机和智能手机、30 个高点，设置了融合直播 280 演播室、800 导控间（电视和手机分别导控）、电台直播间、手机端直播区，电视媒体在新闻综合频道直播，"扬帆 App"中开设了记者频道、交通频道、美女频道、服务频道、旅游频道等 8 个不同种类的直播频道，并专门开设了"扬马互动"板块，对 21 公里赛道全程无死角直播。

App 直播的视频信号主要通过 100 多台分布在赛场各个角落的智能手机，去拍摄普通跑者、沿途加油的老百姓、志愿者等参与者。智能手机视频直播采用 4 种回传设备，通过 4G 即摄即传技术手段，8 个频道 100 多台智能手机摄录的内容分别汇集到"扬帆手机直播导控区"，通过扬州广电的 96189 媒体共融平台进行挑选切换，成为手机端直播区的画面，然后与电视直播信号一起汇总到280演播室。

280演播室是主演播室，安设有嘉宾区，分为固定访谈嘉宾和全程陪跑演示嘉宾，主持人在演播室里一边观看手机直播视频画面，一边与电台直播间、手机直播区、嘉宾区进行多边对话，最终形成的视频信号，同时提供给电视频道和扬帆App直播。电台主持人则在融合演播室里，通过与现场记者连线和看视频解说的方式进行广播直播。扬帆App平台各个频道经过导控的信号上传到合作方扬州移动的服务器进行信号处理，再传输出去，手机用户几乎可以在任何地方同步使用手机进行多角度、多镜头的随心切换、互动观看。

打造立体多样、融合展示的"新视频"场景，必须坚持以先进技术为支撑、内容建设为根本，实现传统媒体与新兴媒体优势互补、一体发展。早在前期对"扬马"赛事的预热宣传中，扬州台就在电视节目中通过演播室口播、主持人示范、屏幕展现二维码等形式，将"扬帆"App推荐及下载巧妙地融合进节目，使节目受众成为"扬帆App"下载使用者，并把"下扬帆，看直播"作为宣传语输入其中，在受众心里构建一个新型的平台形象。这次融媒体直播也体现了技术参与的重要性。扬州广电紧密联合了扬州移动、江苏云智传媒、江苏共融科技等技术单位的力量，有效实现了基于移动互联网的"扬帆App"智能手机平台的全程、全时段4G视频直播。扬州移动公司在比赛现场全程架设了多个小型基站，与扬州台租用的4G背包一起，确保了现场100多台智能手机和数字摄像机拍摄信号能够稳定传输到移动公司的服务器和融合演播室，并为处于现场范围的移动用户提供了充足的流量与稳定的接收环境。

2. 构建"连接分享"的社区关系，增强用户在直播中的参与度

"扬马"融媒体直播，探索了内容和渠道的有机结合，电视观众可以即时观看手机直播内容，手机用户也可实时观看电视直播内容，真正把电视和手机两个用户群体联结在了一起，实现了用户在哪里，"扬马"的覆盖就在哪里，扬州广电的服务就在哪里，创造出了新的传播价值。这在以往传统媒体时期是难以想象的。传统媒体时期，电视台是信息的第一发布者，用户只能单向接受不对称的信息，而融媒体环境可以让用户成为信息的发布者和生产者。此次直播，除了扬州台150个机位、一个融合直播室进行专业性内容的传播外，赛事现场的用户也把自己拍摄的现场画面和看法进行了实时分享，"扬帆App"的全国用户在互动中产生了一种参与"扬马"赛事的既视感，扩大了赛事的传播力和吸引力。后台数据显示，全国共有33个省、自治区和直辖市的网民观看了直播、参与了互动。

随着智能手机用户数量的逐年增长，微博、微信和移动客户端（"两微一端"）等新兴平台迅猛发展，受众向新媒体迁移速度明显加快。以智能手机为使用端的移动互联时代，视频新闻呈现人人传播、多向传播、海量传播的特性，用户参与意识越来越强，需求越来越多元化，视频媒体只有因时而变，改变传播范式、生产流程、表达方式、技术手段、效果反馈等，才能打造生产者、传播者与用户高效运行和良性互动的三方闭环，使传播价值实现最大化。

扬州广电努力构建一个融合数字广电和智能手机用户的传播生态系统，打造了基于移动智能接口的"扬帆App"平台，把数字化的广电媒体和移动智能用户连接起来。在此次"扬马"长达4小时的融媒体直播中，通过演播室互动、微博微信社交媒体图文直播、电视台直播车直播相结合，形成了立体、全面的现场真人秀直播模式。在直播中，赛事报道和用户关注兴趣做到了有机结合，在"扬帆App"这个新型平台上展示了一场生动、互动的扬州群众的盛事。

这次融媒体直播实现了"双屏"传播，在现场信源的采集上，扬州广电的摄像机和智能手机的信号进入各个频道,"扬帆App"的用户也可以拍摄上传现场景象到互动社区。在观看环节,电视观众和手机用户既可以分别在电视机和智能手机这两个不同的屏幕上观看各个机位拍摄的实时画面,又可以观看到手机用户的互动内容;手机用户又可以根据自己的兴趣,在"扬帆App"的各个频道间来回切换观看来自不同角度的内容。从各个频道的直播镜头里,受众既看到了普通跑者中坚持奔跑的视障残疾人、精神矍铄的老年人、推着婴儿车奔跑的三口之家,也看到了为跑者加油助威的当地普通百姓,还看到了在各个点位进行保障的公安、交警、医护人员和大学生志愿者等群体。这些在以往传统体育赛事电视直播几乎不可能出现的信息,恰恰成为这次赛事直播独特的内容。

这些成为别人镜头中风景的"扬马"主角,也在用自己的手机记录自己或者其他人的奔跑身影、精彩瞬间,上传到"扬帆App"的两微一端。在为融媒体直播专门开设的"扬马互动"论坛中,跑友们发布与"扬马"相关的文字、图片、自拍视频,其他用户实时进行评论、转发、点赞等互动。据不完全统计,赛事期间用户实时互动留言与上传现场照片和短视频达到3万多条,构建了属于用户的"我的扬马"。这些内容,也成为电视直播中主持人互动内容的一部分,增强了融合直播的乐趣。

3. 彰显超本地化的理念,强化"参与、共享"的沉浸式体验

智能互联环境要求在媒介融合创新方面,坚持以用户体验为中心,为用户搭建可以互动讨论的社区,一方面依靠优质的新闻产品来吸引用户;另一方面也要创造一种全新的"参与、共享"文化,让用户在内容生产传播中收获深度体验,提高参与的可能性,增强用户黏性。

"扬马"融媒体直播促使用户沉浸到"扬帆App"智能社区,与专业电视媒体一起制造和完成融合直播,在构建与传统赛事电视直播所不同的深度体验方面,探索了融合环境下新型视频媒体"超本地化"服务的理念。这种"超本地化",是基于当前社交网络化和按需服务的趋势而产生的,它依赖于用户的地理位置进行按需服务。

直播中,主持人深情讲述"扬马"10年的往昔,让受众能在历史脉络中感受这项金标赛事的不平凡;在往届精彩画面VCR里,受众也能看到跑者澎湃的参与热情以及幕后工作者的辛苦付出;几位跑者故事VCR的展示,也为直播增色不少。对现场跑者的随机采访,无疑为此次"扬马"精神提供了最动人的注释——我参与、我快乐,全民健身、全民参与。直播中的航拍镜头、跟拍镜头、100多台手机镜头,以及个别景点的风光VCR,都让受众领略到了扬州风景如画的城市风貌。直播中还穿插了关于扬州饮食文化和早茶文化的介绍,成功塑造了扬州崭新的城市形象。电视直播中,演播室还创新性地搬入两台跑步机,一位青春靓丽的女孩和四位身体肥胖的男子全程不停陪跑,主持人和嘉宾穿插进行点评,分享五位跑者的奔跑心得,从某种程度上把场上的火热气氛平移进了演播室,点燃了受众的激情。

思考题

1. 视频新闻有哪些基本特征?
2. 连续报道和系列报道的区别是什么?
3. 深度报道采编有哪些要求?
4. 视频直播新闻有哪些基本特征?
5. 与传统电视新闻直播相比,融合直播类视频新闻有哪些不同?
6. 融合直播类视频新闻更适合应用到哪些场景?为什么?

拓展练习题

1. 某城市策划了一次"万人毅行"活动,假如你是这个城市某个视频媒体的主管,计划对此进行一次融合新闻直播,请设计一个融合视频新闻直播的方案。

2. 某城市社区媒体计划举办一次本地美食大赛,采用家庭与专业酒店同时比赛的形式,打算充分利用民间智能手机等便捷设备,在本地垂直门户网站直播,请设计一个直播方案。

第四章　专栏性视频新闻节目形态解析

目前，国内的视频新闻主要有几种类型。①正统新闻。如央视的《晚间新闻》，汇集一天新闻的精华，集纳式播报。②资讯加评论。如凤凰卫视的《时事直通车》、东方卫视的《东方夜新闻》，以梳理资讯和深入解读观点为特色，总体上是集纳式播报。③民生新闻。如江苏台城市频道《南京零距离》，以杂志板块方式播出。④深度报道。如央视的《新闻调查》，专题播出。⑤故事类新闻。如江西卫视《传奇故事》、辽宁卫视《王刚讲故事》，将主题故事化、故事人物化、人物情节化，专题播出。

可见，新闻类栏目大多采用三种播出形态，一种是动态消息集纳式，适合大量新闻的密集播报，联播新闻一般采用这种样式。另一种是板块式，通过巧妙的加工处理，用灵活的串联词和艺术化包装，将充满生动细节的新闻捏合成一个个系列故事。这种方式从表面上看有"稀释"和戏说的成分，但它整体上不违背新闻的真实性，只是多了一点"调味品"，适合处于疲劳状态的人们收看。还有一种就是专题形式。虽然深度报道和故事类新闻都是单一栏目专题播出，但深度报道侧重于对新闻事件、新闻现象背后缘由的探寻，而故事类新闻则重点在于讲述弱新闻性的故事。深度报道在第二章已经分析，本章不纳入考察范围。相比消息集纳，板块式和专题式的专栏特性更鲜明，内容也更丰富更有深度，这里把它们统称为专栏性新闻节目。

需要注意的是，在互联网上播出的视频新闻（如头条视频），不一定具有专栏的特点。基于传统媒体发展起来的视频网站，在 PC 端播出时仍然表现出比较鲜明的电视专栏的特点。如新浪、网易、腾讯主要按照内容类型划分频道，在每个内容领域，又设置了一些专门栏目，其中一些专栏主攻深度报道。在主打移动互联网应用中，短视频成为最主要的内容消费形态。尽管梨视频、一点资讯之类的新型网络视频媒体既有网站又有 App，并且会对播出的视频进行某种功能或性质的区分，如梨视频的"微辣 Video""冷面"等，但这种栏目更多是资讯集纳形式，物理性区隔的作用大于专门的深度报道。因此本章的专栏性视频新闻主要以电视媒体为主要对象。

第一节　专栏性视频新闻的基本特征

一、专栏性视频新闻的基本含义

要严格定义专栏性视频新闻，是件十分困难的事情。今天，几乎一切节目都是以栏目形式出现。专栏既是节目从形式到内容的统一，但在外延和内涵方面又不易清晰界定。尤其是在民生新闻理念、短视频资讯传播比较突出的今天，以栏目时间长度来判定节目的深度和新闻性，并就此称为专题，总显得左右为难。

《电视新闻分类与界定》将专题类新闻定义为："综合运用各种电视表现手段与播出方式，深入报道某一重大新闻事件或某些具有新闻价值又为广大观众所关心的典型人物、经验、新出现的社会现象以及某一战线、地区新面貌等题材的新闻报道形式。"专题类电视新闻主要有新闻性、专题性、重大性和思辨性的特点。

新闻性是专题类新闻区别于社教类专题节目和纪录片的重要特征。新闻专题的中心内容是围绕新闻事件或新闻人物、新闻典型等展开的。专题类新闻节目在内容上必须真实、客观，在时间上必须是新近发生的或发现的重大新闻事件或事件中的新闻人物的报道。

专题性是专题类视频新闻的节目形式特点，也是它区别于消息类视频新闻中的连续报道和系列报道的特质所在。专题类新闻是在一期节目中通过多侧面、多角度、多方位的报道，将某一事件、现象的前因后果、来龙去脉或人物的思想和事迹展示出来，而连续报道和系列报道是通过若干期节目连续性地报道出来，在一个时间较长的节目中，只报道一件事、一个人物、一个问题，就要求节目在内容的广度和深度上下工夫。

思辨性是视频新闻的灵魂，专题类新闻是对某一社会问题和社会现象的深入调查和揭示，不能仅停留在对事件过程和细节的叙述上，还应重在对事件内容作纵向、横向开拓，深化主题。

专题类新闻节目时间较长，短的有十分钟左右，长的可达几十分钟。时间长久意味着容量大，意味着它所占用的新闻传播资源更多，那么它的题材就必须有足够的新闻价值含量，才能撑起节目时长，这就要求新闻专题要关注热点，以具有社会意义的人物、事件为报道对象。

这样的定义方式，既有专题形式又有新闻内容，并不在一个范畴之内。新闻除了消息之外，就都是专题类新闻了，这里面自然包括以专题形式播出的深度报道。但如《东方时空》之称为电视杂志，是就其整体包装而言的，其中的几个子栏目却至少具备了专题性，不过与专题类新闻的定义相比，却是新闻性和重大性都不强。而近几年兴起的民生故事，也是新闻性和重大性比较欠缺，不过其专题性鲜明，与传统的社教专题一时让人难以区分。

我们有必要清楚，任何所谓的定义，都是根据一定的种属差别来划分的，都是历史性、阶段性的，因而也就有其局限性。对于播出的纪实类节目来说，用评判内容时最核心的"新闻性"标准来区分，新闻纪实类节目恐怕就只有硬新闻和软新闻之分，它们的播出形式完全可以在集纳和专题之间选择。用评判形式的最核心的"专题性"标准来区分，则纪实类节目只有集纳类和专题类之分，它们的播出内容可以是硬新闻也可以是弱新闻性的节目或者软新闻。可见，在民生理念盛行、节目形式多样的今天，用专题类新闻这样的定义来界定一个节目的性质和形态，已经相当困难，这多少反映出一些定义的不科学和不严谨。用播出形式来限定和描述新闻纪实类节目，标准相比更单一，姑且称为专栏性新闻节目。

根据题材不同，专栏性新闻节目可以划分为新闻事件专题报道、新闻人物专题报道、民生故事专题。专题新闻是以新闻事件为主，通过对新近发生或正在发生的重大新闻的发生、发展过程的记录，从而对其进行完整、详细、深入的报道，如中央电视台的《纪事》等就是典型的新闻事件专题节目。新闻人物专题报道是以人为主要报道对象，或者通过对人物的采访来揭示新闻事实的真相，组织节目内容，中央电视台的《高端访问》、凤凰卫视的《鲁豫有约》等就是典型的人物新闻专题节目。民生故事专题是以普通人的生活故事为对象，曾经流行的如江苏卫视的《人间》、江西卫视的《金牌调解》和湖北卫视的《大王小王》等，就是典型的民生故事专题节目。但表达形式也有发展，《人间》是演播室讲述＋VCR 演示，《金牌调解》《大王小王》是演播室讲述＋VCR 演示＋专家调节。

二、专栏性视频新闻的流程解析

（一）专栏性视频新闻的选题要求

1. 创新性

创新是给视频新闻带来无限生机的魔棒。在这样一个"注意力经济"的年代，无法创新就意味着平庸，平庸就意味着被淘汰，只有打造出独特的、富有新意的新闻产品，才会被受众接受，进而形成具有长久生命力的品牌。一期节目，如果仅仅只是告诉人们哪里发生了什么事以及该事后来怎样了等相关情况是不够的，它还应能够告诉人们某些能给人以教益的哲理来，因此在考虑一个选题是否能做时，就要对该题材的内涵进行挖掘，看是否能够从中找出具有新意的东西来。

2. 重要性

专栏性视频新闻的题材一般都是有深度的，重大题材可能是人们所关心的热门话题，也指人们实际生活中迫切需要解决的问题。就强新闻性的题材而言，是否重大可以从几个方面考察：一是新闻事实、事态本身的影响面比较大，关注的人很多。二是新闻事件、事态属于局部性的，直接影响不大，但意义重大，对全局有借鉴价值。弱新闻性的民生故事则主要看故事的曲折性。

3. 可操作性

选题的可操作性是指从选题的确立到节目成片过程中实施工作的难易程度。一个选题最终落实到实处，需要经过很过环节的操作，涉及很多因素的限制。

（1）符合新闻政策。作为一档新闻性栏目，必须清楚"什么话题可以谈，什么话题不可以谈"。这是节目的底线，也是策划选题时的标尺。不是所有的话题都可以放到节目上谈论。话题的选择必须符合新闻宣传政策和舆论导向，符合社会公众的普遍需求和利益。同时，节目的选题要把握好尺度，以人文关怀理念贯穿始终，尊重嘉宾、观众的意愿和内心感受。

（2）栏目成本允许。一个选题由设想变为现实必须具备一定的条件，需要一定的技术、资金和人才支持。在策划选题时，一定要考虑到栏目的制作成本以及栏目组本身的能力和资金条件。

（二）专栏性视频新闻的采访要点

在视频新闻节目制作过程中，采访占据着基础性的地位。采访行为本身往往是节目内容的主体，采访素材更是节目的基本构成因素和基本形态。在更多的情况下，视频新闻是通过记者的采访来获取事实的真相，了解真相之间的联系，采访的内容指引着视听要素的获取，对编辑过程中的解说词撰写等相关过程也起着重要的作用。

1. 选择报道角度

对于一个新闻事件，每一个人都会有不同的关注点。题材确定以后，选择一个"最佳"的视角来表达，成为前期策划中的重要环节。优秀的新闻策划应该为采访选择最能体现选题主旨，最能达到采访目的，也最容易实现的策划角度。一个合适的切入角度能使采访提纲挈领地掌控全局，同时又能给新闻事件提供足够深入的报道平台。

2. 实施前期采访

重大的、突发的新闻事件发生后，由于种种原因，记者往往难以在第一时间梳理出事情的来龙去脉，需要先对新闻事件做先期的了解，也就是我们说的前期采访。前期采访首先也是信息采集的过程，其次通过前期采访可以知悉事件中重要的当事方、知情人，对新闻线索作必要的确认，同时也对采访中可能遇到的困难做必要的准备，包括政策、法规上的限制，新闻事件发展中出现的新转折，也包括新闻当事人或相关组织与个人的阻挠。

3. 拟定采访计划

通常，完整的采访计划包括：①采访目的和意图（主题）；②采访安排，包括时间、地点和人物等；③采访的主要问题；④采访与拍摄方案，包括对画面和声音的要求等；⑤预算等。

（三）专栏性视频新闻的报道分析

1. 报道过程上注重互动性

"受众需求"模式的确立和传播技术的不断进步，激发了受众的参与热情，也使新闻报道交互成为可能。视频新闻的生命在于满足观众的需要，在视频新闻传播中，强调节目主持人或记者与屏幕前观众的"面对面"交流。把主持人和记者推到镜头前，在事件现场直接面对观众进行即兴采访、现场播报，这种"人际交流"方式具有很强的亲和力，主持人或记者的言行举止，加上事件现场的动态过程呈现在观众面前，既保持了新闻的原生态过程，也容易吸引观众的注意力，更重要的是让观众感受到平等的传播与接收状态。

2. 突出呈现新闻现场

新闻事件的现场是最原始、最真实的信息源，将现场具有独特气氛的场景和具有典型意义的细节一一呈现，有利于增强新闻报道的形象诉求。对于新闻现场的呈现一般可以从声画两个方面强化：其一是画面的细节；其二是同期声和现场声的运用，可以增强报道的现场感和感染力。据2006年的统计，凤凰卫视资讯台85%以上的新闻运用同期声，运用时删掉提问过程，用同期声表达关键内容，这样既有效压缩屏幕时间，扩大信息容量，又增强新闻的现场感。

3. 灵活运用叙述方式

专栏性视频新闻可以运用顺叙、倒叙、插叙三种方法。顺叙就是按照事件发生、发展、变化的实际过程来表现事件或事实，这样能使对事件的来龙去脉交代得比较清楚。倒叙是把事件的结局或事件中的某个重要情节提到前面先做交代，然后再按事件发生、发展和变化的顺序展开叙述。插叙就是在叙述事件的过程中临时中断一下，把一些与该事件有关的情况穿插进去从而对其做一些补充或解释，然后再按照原先的线索继续开展对事件的叙述。在实际的操作中，这三种表现手法并不是相互独立的，各个手法既可以单独使用，也可以两个或三个一起使用，这视各个节目的具体情况而定。

第二节　杂志型视频新闻解析

传统的电视新闻杂志是借鉴报纸杂志的编排方式，将不同内容、形式的多个新闻节目整合在一起的视频新闻节目形态。这种电视类型是从美国开始的，英语全名为 Magazine-Format Documentary series，字面上的意思是"杂志型系列新闻纪录片"，是美国的全国广播网 NBC 的前副总裁西尔维斯特·韦沃（Sylvester Weaver）在20世纪50年代初期提出来的概念。他本人在1952年1月14日创办了第一个视频新闻杂志《今天》，而哥伦比亚广播公司（CBS）的《60分钟》通常被认为是电视新闻杂志最成功、最典型的代表。这种杂志型格式在当前的视频网站新闻资讯播出中已经被广泛采用。

现有的广播、电影、电视的辞书及论著，均从杂志节目的内容和形式以及"杂""志"的字面意思对这个概念进行了各种定性分析。《电视辞典》所下的定义为："杂志型专栏节目，将不同内容和形式的节目编排在一起的专栏节目。类似定期出版的文章刊物、杂志而得名，集新闻性、知识性、文艺性等各种节目之锦，内容丰富多彩、结构灵活自由、形式多样活泼。"《广播电视简明辞典》释义如下："杂志型节目，综合性节目的一种。一般兼有知识性、趣味性和服务性，如中央人民广播电台的《午间半小时》，文艺性的杂志型节目还兼有欣赏性和娱乐性。如《戏曲广播杂志》《戏剧之友》《今晚八点半》等。"

杂志型视频新闻节目是由节目主持人将不同内容及不同形式的新闻报道串接为一个有机整体，形成的在固定时间播出的杂志型视频节目。它具有一种"集百家之长为我所用"的味道，是本着"去其糟粕，取其精华"的原则在内容的选择与结构的选用上都具有开创性的节目编排方式，因此杂志型栏目被说成是视频节目传播最完美的样式。

一、电视新闻杂志节目的发展概要

美国20世纪90年代的商业电视网，黄金时段播出的电视新闻杂志类节目是其节目规划以及利润收入的中流砥柱。美国三大广播公司播出的电视新闻杂志类节目主要有：哥伦比亚广播公司（CBS）的《60分钟》《解谜48小时》；国家广播公司（NBC）的《日界线》；美国广播公司（ABC）的《夜线》《20～20》。尽管这种节目形态仍然属于新闻节目的范畴，但其节目内容却绝不是像联播类新闻节目那样报道一天中所发生的新闻事件，其中55%的节目内容是关于人们的生活方式、行为习惯、实用性消费信息以及社会名流的娱乐新闻，仅有8%的报道是关于教育、经济、外交、军事、国家安全、政治以及社会福利等方面的硬新闻。

作为美国电视史上出现的第一个电视新闻杂志类节目，哥伦比亚广播公司（CBS）的《60分钟》是迄今为止在同类节目中最受欢迎的，也是最严肃的新闻杂志，其收视率一直保持领先。《60分钟》王牌主持人的推出与明星记者的塑造是其笑傲江湖的重要法宝，同时它对于真相的追求和它对故事的编排手法也迎合了观众的收视期待，这二者共同保证了《60分钟》在商业上的成功，令同行难以望其项背。

另一个老牌电视新闻杂志是美国广播公司（ABC）的《夜线》，该节目创办于1979年，晚间11:30播出。2007年节目采取"采访＋分析"形式，每个节目只报道一个单一的事件，时长30分钟。节目内容更趋向于严肃性新闻与软新闻结合，形式更活泼、内容更轻松、更富时代感，正吸引越来越多年轻受众的关注。

1992年美国国家广播公司（NBC）的《日界线》的出现使电视新闻杂志类节目真正走向兴盛，它把一种截然不同的节目组织概念引入到电视新闻节目设计制作当中。与其竞争对手哥伦比亚广播公司（CBS）的《60分钟》以及美国广播公司（ABC）的《20～20》等的传统新闻节目制作理念不同的是，它并不是完全依靠一两位名主持的独特个性和报道风格来支撑节目，而是紧紧围绕对整个新闻事件的报道并强调报道事件中的情感因素来打造其节目品牌。它竭力挖掘每一个工作人员的潜力，而且任何一个NBC大牌明星都可能出现在节目中，由他们轮流来担当记者，有时甚至是主持人。《日界线》节目播出也比较灵活，并不只限于一周播出一期，根据实际情况一周可以播出多期，高峰时期一周曾播出过5期节目。《日界线》的成功重新定义了电视新闻杂志节目形态的内涵。

2006年《日界线》开辟了一个特别板块，其中有一系列叫"抓捕变态者"。在这一节目中，由来自民间监察组织的志愿者"扮演"未成年少年，在网上聊天室中与那些有恋童癖倾向的成人结识，然后引诱他们某一时间到位于俄亥俄州某处的一个房屋内与这些"儿童"会面。当这些"嫌疑犯"出现时，暗藏在屋内的摄像机就把整个场景都拍摄下来了。"抓捕变态者"系列专题新闻节目昭示着一种新的视频新闻杂志节目形态的出现，它是真人秀节目和视频新闻杂志类节目的杂交品种。虽然它包含新闻节目的元素，属于新闻节目的范畴，但与此同时它又和真人秀节目一样，包含阶段性事件、参与者节目过程中的真实展现，再加上以抓捕疑犯为节目主题，给人们带来了极大的窥视快感。

国内最早用杂志方式编排电视新闻的是上海电视台1987年开播的《新闻透视》栏目，而真正影响并被广为接受的是中央电视台1993年5月1日开播的《东方时空》。

二、杂志型视频新闻的形态特征

杂志型视频新闻在形态特征上与传统电视杂志一样，一般按板块的方式组织结构，具有超大时段（超过三十分钟，有的长达两个半小时）、板块分割（把大时段分割，嵌入不同的板块）、板块固定（各板块的内容、形式、时长和播出时间相对固定）、板块连续（板块之间在相对独立的同时具有一定的连续性）等外形特点。内容层面则是综合性和多主题。

（1）综合性。这是电视杂志最鲜明的特色。这种性质，应全面地体现于其内容、形式、结构三方面，即内容丰富多彩、多样活泼，结构灵活自由。电视杂志可以有专业性和综合性两种，既可以是专门的新闻报道，也可以以体育、科技、医药卫生、文艺娱乐、青少年儿童教育等为内容，还可以集新闻性、知识性、文艺性、服务性于一体。虽然具有综合性，但仍然不宜过长。时间过长，综合性太庞杂，结构太松散拖沓，观众的注意力和兴趣难以持续。因此，应当明确杂志节目的"短片"性质。

（2）多主题。这样才能体现其综合性、多样性，单主题的不能称其为"杂志"，而属于一般性的专题节目。有些所谓的板块节目，实际上就是电视杂志的板块结构形式，因而还是统一称之为电视杂志为妥。

可见，视频新闻杂志一般由一两个骨干节目或重点报道内容，通过有序组织，编排成"成套新闻"或"集装式"节目，运用包括现场报道、画外音报道、电视访谈或电视评述等多种声画手段及平行交叉式的组接方式，把正面、侧面以至反面的采访报道集纳起来，使节目更有深度。节目中间各个部分的恰当编排，可以使整体之间互相补充、支撑、对照、呼应，起到互为"背景"的作用，弥补电视"一次过"的局限。视频新闻杂志节目因采用"板块结构"所具有的灵活性，充分运用了电视传媒在时间上的开放性、连续性，根据收视"市场"的"行情"，随时调整组合，并对各种传播形式进行合理兼容。

三、视频新闻杂志的组成元素分析

（一）典型的电视新闻杂志

1.《60分钟》：美国电视新闻杂志节目的鼻祖

1968年9月，美国哥伦比亚广播公司（CBS）创办了每周播出一次的电视新闻杂志节目——《60分钟》。该节目以时钟的滴答声开始，因节目播出时间为1小时而得名。它废除了以往电视节目一次只编一个主题的做法，改为一次节目3个主题。1972年该节目移至晚间播出，但没有固定的播出时间。直到1975年，《60分钟》固定在周日晚的准黄金时段播出，收视率大大提高。到了80年代，这个带有严肃性的新闻节目，凭借其独特的内容在晚间黄金时间击败了其他形形色色的娱乐节目和新闻节目，收视率为全美电视节目之冠，长期占据收视率首位。

《60分钟》作为美国最成功、也是最具代表性新闻杂志节目，被誉为"杂志型新闻节目的鼻祖"。该节目以调查性深度报道而著称，其报道方式与故事片相似，有情节、有冲突、有悬念，记者常常像侦探一样追踪调查新闻事件；一般由三部分组成，即节目介绍、具体报道和安迪·鲁尼（Andy Rooney）的评论。

（1）节目样式与外部形态。黑色背景，在一片寂静的背后，响起了时钟滴答的声音，随后黑色背景上出现了白色的方框，勾勒出一本尚未翻开的杂志，在杂志上方写着"60 minutes"，中间和下面的内容是各位主持人和记者的姓名，向观众表达明确的意思：节目是一档名为《60分钟》的杂志。

每期《60分钟》基本由三个独立的新闻深度报道和1个新闻评论板块组成，深度报道各13分钟左右，其中8~10分钟是采访谈话，评论板块4分钟左右，加上片头、导视、片花和广告，总共60分钟。主持人讲完故事之后，评论员做简短的评论，杂志封面再次出现，跑表分针指向59分，封面出现工作人员的字幕，节目结束。

(2)《60分钟》版块设计和形象包装。整个包装构思清晰、鲜明、简洁、非常具有创意。杂志和跑表是两个重要的符号：杂志代表栏目的性质定位是杂志型电视新闻栏目，而跑表则对应着以时长命名的栏目名称——《60分钟》。统一而富有特色的形象识别系统是一档电视栏目是否成熟的重要标志。节目的主持人与记者并非年轻人，大部分为中老年人，都是正装严肃，话语严谨，主持人的着装、外形、谈吐、风格等特性与栏目的整体定位相默契，直接体现栏目的整体风格。节目的整体色彩基调偏暗，与其风格定位一致。固定不变的标志性外部特征使观众产生强烈的认同感。

(3)《60分钟》的叙事方式。用来吸引观众的主要方式是悬念。节目制作人总是把最精彩、最关键、最能抓住人的场面与镜头放在全片的开头，并在一开篇时的导视节目中向观众提示最为关键的看点。在开篇，编导会选择一些最尖锐的提问或是采访对象最具冲击力的语言片段，其目的只有一个，就是制造悬念，让观众看到节目第一眼就不再换台。在节目内容上，《60分钟》往往会把故事讲得一波三折。在时长仅为13分钟的片子中，几乎每3分钟就会出现一次悬念，达到一次高潮。悬念的设置是非常重要的，在观众心理形成一个接一个的"疑问、破解、再疑问、再破解"。比如一期名为《地狱和飞龙》的调查报道。首先提出少年因"古堡飞龙"而丧生的悬念；观众得知孩子自杀了，必然有了进一步想要知道自杀原因的欲望；知道了自杀是因为玩了一款游戏，那就必然想要了解这款游戏的内容。几乎每3分钟就出现一次悬念。

2.《东方时空》：中国电视新闻杂志节目的旗帜

1993年之前，中国的电视机通常被一块布遮盖起来，安静地待在每个家庭的客厅里，直到傍晚全家人都围坐在餐桌前，电视机才被打开，通常认为，早晨时间紧迫，没有人顾得上看电视。然而，随着一个电视栏目的诞生，这种思维定势被打破了。当中央电视台一帮意气风发的电视人在一起策划这个早间栏目的时候，他们就意识到正在做一件极具挑战性的创新工作，那就是要改变中国人早上不看视频新闻的习惯。为此，新闻评论部主任孙玉胜给它设计了一个非常大气的名字"新太阳60分"，一方面表明做"中国的《60分钟》"的意思，另一方面因为"早间和太阳是分不开的，阳光灿烂的清晨，这个名字给观众一种清新美好的印象"。但是，在当时的中央电视台台长杨伟光的建议下，名字更换为与之相近的"东方时空"。总栏目的名字改动了以后，相应的四个小栏目的名字也做了调整，"太阳之子"变成了"东方之子"；"太阳家庭热线"变成"生活空间"；"新太阳金曲榜"变成"东方时空金曲榜"；"太阳扫描"变成"焦点时刻"。

1993年5月1日，央视大型新闻杂志栏目《东方时空》开播。《东方时空》开播之初设计的宗旨为"以纪实的手法反映生活，以平视的角度贴近群众"；栏目的基本形态定位为"鲜活性、新闻性、板块式的杂志型栏目"，设计了四个稳定的栏目板块：人物专访《东方之子》、音乐电视《东方时空金曲榜》、生活服务板块《生活空间》、新闻专题板块《焦点时刻》；在内容定位上追求以新闻性作为统领，将四大板块融为一个整体。然而，其中的音乐电视板块只是基于当时MTV流行的需要，与杂志追求的新闻性定位格格不入。因此，1996年1月27日第1001期《东方时空》进行了第一次改版，明确定位为"视频新闻杂志"，取消了不具备新闻性的音乐电视板块，开辟了新闻分析的栏目《面对面》，同时把《焦点时空》改为《时空连线》，与《焦点访谈》区分开来。在此后的数年间，《东方时空》又经历了多次改版，节目包装也更现代，《东方时空》以它的新颖、及时和大信息量，引起了社会强烈反响；它在运用电视手段方面在全国电视界也具有前卫意识，对视频新闻报道的纪实语言方面有开拓性意义。

《东方时空》这个电视新闻性综合节目大大改变了中国视频新闻的思维和面貌，从它创办的那一天开始，人们似乎更清晰地意识到新闻节目通过电视传播所带来的影响。由于《东方时空》影响面的不断扩大，全国各地相继效仿出了很多新闻杂志节目，使得这种节目类型成为中国电视上最抢眼、最受欢迎的节目。

上海电视台地面频道曾经于2003年推出一档高仿《60分钟》的新闻杂志栏目《1/7》，一时引起全国关注，但坚持的时间不长。随后，全国大部分城市电视台都以杂志形式推出了相应的电视新闻栏目。

（二）视频新闻杂志形态要素解析

1. 准确的栏目定位

《60分钟》的栏目定位主要体现在其对好新闻的理解上：观众从未听说过的故事。把一个故事讲得简单明了是创作者执著追求的最高境界，《60分钟》的节目观是：冲突的情节和有趣的人物构成了好故事的基本要素。冲突的情节意味着故事是在时间空间中不断演进不断向前发展的，即使生活中的事件是片断发生的，有时是毫无逻辑联系的，但要是发生在屏幕上，片断和无逻辑就不再可行。讲述一个变化冲突的最好形式是有矛盾贯穿始终的故事，而且要让它们贴在一起。有趣是《60分钟》选择人物的至高理念，有趣不是好玩不是搞笑，而是指有趣味、生动的、引人注目的东西。正是因为简单而动人的故事、丰满而真实的人物使得《60分钟》收视率居高不下，极具人气。

《东方时空》的栏目定位可以表述为：国家与市场的均衡考虑。在制片人中心制的体制下，整个节目的制作与播出既是政治宣传的需要，又可理解为一种商业行为。《东方时空》不断把栏目向精英文化和平民关怀的和谐交融方向靠拢。

2. 精当的内容选材

《60分钟》避免一般性新闻事件，善于发现、发掘题材，进而深挖其根源，作出有较强视觉冲击力的深度报道。有揭示高层内幕的，批评政府及现行制度的；有揭露事实真相，抨击黑暗现象的报道；还有追踪社会现象的。城市电视台的杂志型新闻栏目中的新闻大都是发生在本埠市民身边的事件，其间的信息非常"鲜活"，记者往往是在第一时间赶到现场，动作甚至比城市110还要快。如《南京零距离》栏目在民众中间网罗了一大批婚礼摄影师和记者，整个城市一有风吹草动，他们的触角就伸了过来，牢牢地抓住了"时效快"的新闻生命线。

3. 合理的节目编排

视频新闻杂志节目的板块化结构、主题多变的特点使得其内部编排显得尤为重要。栏目采用板块结构，应使各板块相互支撑，充分发挥电视声、画诸元素的传播优势。《60分钟》结构编排非常紧凑连贯。没有多余的叙述和画面语言，转场也非常的巧妙。从整体来看，由主持人演播室评论介绍、谈话现场人物同期声、画面加解说词三大块交叉组合完成。《东方时空》中同样是不同的板块有不同特色、不同的时间长度，在保证每个板块内容新鲜，体裁新颖，能吸引并激发观众兴趣的基础上，其各栏目交替出现，给观众带来常看常新的感觉。

播报什么样的新闻，时间顺序并不是固定不变的，而是流动开放的，直播正在进行当中，如果有重要事件发生，可随时送到演播室予以播出。开放的另外一层意思是指针对观众的开放和互动，比如调查什么样的话题，可以由观众点题，或者把当事人请到演播室，就一些重要事件和主持人进行面对面的交流。开放互动式的直播形式就是利用高科技提供的便利，构架一个民众之间相互交流的传播平台。

4. 创新主持串联

电影和电视在这方面可以说存在共性，电影需要明星，电视同样需要明星。《60分钟》在启用和培养主持人、记者成为"电视明星"方面，有着较强的意识，如丹·拉瑟、克朗凯特，与《60分钟》的栏目风格十分相称。

《东方时空》中主持人对话式的对播方式彻底摒弃了新闻节目"你播我听"、单向传播的说教味，不仅缩短了传播者与受众间的距离，而且让观众记住了这几个与众不同的主持人。从功能上，各板块主持人的功能从单纯的串连开始过渡到真正意义的新闻直播和评论，如敬一丹、水均益、白岩松等都表现不俗。

自民生新闻流行到视频网站的盛行，新闻资讯的草根性、民众性日益突出，电视主持人和网络主持人风格的平民化也几乎成为"标配"。主持人采取"说"新闻或"评"新闻的方式，越来越实实在在，民众都觉得主持人有血有肉。

第三节　民生故事类新闻专题解析

2006年以来，江西卫视《传奇故事》、江苏卫视《人间》等一批电视专题节目，以讲述"民生故事"为鲜明的主题特征，在受众中积累了较高的人气，收视率一路走高。发展至今，民生故事类专题栏目几乎成为各个省级台的常规武器，但在表现形态上有所创新，如江西卫视《金牌调解》、湖北卫视《大王小王》、东方卫视《幸福魔方》、天津卫视《婚姻保卫战》等，突破原有的"主持人述说＋VCR演示"的方式，邀请当事人、评审员到演播室现场表达。所谓民生故事类视频新闻专题节目，是在固定节目时间内以新闻专题形式、采取"新闻事件纪实＋主持人个性化述评"（有时辅以演播室现场访谈）的表现手段，来讲述发生在普通民众身上真实的、典型的、能够反映转型期社情民意的新闻故事。

从内容性质和社会功能角度看，此类节目以纪实手法讲述关于民生、民情、民意的真实故事，折射出转型期普通民众的生存状态、权利诉求和社会理想。它们属于新闻节目，这区别于真人秀、纪录片、栏目剧、电视剧等其他"讲故事"节目。"新近或正在发生、发现的事实的报道"，是对视频新闻作为新闻共性的界定。从新闻价值角度看，"民生"是一种新闻评价、选择与制作标准。此类节目不像《新闻调查》关注宏大主流叙事，也不像《鲁豫有约》《艺术人生》聚焦明星名流的情感和人生故事，而是以微观视角讲述能够反映社情民意的百姓故事。这类节目以个人故事为主线，贯穿典型的社会意义和时代背景；通过展示平民受众的个体情感体验，来折射平民阶层整个群体的生存状况和社会心理状态。

从新闻业务的角度来看，民生故事类新闻专题在表现模式上体现出一种"讲故事"手法的创新。节目以故事来结构画面，突出矛盾冲突和情节设置，重视情绪渲染，同时运用各种影像手段来表现主题，使视频新闻叙事呈现出一种前所未有的冲击力和感染力。

民生故事类视频新闻专题节目不仅在新闻业务具体操作上呈现出一种故事化手法的创新，同时作为一种新兴的节目形态，它所体现出的更重要的意义在于将新闻话语聚焦于民生民情，维护了平民受众的表达权。它通过讲述个体故事以及挖掘个体话题的社会意义，使私人话语变成更广泛范围内的社会典型性问题，为平民阶层提供了一个心理慰藉和情绪调节的空间，初步构建了一个能够帮助其解决现实困境的利益诉求机制，这使它在目前中国视频话语系统中拥有不可忽视的地位。

新闻话语的表述是新闻话语者对新闻事实进行符号化加工的具有指向性的言语行为，是对新闻事件的具象说明。传统新闻的表述模式比较单一固定，话语往往平铺直叙地传达给受众，容易产生一种说教感。民生故事类视频新闻颠覆了传统的话语生成模式。在新闻选题上，它并不聚焦于宏大主流题材，而是青睐富有情节趣味性的民生故事。在叙事技巧上，它摒弃了平铺直叙的表达方式，选择以故事化手段制造叙事张力。在视听语言上，它没有局限于平面线性传播，而是汇聚多种表现元素形成"场"态信息传播的新奇性效果。

一、选题的平民化和人文化表现策略

1. 选题平民化，关注民众的生存状态

民生故事类视频新闻专题节目是视频媒体贴近民情民意，选择平民化话语表达方式的典型反映。江西卫视《传奇故事》、江苏卫视《人间》、浙江卫视《公民行动》、东方卫视《真情实录》、辽宁卫视《王刚讲故事》等都是通过选取发生在社会普通人身上关于生存生计、情感纠葛、命运际遇的真实故事，来折射出社会转型时期人们生存状态的变迁和价值观念的碰撞。在这类节目里，视频新闻关注点由原先的政治、经济、教育、国际事务等传统的新闻领域转向关于"老百姓自己的故事"的微观具象领域，婚姻生活、血缘亲情、遗产分割、创业致富、邻里矛盾、债务纠纷等与百姓生活息息相关的社会故事和话题都可以入题。

要贴合受众的平民化审美需求，就必须具备能抓住眼球的情节看点，强调其情感性、趣味性和反常性因素，这是民生故事类视频新闻专题节目对文本题材的内在规定性。

（1）情感性因素。只要具有故事特征的新闻题材，记者都深入采访，挖掘具有普遍人生意义、受众能产生情感共鸣的话题。江苏卫视《人间》、东方卫视《真情实录》、内蒙古卫视《现场》都是以情感因素为切入点，在故事讲述中侧重展现和演绎人类共通的人性和情感，来引起受众的认同式解读。江西卫视《传奇故事》之《一句话感动一座城市》节目介绍了维吾尔族小伙艾尼义救汉族小姑娘的英勇事迹。艾尼在看到歹徒围攻汉族小姑娘王丽时无所畏惧地上前大喊"放开，她是我妹妹！"这句闪耀着人性情感光辉的朴实话语，也感动了乌鲁木齐整个城市。

（2）趣味性因素。富有人情味与生活情趣的新闻事件，能够引起受众的普遍关注和情感共鸣。"看大片受鼓舞，受害者自卫杀死绑匪""漂亮妈妈选美记""俄罗斯老太太寻找中国旧恋人""月球大使馆叫卖月球土地"……这些新奇有趣、反映社会新面貌和新观念的故事选题，满足了受众多元化的信息需求和情感诉求，能够让他们获得心理满足和审美愉悦。

（3）反常性因素。故事内容如果偏离受众日常经验和平常想象，会让其通过欣赏新闻故事得到一种补偿性心理体验。浙江卫视《公民行动》之《迟到的守护》中讲述了"身患尿毒症的儿子遭到父亲捐肾临阵脱逃，母亲萌发轻生念头"的真实故事；《解救被"圈养"在洞穴中的女人》讲述一个被"圈养"在洞穴中长达六年之久的女人不同寻常的经历；《受伤的亲情》表现养子千里寻到智障亲生父母的尴尬真相……这些陌生化情节打破了受众的日常性体验，能够抓住受众继续往下看的心理，从源头上保证了内容的可视性。

2. 选题人文化，观照民众的精神家园

"一切故事都是人对自身命运的关怀。……故事提供了这种参照，从而使人们借此来领会自身的存在状态与可能，这就是故事中人本意蕴的真正含义。"社会转型期，面对市场经济逐渐激烈的竞争和现代生活日趋加快的节奏，民生故事类节目关怀民众的精神需要，对受众抱持深度的理解和同情，给予人们精神支撑力量。此类节目善于从人文的角度、具体个案的角度去展示人物的生活遭遇和心路历程。在东方卫视《真情实录》之《三十年的身世之谜》里，意外获知自己是领养而非亲生后，安徽小贾仍愿意为身患尿毒症的养父捐肾，这种孝道已经超越传统意义上的血缘纽带；山东卫视《天下故事》之《离奇征婚的背后》讲述一对夫妻患难与共的感人故事。丈夫患病十年妻子不离不弃，丈夫竟做出惊人之举意欲为妻征夫，辛酸和苦难背后隐藏着浓浓的患难真情……这一切正是处于剧烈变动中的中国社会的真实写照，小人物的命运故事承载了记录历史的使命。

故事并不仅仅是为了好看，民生故事类视频新闻专题节目总是从人本的角度、站在人的立场去记录普通人的欢乐与忧伤、希冀与失望、抗争与无奈，表现其生活追求和心灵渴望，这也是河北卫视《天下故事会》栏目宣传语"讲述精彩故事，解析百态人生，弘扬人间正义，展示美好心灵"所倡导的。

优秀的民生故事类节目大多符合叙事理论的五个规则："第一，故事是讲述价值观的；第二，这些价值观对故事中的道德观，人物做出的决定或话语传播的论点是合理的；第三，对这些价值观的感受应该是给人们带来积极的影响；第四，故事中的价值观应与人们自身的经历相一致；第五，这些价值观应是人类行为的理想远景的一部分。"故事浸透着价值取向、伦理评判、人生启悟，传达基本生活信念和人生理想，让受众在故事欣赏中领悟社会兴衰荣辱的规律和人生处世的真谛。

故事性选题涉及的价值观冲突包括孝顺与忤逆、仁爱与残忍、诚实与狡诈、守信与背信、仗义与负义、清廉与贪赃、守法与枉法等，它们都是以儒家文化为核心的中华传统文化的现代表述。此类涉及的题材内容非常广，包括圆梦行动、公益行为、扶贫济困、抗灾抢险等，这些报道内容表现出的人文关怀能产生抑恶扬善、激浊扬清的社会效果。

二、叙事技巧的故事化表现策略

在叙事技巧上，民生故事类视频新闻淡化了以往程式化、规范性的新闻叙事模式，进一步确认了开放性、多元性、故事化的叙事技巧。它摒弃了封闭式的叙事结构，转而采取开放性的叙事结构；它不局限于单一叙事视角的应用，采取多重叙事视角来接近事实真相；它不满足于对客观事实的平铺直叙，而是强化悬念冲突来营造故事的叙事张力。

1. 以开放性叙事结构，延展新闻事件过程

民生故事类视频新闻专题节目采取的是一种开放的线性叙事结构，即按照情节线的发展，叙述者把来龙去脉交代清楚，使情节环环相扣地发展，但并不刻意让整个结构一线到底，而是通过"疏针线""增头绪"的方法，松散各段之间的关联，增加感人的生活细节的比例，重新对情节进行构筑，甚至自由置换各部分次序。这种开放式的结构处理显示出浓烈的纪实效果，能够表现出新闻事件的自然流程。

在此以江西卫视《传奇故事》之《山东大孝子》这期节目为例，具体阐述这种开放式的结构。

主持人先以"孝子"这一词语引出故事主人公——被评为"山东十大孝子"的菏泽农村小伙戴永胜；接着叙述故事发生的缘由"在全国各地打工，为身患癌症的母亲寻觅名医名药"；然后讲述故事的过程"在福建买药后身无分文只能沿铁路步行返回山东"；故事的高潮部分"他又渴又累在南昌横过铁路时被火车撞倒"，虽然呈现的是已经发生的事件，采访与事件之间存有"时间差"，但是通过主持人的叙述和记者的采访活动，将已经发生的事件以现在进行时重新呈现出来，"劳累过度以至于对车祸如何发生毫无印象……醒来第一句话就是问药是否破损"，这些细节呈现为受众创造了与事件同步的条件。此外，节目还运用真实再现的手法将"他被疾驶而来的列车撞倒在地"的场面重新模拟出来，制造出当时现场的紧张感。

封闭式的故事结局并不是此类节目所要追求的，它总会有意无意地留下一两个未解答的问题和一些未满足的情感，"母亲最终能否战胜癌症？""孝顺的戴永胜能否收获他的爱情？"这些未解答的问题让受众在更广阔的想象空间中徜徉畅想。这种开放式的结构观念能够保留表达事物的多层含义，更符合新闻节目的纪实特点和受众的求真心理。

2. 选择多重叙事视角，还原事实真相

美国文论家艾伯拉姆斯将叙事视角定义为"叙述故事的方法——作者所采用的表现方式或观点，读者由此得知构成一部虚构作品的叙述里的任务、行动、情境和事件。"据现代叙事学的研究，叙事视角通常分为全知视角、限知性视角、纯客观叙事。在视频新闻文本里，由于叙述者在叙事过程中所处的位置、经验、人格特征千差万别，因此采取的叙事视角也是不同的。

以往很多新闻节目多采用全知视角，叙述者无所不在、无所不知，这种视角所传递的信息往往注重主题和结论而不是事件和人物，以至于叙述者和受众容易产生距离感。在新闻采访活动中，记者应力求成为一个无所不在的全能者，但在叙事中应当避免全知视角的滥用。

民生故事类节目常常根据叙述者所传递信息容量的多少在一期节目里采取多种视角进行叙述，尤其是大量采用限制性视角，使叙述者主动降低姿态，不再是无所不知的上帝，而是一个个具有清晰面目和个性的个体人物，通过与受众的平等对话实现叙述者与感知者的心理距离的接近。限制视角可以提供给受众不同角度的信息，素材的引用和新闻场景的表述都比较规范和生动，展现新闻客观性的效果强于全知视角。

以陕西卫视《华夏点击》之《蒸笼之谜》这期节目为例，具体分析民生故事类视频新闻如何打破单线叙事方式，从不同角度来叙述新闻事件，以求反映出现实生活的多样性和复杂性。在节目开始时，主持人站出来以一个处于事件之外的角度，作为事件缺席者对事件进行评说："9岁男孩溺死在自家酿酒池的大锅里，是贪玩导致失足，还是另有隐情？"关键人物继母以第一人称的限制性视角来叙述事件细节和观点意见，声称"男孩平时就很调皮，不好管束"。孩子亲生母亲却凭着直觉提出质疑，不相信"一个1.2米的大锅会淹死一个9岁大的孩子"。亲生父亲站在情感的天平上，不知如何评判双方的各执一词。孩子的奶奶、邻居等作为事件旁观者阐述各自对事件的理解和感受，对事实真相给予评价和判断"继母平时对孩子很苛刻"。刑警侦察员经过调查取证，从客观角度做出专业的分析判断"真相是继母间接故意杀人"。节目结束时主持人以全知全能视角，说明、评价事件的前因后果以及人物内在情感世界，甚至透视人物内心隐秘之处。原来，继母亲眼目睹男孩掉进池里，因为私心所致加之她担心外界误认她有谋害之心，所以袖手旁观甚至还狠心盖上锅盖，导致惨剧发生。

叙事视角包含着对事件的认知、判断和情感倾向，具有较强的主观意识形态属性。一部作品采用不同的叙事视角，既有具体而微观的事例证明，又有总体事实的客观叙述，由于叙述者的角度不同，每个角度都带有鲜明的主观感情色彩，但正是这种叙述者的主观性，从不同角度强化了人物和事件本身的客观性和真实性。制作者正是根据具体事实的特性，不断选择与调整不同视角去逼近事实真相，使故事在各种视角的呈现过程中逐渐变得丰满和完整，最终达到新闻报道的根本要求——客观与公正。

3. 强化悬念冲突，制造故事化艺术效果

从增强内容故事性和可视性的角度看，在呈现事件进程中必须强调如何强化冲突、表现什么冲突、在何处设置悬念、怎样设置悬念。民生故事类视频新闻专题节目制作者善于用小说家的思维来构思和寻找新闻故事潜在的悲剧、讽刺或冲突因素，不断制造叙事的悬念和断点，将受众牢牢锁住。

冲突的设置是一个重要的美学元素。新闻事件的核心问题常常被表现为冲突的形式，制作者总是善于从纷繁复杂的事态中找到两个或两个以上的对立方作为冲突的主要执行者，它可能是人、机构、制度、法律、舆论，甚至是人物本身的意志冲突。在采访和讲述中，特别强调情感因素，尤其关注事件主角和对手之间的情感冲突和对立情绪，因为正是人物关系和感情的尖锐矛盾和对立才造成故事情节的一波三折。

以江苏卫视《人间》之《真假难辨的亲子鉴定》这期节目为例。"残疾青年以父亲未尽到抚养义务为由将其告上法庭"，让法律来维护父子之间的赡养关系。"父亲却认为儿子并非自己亲生的，因此要求进行亲子鉴定"，对于两者没有血缘关系的鉴定结果，已与父亲离婚多年的母亲认为是父亲"故意舞弊",要求在法院人员介入情况下重新鉴定,但是结果最终证明是"母亲不忠"。

在故事讲述中,事件人物之间的表层冲突以激烈的言语交战和肢体冲突的形式爆发出来,但制作者的本意并非停留于此,而是意图通过主持人和专家的理性评说,将受众视野引向话题背后隐藏的关于现代人的亲情观念和价值观念等深层冲突。

悬念是艺术创作中造成接受者某种急切期待和热烈关切心理状态的一种手法。"过程与悬念是密不可分的,二者互为前提:没有悬念的过程平淡无味;而失去悬念之后,过程本身只能是一种用以欣赏的表演。"民生故事类视频新闻专题节目常用采访、调查的进程作为叙述的结构线索,让新闻事件本身和记者的采访都充满悬念,每一个剥笋式的分析、每一个蛛丝马迹的发现,都能成为事件内容的亮点,事件真相如何以及记者如何获知真相这些充满未知数的进程能够充分吸引受众。这些节目经常借助"倒金字塔"结构方式,先将最重要的结果直接呈现在受众面前来刺激其好奇心,"为什么会这样?""怎么就这样?"这种方式被广泛采用。

在整个叙述过程中,制作者并不急于满足受众的好奇心,而是尽量设置阻碍、中断线索,将似乎已见端倪的情节陡然引向别处,然后在叙事顺序中又会出现释疑性的倒叙,从而使悬念和释疑水乳交融,制造出很好的故事性传播效果。正是通过放慢叙事节奏、延缓事件进程、欲擒故纵设置悬念的手法,制作者在情节的跌宕起伏中叙述完整个事件。

三、视听语言的包容性表现策略

民生故事类视频新闻告别了以往视频新闻仅仅运用简单平面化语言符号的传统,转而综合利用包容性的表意符号系统来叙述与建构新闻事实,这种立体化传播效果能将主题表现得更突出、更显著,同时也贴合平民受众喜欢具有通俗表现力和视觉冲击力视频节目的审美接受心理。

(一)以影像见证现实,事件再现方式多元化

民生故事类新闻讲述的大多是老百姓生活中已经发生的事件,所以电视镜头一般无法同步记录当时的画面信息。民生故事类视频新闻通过多元化的影像再现形式,把过去时态的内容转化成现在进行时的语态,努力为受众创造与事件同步的现场感。这类节目一般采取"逆时性采访"的方法,即找到当事人、事件发生地以及所留下的物证,由当事人展开对当时事件和人物的追忆,从而再现过去时空。

(1)采访当事人及相关人士,用同期声来叙述过去事件。《传奇故事》之《追捕"草上飞"》讲述的是节目播出几天前河北省遵化市警方围捕涉嫌多起伤人案的犯罪分子宋海峰的故事。记者在现实环境中寻找便于说明过去事件的事实材料,包括找到当事人——巡警防暴大队的两名民警,让他们展开对当时事件的追忆。在事件追忆过程中,记者和受众都处于一种探索状态,使事件进程充满悬念。

据遵化市巡警防暴大队两名当事民警回忆,2006年8月15日晚(节目播出4天前),几名巡察民警发现正在发廊实施盗窃的宋海峰。在5名公安人员的包夹下,区区一个小毛贼本应束手就擒,不料他身手极快,短短十几秒的交锋竟然使防暴大队中队长以身殉职,一名民警重伤,两名协勤人员轻伤,而大家连犯罪分子逃窜的方向都没有看清。

(2)用历史影像资料、图片、电影资料等来呈现。屏幕上切入当时遵化市警方严密布控、实施搜捕行动的连续画面。其中对受害女老板的取证、对宋海峰工友的调查、对宋海峰家乡的探访、对宋海峰藏匿场所进行围捕等视频资料,都是记录遵化警方当时的抓捕行动时所留下的真实影像资料。当地人形容宋海峰的武功非常好,尤其是轻功相当了得,因此人送绰号"草上飞"。轻功有多神奇？制作者适时切入《卧虎藏龙》里章子怡身轻如燕、快步如飞地翻墙越脊的一段电影片段，让电影画面把文字语言无法真切描述的武功奇技形象表现出来。

（3）用"真实再现"等模拟拍摄方法摄制的影像。模拟再现的影像不仅可以弥补影像资料的不足，还能缝合叙事断点，起到强化和完整作品故事性的作用。两名民警在搜查过程中发现宋海峰的藏匿场所，并与他展开追逐战。在将宋海峰包夹到某堤坝处时，民警以为他无路可逃，谁知他像"水上漂"一样轻松趟水逃脱，窜进对面村子。民警再一次无功而返。以上这段画面就是采取真实再现手法，因为事件发生时没有留下任何的影像以及音响资料，制作者根据创作的需要，采用补拍、摆拍、扮演等方式把当时发生的东西模拟重现出来。

（二）视听元素配合表达，呈现"场"态传播

视频新闻传播呈现一种立体、综合的"场"态传播，而非平面的"线"性传播。"场"的概念是包括一个场面的事件中其行为动态的相互关系、形象、声音、环境、氛围、心态的连贯所积累出一个可供受众观察和体验的时空。民生故事类新闻节目常常通过解说同期声的运用、字幕的补充和强调、片花的提示和概括、旁白与背景音乐的烘托来配合表达，最终形成以整体"场"态信息来传播新闻事件的效果。

以下以《追捕"草上飞"》这期节目为例，具体分析解说、字幕、片花、数字特技等视听元素如何有机组合最终形成电视叙事表达合力。

1. 解说可以辅助影像完成叙事

主持人：河北遵化市出了一个身轻如燕的人，使整个遵化市的公安系统突然进入一个前所未有的临战状态。

（配合民警紧急出勤画面）解说：这天晚上，整个遵化市的所有警种都接到一个特别指令，必须短时间内全副武装，向城区外某区域集结，目的就是抓一个人。

遵化市公安局长出镜：每个单位留一个值班人员，城区110只留一个出警中队，其余所有警力全力实施抓捕行动。

在这段内容中，如果只运用影像很难把事件完整呈现，解说则帮助交代了事件起因、情境背景和人物关系，不仅精练叙事、加大情节信息量。能够产生心理冲击力和营造戏剧性情境的解说词还能够起到铺设悬念、制造高潮、强化叙事逻辑的作用，使声画形成一个多层次、多方位的信息阵。

2. 字幕对解说进行补充或强化

在《追捕"草上飞"》里，字幕的最广泛用法是作为声音的文字记录，它是主持人解说的补充或加强，同时，它也对特定画面进行辅助性介绍，当介绍"草上飞"为何方人士时，在其照片旁边用醒目字体打上姓名、籍贯和职业；在说明警方的围堵路线图时，在画面上标注出建筑设施名称。另外，节目还以夸张性字幕"飞檐走壁""如履平地"自下而上横飞至屏幕上，对画面和解说所传达的意义进行强调，加深人们对节目内容的理解和感受。

3. 片花提示重要信息和设置悬念

《追捕"草上飞"》先用节目片头在节目开始前进行内容概括，指出"抓捕'草上飞'难度相当大，因为他学过武功，在三次抓捕中三次逃脱"，设置内容悬念，勾起受众观看欲望。片中导视在节目中间进行前情回放和下节内容预告，向受众强调重点信息，增强传播效果。这两个片花既非单纯地体现于解说词，也非单一地体现于口播，像节目片头就综合运用了画外音解说、"民警紧急出勤"的剪辑画面、富有紧张感的音效、"三次抓捕、三次逃脱"的屏幕文字等元素来配合表达。

4. 数字特技制造耳目一新视觉效果

几乎所有民生故事类节目的片头都是数字特技制作，视觉效果非比寻常，像《传奇故事》的片头就汇集各种电视特技手段，图像作各种方位和轨迹的运动，加上震撼的音乐，对受众很具吸引力和召唤力。节目文本也采用数字特技，如对某些不宜出镜的受害人画面进行马赛克处理，而在说明罪犯身份时缩短画面，在空白处添加字幕，提高单位信息传达有效度。民生故事类视频新闻专题节目还运用其他电视语言，如强调节目包装，演播室精心布置桌案、醒木、折扇等道具，再加上气氛音效和布景灯光的渲染，合力营造出一种电视"故事会"的氛围。

四、主持人承载多重功能

传统观念上，主持人只是一个节目的"司仪"，负责对节目的环节和节奏进行全程控制，成为情绪、气氛、高潮等现场效果的制造者。但是，民生故事类视频新闻专题节目的主持人承载着叙述人、治疗师、演员、裁判等多重身份和多元功能，使其成为故事讲述中不可或缺的关键因素。

1. 叙述人：讲述前因后果，评议是非曲直

美国学者萨拉·科兹洛夫曾把主持人称为"叙述人"（Narrator）。讲述故事的主持人像打开一个嵌套成型的俄罗斯娃娃，用娓娓道来的语言为我们揭开故事的层层迷雾。此类节目主持人在审美方式上借鉴"说书人"这一有着广泛群众基础的传统曲艺技法，用受众喜闻乐见的评书方式来叙述和评论故事，把重点放在"怎么说"上，而不再局限于"说什么"。河北卫视请来单田芳主持《天下故事会》这档节目，就是看重他在评书表演方面的功力。《传奇故事》的主持人金飞将生活中的俗语、谚语、成语和寓言恰如其分地运用，凸显独特的语言魅力。《天下故事会》甚至还在节目结束前加上批语判词，如《换养姐弟》节目的判词是"换养姐弟命坎坷，人生路上磨难多，心怀感恩苦耕耘，如今摘得幸福果。"寥寥几句话既概括出节目的主要内容，又能将深层意义延伸升华。

2. 治疗师：挖掘问题根源，寻找解决之策

弗洛伊德将接受心理治疗的人与治疗专家（试图帮助他们解决问题）之间的独特对话称为"谈话疗法"。心理分析的目的之一就是教会人们从本我（欲望）的支配之中解脱出来，帮助其培育自我（认识并适应现实）。在《人间》里，主持人周舟作为治疗师所采用的谈话像侦探故事，既要理解接受治疗对象的动机，又要找出问题的根源或者某个隐藏的恶人，这个恶人就是《谁动了我的巨款》里的家庭内贼、《捐肾风波》里阻挠妻子捐肾给妹妹的丈夫、《真假儿子》里将儿子遗弃的父亲。治疗对象对主持人的问题和评论做出配合，从而找到解决内部、外部或两者兼有的问题或冲突的方法。

3. 演员：设计表演行为，调动受众投入

摄像机前的任何行为都有一定的表演成分，表演的目的是通过某种设计使自我感动并感动他人。主持人现场表演性的言行，其意义是为故事叙述服务的。《人间》主持人周舟作为访谈者，很容易投入被访谈者的情感世界中，也善于在节目中捕捉动情点。当看到她眼里闪动的泪光，被访谈者的情绪更易受到触动而将情感淋漓尽致地发挥。而受众也随着主持人对话题的引导理解而一起思考，一起潸然泪下。《王刚讲故事》主持人王刚胸有成竹的气质、无所不通的智慧以及对悬念巧妙的把握，使他主持表演富有浓郁的中国文化韵味。每次节目结束时王刚有一个习惯动作，他总是站起身来，画龙点睛地发表一段对事件精辟的点评。王刚整体上表现出一种文化气脉，暗含着对节目内在价值的判断与适应，他的行为方式常常体现出对节目氛围的一种昭示，即对人们理性思辨精神的呼唤。

4. 裁判：调解冲突对象，掌控现场气氛

　　冲突是产生戏剧的根源，突出或激化冲突是故事类节目取得高收视率的保证。但是，演播室里无法控制的冲突是"阿喀琉斯之踵"，处理不好会成为节目累赘。主持人必须担当起裁判的角色，控制住互相争辩的双方，否则他在演播室就失去存在的意义。内蒙古卫视《现场》主持人赵川有一定人生阅历，善于控制现场节奏和当事人双方的矛盾冲突。当事件人物发生言语冲突时，他总时能适时理性地打断他们互相中伤的指责，只留下几句来展示双方的感情纠葛，让争辩变成双方的论点和论据的战争而不是互相诋毁的口水仗，使故事讲述中很多场景的对话变得更有张力和更加紧凑。

　　总之，在英语中，新闻事件被称为"故事（Story）"，制作新闻节目被称为"讲故事（Tell a story）"，这并不是巧合，其根本在于电视要想吸引受众，必须强调视听表现的可能性。此类节目在新闻实践中形成一套较为成功的操作理念和运作规则，以故事来结构画面，突出矛盾冲突和情节设置，重视情绪渲染，集合各种影像手段来表现主题，从而形成独特的"讲故事"风格。

思考题

1. 专栏性视频新闻有哪些特征？
2. 视频新闻杂志应该具有哪些元素？
3. 如何理解民生故事类视频新闻选题的平民化？
4. 故事类视频新闻叙事技巧的故事化表现策略是什么？

第五章　视频谈话节目形态解析

第一节　视频谈话节目概述

一、视频谈话节目的概念界定及发展历程

1. 视频谈话节目的概念界定

"谈话"是人类所特有的、也是最普遍的信息交流及传播方式。按照《现代汉语词典》的解释，谈话是"两个人或许多人在一起说话"或"用谈话的形式发表的意见（多为政治性的）"❶。谈话不仅是语言的交流、思想的对话、体验的交换和情感的分享，同时也是人类生存样式的一种相互参照，是在敞开自我、走近他人的过程中对生命意义的探询，体现出人类更高层次的生命关怀。当"谈话"以节目的形式出现在电视荧屏或者数字生活空间的时候，"它们像是城镇议事厅或社区集会场所，在这个日益数字化和原子化的地球村中把我们集合在一起"，在公共领域空间里呈现个人的生存状态或者对事件的讨论或辩论，"成为影响我们思想和行为方式的一个新权威"。❷

美国出版的《电视百科全书》将"电视谈话（TV talk）"定义为"包括了从一有电视起就存在的所有不用写脚本的对话和直接对观众讲述的各类节目形式。这种'直播的'、脱稿的谈话是电视区别于电影、摄影、唱片和书籍企业的一个基本因素。而'电视谈话节目'（TV talk show）则是一种主要围绕着谈话而组织起来的表演。谈话节目必须在严格的时间限制之内开始和结束，并且要保持话题的敏感性，以便在面对上百万观众时能够提起大众的兴趣。"❸西方电视学界基于西方国家电视谈话节目实践而形成的概念界定，并不完全适合于对我国谈话节目的解释。我国也有一些学者根据电视谈话节目的实践而进行过概念界定，比如，"谈话节目是由主持人邀集有关人士及受众，围绕公众普遍关注的重要问题，在轻松和谐、平等民主的氛围中展开讨论的群言式言论节目。"❹ "重要问题"和"展开讨论的群言式言论"显然将电视谈话节目狭隘化了，显得不够精确。实际上，归结我国电视谈话节目以及当下网络视频谈话节目实践就会发现：视频谈话节目就是由主持人（群）、嘉宾和（或）现场观众在某一时间段和某一场景中就能够引起大众兴趣的话题而进行的聊天或者讨论或者对话的一种视频节目样式。显然，视频谈话节目并不是人们私下谈话的简单视频化，而是以谈话或者对话为主体的、有时间限制并区别于其他节目的视频节目样式。

2. 视频谈话节目的发展历程

视频谈话节目源于美国，一般将 1954 年美国全国广播公司（NBC）推出的电视谈话节目《今夜》（Tonight）看作是视频谈话节目的肇始。随着美国政治与商业机制的变化，美国视频谈话节目愈发具有威力和影响，并产生了诸如《奥普拉·温弗瑞秀》（The Oprah Win-

---

❶ 中国社会科学院语言研究所词典编辑室. 现代汉语词典（第二版）. 北京：商务印书馆，1983：1114.
❷ [美] 吉妮·格拉汉姆·斯克特. 脱口秀——广播电视谈话节目的威力与影响. 苗棣译. 北京：新华出版社，1999.
❸ 苗棣，王怡林. 脱口成秀——电视谈话节目的理念与技巧. 北京：中国广播电视出版社，2006：2.
❹ 吴郁. 主持人的语言艺术. 北京：北京广播学院出版社，1999：402.

frey Show)、《拉里金现场》(Larry King Live)、《詹妮·琼斯秀》(The Jenny Jones Show)、《罗兰达秀》(The Rolanda Show)等具有代表性的电视谈话节目。"越来越多的人愿意在广播和电视中谈论几乎所有事情，包括他们自己的痛苦和心灵创伤，供所有人欣赏。事实上，人们对于所有的生活难题，从悲剧和丑闻到人际关系问题，都表现出前所未有的兴趣。其中的原因之一，也许是我们不但喜欢看到一个人战胜困境或是一个小人物成为胜利者，而且也想要看到人们的恼怒和痛苦——因为那能使我们在面对自己困难和缺憾时感到好受一点。因此，在某种意义上，这些谈话节目是在一个无序、绝望、愤怒的时代里为社会和个体提供的一种解毒剂。"❶ 或许正因如此，在西方国家，电视谈话节目备受人们欢迎，其数量约占整个西方电视节目总量的60%～70%，成为电视节目的主体样式之一。

　　西方特别是美国成功的电视谈话节目被中国电视工作者所借鉴和引进，而社会转型期则为中国电视谈话节目的兴盛提供了丰富的话题来源和宽松的谈话环境。我国最早的电视谈话节目大概是上海东方电视台1993年创办的《东方直播室》，该节目以自然、轻松、真实的谈话方式对社会、家庭、法律、经济、文化、历史等方面热点话题进行深入讨论而满足了受众的收视期待。之后上海电视台推出的《三色呼啦圈》以及中央电视台的《东方之子》以人物访谈的方式体现出更深层次的人文内涵，也为电视观众所欢迎。应该说早期的电视谈话节目表现出很高的创作水准，但受数量不多、受众面相对不足等因素影响，并未引起业界足够的重视。1996年3月16日，中央电视台《实话实说》的开播，标志着我国电视谈话节目热潮的真正开启。《实话实说》开播之初播出的《谁来保护消费者》《鸟与我们》《吸烟有害，为什么吸烟》等一系列贴近老百姓现实生活的谈话节目，颇受观众欢迎，成为继新闻联播、电视剧、体育节目之外的又一大收视热点，并成为当时影响最大的电视谈话节目，被誉为中国电视谈话节目的标杆。在收视率高、运作成本低、制作周期短、受众互动强等因素的刺激下，我国电视谈话节目迅速走向兴盛，并向其他节目类型领域拓展。比如中央电视台不仅有了《对话》《艺术人生》《足球之夜》《聊天》《超级访问》等谈话类栏目，而且其他电视栏目也加大了谈话的成分，甚至最终演绎成电视谈话节目，比如《夕阳红》《生活》等。不仅中央电视台如此，当时省市级电视台的谈话节目也如雨后春笋般纷纷涌现，如河南台的《周末沙龙》、重庆台的《龙门阵》、北京台的《国际双行线》和《谁在说》、湖南卫视的《有话好说》和《今日谈》等，与此同时，谈话形式还向各种电视文体如新闻、娱乐等节目渗透，并越来越呈现出交融性特征。可以说，电视荧屏上的谈话节目至今依然蔚为大观，比如据CSM媒介研究的相关统计，仅在2009年1月1日至4月10日的100天内，在我国153个城市市场上，在电视收视比较集中的晚间18:00～24:00时段，就有190个谈话类节目在全国数百个频道进行了5400余小时的播出，与新闻、电视剧和综艺等多种类型的节目逐鹿市场，竞争力不容小觑❷。

　　值得注意的是，随着媒介技术的变革和网络媒体的强劲发展，数字化生存越来越成为电视谈话节目存在的趋向，跨屏传播、多屏联动的整体传播格局日渐形成。一方面，电视谈话节目制作人主动适应媒体变革，实现电视1.0到电视2.0的理念转变，甚至一些电视制作人如央视制作人马东出走到网络媒介，借助网络技术创办网络谈话节目；另一方面，谈话节目也根据网络传播特质而因势而变，从话题设置、嘉宾选择、谈话场景、谈话方式以及互动形态等都进行了或多或少的创新，视频谈话节目表现出新变特征，甚或成长为谈话节目的品

---

❶ [美]吉妮·格拉汉姆·斯克特. 脱口秀——广播电视谈话节目的威力与影响. 苗棣译，北京：新华出版社，1999：4.

❷ 左瀚颖. 我国电视谈话节目现状分析. 视听界，2009，(6).

牌。比如2006年出现的、被称为"中国最具网络影响力的电视栏目"的谈话节目《波士堂》，主动适应市场和媒介变革，在内容上更为关注个体经历、体验，在形式上更为注重多向互动，将商业谈话节目演绎为热辣犀利的娱乐"秀"场。不仅如此，《波士堂》还在录制过程中直接在网络上进行直播互动，实现多屏联动整合，较好地塑造了节目品牌。再如爱奇艺在2014年上线的、被称为网络自制谈话综艺新标杆的《奇葩说》，则更好地运用网络特质，通过"奇葩"的嘉宾、与年轻人息息相关的话题选择、综艺与谈话的混搭、娱乐式说话风格、竞争式的谈话策略和赛制安排等方式，使该节目从众多节目中脱颖而出，点击量居高不下，成为网络现象级的谈话综艺节目。或许，随着网络谈话节目的进一步兴盛，网络谈话节目将成为谈话节目的后起之秀而影响着中国谈话节目的发展。

二、视频谈话节目的构成要素

从叙事学的角度而言，谈话节目就是谈话人在某个场景中谈论或者对话某个（些）话题的节目样式。由此，谈话人、谈话话题、谈话场景构成了谈话节目的三大要素。

谈话人指的是在谈话节目现场参与话题讨论或者对话的人。谈话人是谈话节目的行为者，一般由主持人（群）、嘉宾和（或）现场观众组成。谈话节目的主持人可以是一个人（如《鲁豫有约》），也可以是多个人（如《最佳现场》）。主持人（群）主要发挥引导话题、调节氛围以及控制现场等作用，并与嘉宾一道通过对话题的互动谈话或者对话来形成谈话节目的逻辑主线，而现场观众等谈话人物则具有丰富、补充谈话内容以及注视或者旁观其他谈话人等作用。

谈话话题是谈话节目的核心，它又可以进一步细分为谈话内容和谈话方式。谈话内容可以是具体的事情也可以是抽象的观点；可以是新闻性的事件也可以是非新闻性的事实；可以是单一的内容也可以是内容的组合……谈话方式可以是《实话实说》《对话》《小崔说事》等节目的主持人、嘉宾、现场观众三结合的群言模式，也可以是《面对面》《锵锵三人行》等节目的主持人与嘉宾的对话交流模式，还可以是《一虎一席谈》等节目的辩论型模式等，不一而足。

谈话场景主要包括谈话的时间和空间，特别是后者，尤为谈话节目重视。谈话节目的空间可以分为演播室空间和外景空间。演播室空间可以是拟态化的私人家庭式的客厅或者餐厅，如《鲁豫有约》中的"会客厅"、《咏乐汇》中的餐桌等；也可以是布满海报的演播现场，如《艺术人生》等；还可以是简单的、没有任何雕饰的演播室等。外景空间可以是公共领域的茶馆或者咖啡厅，也可以是户外的一些诸如事件现场、演出舞台、电影院等空间存在，如《杨澜访谈录》对赵本山的访问选择了刘老根大舞台，《星月私房话》对陈思成的访谈则选择了电影院……谈话场景还离不开或煽情或温馨或激昂或悲伤的音乐，以及与谈话人物或者话题相关的道具，以塑造出具有情感张力的畅谈氛围。

三、视频谈话节目的类型

按照不同的标准和视角，谈话节目可以分为不同的类型。在这里，我们主要从谈话节目的内容和形式两个方面进行简单的类型划分。

1. 从内容角度进行的分类

从电视职能层面看，电视节目大致分为传播新闻、社会教育、文化娱乐、提供服务四个方面。我们可以从电视传播职能属性出发，按照电视谈话节目的叙事内容，将谈话节目分为新闻时事类、社教知识类、综艺娱乐类和行业服务类等谈话节目类型。

新闻时事类谈话节目是主持人、嘉宾或观众共同对新近发生的社会热点、舆论焦点等新闻性事件或新闻人物进行交流和探讨，以帮助人们解读新闻、引导社会公众舆论的谈话节目类型。选择具有新闻性、典型性以及社会关注度高的事件或人物作为话题，是新闻时事类谈话节目选题的主要标准；邀约新闻事件的人物，或者选择具有针对性、权威性的专家学者和（或）政府官员进行访谈，是新闻时事类谈话节目选择谈话人的主要依据；自由、真实地表达个人观点，甚至运用讨论、辩论等方式构筑对话的空间，是新闻时事类谈话节目叙事的亮点。新闻时事类谈话节目还可以细分为新闻人物访谈类谈话节目和新闻事件解读类谈话节目。该类节目比较著名的有美国全国广播公司（NBC）的《会见新闻界》，美国有线新闻网（CNN）的《拉里·金现场》，凤凰卫视的《一虎一席谈》《锵锵三人行》《时事辩论会》以及中央电视台的《新闻1+1》等。

社教知识类谈话节目是以传播社会生活文化知识、实现社会教育和文化教育的谈话节目类型。社教知识类谈话节目既可以讨论社会热议的话题（如中央电视台的《实话实说》、上海电视台的《有话大家说》等），也可以谈论家庭生活和个人发展等问题（如中央电视台的《张越访谈》、《小崔说事》等）；既可以谈论文化、历史、书籍等内容（如中央电视台的《边说边看》、北京电视台的《影视沙龙》等），也可以关注普通人的情感经历、访谈人物心理、调解人际关系（如中央电视台的《心理访谈》、江西电视台的《金牌调解》、东方卫视的《幸福魔方》、天津卫视的《爱情保卫战》等），还可以谈论健康、饮食等问题（如中央电视台的《健康之路》、北京电视台的《养生堂》）……该类谈话节目根据内容还可以进一步细分为社会话题类、理念知识类、心理调解类、健康生活类等谈话节目类型。

综艺娱乐类谈话节目是就娱乐圈、文艺界的人物或者事件进行谈话或者对话的电视谈话节目类型。语调轻松、气氛温和、缺少对抗，是该电视谈话节目类型的主要特点。英国学者尼古拉斯·阿伯克比在《电视和社会》中曾说过："电视主要是一种娱乐媒体，在电视上亮相的一切都具有娱乐性。"因而，综艺娱乐类谈话节目往往表现出"秀"的成分。主持人或幽默、或煽情、或夸张的表现方式，使节目在愉快和谐的氛围中展开。这类节目的典型代表有中央电视台的《艺术人生》、美国哥伦比亚广播公司（CBS）的《大卫·莱特曼深夜秀》(The Late Show with David Letterman)以及乐视网的《星月私房话》等。

行业服务类谈话节目是从市场细分的受众角度出发而对财经金融、法律法规、军事、工农业等专业领域或问题进行谈论的谈话节目类型。比如中央电视台的《对话》、浙江卫视的《今日证券》属于财经金融类谈话节目；中央电视台的《一线》和《夜线》属于法律法规类谈话节目；《中国武警》属于军事专题类访谈节目……不同行业的谈话节目也形成了多姿多彩的谈话节目类型的细分。

2. 从形式角度进行的分类

中央电视台的《实话实说》为谈话节目形态提供了两种形式类型：讨论型和叙事型❶。

讨论型谈话节目，是主要围绕某一（些）或具体或抽象的话题，通过主持人与嘉宾或嘉宾与嘉宾或嘉宾与观众的讨论甚或辩论而进行思想交流或者对话的一种谈话节目类型。一般而言，这类节目如同聊家常，气氛较为平和。《实话实说》中的很多节目，比如《谁来保护消费者》《吸烟有害，为什么吸烟》《夫妻是否需要一米线》等节目都属于此类。但是如果双方观点相左，或者节目有意设置，讨论型谈话节目可能会演化为对抗色彩较为强烈的辩论型谈话节目。辩论型谈话节目往往围绕某一个话题，由不同观点的双方通过激烈的论辩而形成思想的交锋和观点的碰撞，从而较为透彻地分析事实真相与本质的一种谈话节目样式。"紧扣时事，让事实越说越清；交锋观点，使真理越辩越明"的《时事辩论会》以及《一虎一席

---

❶ 时间等. 实话实说的实话. 上海：上海文化出版社，1999：12.

谈》等则属于此类。讨论型谈话节目一般不会形成定论，而是更多地强调论辩的过程性，将话题的判断留给观众，并给观众以思考的空间，而节目主持人（群）则主要起到调节气氛、润滑双方的作用。

叙事型谈话节目，则是从某一具有公共话题的个案或者某个嘉宾特别是名人和成功人士亲身经历的故事入手，来展现故事人物的新闻事件或者成长历程以及蕴含的情感，从而给受众以人生启迪的一种谈话节目类型。《奥普拉·温弗瑞秀》《金星秀》《鲁豫有约》《艺术人生》《非常静距离》等节目中的人物访谈大多属于此类，而中央电视台的《讲述》更是将栏目直接定位为"故事"的讲述上："一段终生难忘的经历，一段刻骨铭心的故事，一片魂牵梦萦的土地，一种激荡灵魂的身影。"将芸芸众生中感人至深的"走心"故事或者情感挖掘出来，以满足受众的情感需求。

随着谈话节目的革新与发展，讨论型和叙事型谈话节目并非决然分立，有时也会走向融汇的道路，比如湖南卫视的谈话节目《大当家》以及东方卫视的《波士堂》就是讨论型和故事型两种类型的集合体。实际上，从谈话话题的展开形式来看，无论是讨论型、叙事型还是它们的综合，谈话节目大多是围绕一个主题展开的，但也有一些谈话节目会出现主题不明确或者多主题的存在样式，并主要表现为意识流或者漫谈式的谈话形式。比如《锵锵三人行》就是典型的意识流或者漫谈式结构，它的"今日话由"大多来自时事，但往往只是开篇的由头，并不是谈话的中心，而后面的"谈话"则是天南地北的随意漫谈，呈现出自由散漫、娱乐神侃的特征。

应该说，不同的角度可以划分出不同的视频谈话节目类型，比如从结构角度出发将谈话节目划分为线性叙事结构和非线性叙事结构；从"叙事者"的角度出发可以将谈话节目划分为主持人与嘉宾（可以一个也可以多个）为谈话主体的模式、主持人与嘉宾以及场内（外）观众为谈话主体的模式等。事实上，当前有很多谈话节目并不能截然划归为某一类型，有时它们常常是多种类型综合的结果。值得注意的是，随着网络及新媒体的强劲发展，谈话节目的样式更为多元，比如《奇葩说》则集谈话、娱乐、辩论、真人秀、综艺等为一体，呈现出杂糅的发展态势，这给节目类型划分带来挑战的同时，也表现出更具市场性的节目创新趋向。

四、视频谈话节目的特征及新趋向

通过对谈话节目概念、类型的把握以及典型节目样本的分析，谈话节目的特征主要有以下四点。

（1）多元的谈话主体。谈话节目主体可以是主持人一个人的"秀"，也可以是两个人的聊天或者对话，还可以是包含主持人、嘉宾以及观众的群言。不仅如此，一个谈话主体可以是承担不同身份和角色的人，也可以是身份角色一致的几个人或多个人，比如主持人既承担主持的身份，还会担负起讨论人的角色等，而现场观众则可能出现服装、打扮等基本一致的多个人来参与讨论或者旁观。

（2）以谈话为主要内容和叙述形式。谈话节目是"主要围绕谈话组织起来的"节目样式，谈话不仅是节目的内容和完成叙述任务的手段，还是现代社会里人与人、人与世界建立联系、加强沟通的重要渠道，并能还原出生命本身的质感。

（3）完整的"场"式传播。人的谈话是一种涵盖了语言、表情、姿态、动作、心态和氛围等的整体"场"式"叙述"，而人的接收也是一种瞬间整体的"场"式吸纳。因此，谈话节目是对谈话现场的"完整"性、动态性的"场"式呈现和传播。

（4）"秀（Show）"的存在方式。谈话节目并非是现实生活谈话的视频化呈现，而是一种节目样式，或者说是一种"秀"的存在方式。谈话"秀"既表现为谈话主体的观点、语言、情感、体态等的"秀"，还表现为内容信息叙述的优化组合呈现，如叙述内容的结构安排、场景及音乐的设置以及感人细节、道具的运用等。应该说，"秀"的存在才使谈话成为节目，成为吸引受众观看、拉升收视率的重要砝码。

不过，随着网络媒体的强劲发展和市场经济的全面侵袭，"受众为王"理念得以前所未有的彰显，这也使得谈话节目日益重视受众，并在网络语境中做出迎合媒介变革的创新态势。这可以从当下较为火爆的视频谈话节目如爱奇艺的《奇葩说》、乐视网的《星月私房话》以及东方卫视的《金星秀》《幸福魔方》《波士堂》等的存在样态和传播方式的分析，把握网络语境下谈话节目的新变特征。

（1）受众得以细分，话题更为多元。有专家说，对当下电视节目的市场细分，应该做减法，而不是做加法。也就是说，谈话节目应该做好节目定位，确立目标受众。实际上，在媒介多元的语境中，谈话节目也极为重视受众细分，比如网络谈话节目《奇葩说》的受众是80、90甚或00后的年轻观众，这也是网络媒体的主要受众群体；东方卫视的《波士堂》则将受众定位为城市的中产阶层、白领人群以及年轻的受众；乐视网的《星月私房话》则是年轻受众为主……不同"场域"中的受众群体必然有各自不同的关注话题，这也使得当今谈话节目在沿袭明星访谈、高端访谈、专业领域访谈、社会普遍现象访谈等传统谈话内容之外，还从广度和深度两个方面将话题进一步延伸，并围绕受众关注的话题做足"文章"，比如被誉为电视版《知音》的《幸福魔方》致力于"反映中国社会在城市化进程中的人与人的关系，挖掘人间真善美和内心深处的情感"；《波士堂》展现的是不同企业家的个人性情、商业传奇和精彩人生；《金星秀》则通过解读社会议题、明星访谈、网友与金星互动等进一步将话题进行了"无限"延展……应该说，网络媒体崛起带来的挑战以及民主程度的加深，使细分受众市场、争取目标受众的关注成为谈话节目努力的方向。

（2）样式更为丰富，"秀"法更为张扬。《星月私房话》主持人走"闺蜜式"访谈风格，并紧追网络热潮，注重谈话内容；《奇葩说》将辩论、故事、明星、幽默、综艺、隐私揭秘等杂糅在一起成为谈话形式的"奇葩"；言称自己为"真正的脱口秀"的《波士堂》则通过谈话、对话、互动等方式"秀"语言、"秀"故事、"秀"智慧、"秀"才艺……；《金星秀》则以金星为主体叙事元素，穿插主持人助理沈南的"插科打诨"、现场观众的即时反应、明星介入以及乐队根据节目内容的需要加入音乐、舞蹈表演等元素，不断提升节目的创新模式。多样的节目样态，使"秀"场飞扬，娱乐性强，进一步提升了节目的收视率或者点击量，实现了传播目的。

（3）谈话人较为直接犀利，更具个性化风格。比如《波士堂》就有"带老板过堂，三堂会审"的意味，其谈话人主要由主持人、嘉宾及代表观众立场的三位观察员共同展开，从坐席来看，观察员坐在观众一方，嘉宾则孤零零地坐在对面，显得对立而有气势，而三位观察员则各有分工，或"顶"或"拍"，并从受众角度出发进行问题的提问，很多问题直接、尖锐，甚至让"Boss"无从招架，比如在访谈美特斯·邦威集团总裁时，当美特斯·邦威集团总裁说要做民族品牌时，观察员立即进行质疑式提问："为什么走民族品牌却起了个洋名字？"；《金星秀》中的主持人金星本身就被网友评为"毒舌评委"，而其主持的三个单元——金星脱口秀、有话问金姐和金星访谈，金星语言直接、热辣、犀利甚或具有争议性，彰显了主持人金星的个人风格。

（4）互动更为多向，媒介联动格局形成。互联网的出现改变了受众的收视习惯，传播模式也由单向传播变为双向互动，从被动接受走向主动参与，而三网融合更是让人们随时随地地用各种终端参与其中，形成多向互动的节目格局。比如网络谈话节目《奇葩说》中的很多话题来自网民的建议，而"弹幕"的运用则是运用网络传播特质而进行的观众与节目的互动；《星月私房话》中主持人王江月访谈的很多问题实际上是网友提出来的，而且有很多的环节都穿插了网友们的提问，形成了节目的互动；电视谈话节目《幸福魔方》则在节目中设定了一个"九宫格"，利用视频现场与网友进行互动，是节目借助网络的互动手段来增强节目参与社会、影响公众的媒介能量的想法实现；《波士堂》还首次在国内尝试谈话节目录像直播模式，即在录制过程中进行网络全程直播，广大网民可以在第一时间与现场嘉宾实时互动……在节目传播方面，电视谈话节目开启与网络、与移动通信的各种互联与互动，而一些网络媒介平台索性自己办起了网络谈话节目，如爱奇艺创办的《奇葩说》，乐视网创办的《星月私房话》等，跨屏联动的整合传播理念已然形成。比如《金星秀》在传统媒体——上海东方卫视平台上进行首播，在网络媒体——搜狐网、搜狐视频 App 上网络独播；《波士堂》由第一财经、唯众传播联合打造，在东方卫视、第一财经、第一财经电台、香港 NOW TV、数字电视东方财经等均有播出。应该说，谈话节目在文化市场化、价值多元化以及媒介复合化过程中出现的种种新变，既体现了电视纪实属性与娱乐本性的杂糅，也是新技术与传统文化的协商，更可以看作是真实与虚拟交融的媒介观念更新过程中的结果。我们相信，随着媒介技术变革以及社会的发展变迁，媒介人还会对谈话节目进行种种的尝试或者创新，并产生更多的新变，形成更多样的谈话节目样式，这值得我们期待。

第二节 谈话节目的"谈话人"分析

谈话节目是一种依托人与人之间的对话交流而给观众直接见证沟通过程，感受当事人情感、态度以及反应的节目形态。"谈话人"是谈话节目的关键，他们在现场的沟通能力、表现能力、事件阐述能力、问题分析能力以及他们的语言表达、穿着体态等，都会影响着谈话节目的质量，直接决定着节目的可视性、竞争力和生命力。谈话节目的"谈话人"主要有主持人、嘉宾和（或）场内外观众构成，他们在节目中承担着不同的角色，发挥着不一样的功能，我们在此一一进行分析。

一、主持人："会客厅"里的主人

访谈节目的职业话语赋予了主持人特有的地位和权力，并使主持人成为谈话节目中最具标志性和最重要的"谈话人"要素。谈话节目主持人的有声语言、体态语言能否能动地操作和把握节目进程，适度地控制和调节现场氛围，有效地调动嘉宾的情绪并打开谈话局面，准确把握并适度反馈观众的兴趣点等，都直接影响着节目的传播效果，因此，谈话节目主持人的整体素质对节目而言极为重要。比如奥普拉·温弗瑞以其机智、幽默、温情、善良以及敏锐的反应等，使《奥普拉·温弗瑞秀》成为美国收视率较高的电视谈话节目。可以说，主持人是谈话节目的核心，也正因为此，国内外不少著名谈话节目是以主持人的名字命名的，如《奥普拉·温弗瑞秀》《詹妮·琼斯秀》《杨澜访谈录》《鲁豫有约》《金星秀》等，并形成了诸多个性十足、风格各异的谈话节目形态。那么，主持人在谈话节目中具有怎样的角色功能呢？亚里士多德曾在《诗学·诗艺》中提出好的叙事结构必须要"完整"，即"指事之有头，有身，有尾。"完整的谈话节目同样由开端、本体、结尾三个部分构成，而主持人宛如"会客厅"的主人，在不同的结构部分承担着不同的角色职能。

（一）谈话节目开端的介绍者

在谈话节目的开端部分，作为媒介传播机构的代言人和谈话"会客厅"主人的主持人，往往用"起要美丽"的开场技巧，承担起介绍者的话语角色。谈话节目的开端部分通常分为两个层面：一是谈话的语境介绍——引出谈话的主题或者嘉宾；二是主持人与嘉宾会话双方互致问候语。主持人或通过生活常见场景或通过提出问题或通过铺陈描述或通过背景介绍或通过短片或者音乐导入或通过直接介绍等各种语境塑造话语形式完成介绍，从而使谈话嘉宾在一定的语用场中说话，使节目受众明确谈话人或者谈话话题框架。比如《艺术人生·成龙传奇》的开场，主持人朱军在向现场观众问候之后，就转入介绍者的话语角色："耳畔响着的《真心英雄》的音乐，这是我们再熟悉不过的了。它代表着一种情怀，代表着一种激情。那今天来到我们《艺术人生》演播现场的这位嘉宾今年 50 岁，从影 42 年……"背景音乐的使用和主持人的语境话语介绍，艺术而明确地引出访谈对象——成龙。再如中央电视台《对话》中对王志东的谈话节目开篇："各位电视机前的观众大家好，这里是《对话》，欢迎您的关注。今年 6 月，一个平平常常的盛夏季节却被很多关注中国互联网的朋友看成中国互联网的一个最寒冷的冬天，我想标志性的事件之一当然包括了王志东离开新浪，那么现在算起来呢，王志东彻底告别新浪已经有四个月的时间了，但是大家依然在关注着、在预测着王志东的每一个举动，他在做些什么？他在想些什么？在经历了这些动荡之后他会再出来创业吗？重新创业他会再选择互联网吗？我们关心着他的现在和将来，也希望更多地了解他走近他，那么我们今天的《对话》就从王志东的创业说起。"节目开篇就是先介绍王志东的背景信息，然后通过一系列的疑问句，激发受众悬念并引出谈话的对象王志东，同时也对谈话的话题进行了框限。

（二）谈话节目本体的引导者与推动者

主持人、嘉宾和（或）观众之间的"谈话"构成了谈话节目的本体部分，其中主持人与嘉宾的谈话或对话又占据了最为重要的位置。主持人通过介绍话题背景、向嘉宾提问、对嘉宾的谈话适时地回应等来引导谈话的方向，推进谈话的层次，调动嘉宾的谈话情绪，努力实现最佳谈话目的和谈话效果。不仅如此，主持人还会在谈话过程中，借助视频、道具、网络、电话等手段来控制谈话内容和谈话节奏，掌控谈话进程，构建起话题的多维空间。可以说，在谈话节目本体中，主持人主要在"提问-回答-合作"的话语转换机制中发挥引导与推动作用，并突出表现为善问和会听两种能力。

1. 善问

谈话节目是语言的艺术，而提问则是谈话节目主持人最常用的获取信息的手段。在谈话节目中，主持人主要通过一系列的提问与嘉宾或观众就各种问题进行广泛、深入地交流，完成对话题的展开和开掘的。主持人在提问过程中，针对不同的交流目的、交流对象和语境，常会选择不同的策略和问题形式，我们一般把主持人的提问问题分为基础性问题、随机性问题、回应性问题、质疑性问题等，有经验的主持人会根据节目需要和现场情况进行灵活地选择问题和调整谈话内容。

基础性问题是主持人根据谈话的目的而反复考虑、精心准备并具有整体基调和框架性的问题。它往往根据谈话节目的内容需要分解成若干个模块，每个模块又包含诸多问题。基础性问题体现着节目的构思和基本意图，并为节目确定了一个整体的基调和框架。一般而言，谈话节目都是以事先精心准备的基本性问题展开访谈的，话题转换不大。不过，随着"谈话"的深入，"谈话"不可能完全依照原先的计划按部就班地进行，否则谈话就变成了提问，显得互动不自然，并沦为机械的问答。这时，嘉宾的回答以及现场生成的随机问题，往往能够帮助主持人实现预想不到的效果。比如《艺术人生》主持人朱军在与嘉宾潘虹的谈话中，提到很多观众戏称潘虹是中国的"悲剧皇后"，然后请导播现场播放了一段潘虹主演的影片片段。在看片的过程中，主持人留心观察潘虹的反应，在发现潘虹一个摇头的细节后，就此提出问题，引发出潘虹的一段感叹，让观众看到潘虹内心深处的谦虚和诚恳以及对他人的关心和尊重。在完成这个随机问题之后，主持人又通过一段简短的议论，将谈话自然地转回到了基础问题上。

回应性问题是那些能"引起嘉宾大段的正面自述"❶的问题，比如请您谈谈对这个问题的看法？它顺着被访者的思维进行提问，使整个谈话过程顺畅自然、浑然一体。在人物故事类的谈话节目中，主持人大多使用回应性问题进行提问，目的在于营造顺畅的谈话氛围，不破坏被访者的倾诉感。回应性的提问对于多数不太有争议的嘉宾比较适用，同时它也符合中国传统文化所强调的圆融和谐、与人为善、含蓄大度、善解人意等思想。

与回应性问题相比，质疑性问题则是一种尖锐的提问方式，它会对事物的"表面现象提出辨析性的质疑"❷，从而引发嘉宾对矛盾的认知，对自己态度和立场的真正辩解，其目的在于求得事实的真相。由于质疑容易制造对立和冲突，因而这种问题方式更能吸引观众的兴趣和注意。比如《面对面》中王志对牛群的访谈《盘点牛群》中的提问：

王志：推销五洲牛肉干的过程中，你的利益是什么？

牛群：我的利益是让蒙城能够富裕，一个企业一个企业地干，一个企业一个企业地发展。

王志：你从五洲牛肉那儿你能拿到多少钱？

牛群：拿，一年可能是，因为这里头牵扯到商业机密，从商业这个角度，恐怕说了对于商业的发展不利，因为你干什么就要按什么游戏规则办，我只能透露我的部分，我不愿意透露他们企业的部分和其他部分。

王志：你的部分是多少？

牛群：我的部分可能就是20万吧。

王志：每年，还是一次？

牛群：一年？半年是20万？是一年是20万，我有点儿记不清了。

主持人王志的质疑性提问具有很强的刺激性，使谈话嘉宾牛群有些难以招架，不过，他的质疑性提问挖掘出受众关心的信息，实现了谈话节目的目的和传播效果。需要说明的是，质疑性问题往往较为尖锐辛辣，如果处理不当，往往会使谈话进入尴尬境地，甚至无法继续下去。为此，在刺激性或者尖锐性问题提出之后，应该运用过渡性问题来缓和双方的情绪，实现节目的继续。

2. 会听

对谈话节目主持人而言，谈话还是一门听的艺术。美国著名谈话节目主持人拉利·金（Larry King）在《因人因时因地的谈话术》一书中说过："谈话的首要规则就是听。如果想成为一个好的谈话者，你必须首先成为一个好的听者。"听，不仅仅是一种态度，更是谈话节目主持人的"第一哲学"，是让话题深入的一种方法。乔治·麦尔在《奥普拉·温弗瑞：真实的故事》中就对奥普拉·温弗瑞的"会听"大加赞赏："一般来说，广播电视的访谈者只是提出问题，却并不认真听回答，他们的心思放在其他事情或是下一个新的问题上。但奥普拉仔细倾听嘉宾们的谈话，并且利用谈话的内容把主题步步引向深入。"实际上，谈话节目获取的信息，一方面来自主持人节目前的事先准备；另一方面则来自现场嘉宾或受众言语的互动或刺激。在双向交流互动中，听是说或问的前提和基础，为此，优秀的谈话节目主持人应该善于听。

华东师范大学传播学系王群教授与上海东方电视台的著名主持人曹可凡合著的《谈话节

---

❶ 翁佳. 名牌电视访谈节目研究报告. 北京：中国经济出版社，2006：175.
❷ 翁佳. 名牌电视访谈节目研究报告. 北京：中国经济出版社，2006：176.

目主持艺术》一书中，指出谈话节目主持人必须具备的"听"之素养：①听之德：真心听、专心听、细心听、耐心听。②听之术：抓要点、记大意、理思路、辨含义。③听之态：目光注视对方、身些微前倾、面部略有表情❶。仔细观看《鲁豫有约》的人不难发现，主持人鲁豫总是注视着对方，时而投去赞许的目光，时而又会微微点头，或者鼓掌表示尊敬和鼓励，甚至还经常说"天哪""明白了"之类的话语，表示出自己的惊讶和对嘉宾的肯定，而每当嘉宾说到有趣的细节时，她又从来不会吝啬自己的笑容和笑声，笑过之后，常常是捋捋头发，再接着提问。这些目光、眼神和动作都是对嘉宾谈话的回应，同时也在无形之中向嘉宾传递了一个信息：我在认真听，我很在乎你说的，你说得很好，我还想继续听下去……这种听的态度无疑会激发嘉宾继续讲下去的热情。

（三）谈话节目"结尾要响亮"的实施者

谈话节目必须在规定的时间内结束，虽然说谈话节目结尾部分的话语带有程序性，但是结尾要自然，要响亮，要实现余音绕梁，还是需要一些技巧的，而谈话节目主持人则是谈话"结尾要响亮"的实施者。

谢格洛夫和萨克斯（Schegloff & Sacks）认为会话的结尾包括三个基本部分：结束系列、前置结束系列和话题界限系列❷。结束系列多用"Goodbye""Goodnight""See you"等道别语构成；前置结束系列是在正式结束之前，向对方发出一些信号，比如"All right""Okay"等声调形式，表明自己已经没有更多的话要说了，让对方去考虑是否还有别的话题可谈，如果对方也认为可以结束了，他也会做出一定的表示，然后结束谈话；话题界限系列是在"前置结束系列"出现之前，双方应该表示出对某一话题的交谈内容已经结束，常见的话语主要是祝福嘉宾、问候嘉宾家人以及善意提醒对方的约会时间和地点等，也可以对所做的谈话做简洁的归纳。在我国谈话节目的结尾部分，主持人往往承担着评价者与总结者的角色，这主要表现在两个方面：一是主持人往往通过独白性质或者提问式的总结或者评论，以提升谈话的意义和价值，如《国际双行线》主持人姚长盛、《央视论坛》董倩以及众多电视谈话节目特别是新闻时事类谈话节目的主持人，往往采用独白性质的总结和评论的方式来结束谈话节目，不过，也有一些谈话节目运用主持人提问、嘉宾回答的方式结束的，如《艺术人生·吕丽萍》，就是采用让嘉宾吕丽萍总结"面对生活最需要什么"这一问题作为结尾的；二是主持人通过希望与祝愿、赠送礼物、嘉宾表演或者展示等方式进行适时地结尾，比如《艺术人生》中的很多结尾都是通过表演艺术家的表演或者演奏来结束节目的，这类结尾给人以余音绕梁以及回想的余韵。

二、嘉宾：谈话节目叙（评）述的主体

谈话节目是在大众传播空间里呈现的人际传播。人际传播是指两个或两个以上的人之间借助语言和非语言符号进行互通信息、交流思想感情的传播类型。谈话节目除了节目主持人外，还有邀约的嘉宾。广义上的谈话节目嘉宾，是被邀请到节目现场、参与谈话交流的所有人，而狭义上的谈话节目嘉宾，则是坐在谈话主景区、与主持人构成谈话主体的个体或者群体，是现场观众或者节目受众的焦点人物。

谈话节目嘉宾是谈话节目叙述的主体，无论是话题性谈话节目还是人物性谈话节目，谈话主要是围绕嘉宾的观点或者故事展开。在话题性节目中，嘉宾与主持人一道对话题展开逐层深入的讨论，或者嘉宾之间在一起进行交流甚或是辩论，是嘉宾最基本的职责。而嘉宾观

---

❶ 王群，曹可凡. 谈话节目主持艺术. 上海：上海社会科学院出版社，2002：72-85.
❷ 何兆熊. 新编语用学概要. 上海：上海外语教育出版社，2000：326-327.

点的新颖性、独特性、全面性、深入性以及叙述的层次性、逻辑性甚或趣味性，都决定着话题性谈话节目的可视性和吸引力。而人物类谈话节目，则往往是讲述嘉宾的故事，表现嘉宾的个人经历和情感体验。"目前大部分的人物性谈话节目基本都围绕这样一个固定的结构：关于嘉宾的介绍，讲述嘉宾的故事，围绕嘉宾和他/她的故事展开讨论"❶。在人物性谈话节目中，嘉宾的话语不一定要多华美，思想不一定要多深刻，关键要会讲述动人的故事，要真实而不是矫揉造作地叙述自己的内在心理和情感感受，从而满足受众或情感或认知等需要。应该说，嘉宾叙述的内容是谈话节目最容易出彩的部分，也是观众最关心、最感兴趣的部分。在嘉宾作为叙述主体存在的时候，谈话节目的主持人只能作为话语的引导者和推动者，如果主持人一味地喋喋不休地追问，反倒容易使谈话对象关闭通向内心世界的阀门，使得嘉宾的叙述只能在一种浅表的层面上停留或徘徊。

谈话节目的嘉宾主要有文体明星、政府官员、专家学者、企业家、新闻事件的当事人或者知情者以及普通民众等。在谈话节目发展的早期，大多数谈话节目倾向于邀请名人明星、专业领域的专家、政府官员以及成功的企业家等作为谈话对象。因为文化演艺体育明星的光环效应，因为专家学者的专业性，因为政府官员对政策解读和发展的权威性，因为企业家的成功秘诀……这些嘉宾因能实现注意力经济而成为谈话节目嘉宾的最佳选择。时至今日，在谈话节目中，约有73%的谈话节目仍然侧重于对演艺明星、体育明星、文化名人、专家教授、企业家和政府官员的谈话❷。而新闻事件的当事人或者知情者则因为亲身经历或者熟悉新闻情况，也能成为满足受众获取事实信息需要的最具有说服力的嘉宾，并因此也常常成为谈话节目的座上宾。另外，随着中国社会文化的不断发展，普通百姓在沟通、交流和表达方面的意愿日渐增强，在一些涉及生活和情感选题的谈话节目中，普通百姓逐步成为主角，这必将会进一步强化谈话节目的亲和性与贴近性。不过，谈话嘉宾从名人明星向平民百姓的转移，在丰富和拓展谈话节目选题范围和表现形式的同时，也进一步加剧了谈话节目"触探底线"的问题，比如一些调解类访谈节目，往往表现出私人话语在公共领域空间的膨胀现象，甚或抛开真实而进行戏剧化、舞台化的编排，这类谈话节目因过度强调娱乐元素或者个人隐私的使用而严重影响着谈话节目的健康发展。

嘉宾是谈话节目的主体，其话语表现往往成为吸引受众的重要方面，并直接关系到节目的成败。因此，在选择嘉宾的时候，还要考虑嘉宾的素质。虽然因为节目要求不同，嘉宾选择也会不同，但一般而言，谈话节目的嘉宾应该主要具备以下几个方面的素质：一是要具有吸引人的气质、力量或者故事等个人魅力。个人魅力是一个具有丰富内涵的词汇，既可以是人物个性特征，比如善良、幽默、率直、坚持等人物特点，也可以是他具有与众不同的能力或者具有不同寻常的故事经历。嘉宾的个人魅力越丰富，也就越具有吸引力，从而为谈话节目的成功奠定了基础。二是要有很强的语言表达能力。谈话节目的关键在于"谈"，要善谈，要能够绘声绘色地谈，要能够有层次地有条理地谈，要能够清晰流畅地谈……如果嘉宾的谈话再具备幽默、形象和感染力，那传播效果无疑将会更佳。三是要有很强的表现欲。嘉宾的表现欲能增强节目的表现力和可看性。《奥普拉·温弗瑞秀》在选择嘉宾时，除了人生经历、语言表达之外，还喜欢选择比较情绪化、容易激动或者感动的嘉宾，因为这些性格行为可能拉升电视节目的收视率。当然，谈话节目的嘉宾应该根据谈话节目的形态特点进行选择。比如，论辩型电视谈话节目会对嘉宾的内在修养、辩论口才提出要求，要具有绅士风度，不会恶语伤人，要具有语言表达力，能够依靠辩才征服对手；而心理和人际关系类谈话节目，往

---

❶ 于丽爽，宋茜. 脱口成风. 北京：中央编译出版社，2004：56.
❷ 左瀚颖. 我国电视谈话节目现状分析. 视听界，2009，(6).

往往会选择心理学家、社会工作者、心理治疗专家以及畅销书的作者，他们要和蔼可亲、健谈、令人信服，能够向观众提供解决问题的方法与建议。

"寻找合适的嘉宾似乎总是一个大海捞针的过程。"❶ 有些谈话节目的嘉宾是个体，有些谈话节目的嘉宾是多个的组合。在多个嘉宾时，嘉宾的搭配则变得尤为重要。一般而言，嘉宾搭配主要考虑性别搭配与个性搭配。性别差异使得气质、言行举止也存在差异。一般而言，男性较为刚毅、理性、沉稳、逻辑性强；而女性则温柔、感性、敏感、形象思维强。不仅如此，男性与女性搭配还具有"磁场效应"，使得交流更为互补和宽容。比如《锵锵三人行》中的嘉宾一般采用男女性别搭配的方式进行谈话，这种性别互补有助于节目取得成功。除了性别之外，还要考虑个性。每个人具有不同的个性，比如含蓄幽默的，富于激情的，沉稳严谨的……嘉宾的搭配应该考虑嘉宾的个性，做到"和而不同"，才能从不同的角度看问题，并产生思想的碰撞、交流和对话，形成多姿多彩的谈话戏剧性。

三、观众：谈话节目的互动者或观看者

谈话节目的观众，包括节目现场观众和场外媒介受众。节目现场观众不仅营造谈话场，而且还是谈话节目的"见证者"和亲历体验者，甚至还可能会作为话题或者人物的关注者丰富信息源，参与话题的讨论或者对话。不仅如此，现场观众还具有营销作用，对参与谈话节目的名人明星或者对谈话节目的冠名赞助单位产生宣传效应，比较常见的就是演艺明星谈话节目中出现的"粉丝团"和"助威团"。场外媒介受众不仅通过节目视频"见证"谈话"过程"，而且还能借助微博、微信、网络视频、节目热线以及弹幕、留言板等，参与谈话节目的讨论或对话。比如央视经济频道谈话节目《今日观察》，以更大更积极的场内外谈话互动给谈话节目提供了一种新模式，而场内外观众的参与，既能引导谈话主题舆论的走向，也能拉升谈话节目的收视率或者点击率。

第三节 谈话节目的"话题"解析

"题好一半文"，话题是谈话节目的主要内容，也是节目成功与否的关键所在。《实话实说》总策划杨东平曾经指出：话题选对了，谈话节目就成功了一半。有调查也表明，谈话节目的话题是观众决定是否收看节目的最为重要的因素。好的谈话节目的话题，既能激发谈话者的谈兴，在节目现场形成热烈的交流和对话，也能调动受众的思维活动，对社会和个人具有建设性、指导性意义；失败的谈话节目的话题，则乏善可陈、言之无味，既不能引发谈话者的兴致，还容易导致"谈话"冷场，最终导致节目失败。因此，谈话节目的创作者无不将话题视为谈话节目的第一要务。

一、谈话节目的话题选择

1. 国内外谈话节目的话题类型

有研究者对美国流行的谈话节目《奥普拉·温弗瑞秀》在 2000 年 1 月到 6 月的话题分类进行过统计，其中，社会问题类共 21 期，占比 17%；生活话题类共 36 期，占比 31%；情感与心理话题类共 32 期，占比 27%；时尚话题类共 6 期，占比 5%；明星谈话共类 15 期，占比 12%；特别节目策划类共 8 期，占 6%。《奥普拉·温弗瑞秀》的话题从国家大事到社会问题、家庭关系再到个人的人际关系、自我评价，几乎无所不包，并热衷于以性、暴

---

❶ 国际双行线栏目组. 对话与交流. 北京：文化艺术出版社，2001：340.

力、犯罪、悲剧、情感等因素来吸引人注目。也有学者将美国具有代表性的 Kunahue Show、Oprah Show、Gabrielle Show 等电视谈话节目的谈话话题进行过统计，以所占比例高低将话题分为七类[1]：一是婚姻关系类，包括婚外恋、离异、单亲父母与子女关系、再婚家庭以及换妻、卖淫、同性恋、夫妻性生活等较为隐私、敏感的话题；二是社会问题类，多涉及社会伦理，如中学生性行为、少年母亲、器官移植、精子银行等；三是个人生活观类，如偏爱老女人的年轻男人、以妓女为业且以此为荣的人、遍体文身且四处穿孔的青年男女等；四是医疗保健类，以身心健康、医疗卫生等内容为多；五是休闲娱乐类，如介绍影视明星、选美、服装时尚等；六是奇闻逸事，如会通灵的人、失明多年突然复明等；七是主要包括生活指南、司法治安、儿童教育等其他类话题。应该说，美国很多谈话节目的话题，表现出明显的猎奇性、刺激性、窥隐性以及娱乐性等特征，具有小报化倾向。

中美文化以及媒介传播体制等的差异性，使得中美谈话节目在话题选择上有很大的区别。我们不妨以我国电视谈话标志类节目《实话实说》为例进行分析。《实话实说》谈话节目的选题主要集中在新闻时事类的热点话题（如《走进沙漠》《讨论家庭服务员》）、社会性问题（如《风景名胜区该不该建索道》《保险热中话保险》）、生活方式的探讨（如《人体模特》《吃的学问》）、家庭婚姻类话题（如《离婚以后》《嫁个男人比我矮》）、教育类话题（如《继母》《成长的烦恼》）、主旋律话题（如《拒绝毒品》）等，表现出很强的政治性、社会性、生活性等特征。

再对当下较为热播的《金星秀》谈论的话题进行简单分类，就会发现《金星秀》前四十期的话题主要分为三类：社会热点、文艺热点以及娱乐明星，其中"脱口秀"版块的话题以社会热点话题为主，内容涉及购物、健身、情感、汽车、韩流、教育、创业、留学等事关老百姓生活的方方面面，并表现出"触及社会热点问题-自己经历-个人观察-观点总结"的叙事模式。实际上，综观我国谈话节目，虽因各个谈话栏目的定位不同而表现出选题的差异性，但我国谈话节目的话题范围主要集中在以下四种：一是社会思潮、现象的讨论；二是新闻时事类的探讨；三是新闻人物、文体明星的访谈；四是社会教育和家庭教育等的讨论。

从中美电视谈话节目的话题选择可以看出，我国谈话节目的话题比美国谈话节目的话题更为平和、软性，其选题并不以迎合受众的猎奇心理和窥视欲望为目的，而更多地表现出"文以载道"的社会引导目的，在价值观上体现出符合国家主流价值观的趋向，并表现出宣扬和解读党的政策、弘扬民族文化传统以及传承道德观念等文化意蕴。

2. 谈话节目的话题选择标准

关于谈话节目的话题选择标准，美国电视学者威利斯和艾利恩佐认为，一个有意义的话题应该具备三个条件：一是话题表述的生活观应是重要的；二是应对尽量多的人有意义；三是人们能共同感悟的、生活中永存的健全情感、生命困惑等永恒话题[2]。根据我们对《奥普拉·温弗瑞秀》的话题分析，发现其话题选择突出表现为两大选题倾向：一是要以故事为基础，话题具有情节吸引力；二是具有论争性，话题具有对立冲突性。或者说，故事的外壳和讨论的矛盾支点，是《奥普拉·温弗瑞秀》话题选题的两大标准。我国谈话节目的存在"场域"决定了谈话节目不能照搬美国的话题选择标准。虽然说我国的谈话节目并没有要求一定要表现重大的政治题材和一定要宣传党的政策、方针，但却在实践中不可避免地将主流意识与市场意识结合起来，主要表现为谈话节目教育功能的发挥以及消费主义元素的使用，并越来越呈现出向民生化、娱乐化、贴近性方向发展的趋势。我国当前谈话节目的选题标准主要

---

[1] 周振华. 从《实话实说》看电视谈话节目的中美差异. 新闻知识，1999，(3).
[2] 吴郁. 主持人的语言艺术. 北京：北京广播学院出版社，1999：402.

有以下 3 点。

（1）重要性。谈话节目的话题应该是群众普遍关注和重视甚或对群众产生影响的重要问题。虽然谈话节目不应该都办成《焦点访谈》或《新闻调查》，但将社会各界普遍重视、关注的问题作为谈话的话题，如《谁来保护消费者》《拒收红包该不该表扬》《举贤不避考》等，可以吸引场内外观众的关注和积极参与，也容易引发受众的共鸣。

（2）平民性。谈话节目的话题与大众文化的现状关系密切，并表现出规避政治意识而以亲和性、贴近性作为选题的态势。我国的国家意识形态并没有对民间文化构成完全意义的颠覆，而民间文化由于来自民间面向大众而天生地具有某种民生色彩，同时"还以其特定的实践形式对人的感官需要和消费欲望作了一种合理性肯定，在一定意义上也是对个体生活价值的肯定"❶。实际上，节目收视率或者点击率的压力也促使谈话节目日渐形成"关注普通人""关注民生"的传播理念，并从选题上日益表现出对大众文化的尊重与贴近。于是，一些如婚恋家庭、儿童教育、个人生活方式、休闲娱乐、身心保健、情感调解等平民性话题被广泛地选择和讨论，即使是那些意识形态较强的话题，也往往以生活化和贴近性的方式进行呈现。

（3）多元性。社会的发展和民主化程度的提高，使现代社会进入了一个价值多元的时代。我国谈话节目的话题也从单一化走向多元化，这既表现为话题体现出的价值多元性，也表现为话题类型的多元性。人们不仅喜欢倾听不同的声音，而且容易被不同声音之间的争执所吸引，这要求谈话节目工作者在话题选题上应运用多元化的传播理念拓宽节目话题的选择。比如 1996 年 3 月 16 日《实话实说》开播后，话题类型日渐多元，既有《王海打假》《高考》等热点话题，也有如环保、住房等社会性话题，还有婚姻家庭类、教育类等话题形态，……多元的话题类型为《实话实说》的成功奠定了基础。不过，后期的《实话实说》的话题选择渐渐走向个人化，最终使受众失去观看的兴趣。《鲁豫有约》的选题也在不断改版中从名人佚事的访谈走向多元，一些过去被视为禁忌的话题频频在节目中出现，如同性恋、变性者、感染艾滋病的患者、未婚妈妈、整容打工女、艺术类考生、后舍男生……凤凰卫视总裁刘长乐这样评价："新版《鲁豫有约》更贴近我们的生活和社会，更像身边的家长里短，但这种家长里短又透着很多文化、社会、道德的信息。"❷ 不仅如此，一些论辩型谈话节目也因展现出不同的意识形态而备受关注和争议，比较有代表性的节目是网络谈话综艺节目《奇葩说》。

值得注意的是，当下谈话节目越来越表现出娱乐化的发展趋向。英国学者尼古拉斯·阿伯克龙比在《电视与社会》一书中指出："电视主要是一种娱乐媒体，在电视上亮相的一切都具有娱乐性。"美国学者尼尔·波兹曼在《娱乐至死》一书中也说道："电视本是无足轻重的，所以如果它强加于自己很高的使命，或者把自己表现成重要文化对话的载体，那么危险就出现了……"美国传播学者赖特更是明确指出：娱乐功能是大众媒介传播功能中最为显露的一种功能。实际上，作为舶来品的电视谈话节目，是英文单词"TV Talking Show"的翻译，其中的"show"就具有娱乐大众的意思。在市场经济和消费主义盛行的当下，谈话节目的话题走向娱乐也是一种必然，比如《咏乐汇》《金星秀》《奇葩说》《波士堂》等的话题选择及表现，往往具有很强的娱乐特征。

二、谈话节目的话题结构

科拉克（Clark，1996）认为话题是在互动过程中确立的，话题的确立有赖于交谈双方

---

❶ 唐华. 从文化背景和媒介功能看电视谈话节目的现实困境. 现代传播, 2000,（1）.
❷ 马戎戎. TV2.0 时代的谈话节目. 三联生活周刊. 2007（6）.

的互动:一方提出话题,另一方予以确认回答,即参与谈话的任何一方都可以根据话语进程引入话题。斯文尼维格认为,话题的引入对随后的话语结构具有制约作用,话题引入后,参与者将依据话题在随后的话语回答确认中当作一个整体来组织和理解。在谈话节目中,话题的引入和推进往往按照穿插于谈话过程中进行,通过主持人的提问引入话题,通过嘉宾的回答确认话题,在主持人和嘉宾的互动过程中展开和推进引入的话题,这在《面对面》《张越访谈》《杨澜访谈录》《财富人生》《可凡倾听》等只有主持人和嘉宾的谈话节目中极为常见。而在由主持人、嘉宾、现场观众参与的谈话节目中,有的也采用这种引入话题的方式,如《艺术人生》等,但也有谈话节目则通过现场介绍和背景介绍的基础上来加以实现,如《实话实说》《鲁豫有约》等。不过,谈话节目主体的话题结构一般采用两种方式:一是平列展开的话题结构,二是渐进展开的话题结构。

1. 平列展开的话题结构

平列展开的话题结构,指的是谈话节目每个话题单位保持一种平行、并列的空间关系的一种结构形态。平列展开的话题结构往往呈现为板块或者块状状态,因此,又可以称为板块或者块状展开的话题结构,它往往具有以下三个特征:①内容以板块为单元,单元内的容量比较大,但单元的数量比较小;②板块之间在内容上是相对独立的;③板块之间有时是独立的,往往带有跳跃性特征,有时也会自然过渡。比如《艺术人生》播出的《成龙传奇》就采用平列展开的话题结构:嘉宾的传奇经历及成就、成功之路的介绍,对生命、家庭、爱情、亲情、金钱的态度,以及男人的责任等几个板块来展开话题的,虽然在每个单元里可能采用了渐进式结构,但就节目整体而言是采用平列方式推进话题的。

2. 渐进展开的话题结构

渐进展开的话题结构,指的是各个结构单位的内容之间,通过层层递进、逐步深入的切入,保持一种前后相继的不可逆转的逻辑关系、时间关系、空间关系、程度关系的一种结构形态。渐进式结构往往呈现出线性结构特征,并表现出三个特点:①叙述单元容量小,内容相对比较零碎,但单元数量较多;②叙述单元之间有一定联系,并成为一种线索关系;③叙述单元之间有过渡性连接,不是大幅度切换、跳跃。渐进展开的话题结构又可以划分为逻辑渐进展开结构、时间渐进展开结构、空间渐进展开结构等。《面对面》中对牛群的访谈《盘点牛群》基本上采用逻辑性渐进展开的话题结构。这次谈话主要有三个话题,牛群在蒙县的政绩、特教学校、五次公证捐献。在每一个部分,主持人王志都体现了他的质疑精神,不回避矛盾,表现在提问方式上单刀直入,对采访对象所说的话进行追问,从而一层层地逐渐揭开事件的内幕真相。

与日常生活的谈话相比,谈话节目的职业话语特征,在使话题结构展开的过程中具有逐级推进、平列展开或者二者兼具的话题结构特征的同时,也更具有完整的话题结构形式:整个谈话话题围绕总主题展开,各个谈话单元又往往围绕分话题和分主题推进,形成层层相连、环环相扣、浑然一体的话题结构。当然,谈话节目还往往根据访谈主题和形式的不同,对话题的展开形式做出选择,但基本上都是这两种结构形式或单独或综合的运用。

三、话题的表现形式

前面在谈话节目的类型解析里,将谈话节目按照形式主要分为两类:讨论型和叙事型。谈话节目的话题表现形式也主要由这两种形式构成。

1. 讨论型话题表现形式

讨论型话题表现形式就是围绕某一个话题或者主题展开讨论或者对话的一种谈话节目形

态。在轻松、和谐、亲切如日常交谈的"谈话"氛围中,"谈话者"围绕某一个话题面对面地交流或者对话,使各种观点获得交流或者碰撞,表现出"公共论坛"的特征。我国创办最早的上海东方电视台的《东方直播室》就常常采用专题讨论会的形式展开,并成为后来电视谈话节目的主要表现形态之一。不过,讨论型话题表现形式有时也采用激辩的方式进行话题的讨论。激辩式的话题表现形式往往围绕一个高度浓缩而具体的、具有两种相反立场的话题进行辩论,具有强烈的"火药味"。譬如"中国球迷偏激吗""公务员录用体检通用标准公平吗"等话题就是采用激辩的形式展开的。

讨论型话题表现形式一般以互为触动、相互启发的谈话方式吸引观众。随着话题讨论的深入,意见各方相互对话,不断激发观众的兴趣,并往往由于观点的对峙而可能触发精彩的论辩,使媒介受众始终处于焦虑的期待之中……值得注意的是,讨论型话题表现形式还会将一部分社会成员纳入传播者兼受传者的双向体系中,并在争辩中获得更大范围更有效度的传播,这在"人人都是传播者"的网络社会中尤为如此。

2. 叙事型话题表现形式

叙事型话题表现形式就是以讲述嘉宾亲身经历或者观看到的故事作为话题展开的一种谈话节目形态。叙事型话题表现形式往往张扬起个人的旗帜,"个人出现了,感觉到了自己,感觉到自己的生活,自己的感情,自己的一切,城市文化及其心态相对成形了。"❶ 叙事型话题表现形式日渐增多,是与大众文化产品中的个人表现相呼应的结果,它通过嘉宾的某些生活经历去反映社会转型中的人与人、人与社会、传统与变革等出现的一系列具有普遍性的矛盾冲突和危机。由嘉宾现身说法,以讲述个人故事的方式展现谈话节目的话题,一方面能够取悦当前普通大众审美层次还不高的"直观-感知"的文化接受心态;另一方面,相较直白地传达或者图解意识形态,嘉宾的经历自述还是一种参与性很强的开放性谈话方式,能够在"故事"讲述中给受众以认知、情感甚或人生等方面的启迪。为此,主持人可以有技巧地插入有争议的问题启发现场观众思考,促使节目主题被深入讨论并被多方释义,由此营造民主表象,进而产生传播的整合效应。

"私人生活走向公共化,而公共领域自身则染上了内心领域的色彩。"❷ 事实上,对个体生活的挖掘,能够使人深入了解嘉宾的心理和情感,彰显出多彩的个人世界。不过,这里终究存在着一个"度"的问题。毕竟我国谈话节目的生产和接受方式,并非是完全消费意义上的确认,还需要与主流意识形态达成某种程度的默契,这是叙事型谈话节目存在的现实基础和前提,同时也是我国谈话节目实践明显区别于西方电视界肆无忌惮地暴露个人私生活的 Talk show 节目的原因所在。

第四节 谈话节目的"场景"要素分析

作为一种人际交流形式,谈话节目不仅包括"谈话人"和话题,还离不开谈话场景。作为人际传播方式的谈话是"在特定的时间和地点,一定的物质和时间的背景中进行的""我们在什么时间,什么地点,同谁在一起等情况可能限制我们谈话的内容和方式……对于某些事物来说,有适宜谈它们的时间和地点,同样也有不宜谈论它们的时间和地点。"❸ 根据布尔迪厄的场域理论,场域是一种社会关系结构,它强加在每一个进入该场域的个体行动者身

---

❶ 戴锦华. 犹在镜中——戴锦华访谈录. 北京:知识出版社,1999:239.
❷ [德]哈贝马斯. 公共领域的结构转型. 上海:学林出版社,1999:105.
❸ [英]皮特·科德. 应用语言学导论. 上海:上海外语教育出版社,1983:27.

上，是权力分配的结构，任何个人欲获得利益，必须进入相应的场域。因此，对谈话节目的场域进行设计，可以为谈话节目的顺利进行提供帮助，事实上，由于谈话节目中的很多"谈话人"是现实生活中的"本人"，缺少公开谈话的经验，而平实、自然、舒适和亲切的场景设计能够使嘉宾状态放松，表现真实的"本我"。因此，为了更好地实现交流与对话，谈话节目制作人需要设计或者选择谈话场景，以满足"谈话人"的"谈话场"需要。谈话节目的"场景"主要包括场地、道具、音乐、灯光、服饰、色彩等元素，在这里我们主要对场地、道具和音乐进行解析。

一、谈话场地的设计

根据谈话地点的不同，谈话节目的场地可以分为外景场地和演播室两种。

外景场地通常是谈话嘉宾熟悉或是日常生活中普通的地点，例如家庭住所、办公地点、广场等。外景场地具有真实感、生活感和亲切感或者开放性，能够舒缓嘉宾的紧张情绪，激发嘉宾谈话的兴味。例如《鲁豫有约》中关于对璩美凤的访谈，一改往日在演播室内谈话的方式，而是选择了外景场地——凤凰卫视总部一间普通的办公室，在办公室落地玻璃的窗外是美丽的维多利亚港，这种真实、自然、亲切的日常环境对嘉宾谈论"敏感"话题时具有舒缓情绪的作用，也有利于谈话的顺利进行。再如《杨澜访谈录》中有一期访谈赵本山的节目，它将谈话场地选择在了沈阳的刘老根大舞台，那是赵本山最为熟悉、最为亲切的地方，他的很多艺术成果都诞生在刘老根大舞台上，是他的"大本营"，这种场景选择能够引起赵本山对往昔生活和从艺生涯的回忆，激发他的谈兴和内心的情感，进而实现访谈的最佳效果。不过，较演播室而言，外景场地不可控因素比较多，并且拍摄设施和条件远没有演播室来得方便和效果好，而且谈话氛围的烘托手段相对单一，制作成本也相应加大。另外如果参与谈话的人较多，主持人难以将所有人的注意力都集中在话题上，较难形成"谈话场"。因此，大多数谈话节目往往将谈话现场放在演播室内。

演播室较外景场地具有明确的优势。首先是场地的封闭性强，谈话现场不易受外界干扰；其次是各种设施齐全，辅助技术条件好；再有就是主持人对节目现场的控制力较强。虽然嘉宾和观众可能因为对演播室现场不熟悉，会产生一定的陌生感，但这种陌生感可以通过"虚拟场景"的设置而消除。谈话节目往往根据节目定位和风格创设出不同的谈话场地，这种特定场地的营造不仅是视觉上的要求，更主要的是创造了一个适合话题展开的空间环境。综观国内谈话节目的场地运用，其演播室内的虚拟情境主要有三种："演播厅""会客厅"以及"咖啡厅"。下面将根据谈话节目实践进行布局情境的解析。

1. "演播厅"

"演播厅"的布局情境一般用于新闻性话题的谈话节目当中，其大体的布置和普通演播室类似。由于新闻性话题的谈话节目一般没有现场观众，因而"演播厅"的空间相对狭小，主持人和嘉宾构成谈话的主景区。"演播厅"的布局往往根据嘉宾的人数设置座位，原则上是使交流的双方或多方能看清彼此的体态语言。若是只有两个交谈者，一般选择面对面的座次安排；若有两个以上的谈话者，则可将座位设置为圆形。"演播厅"布局情境的背景一般比较简洁，可以是带有节目 LOGO 的标识，也可以是若干背景架。在布光方面，"演播厅"通常将主持人和嘉宾视为一个整体进行布光，采用共用主光、逆光，分开使用辅助光的方式，即斜侧光照明，这种照明方式明暗层次较大，主体突出而明确。由于"演播厅"的布局情境一般适用于新闻性等理性思维较强的话题，因此谈话现场的桌椅一般选择金属、玻璃等硬性的材质，给人以干净、干脆的感觉，颜色往往以冷色为主。主持人和嘉宾的服装也较为正式和稳重，鲜有过于艳丽和暴露的服装。例如新闻类谈话节目《面对面》，它就是采用

"演播厅"的布局情境，现场设置相对简单，没有现场观众，只有两张为嘉宾和主持人准备的座椅，没有过多的装饰，显示出硬朗和严肃的感觉，而主持人和嘉宾的着装较为正式，这些都与谈话节目的内容相契合。

2. "会客厅"

"会客厅"的布局情境是比较常见的一种场景设置形式，许多谈话节目如《鲁豫有约》《金星秀》等都将演播室设计为客厅的样式，这样设计的目的是为了复原嘉宾的日常生活环境，缓解他们的陌生感，而人性化的现场设置，更加贴近生活、贴近观众。在"会客厅"里，主持人和嘉宾往往坐在一起，一张茶几、几张座椅，或是一个大大的半圆形沙发，中间放着茶几和水杯……这些就像是朋友家的客厅，可以畅所欲言，轻松应对。木质、皮质和布质的家具给人以温暖、舒适的感觉，特别适用于偏情感性、大众化的谈话节目。采用"会客厅"布局情境的谈话节目通常是有观众参与的，因而在座位安排上不光要对主景区进行设置，还要处理好观众区和主景区之间的关系。一般来说，观众区的设置和主景区是对应的，即直线对直线、圆形对圆形、弧线对弧线。其中，弧线对弧线的方式更符合日常生活中谈话的方式，并且也有利于谈话节目"秀"的凸显。观众区和主景区还存在着距离的问题。通常情况下，"现场观众的参与程度以及节目对谈话氛围的诉求决定了主景区和观众区距离的远近。"❶例如在《艺术人生》节目现场，观众围坐在一个不大的平台周围，平台上有为嘉宾和主持人准备的座椅和一个小茶几，这样的距离就是比较近的。"会客厅"的背景大多是一面大屏幕，屏幕上的内容往往根据谈话的内容而定，有可能是嘉宾的照片或是简单的节目LOGO。在布光上，对观众区通常采用分组照明的方式。灯光师将观众分成若干个组，每组共用一盏主光源、逆光源和辅助光源，采用三点布光的方式照明，体现出一种纵深感。除了满足一般的照明需求外，灯光还可成为营造谈话氛围的手段之一。例如灯光模拟舞台效果，为嘉宾制造出演出的情境，或是在嘉宾讲述内心情感时，用灯光营造一种独白的氛围，调动嘉宾的情绪。

3. "咖啡厅"

"咖啡厅"的布局情境指的是将演播室设计成一种公共空间的状态，它不仅仅是指将谈话场地布置成咖啡馆、茶馆，也可以是酒吧、剧场等。这种公共空间的营造首先在视觉上增强了节目的观赏性。譬如美国著名的夜间谈话节目《莱特曼夜间秀》就将演播室设计成一个能容纳数千名现场观众的金碧辉煌的剧场。"主持人的舞台旁边有大型乐池，十人左右阵容的爵士乐队现场助兴。乐队的主唱是节目中的重要角色，在节目的前半段，他一直作为助手配合莱特曼的表演。经助手的介绍，舞台大幕拉开，主持人莱特曼在两位性感美女的陪伴下走了出来，向观众和乐队成员打招呼。通常出场亮相时间会持续2～3分钟，直到观众的掌声和尖叫随着音乐渐弱而慢慢平息。"❷公共空间布局看上去较为随意，其实和节目自身的定位以及话题的选择有着密切的关系。漫谈式谈话节目《锵锵三人行》将演播室布置成一个茶馆样式，主持人和嘉宾天南地北地闲聊，宛如老舍笔下的"茶馆"形象。座位安排上，"咖啡厅"的布局情境还是以圆形为主，桌椅也多选择感性色彩较浓的木质或布质；背景设计淡雅清新、主体突出；灯光的运用以斜侧光照明为主，兼用顺侧光照明；主持人和嘉宾的服装没有过多的要求，具体视场景布局而定，可以较为随意，这样既可以个性突出，也能充满亲和力，仿佛是在咖啡馆里和朋友聊天一样自然悠闲。

---

❶ 苗棣，王怡林. 脱口成"秀"——电视谈话节目的理念与技巧. 北京：中国广播电视出版社，2006：210.
❷ 孙宏图，张弛. 电视谈话节目与主持人. 播音主持，2005，(4).

二、道具的使用

谈话节目的道具指的是与话题或嘉宾相关的物件，是加强现场互动的重要手段。谈话节目的道具或是用于激发访谈人物情感的手段，或是补充完善谈话内容的方式，或是一些细节的说明或比较合理的道具运用，能够增强主持人与嘉宾的沟通，使双方的交流更为深入也更具情感张力，也使谈话节目的内容更丰盈，更具有可看性。

从道具的作用来分析，谈话节目的道具大致分两类。一类是说明性道具，例如照片、题板、影像资料等。这类道具多是为了对嘉宾或话题的某一点进行解释说明，特别是对人生经历、事迹的交代，进而推进谈话的深入展开。例如《艺术人生》有一期节目在开始时，主持人并没有按照正常程序请出嘉宾，而是卖了个关子："今天来到我们节目现场的这位嘉宾是谁呢？我们先来看一个片子。"这时现场大屏幕上先出来一张婴儿的照片，但看不出是男是女，引发了观众的悬念；接着又出来一张少年的照片，可以看出是个男的，但还是不知道是谁；随后，又一张青年人的照片、再接一张中年人的照片……观众最终判断出本期的嘉宾是冯巩，节目也就在这层层悬念中正式开始了。在说明性道具中特别要提到的是影像资料的运用。"谈话节目经常讲述人生经历、生活故事。故事讲得精彩与否，直接影响到节目质量，直接决定了能否更好地吸引观众。"[1] 影像资料所具有的声画兼具的属性，使其能形象、立体地展现谈话的内容，改善由单纯的语言交流所产生的枯燥感，扩展谈话空间，在谈话节目中具有极强的传播效果。比如有些娱乐性较强的谈话节目在前期准备的时候，会通过外出采访的方式了解一些与嘉宾或话题相关的情况，并制成短片在谈话现场播放，从而丰富了谈话内容，促进了信息既形象又深入的传播。另一类为情感性道具。这类道具与嘉宾的生活经历密切关联，容易激发嘉宾的内心情感。谈话节目选用的道具，往往是对嘉宾而言具有别样意义的物体。例如《艺术人生》中有一期关于陈凯歌的节目，节目中把"蓝天牌牙膏""父亲的录像带""《格林童话》""《唐诗三百首》""来自陕西的一捧黄土"等六个与陈凯歌有关的道具放在了一个胶片盒里，节目再从这六个道具出发，徐徐展开陈凯歌的成长经历以及他的家庭、事业等。情感性道具的设置较说明性道具而言要困难一些，因为这些情感因素通常是埋藏在内心深处的，往往不为人所知，节目制作者只有通过前期大量的采访才能挖掘到嘉宾背后的故事，找寻到与嘉宾密切相关的道具。情感性道具的出现，对观众而言是一种悬念的设置，对嘉宾而言则是打开其心扉的一把钥匙，从而在现场中真实表达自己的情感和心理，实现传播效果。

三、音乐的运用

《晋书·乐志》中说："是以闻其宫声，使人温良而宽大；闻其商声，使人方廉而好义；闻其角声，使人恻隐而仁爱；闻其徵声，使人乐养而好施；闻其羽声，使人恭俭而好礼。"说明不同的音乐，能使人产生不同的性格，由此可见音乐的影响。

音乐对于谈话节目而言也具有十分重要的意义，它犹如节目的"第二台词"。音乐是一种细腻而丰富的艺术形式，可以帮助节目塑造情感、渲染氛围。《艺术人生》用《今夜无人入眠》作为开场和结束的背景音乐，烘托出一种庄重、高雅的氛围，引导观众暂时远离日常琐事，以安宁、平静的心去欣赏节目。不仅如此，音乐还能在谈话节目中辅助表现谈话者言语背后隐藏的情绪和情感，也可以表达听众的心理感受，激发嘉宾倾诉心声的热情。例如《往事》在一期节目中邀请到有"中国第一打工仔"之称的何慕讲述自己的经历。嘉宾在回

---

[1] 王莹，王卫峰. 电视短片在谈话类节目中的运用. 视听纵横. 2009，(1).

忆起过往的艰辛岁月时，情绪非常低落，现场气氛十分压抑。这时，《男儿当自强》的音乐声响起，在刚劲有力的音乐声中，场上的情绪逐渐被扭转，现场沉闷的气氛得到缓解。

音乐的运用应当根据节目的风格以及节目的具体内容而定。例如《实话实说》采用的电声音乐，音乐效果热闹、丰富，但却不适宜用在《艺术人生》中，因为后者注重挖掘嘉宾的故事和内心的情感，因而选择钢琴为主要音乐手段，以其优美柔和的旋律打动嘉宾和观众的心，营造出一种温馨、感人的效果。

第五节　谈话节目制作需注意的问题

20世纪90年代末是中国谈话节目最为繁盛的时期。该时期谈话节目的兴盛并非偶然，而是社会演进和媒介发展的必然，一方面谈话节目弥补了当时新闻节目亲和力的不足，给充斥着娱乐节目的电视荧屏带来了一股清新的气息；另一方面，谈话节目的低成本制作、短周期生产以及具有相对广泛的题材，深受观众的欢迎。不过，谈话节目在大量出现后也出现了诸如复制性生产、话题无关痛痒以及主持人缺乏个性等问题，并引发了受众的种种诟病，谈话节目进入了探索的瓶颈期。

崔永元在2002年接受记者采访时曾说："我看不到谈话节目的前途。"他以当时的《实话实说》举例，"从央视收视排名看，《实话实说》这几年没有什么太大变化。现在我们占有率是5%～8%，但以前我们早上播出的时候能达到50%～70%，也就是早上看电视的人有一半是在看《实话实说》，现在这种盛况不可能再出现了。"《新周刊》"2004中国电视节目榜"最佳谈话节目甚至出现了空缺。袁方博士曾经指出："从整体来看，除了相当不错的《艺术人生》，访谈节目的收视率都不算高，一般收视率都在一个点左右。"而2009年9月具有中国谈话节目标志象征的《实话实说》在中央电视台的停播，更说明我国电视谈话节目繁荣的背后潜隐着重重危机。因此，有必要对我国当下谈话节目存在的问题进行剖析，从而为我国谈话节目走出瓶颈赢得发展提供一些参考。

一、创意不足，节目同质化严重

视频节目属于创意产业，但我国太多的谈话节目却表现出很强的同质化特征。首先是选题的同质化。话题本是谈话节目的核心，也是吸引受众观看的关键，但综观我国谈话节目，"目前大部分电视谈话节目的选题一般化，视野狭窄，缺乏鲜明的特色，节目没能给人以深层的启示或是心灵上的慰藉。"❶ 不仅如此，众多谈话节目的选题往往围绕社会生活、新闻时事、个人故事、情感调解等做文章，这使得谈话节目的选题具有雷同化或者相似性特征。比如在我国电视谈话的标志性节目《实话实说》的选题中，打假、高考、电视剧、环保、早恋、吸烟、美容等社会热点话题占据了很大的比重，而这些选题也被省市级电视台选中而反复地制作，给人以选题上的审美疲劳。其次是节目定位及节目形态的同质化。根据CSM媒介研究对2009年1月1日至4月10日的电视收视集中的晚间18:00～24:00时段进行统计，发现有190个谈话类节目在全国数百个频道播出。数量众多的电视谈话节目却掩盖不了谈话节目定位和节目形态的同质化特征。比如凤凰卫视的《鲁豫有约》和安徽电视台的《非常静距离》，都以品位人生作为节目的定位，都是以主持人和嘉宾的交流方式去讲述自己的故事为主要内容，在节目定位以及节目形态上呈现出很高的同质化程度。而近年热播的情感调解类谈话节目，在节目样式及内容设置上也表现出很强的同质化趋向。再有就是谈话节目嘉宾

---

❶ 佟婷. 关于谈话节目的思考. 南方电视学刊. 2000, (4).

的重复性出现，也使得谈话节目出现不仅同质化而且"克隆化"的趋向。一些娱乐明星为博知名度和出镜率，实现商业目的，如王宝强、周杰伦、蔡依林等，频频出现于谈话节目中，大讲他们的故事和"隐私"；为了博收视率，一些谈话节目还反复"请"一些有很大争议的"网红"或者电视节目塑造出的争议人物，如凤姐、芙蓉姐姐、马诺等，大爆其出格的言辞……诸多因素使谈话节目表现出很强的"复制性"特征。

虽然说谈话节目的同质化在某种程度上是媒介产业化的结果，但过多的同质化节目出现必然降低节目的收视率，削弱媒介的核心竞争力。为此，谈话节目应加强节目的创意设计和CI（Corporate Identity，企业形象）策划，树立正确的品牌意识，努力从同质化的节目中突围，实现自身的传播力。这一方面需要制作人加强谈话节目的创新，从受众细分到节目定位再到选题以及节目形态等，都应该设计出更具品牌个性和收视率的谈话节目样式。例如《实话实说》定位于"平民化"的理念，《艺术人生》则着力于"探讨艺术的真谛，分享人生的快乐"，并凭借自身的定位和创意实现自身的生存和发展；另一方面，还要加强节目的CI策划，即企业形象识别，从理念识别、行为识别和视觉识别上做文章，突出自身形象，彰显品牌个性。其中，优秀的主持人是谈话节目的灵魂，也是实现形象识别的重要因素。比如奥普拉·温弗瑞是《奥普拉·温弗瑞秀》的灵魂，她以其机智、幽默、敏锐的主持实现了节目的成功；《实话实说》中的主持人崔永元形象俨然是该节目的一个符号，其幽默而又朴实的语言风格、敏锐又有些狡黠的主持艺术也使《实话实说》有别于其他谈话节目，成为中国电视谈话节目的真正起点。

二、表演拙劣，节目主持人缺乏个性

谈话节目在某种意义上是一场表演，除去话题、嘉宾等多种元素外，最为人们关注的通常是主持人的表现力和个性特征。谈话节目可以说是真正意义上的"主持人"节目，没有哪种节目能像谈话节目一样给予主持人广阔的发挥空间。作为谈话节目"灵魂"的主持人，则担负着引导话题、调度情绪、激发嘉宾和观众说话欲以及实现收视焦点的重任，这些要求更需要主持人的"表现"。不过，在我国谈话节目中，一些主持人的表现较为拙笨：首先表现为情感的不真诚。这在情感类谈话节目中尤为明显，虚伪的现场情感以及刻意、过度煽情的现象较为突出。其次表现为体态语言的不自然。一些谈话主持人拿腔作调，体态语言矫揉造作。再有不尊重嘉宾和观众。一些主持人高高在上，经常用俯视的态度对待嘉宾和观众，缺乏对嘉宾和对受众的理解，经常在节目中扮演"正义者"的角色，甚至暴露访谈者的隐私。事实上，优秀的谈话节目主持人总是用平民化的方式不雕琢、不掩饰地与嘉宾和观众分享生活中的喜与悲、苦与甜，将最真实的自己呈现给观众。比如《实话实说》的主持人崔永元，能够说真话、表真情、自然而又幽默、尊重并理解嘉宾和受众，最终赢得了观众，并在《实话实说》的主持过程中成就了自己的"名嘴"角色。《奥普拉·温弗瑞秀》的主持人奥普拉·温弗瑞有着痛苦的幼年经历，她能从其经历中汲取养分，并成为一个有着独特个性的主持人：睿智、敏锐、善于把握现场并提出问题、理解人、有真诚的情感，以至她的制片人玛利·凯·克林顿曾说："我愿意为她挨枪子！"由此可见奥普拉·温弗瑞的非凡个性魅力和人格魅力。综观当下很多谈话节目的主持表现，大多个性缺乏，情感不够，社会阅历不足，并与观众表现出很远的"距离"，这也直接导致我国优秀谈话节目主持人匮乏，并直接影响到谈话节目的质量和传播效果。或许，这与我国选拔主持人的"惯习"标准有关——形象好、学历高、语言字正腔圆，这种花瓶式新闻主播类的主持人选拔标准由于忽视了主持人的学识、经历、语言、情感、个性等，难以真正选拔出较为优秀的谈话节目主持人。

对此，谈话节目制作人要用谈话节目的标准去选拔主持人，同时，谈话节目主持人也应

从根本上提高自身素质，充分挖掘自身个性，提高谈话节目的"表现力"。中央电视台电视节目主持人大赛的总导演田永明认为，电视节目主持人应具备以下四个基本素质：一是相当的文化素质，一般需大学本科以上学历学识；二是独特的语言能力，但不一定要字正腔圆，只要不影响与观众交流，带点东北味、西北味也无妨，关键是要有感染力；三是外形上的亲和力；四是要有个性特征。虽然说田永明导演谈的谈话节目主持人的素质并不完全，但其中鲜明的个性特征无疑是谈话节目主持人最为重要的素质要求。根据央视调查中心提供的 1997 年 4 月前的数据表明，比起其他同样主持《实话实说》的主持人，崔永元主持的节目收视率"要高于 0.115 个百分点，与当时的收视率平均值相当，这意味着收视人数增加了约 9.3%。"❶ 这个数据表明，有相当一部分观众是冲着崔永元去看《实话实说》的，这也说明崔永元主持的个性特征是受到电视观众欢迎的。而《金星秀》的热播也与具有争议性的跨界、变性主持人金星表现出的直接、幽默、辛辣、犀利以及善于讲个人故事等个人主持风格有极大的关系。

三、无关痛痒，谈话节目平淡无"刺激点"

美国文化大体上由三种精神构成：自由精神、牛仔精神和清教徒精神。这些精神的实质就是对自由的追求以及个人主义的信奉。而成熟的商业化运作机制，更进一步促进了美国谈话节目的成熟和发展。综观美国谈话节目就会发现，美国谈话节目重视冲突、强调个性，节目话题涉及面广、开放程度大，价值取向具有明显的猎奇性、刺激性以及充分展示性，不进行观点的评价，不存在价值导向，仅仅是展现所讨论的各种观点和现象，同异并存，良莠并存。

与美国谈话节目相比，虽然我国出现了一些注重戏剧冲突以及言语也较为尖锐犀利的谈话节目，如《波士堂》《幸福魔方》等，但大多数谈话节目更注重人际关系的和谐，这可能与我国传统文化强调"和谐"精神相关。中国人常说要以和为贵，为了大局的和谐，个人可以适当让步，尽量避免公开冲突。中西文化的差异性导致了两国谈话节目在制作理念上的区别。我国谈话节目"侧重于教育性、指导性、思想性，在观点的导向上有明显的倾向性，节目负载社会责任和文明教化的功能，选材大多集中在不太敏感的社会问题上，正如我们所看到《实话实说》节目多以严肃话题为主，即使是吸烟、养鸟之类的轻松题材，也涉及环保、公共卫生、社会道德之类的问题。"❷ 中西两种文化价值无所谓孰优孰劣，但一味地追求和谐、排斥冲突反而会使谈话节目变得乏味单调。嘉宾为了不伤和气而说些冠冕堂皇甚至违心的话；主持人的提问不从受众角度出发，问题不痛不痒，无法点到要害，问不到观众关心的问题；节目形式死板，话题陈旧，缺乏"刺激点"。用这种理念制作谈话节目，必然会造成节目平淡无刺激，容易造成受众的流失。

不可否认，在我国现行的新闻体制、政策及观众心理宽容度的制约下，谈话节目要想做得精彩并不容易。在谈话节目的发展历程中，一些谈话节目就因为"触礁"而沉没了，于是为了规避风险，大多数谈话节目的话题选择和探讨趋于保守，从而进一步加剧了我国谈话节目的危机。不过，也有一些谈话节目做得比较好，如湖南生活频道的《大当家》，东方卫视的《波士堂》《金星秀》《幸福魔方》，爱奇艺的《奇葩说》等。比如《大当家》并不是一味地讨论话题，而是"以娱带谈，以娱活谈"，大胆地将综艺元素引入谈话现场，把娱乐作为

---

❶ 时间，乔燕琳.《实话实说》的实话. 上海：上海文化出版社，1999：439.
❷ 周振华. 从《实话实说》看电视谈话节目中的中美差异——兼论我国电视谈话节目的发展趋向. 新闻知识. 1999，(3).

谈话的引子、花絮点缀其间，从而创造出轻松愉快的谈话氛围，实现了较高的节目收视率。而将节目定位为"充满娱乐精神的高端人物脱口秀节目"的《波士堂》则将财经、娱乐、冲突、故事等结合起来，实现了节目较高的收视效果。《幸福魔方》则依靠多元的叙述者、故事化叙述、尖锐的言语、多向的互动而贴近平民心理，成为一档较为成功的调解类谈话节目。《奇葩说》则借助风格多样的"奇葩"嘉宾和明星大咖、娱乐式的说话和辩论、温情而严肃的赛制、包罗万象的辩题设置等，实现了网络自制节目的突围。从某种意义上说，一个国家谈话节目的繁荣与否，体现出这个国家的政治生态和民主程度。为此，我国谈话节目有必要把握好政策导向，汲取国内外成功的经验，戴着镣铐跳好"谈话节目"这一舞蹈，促进谈话节目的繁荣。

四、若有似无，节目互动意识缺失

在新的媒介环境下，"受者本位"获得高度重视。实际上，作为以谈话为主体的节目，受众的参与或者互动对节目极为重要，它一方面能够丰富节目的内容和形式，促进谈话节目的精彩度；另一方面则在参与或者评论中能够实现更大范围的传播，这在新媒体环境下尤为明显。正因如此，美国的谈话节目较为重视观众的参与，以致奥普拉·温弗瑞要亲自挑选观众参与互动，不仅如此，美国谈话节目的观众还会在现场提问和对话嘉宾，甚至经常出现现场观众和嘉宾激辩的场面。虽然我国的一些谈话节目重视与受众的互动，如《幸福魔方》选择场外观众为求助人进行建议、分析，实现节目的互动，但更多的谈话节目虽有观众出现在现场，但除了偶尔鼓下掌来营造下谈话氛围之外，几乎成了没有存在感的、可有可无的"背景墙"。即便有受众接过话筒发出提问或交流的意向，也如同是谈话节目的"托儿"一般，无法和台上的嘉宾产生真正意义上的互动。不仅如此，我国大多数谈话节目与场外受众的互动性也不够，微博、微信、短信、电话等媒介运用并不充分，甚至只是一种摆设。应该说，谈话节目现场由于无法有效互动，只是节目本身自说自话，必然会降低谈话节目的精彩性和戏剧性，甚至成为受众不愿意观看节目的一个原因。

实际上，随着媒体的发展，媒介也从1.0过渡到2.0甚或3.0，这也要求谈话节目主动求变，从坚守传统思维转变为主动适应媒介现实境遇，要深入明晰受众在节目中的角色功能，不断提升吸引受众参与互动的意识。为此，谈话节目不能再将现场观众单纯地当作布景或"背景墙"，而是要从受众出发，对谈话节目的内容和形式以及传播方式进行革新，要尽可能多地容纳受众参与互动。这样，既可以丰富节目内容，在某种程度上弥补主持人访谈的"盲点"，帮助主持人顺利而高质量地完成节目，还能通过场内观众和场外受众的口碑、微博、微信以及弹幕等方式实现谈话节目的营销和推广。比如，《金星秀》的成功就离不开与场内外受众的互动，它在整合电视和网络资源实现节目跨屏联动的同时，还充分利用新媒体传播特性，最大限度地实现了线上线下的互动与交流，尽可能让节目不会脱离观众的视野，尽可能让观众与节目组沟通反馈，比如有一段时间该节目在微博发起的"模仿金星大赛"，就有很多明星包括贾乃亮、蒋欣、王祖蓝等纷纷加入，使得这档节目的影响力得到了进一步扩大。

应该说，当下的视频谈话节目已告别盲目的扩大生产的初始阶段而进入了一个品牌生产时期，如何细分受众，并进行准确的科学定位，在内容和形式上实现创新，实现与受众的有效互动，成为谈话节目主持人思考和创新节目的关键问题。事实上，谈话节目只有不断创新成为品牌，才能在节目竞争中获得生存和发展，也才能成为公共话语权的重要载体，进一步拓展谈话节目在大众传播中的话语空间。

思考题

1. 请你全面分析电视谈话节目《实话实说》停播的原因。
2. 请你分析《奥普拉·温弗瑞秀》火爆的因素。
3. 请你任选一著名谈话节目分析主持人的角色功能。
4. 请你分凤凰卫视中谈话节目的场地设计。
5. 你认为什么样的嘉宾才能有好的收视率?
6. 如何看待私人话语在公共空间的膨胀现象?

第六章　演讲类视频节目形态解析

演讲是人类最古老的表达方式，18世纪意大利人文主义者认为，作为人类交谈或对话的形式，演讲"形成了人类的文化和社会，使人类文明得以实现"[1]。自有文明以来，各种言论领袖在公开的话语空间，如广场、法庭、教堂，通过演讲表达自身对社会现实、案件或宗法教旨的审视和评价。作为一种历史悠久的人类传播行为，最早在古希腊雅典城邦时代，公民每日可以在广场市集上发表言论，并参与公共事务的讨论，也是最早的"公共领域"的实践方式。随着广播电视技术的产生，演讲逐步扩大了意见表达的舞台。借助于广播，演讲者能够在一次时间单元里使更多的人跨空间听到自己的演说，极大地提高和拓宽了思想传播的速度与广度。随后出现的电视演讲，使得观众和演讲者能够"面对面看见"——至少是演讲者被观众看见，电视演讲的优势得到充分体现后，选择电视演讲这一形式来传播知识、观点与思想就成为常态。在互联网及相关视频技术应用普及之后，利用视频进行演讲，对于普通人来说也不再是难事。

在近几年我国电视荧屏和网络视频上，演讲类节目成为比较受观众喜爱的一种节目类型，在《开讲啦》《超级演说家》《青年中国说》《我是演说家》《说出我世界》和《一席》等演讲类节目中，演讲者以"演讲"的形式讲述自身的故事、体验或思考，与观众一起交流对话，分享人生经历、情怀和观点。这类节目逃脱了以往民生故事类节目"眼泪加工厂"的同质化怪圈，也不同于讲坛类节目的布道宣讲，而是聚焦真实的个体故事，关注当事人的内心世界，特别注重对青少年观众的吸引和潜移默化。从以言语交流为主的节目形态的发展历史立场看，演讲类节目从谁在说、说什么和怎么说，表现出与谈话、访谈、讲坛类节目所不同的特点，它融合了演讲的表达方式、谈话类节目的精神内核、讲坛和公开课的媒介规则，构建了一个新的媒介对话交流方式。

第一节　演讲类视频节目概要

电视更倾向于制作与过去的成功之作相似的产品，吉特林认为，电视工业产品被用于模仿过去的成功之作，将几个同类产品的特点结合在一起，或使用在其他媒体中获得成功的产品。演讲类节目作为一个比较受市场喜欢的产品，同样综合了以往多个节目类型的特点。

作为一种视频节目类型，演讲类节目应能明确表达一定的文化信息，并与其他节目类型的表现形式存在较为明显的差异，虽然具体一档节目可能会运用一些表现形式和多样化手法，但透过所有的技巧与细节去品味该节目给观众的本质感受，核心仍然来自"演讲"这一形式。比如，《百家讲坛》和《超级演说家》的节目编排，分别呈现出讲座和选秀的样态，但究其本质，还是以"演讲"为表达手法的演讲类节目。

如此看来，演讲类节目是以演讲为主要表现形式，通过演讲让观众分享经验、知识和价值观的节目。演讲类节目通过演讲者的演说，将其想要表达的观点传播给观众。当然，演讲类节目的构成并不单单只有演讲这一种元素，还可辅以访谈对话、观众互动等环节，增加节

---

[1] 温科学. 20世纪西方修辞学理论研究. 北京：中国社会科学出版社，2006：19.

目的特色与吸引力。

一、演讲类视频节目发展简要历史

演讲天生就怀着说服别人的企图，在古希腊和雅典城邦时代，就有公民在广场和市集上发表言论、参与公共事务讨论的传统。在中世纪，演讲作为官方布道的主要手段，宣传教皇的权威和教义。到了近现代，演讲多用于宣传自己的意见主张，比如马丁·路德·金《我有一个梦想》的著名演讲。在修辞学研究中，通常将演讲看作"信息性和劝说性的话语"，演讲因而具有布道、灌输和分享的特性，演讲活动就是演讲者利用语言、动作等手段进行规劝，不断把自己的思想注输给听众的过程。

可以说，演讲是最经济实用、易于操作的传播工具。它通常伴随政治和社会活动而生，言论领袖在公开的话语空间，如广场、法庭、教堂，通过演讲表达自身对社会现实、案件或宗法教旨的审视和评价，演讲也是发表自己政治主张的主要渠道，欧美国家元首竞选时多选择电视进行演讲。演讲最初发生地主要是具有公共特性的广场一类的空间，广场演讲是演讲者和现场听众近距离的接触、面对面的交流，有助于演讲者很好地煽动听众的情绪，获得较好的演讲效果，但其局限性在于传播范围及影响力有限。

随着广播电视技术的产生，演讲逐步扩大了意见表达的舞台。借助于广播，演讲者能在一次时间单元里使更多的人跨空间听到自己的演说，极大地提高和拓宽了思想传播的速度与广度。其中最著名的就是罗斯福的长达12年的广播节目"炉边谈话"。广播演讲扩大了传播范围，但演讲者除声音信息之外的其他元素被屏蔽了，形式较为单一。随后出现的电视演讲，使得观众和演讲者实现了"面对面"的演说，最著名的应该是1960年美国大选时肯尼迪的电视演讲。电视演讲的优势得到充分体现后，越来越多的人选择电视演讲这一形式来传播知识、观点与思想。

演讲作为一种极富感染力与影响力的传播方式，到现在仍然是社会大众意见表达的途径之一。而融合了谈话类节目内核、公开课样式的演讲类节目也先后出现在荧幕之上，除《开讲啦》外，最富有代表性的为《超级演说家》、美国的《TED》演讲。

TED（Technology，Entertainment，Design）翻译成中文即为"技术、娱乐、设计"，1984年由非盈利性组织种子基金会创办，该机构以它组织的TED大会著称，会议的宗旨是"值得传播的创意"，1990年起每年在美国举办一次，邀请该领域的杰出人物在大会现场演讲，分享他们在各自领域的新发现、新创造和新成果。2006年，TED将这些演讲资源编辑成网络视频产品，上传至互联网（作为基金会的副产品，这些视频并不在电视台播放），供全世界观看和下载，使TED为世界所知并风靡全球，后更推出翻译，使资源在全球更进一步得到传播。由TED与优酷共同携手推出的官方视频专区显示，截至2017年年底，TED视频专区共推出视频2100多个，演讲内容也早已脱离"技术、娱乐、设计"的局限，迎来了广阔的自然和人文空间，但不变的是对创新、革新的追求。

《TED》以一段段18分钟的演讲传达了各个领域的最新思想和嘉宾的经验之谈，虽然收看者可能与各行各业的领域彼此无关，但从中获得的思想力量却是不言而喻的。如今，TED在中国也引发了广泛的影响，网易公开课、新浪公开课等专门制作了《TED》特辑，定期更新、翻译最新的视频演讲，网络收看点击率也不断上升，《TED》更是从精英文化的"自娱自乐"走向了"草根社会"，成为了享誉世界的知识传播媒介。2015年，中国推出了类似《TED》的网络公开课栏目《一席》，邀请各行各业的精英来分享专业经验和知识、观点。

2012年，由中央电视台综合频道（CCTV-1）和唯众传媒联合制作的《开讲啦》开播，定位为中国首档青年电视公开课。每期节目由一位知名人士讲述自己的故事,分享他们对于生活和生命的感悟,给予中国青年现实的讨论和心灵的滋养,讨论青年们的人生问题,同时也在讨论青春中国的社会问题。节目每期有八至十位来自全国各大高校的青年代表,向演讲嘉宾提问互动,300位大学生作为观众现场分享这场有思考、有疑问、有价值观、有锋芒的思想碰撞。他们对人生有思考,对未来有疑问,他们思想新锐,观点超前,是中国未来的中坚力量。每期演讲嘉宾选择的主题,均为当下年轻人心中的问号,讲述青年最关心、最困惑的话题。2016年开始,该节目对青年人心中的"偶像"进行重新定义。相对于娱乐明星,节目组更侧重于邀请科学家、艺术家等"高冷"行业的知识精英,用自己的真实经历和心路历程为年轻人提供方向的指引和前行的动力,给予观众心灵的滋养和精神的鼓舞。

2013年,安徽卫视联合能量传播推出的中国首档原创新锐语言竞技真人秀节目《超级演说家》,这是一档以"人人都是演说家"为口号的演讲竞赛栏目,它将演讲的主角定位为普通大众,旨在让每一个人都能表达自己的意见。节目形式与《中国好声音》相似,几位参赛选手,四位演讲导师,以演讲为比赛项目,经过几轮师门内的竞选后,决出四位代表自己师门的选手进行终极比赛,以此"寻找中国最会说话的人"。在内容上,《超级演说家》充分给予参赛选手自我言说的舞台,试图建构一个"草根"的言说平台,让普通人讲述自己的人生故事,表达自己对人生的看法、体验和收获,用真情实感去感染评审和现场观众。《超级演说家》充分利用演讲这一表现方式,通过选手的主题演讲传播人生经历与思想,为广大观众提供了一个思想交流的舞台。节目2013年播出以来,受到广泛好评,在第一季完美收官后,又连续播出了两季。

2014年,同类节目《我是演说家》由北京卫视和能量传播联合出品播出,节目聚焦亲情、友情、理想、人生等多元话题,采用四位导师帮助选手阐述观点、表达情感,并通过竞技坚定信念、重拾斗志。

此外,像哈佛大学的幸福课程被平移到网络视频上之后,被冠以"网络公开课"的名称而广受欢迎。但就其主要表达形式来看,公开课其实仍然是演讲,只不过演讲发生场所是在大学课堂。

可见,演讲类视频节目在发展的过程中不断改善,不断推陈出新,也不断获得更多人的支持。演讲这一形式,使演讲者鲜明地表达自己的观点,促进知识和思想的传播,起到了布道与分享的合体作用,得到了许多人的追捧,相关的演讲类视频节目也层出不穷。

二、演讲类视频节目的基本含义

严格来讲,我国广播电视与网络媒介中并不存在类似于欧美政治事件中的演讲内容和节目形式。在以往的电视节目研究中,演讲节目也大都被归类为谈话类节目之中,有研究者曾指出,谈话类节目包括"多边谈话、双边对谈、个人演讲","只要直接的语言传播在整个节目中比例达到60%以上,均可算作谈话节目。"[1] 但演讲与访谈存在内在区别,演讲是单方面言说为主,访谈则需要双边或多边进行对话、采访等形式的交流。

虽然我国少有政治类演讲节目,但类似《TED》之类的专业知识演讲却并非一直没有,这类节目在我国的出现可以追溯到20世纪末期,代表性的有陕西电视台的《开坛》和中央电视台的《百家讲坛》。《开坛》是以主持人提问和嘉宾叙说为主的文化访谈节目。《百家讲坛》的典型特征是专家进行宣讲,包含了演讲和公开课这两个元素,虽然是"讲古",与传统意义上宣讲意见的演讲在内涵上并不完全相同,也不同于美国的《TED》话题的当代性,

---

[1] 张朝夕. 电视谈话节目社会功能的哲理分析. 华中科技大学科学技术哲学系硕士论文,2004.

但其表达形式接近于演讲。2012年，中央电视台播出《开讲啦》，邀请"中国青年心中的榜样"作为演讲嘉宾，李连杰、韩美林等知名人物都走进了演播室，与观众分享他们的生活、工作的经历和生命的感悟。这个电视演讲节目虽然安排了节目主持人"串场"、设置了现场观众与嘉宾对话，但依然还是"宣讲"为主。

2013年，安徽卫视播出了《超级演说家》，将演讲的主角定位为普通大众，充分给予参赛选手自我言说的舞台，试图建构一个"草根"的言说平台，让普通人讲述自己的人生故事，表达普通人的生活观念、体验和收获。随后不久，相继出现了青年人唱主角的《青年中国说》、普通人为主体的《我是演说家》、成功名人独白式的《说出我世界》，以及类似于TED的专家分享知识的网络视频《一席》。演讲类节目具备的知识分享和意见传播的特性，打通了精英文化和大众文化原有的界限，成为当前"文化热"的有效佐证，具有相当程度的人文价值和社会价值。

作为以言语为主要表达形式的演讲类节目，继承了谈话节目的一些属性，但也有其很强的限定性。就演讲类节目这种形态而言，它至少包含以下三种元素。

（1）演讲作为节目内部构成的形式，不同于歌舞才艺等文艺形式，主要以个人演讲而不是嘉宾访谈作为节目主体信息交流的方式。

（2）当代电子媒介中的演讲，继承和发扬了谈话节目的平民化、大众化的精神内核和价值特质，排除了传统演讲的宣讲意味。在谈话类节目中，传统演讲活动那种面对面的宣讲部分被平等交流的对话和访谈取代，传播主题也多由高大上的政治指针向大众关切的话题转变，而演讲类节目更是回归到个体关照中。

（3）演讲的公开课形式作为节目外部构成的传播规则，把节目推向媒介空间之外广阔的收看场所。早期的《百家讲坛》和近来网络视频上的《一席》，都聚集了诸多专家学者在方寸荧屏之中再造和升级了"课堂教育"这种传统的"传道、授业、解惑"的方式。

三、演讲类视频节目的形态特点

具体到每一个演讲类节目，其形态元素并不完全一样，《开讲啦》致力于成为"中国青年心中的榜样"，《超级演说家》则以"人人都是演说家"为口号，《青年中国说》以青年人唱主角，《我是演说家》注重普通人为主体的平凡经历，《说出我世界》则表现为成功名人独白式，网络视频《一席》以专家分享知识为基本。

其中，《开讲啦》是最具有代表性的一档节目。2013年，《开讲啦》被国家广电总局评为创新创优栏目。此前，中国极具影响力的《新周刊》杂志评选的2012年中国电视榜，把"年度最佳人文节目"的荣誉授给了《开讲啦》。《新周刊》在颁奖词里这样总结和评价《开讲啦》："这里只有真话、只有过来人语、只有掏心掏肺。"《开讲啦》以其演讲特质和青年公开课的形态，为中国青年呈现了一个真实、生动而又不乏深刻的对话场所。因其不可忽视的社会影响力，被誉为"中国思想好声音""荧屏开出的一朵理想之花"。随着《开讲啦》的热播，讲演这种最古老的传播形式被视频界重视并创新应用，相继有《超级演说家》《我是演说家》《世界青年说》《一席》《说出我世界》等演讲类节目活跃在中国荧屏上。

《开讲啦》吸取了网络公开课和谈话类节目（Talk show 脱口秀）的传播因素，糅合到演讲这一核心表达方式上，创新了节目形态，不但具备脱口秀表达观点、讲述故事的传播内容，而且延续了其对话、参与、分享的功能；同时更借鉴网络公开课的演讲者形式，围绕一个确定主题表达观点进行授课的形式，确定知识观点的分享和布道的完整性。相比于谈话类节目中会被主持人的提问打断，演讲者可以不受干扰的完整表达，扩大了其传达意义、分享知识的功能；演讲者现场演讲结束后，现场观众提问式的对话和质询，规避了网络公开课的单向传输局限，大大削弱信息传播的不确定性、便于意义的输出。

作为演讲类节目的代表，《开讲啦》结合了演讲的表达方式、谈话类节目的精神内核、公开课的媒介规则，融合三者特点塑造了新型节目形态。

1. 演讲元素：思想和意见的单向传达

《开讲啦》选取演讲作为意见表达的手段，向受众传递信息。那么，演讲作为一项历史悠久的人际交流方式，是如何借助科技发展成为电子机器中的传播样式，这是值得我们思考的问题。

在修辞学研究中，通常将演讲看作"信息性和劝说性的话语"。因此，我们可以清晰地了解演讲具有布道和分享的特性，演讲活动就是演讲者利用语言、动作等手段进行规劝，不断把自己的思想注输给听众的过程。布赖恩特认为，演讲本身是非道德的，它是方法而非物质，它促使某一状态产生，而不发现或检验某种状态。也就是说，演讲只作为一种工具存在，一种有目的的鼓动工具，它既可以用来做好事，也可以被利用做坏事。

我们通常说的广场演讲、广播演讲、电视演讲和网络演讲，是通过不同的媒介形式进行的演讲活动。这种变化是随着科技的进步发生的，广播和电视的产生，让演讲扩大了意见表达的舞台。

广场演讲主要用于传播知识与宣传政治主张。在现代电子媒介尚未普及前，演讲是非常重要的公开表达方式。丘吉尔在不列颠战役进入高潮时，在英国下院发表了以《少数人》为主题的演讲，演讲内容让士兵军心大振，老百姓也备受鼓舞。在我国的民主革命时期，也出现过像闻一多、李大钊等动人的演讲家。美国的总统竞选，更是以一场场慷慨激昂的演说为拉票和发表政见的手段。应该说，广场演讲是演讲者和观众近距离的接触、面对面的交流。

随着传播科技的发展，演讲形式得到创新应用，借助电子媒介扩散了影响力。首先是广播演讲的出现。借助于广播，演讲者能一次使更多的人听到自己的演说，极大地提高和拓宽了思想传播的速度与广度。其中最著名的就是罗斯福的长达12年的广播节目"炉边谈话"，罗斯福通过广播演讲的方式传达新政的政策主张，颁布政策法规并进行通俗的解释。可以说，他的广播演讲伴随美国人民一起度过了经济大萧条时期，为获取人民支持起到了重要作用，广播演讲实现了社会范围的传播，但演讲者除声音信息之外的其他元素被屏蔽了，形式较为单一。随后出现的电视演讲弥补了广播演讲的这一不足之处，通过电视荧幕，观众和演讲者实现了"面对面"的演说。在1960年的美国大选上，肯尼迪总统通过电视演讲，展示了他激情四射又英俊潇洒的领导者风范，成为美国第35任总统，他的就职演说也被称为20世纪最有价值的演讲之一。电视演讲的优势得到充分印证，演讲这一表现形式变得更为丰富，富有煽动力，越来越多的人也选择用演讲这一形式来传播知识与思想。互联网视频技术的兴盛，使得演讲活动大范围传播成为常态。《哈佛大学幸福公开课》《TED》之类的视频内容，最初并不以大众传播为目的，严格讲应该不是"节目"，但在视频网站发布后，由于具备了时间长度、点击收看等因素，就逐渐发展为"视频节目"。

总体看，无论是嘉宾独白式的《开讲啦》《一席》《说出我世界》，还是嘉宾、主持人、导师群、提问者构成《我是演说家》《超级演说家》《世界青年说》，演讲都是节目的核心元素。

2. 谈话元素：构建交流对话的场所

演讲是言论领袖或掌握话语权的人居于信息权上游，针对下游听众进行的信息分享或意见传达，大都是为了规劝和布道。随着广播电视媒介深入生活，以言语为主要工具的谈话节目出现并兴盛。谈话节目以平等畅通的态度和做法取代了演讲的高高在上的姿态，构建了交流对话的场所，使得意见交流更加畅通，收视群体的"大众化"成为节目内核。这种内核也代表着电视媒介视角由精英群体向普罗大众的转变，这种"大众化"的人文关怀正是影响《开讲啦》进行创新表达的精神内核。

《实话实说》兼具外国脱口秀形式和内容的"中国化"，1996年由央视创办播出，被认为是我国谈话类节目的开山之作。节目形式真正趋向于平民化、大众化、群言式的日常谈话本身，这种特点使得《实话实说》成为当时在全国影响最大的电视谈话节目。节目由一位主持人、一位或多位嘉宾、现场观众及小乐队组成，在小团体的氛围下展开对当时社会现状或人生感受的话题讨论，主持人提出每期节目议题，嘉宾、现场观众和主持人三方共同发表意见、讨论或争论，通过各抒己见、观点碰撞以达到增进深化议题的效果。《实话实说》往往选择大众化的、可能引起广泛兴趣的社会热点问题或百姓生活问题，尽可能多的调动现场观众参加讨论，一般是选择那些比较模糊的、人们还不太了解的未知的事情来讨论和争论。虽然《实话实说》已经谢幕，但是这种节目形式并未完全消失，《实话实说》有催生演讲类节目的因素。

《鲁豫有约》是另外一档播放时间更加持久的电视栏目。在设计之初，栏目定位于寻访有特殊经历的知名人物，探讨他们的人生故事，思考人生哲理，探寻人生价值，以中高端人群为收视目标的具有社会意义的深度访谈节目，在凤凰卫视中文台独家播出。这一时期大概持续了3年时间，从2002年~2005年，邀请了包括了残疾人作家张海迪、毛泽东研究专家李锐、经济学家郎咸平、中国最著名的厂长马胜利、吴法宪的夫人陈绥圻等有社会地位、甚至是有历史分量的嘉宾。节目以高端选题为主，包括《李锐：风雨六十年》《金星：天生做女人》之类有历史责任感或是社会责任感的话题。

2005年，《鲁豫有约》做出策略调整，添加副标题"说出你的故事"，并由大陆引进在省级卫视播出。在保证访谈节目的故事性前提下，放低姿态，邀请了更为广泛的人群参与到访谈节目中，"只要有故事，有传奇经历，都可以参与进来"，打开了演播室的平民之门。节目播出了更多有精彩经历的普通人的故事，诸如《陈静和她的澳洲移民新故事》《兄弟姐妹》《网络红人》《替身演员的故事》等，关注从事特殊工作、有特殊经历的普通人，同时又兼顾社会话题，体现了节目的人文关怀和社会价值。2008年后，湖南卫视与《鲁豫有约》合作，节目方向又有了进一步的调整，注重选取社会舆论声大的社会话题，娱乐明星也开始大比例出现在访谈名单中，其内容娱乐化、平民化、大众化的倾向更为明显。

2010年，《鲁豫有约》更名为《爱传万家——说出你的故事》，节目内容更加平民化，节目对白也更亲切通俗。总之，《鲁豫有约》经历从高端到大众，从历史到当代的过程转变，其内容更加亲民，更为贴近人们的生活，因而获得了广泛的收视人群。《鲁豫有约》引发了与其节目形式、节目内容、传播形式、策划定位都相当相似的一系列节目，在此不加赘述。

这种交流式的谈话元素，在《开讲啦》《超级演说家》《我是演说家》等节目中得以运用，比较充分地实现了现场参与者与演讲嘉宾的互动，在交互谈话中发掘出与演说主题相关的诸多背景资料，让观众能够更加全面深刻理解嘉宾的演讲内容。

3. 公开课元素：知识传播的开放与共享

《开讲啦》采用了风靡全球的"开放课堂"的组织和传播形式。一人在台上讲，现场观众在台下听，并伴随提问互动的环节。那么，这种"公开课"的节目形式的优势在哪里？具有什么特征？

最初，我国的公开课主要指教研课、示范课，究其根本其实是一种检验教师教学水平的评价体系。后来，在西方公开课进入我国后，公开课的定义发生了变化，成为了"其他人可参加的开放课程"，演变成一种分享授课内容为目的、公开为手段的教育资源。综合来讲，公开课就可以定义为：通过各种传播渠道对授课学生以外的人开放的课程，具有

"共享""公开"的特征。而后,随着网络的蓬勃发展,公开课与网络结合,使"公开课"产生的影响更加深远。在本书中,将"网络公开课""视频公开课""教学视频"等都统称为公开课。

虽然公开课已经扩大了听众的范围,然而我们很清楚,公开课的受众群体毕竟也是小众的,随着电视、网络对人们生活的影响,人们决定把公开课发布到网络,共享给更多人,也就出现了电视、网络公开课的概念。顾名思义,电视公开课是以电视为主要媒介来进行传播和共享的公开课,通过庞大的电视网满足受众的需求。同理可得,网络公开课就是以网络为媒介发布的公开课,以使更多的人能够通过网络平台共享全球优质的公开教育资源。两者较之,在内容上并没有发生任何变化,只是传播技术手段的更新。正是由于电视和网络辐射面大的特点,尤其是网络便捷、快速、可全球范围分享,使得电视、网络公开课的传播效果明显,影响范围广泛,代表作品分别有《百家讲坛》和《哈佛幸福公开课》。

作为一种开放的课程资源,授课者虽然在自然的教学场景下授课,却通过现代手段(如网络、刻录光盘发售)传播出去,实现全球共享,以满足广大在校或社会成员的学习需求。公开课真实直观地再现了教学全程,它之所以获得了广泛又深远的社会反响,很重要的原因在于它的三个优势。

(1) 随时随地学习。这是网络赋予的现代网络教育的基本属性,公开课汇集了世界最优秀的课程,并且无藩篱无手续,下载功能使随时随地学习成为可能。

(2) 知名学者教学演讲实录。名校的重要资源在于名师,接受名师教导、聆听名师教诲,学习知名学者的课程,公开课最大程度地消除了世界名校与求学者间的现实时空界限,实现了文化和地理跨障碍通话。

(3) 世界前沿知识分享。公开课汇聚了世界最前沿的研究成果,它的公开开放,使得最尖端的知识得以普及,科学得以传扬,一定程度上促进了人类的进步。

我国的《百家讲坛》与美国的《TED》是公开课的代表。

许多研究者将《百家讲坛》定位为讲坛、讲座类节目,基于它布道、授业的教育目的和教授授课的课堂形式,可以看作是电视公开课。同样由央视播出,《开讲啦》可以说与《百家讲坛》一脉相承,在一定程度上,具备分享知识的功能和演讲特征的《百家讲坛》应该可以被认作演讲类节目的发展萌芽与前奏。

2001年,《百家讲坛》做出了邀请知名教授、学者进行电视授课的尝试,内容涉及政治、历史、科学、哲学等多学科内容,可惜学术性过强、内容零散,最终惨淡收场差点被"砍"。随后,栏目组进行了大版面的改革,邀请著名学者教授将晦涩的"讲古"用现代话语解读,精英表述转向大众话语,配合时代热点,当清宫戏火爆荧屏,不失时机地策划了社科院阎崇年的"清十二帝疑案"系列节目,使严肃的历史变得生机盎然颇有趣味,最高收视率达0.57%,一度成为CCTV-10的收视冠军,甚至造成了"明星效应",捧红了一些演讲出彩、极具个人魅力的"明星教授"。由此,《百家讲坛》节目的收视人群得到了极大的扩充,由中、老年收视群体扩散向年轻化社会群体,将一向觉得历史枯燥无味的青年人转化成了稳定的收视族群。这正是大众化内核符合市场要求的表现。

虽然我国目前大部分演讲节目并不鲜明地表现出公开课的形式特点,但布道的功能在诸如《开讲啦》《一席》等节目中依然很明显,公开课的形式也清晰可辨。《一席》是现场演讲和网络视频结合的传播平台,邀请人文、科技领域有故事、有智识的嘉宾前来分享知识、信息和观点,每次安排4~10个嘉宾演讲,目前分别在北京、上海、香港平均每个月举办一次现场活动,《一席》鼓励分享"见解、体验和对未来的想象"。

第二节 传播主体的角色定位

传播主体在信息传播过程中起着统领全局的作用，切中要害的传播主体是实现传播效果的必要因素。为了实现正能量的意识形态传播与市场的共赢，演讲类节目主要打造"演讲者、主持人、提问者"三足鼎立的传播景观。在具体的节目中，这三者可能会有不同的表现，如《开讲啦》就是演讲者、主持人和提问者三个角色，《超级演说家》则是演讲者、导师团两个角色，导师团兼具主持人和提问者的角色功能。总体上从市场角度看，演讲者一改高高在上的精英形象，具备大众化、多元化、人情味的特征，将意识形态的传播隐藏在市场的话语体系之中。从意识形态的角度看，提问者的发声表征了社会群体的齐鸣，使民主政治得到进一步建构。从媒介的角度来看，主持人与导师（类主持人）的"把关"，象征媒介对于市场和意识形态冲突的协调，为这种传播活动把握方向。

一、演讲者的"角色期待"：大众化、多元化、人情味

演讲者的身份经历是节目能否成功吸引受众的关键，人生经验分享者既可以是《开讲啦》《说出我世界》中的"成功人士"，也可以是《超级演说家》《我是演说家》中的有故事的普通人，而知识传播则更倾向于如《一席》中的专家。无论哪种类型，演讲者都必须给受众以期待。

《开讲啦》的宣传语是让"青年榜样"分享人生经验，对于"青年榜样"的选择可谓是匠心独运。与帕森斯"角色期待"理论一脉相承，主创人员、唯众传媒总裁杨晖在接受采访时介绍到："在选取主讲时，导演团队经过了反复讨论，认为必须有以下标准：必须是受众关心的青年榜样；必须能够为受众带来真正价值和正能量；同时还要擅长'说人话，不端着'的演讲。"

《开讲啦》希望借助受众对演讲者所扮演的"成功人士"这一社会角色的期待，让受众快速产生对演讲者所传播的正能量的认同，最终影响青年受众的"行动"。按照帕森斯的理论，如果保持这种已建立认同或通过规劝获得了稳定的角色期待，就会促进青年群体的"共同行动"，最终形成一种主流意识形态下的积极、健康、向上的青年社会。

《开讲啦》的演讲者是各行各业的精英翘楚。通过对《开讲啦》前100集节目的全面检索和分析可知，演讲者《开讲啦》嘉宾职业不少于常见的13种社会职业角色。他们之中有表演工作者、教育工作者、企业家等，这些"成功者"是当下知识经济社会中"知识群体"的重要组成部分。职业背景的丰富多彩也极大地增强了节目的内涵。演员、歌手、教师、科学家、公益职业者等人在《开讲啦》的舞台上分享自己的经历，畅谈自己的感想，使处在人生早期阶段的青年们开阔了眼界。各种职业的成功经验和人生体会更是给迷茫的青年们展示出一条道路，多个领域在青年面前敞开，这是《开讲啦》给青年们提供的一张张关于怎样学习社会的"说明书"。

《开讲啦》节目嘉宾不仅来自各行各业，其年龄跨度也较大，有作为社会中流砥柱的20世纪50、60、70年代的精英，也有生于20世纪20、30、40年代的老前辈，同时也不乏"80后"的年轻人，他们都在这个舞台上分享自己的经历。不难看出，能最终走上《开讲啦》演讲台的人，都是社会各个领域获得普遍认可的成功知名人士，这些人在节目中同青年人分享自己的人生，分享经验，提供借鉴。可以说，《开讲啦》是一个给青年人提供思想营养的舞台。虽然《开讲啦》的嘉宾不是校园里的优秀教授、讲师，他们在这个舞台上也没有向观众普及自然科学知识，但是越来越多的观众都觉得几乎所有《开讲啦》的演讲都有其独

特的教育价值。

这种独特的教育价值在于演讲者以自身经历作为分享的素材，不讲大道理，却充满实际之道。这种"人生导师"一般的元素，正是节目"文以载道"的核心。其具体表现出的嘉宾的大众化、多元化、人情化等特征，正是促进《开讲啦》走向收视成功的重要因素。

1. 演讲者的大众化

演讲者的演讲目的是给予，是分享人生经验、分享知识智慧，节目的目的在于通过这种分享实现"传道"。即使当下社会结构发生着变化，精英意识的知识分子不再是社会话语中心地位的唯一占有者，政治、道德、理想开始退位，经济利益、社会声望等物质因素走向前台。在《百家讲坛》这个演讲类初期节目的初步探索中，知识分子依然摆足了姿态，演讲者作为"高高在上"的"学者"角色始终没有发生改变，传播者和受众始终处于"教化"与"被教化"的关系中。而不同的是，在《开讲啦》《我是演说家》等节目中，则切实把演讲者置身于社会实践中的一员，一改启蒙教化的"化大众"的形象，变为"大众化"的形象，放低了媒体的视角。如果说《百家讲坛》的学者是传道恩师，布下文化之雨，那么《开讲啦》的青年偶像们、《我是演说家》的普通人，都是身边的平凡人，给我们带来心灵上的滋养。

美国《TED》演讲者的大众化特点也相当明确，在演讲者选取上并选"精英"与"草根"，并不断弱化精英群体演讲比例，加大草根阶层的广泛参与，《TED》演讲中的草根阶层勾勒了美国的社会群体形象，拉动了社会精英和普通民众的网络互动交流，打造出了彰显自由平等共享气质的网络社区。

2. 演讲者的多元化

在公开课和《百家讲坛》中，演讲者主要以高校教授为主，其学科虽然涉及各个领域，但演讲者的职业是单一的。《TED》《开讲啦》和《超级演说家》的演讲者则呈现出多元化的特点。《TED》演讲台上的演讲者是在多元领域中有创新、有思想的人士。《超级演说家》则欢迎社会各阶层热爱演讲的普通人。对于《开讲啦》来说，邀请了包括陈坤、王石、俞敏洪、李昌钰、科比、莫言、田惠萍等来自各行各业的青年榜样演讲并与青年对话，呈现出多元化的趋势。有着各种不同经历的人，来到《开讲啦》的舞台，根据自己的经历展开主题演讲，让观众有机会了解不同的人生体验，丰富了观众的认识。同时，多元化的演讲者也使《开讲啦》节目变得更加丰富多彩。

在可以明确辨识的13类嘉宾中，企业家冯仑在《开讲啦》舞台上做出了《理想丰满》的主题演讲，他谈到时代的变化让理想有了新的定义，二三十年以前的理想，是领袖以及国家的理想，而如今，理想是个人的；他认为"有理想，人会快乐，生命会简单而不纠结"。导演王潮歌演讲的主题是"那么，我是谁"，在演讲中，她对成功做了新的定义。在演讲中，王潮歌说道："大家的幸福感都特别差，每个人生活的目的都是成功，但怎么可能每个人都是亿万富翁，又怎么可能每个人都是名人呢？我是谁，即是要告诉大家，要设定好自己的人生目标，为什么要把别人的日子和别人的生活当成自己的呢？成功是什么？成功就是自己感到幸福，感到生而有意义。"王潮歌的这一番演讲，给了青年观众很好的启示，告诉我们不要用别人的价值观来衡量自己，不要人云亦云，而应该自己设定目标，过自己的生活，实现自己的人生目标，如此才能算是成功。

3. 演讲者的人情味

相比《百家讲坛》，《开讲啦》《我是演说家》等有节目抛弃了"少情感重教化"的嘉宾形式，选择充满人情味儿的个人叙事。演讲嘉宾不再只是"教授""专家"等职业身份，而是以"个人"作为标签，有大学生、高级白领、演艺人员，也有快递小哥、洗碗妹，不论从事何种职业，每个演讲者都用自己的真实经历、真实情感去感染着每一位听众，甚至多次出现嘉宾在台上挥泪现场，观众在台下深受触动默默流泪的情景。

《开讲啦》主创杨晖所说"说人话，不端着，够真诚"，指的就是不说大话，也不说空话，用平民化的方式讲述一个个有人情味儿的故事，使观众不止接受了人生启发，更可以获得心灵的贴近。演讲嘉宾的演说主题更多的是与观众分享自身的成长经历、成功经验和人生体会的小故事，所演讲的内容也较为贴近生活实际，更具人情味。如体操运动员陈一冰在2012年伦敦奥运会吊环决赛中失利获得银牌后，来到《开讲啦》舞台上做的题为《人生总有不完美》的演讲。陈一冰不仅谈及了那段经历，还和观众分享了他刚入国家队时的那段难熬的时光，在演讲中，他数次忍不住哽咽落泪。至此，陈一冰暂时褪下了"奥运冠军"这一代名词，变成了一个有血肉、会哭泣的普通人。

总体上，人生经验分享的演讲者们脱去了平日遥不可及的知名人物们的"成功"外衣，呈现了一个个有着丰富情感的普通人。但他们作为"成功者"的身份标签，依然具有相当的吸引力。

这种吸引力在知识类演讲节目中的演讲者身上也体现得很鲜明，尽管《一席》这类的演讲节目的大众性比不上《开讲啦》，但对于它的目标受众来说，演讲者的身份同样也需要具有一定的吸引力。比如，分析《一席》2014年3月份的演讲嘉宾和内容构成，这个结论毋庸置疑。

老树画画《做一梦》　　　　　　　　【一席特别场】
凌绝顶《为同志服务》　　　　　　　克里斯·安德森《新工业革命》
沈飞《逢场做个戏》　　　　　　　　迈克尔·桑德尔《金钱不可买的东西》
齐柏林《看见台湾》　　　　　　　　马克·赫斯特《荒唐的欢乐水泵》
朱晓雨《只有足球可以》　　　　　　凯文·凯利《未来3000天》
南瓜《不轨音谋》

老树等6位国内的演讲嘉宾和克里斯·安德森、凯文·凯利等4位国外演讲者，都是当前非常有知名度的文化知识界的人物，他们的演讲内容也是受众十分期待的。对受众来说，这些嘉宾大部分不容易得见，节目邀请嘉宾结合自身受欢迎的作品进行分享，不仅仅是知识宣讲，同时也是思想观念的分享。

二、提问者：身份和功能的多重化

在《开讲啦》《我是演说家》等节目中，演说并不仅仅局限于演讲嘉宾的个人讲述，在演讲者之外，还辅以观众提问、导师群对话交流等互动形式。提问者的地位十分特殊，既作为节目的现场受众，又是节目深化的参与者、传播者。提问者的在场，一方面通过对话极大地丰富了节目内容；另一方面也借机发挥了提问者质询的功能，提高了节目的思辨色彩和民主色彩。提问者的功能主要表现在代言观众诉求和建构青年形象两个方面。《我是演说家》中乐嘉、鲁豫、李咏等导师群与演讲者的对话交流，除了发挥提问者的功能外，还在一定程度上发挥了主持人的串联功能、导师的点评功能，对演讲者更加全面地展示精神内核、外在表现，能够起到引发的作用。

1. 代言观众诉求，引领受众思考

《开讲啦》设置了一个提问环节，在演讲者演说完毕后，让现场听者对演讲者的演说发问，表达感想、提出疑问。场内外观众或同意、或质疑，但场外观众不便互动，提问者的存在则在一定程度上代表了观众的诉求。不同的人有不同的生活经历，有对同一问题的不同看法，作为具有一定特点的演讲者，其演说一般能带给观众一定的收获，但这并不代表观众对演讲者观点的百分之百地认同；抑或，对于演讲者所表达的观点，观众存在一定疑虑之处。

由于观众基数相对较多,面对这些不同的意见与困惑,演讲者对问题难以做到一对一的解答。此时,提问者作为观众代表,选择具有代表性的问题向演讲者提问,做到了为观众的诉求代言。

比如周国平《幸福的哲学》演讲之后,青年代表提出的"怎样看待励志书籍"的问题,立刻收到周国平毫不留情地回复"全是垃圾",并表示以励志书籍为代表的成功学"励的不是志,而是欲"。人们爱好的成功学,其实是一种急功近利的心理,正是这个时代的悲哀。这一代表性的提问,不仅实现了与演讲者的互动,而且也解开了大多数观众心中对成功学的迷惑。

在以往的节目中,更是有提问者提问王石,我怎么才能变得像你一样有钱;提问李亚鹏,年轻人要怎样对待爱情;提问邓亚萍,怎么面对人生的转折;提问廖凡,如何在逆境之中坚持下去;提问周杰伦,为什么会说平凡是件好事儿……这些问题或是观众的疑惑之处,或是青年代表的深入思考,在把问题抛向演讲者时,即是想从演讲者那里得到一个答案。演讲者从自身的立场出发,结合演讲内容,进一步回答这些问题,使节目变得更为丰富立体和深入全面。同时,这些问题的提出,也引发更多人对问题的进一步思考,演讲者的回答不一定能得到所有人的认同,也不一定是绝对正确的,但问答所带来的影响却是深远而巨大的。针对演讲主题提出问题,让更多人注意到这个问题,并对问题进行思考,就为问题的解决汇集了更多的思路。

《超级演说家》《我是演说家》则是演讲者或选手上台时与导师、点评嘉宾进行互动交流。导师与选手队员进行比较充分的互动提问,这些问答既是导师想要队员回答的,也是观众想要知道的。

2. 进行自我表达,建构青年形象

《开讲啦》中的提问者都是青年代表,通过这个环节展现自己、进行自我表达。《开讲啦》中的十位青年代表都是来自各大高校的在校学生,节目筹备前期,栏目组对于提问者这一形象也花费了不少心思,导演组在各大高校开展"青年代表行"活动,通过互联网报名和线下调查两种方式选择可以代表当代青年群体的青年学生。最终每期呈现的十位代表中,既有来自国内外一流学府的优等生,也有一般院校的普通生,甚至三类院校的"差生";有的是一线城市的潮流青年,也有边远农村的穷学生;有积极进取目标明确的全优生,也有玩世不恭的挂科生。

青年观众对演讲者的演讲内容不一定完全认同,而提问环节便是给了观众一个发言的机会,让其提出疑惑与见解,这一环节一方面给了观众一个平台来表达自己的主张;另一方面,提问者与演讲者思想的碰撞,显示了青年人不耻于发问、勤学好问,敢于挑战权威,有理想、有激情的青年形象。

同时,对青年代表的形象建构也增加了节目的民主色彩,嘉宾分享自己青年时期的人生经历,给正值青春的提问者以参考,提问者不断发问,甚至质疑、提出反对意见,凭借这种互动,受众的参与感更强,节目的真实性也被显示出来。这些出镜的"青年代表",其实就是我们身边的普通人,节目借助他们的形象和声音,在满足受众知晓权的同时,也满足了公众的话语权,节目也就成为青年社会群体的发声筒。加之节目剪辑的配合,完成了对节目传达内容的掌握,制作者的意识形态自然而然地隐藏在字里行间,借青年代表之口传达出去。

三、主持人:联通演讲者与普通观众的桥梁

作为意见表达性节目,《开讲啦》的主持人、《我是演说家》的导师群和点评嘉宾其实是媒介意志的缩影,充当"把关人",力图实现演讲者与青年代表的观点平衡,是联通普通演

讲者与普通观众的桥梁。在《开讲啦》中，主持人撒贝宁表现出挑，兼具个性化与睿智平稳的特色，在节目中发挥了协调整合、传承与共享功能和娱乐功能。主创杨晖这样评价到："嘉宾需要他（撒贝宁）时，他适时的穿针引线；而节目需要画龙点睛时，他又可以恰到好处地表达最核心最关键的信息。"

1. 协调与整合

主持人作为节目的"把关人"，在整个节目中起到了一定的协调与整合作用。在《开讲啦》节目中，主持人撒贝宁协调现场的各种状况，在青年代表问到尖锐的问题时，适当帮演讲者化解尴尬；在演讲者演说结束或答问结束时，又辅以具有力度的话语，起到强有力的总结作用。

这种协调与整合的功能有助于节目意图的正确传送。在因汶川地震失去双腿的残疾人志愿者廖智回答了"很多人去当志愿者是为了炒作，你怎么看"的问题后，主持人立刻发声："在汶川地震后，所有关于志愿者的评论和争议，我觉得命题都不应该是你们该不该做一名志愿者，而是说我们该怎样做一名更好的志愿者。我同意廖智的说法，就是我们可以去探讨志愿者的工作方法和方式，但永远不要去轻易质疑和批评志愿者的目的和他们的善意。"传达了正面声音和正确的价值导向。

这种协调与整合的功能也起到了补充作用，升华演讲主题。在林志炫做完《少年的世界——未来，我是谁？》演讲后，撒贝宁立刻感慨地总结："梁启超先生说：'今日之责任，不在他人，而全在我少年。'从今天起，我要做一个懂得感恩的人，孝敬父母，尊师重道。从今天起，我要做一个正直善良的人，诚实守信，不忘初心。从今天起，我要做一个勇于担当的人，风雨无阻，勇敢前行。从今天起，我要做一个乐于奉献的人，拒绝冷漠，热心助人。从今天起，我将告诉每一个人，未来的世界，就是我们的世界。"获得了全场观众热烈的掌声。

这种协调与整合的作用有助于化解矛盾，把握节目走向，调节现场气氛。在演员陈坤为大家介绍了他的公益主张"行走的力量"后，现场却收到了"你还不如捐点款"的回应，陈坤立刻回说"你怎么知道我没捐？"气氛有点紧张，撒贝宁立刻道"有句话叫授人以鱼不如授人以渔"，陈坤立刻说"你说得太好了！"

《我是演说家》则构建了导师群和演讲者之间的"多边谈话"场景，演讲者与导师群就演讲者的主题或个人经历进行现场交互式问答、点评，更类似于脱口秀。这样既去除了讲坛高高在上的精英形象，又避免了访谈节目的单一性，虽然缺乏普通观众与演讲选手之间的交流，但"多边谈话"增加了节目的可看性，其所表现出的大众化、人情味、多元化以及立体交流的特征愈加鲜明。这种"多边谈话"也体现了协调与整合的效果。

2. 幽默与娱乐

娱乐一直是语言类节目的内化因素，身为国家宣传机构的电视台更乐于利用娱乐，将意识形态隐蔽而有效地建构起来，达到寓教于乐的效果。在《开讲啦》中，撒贝宁一直以低姿态示人，这种低姿态像一个"圈套"，引诱着嘉宾和在场观众的参与，在实现幽默效果的同时，能引发包括场内外的一致的自谦和自我剖析。毕竟，一个舞台上光鲜亮丽、经济和社会地位都超出我的名人尚且如此，况且是我们这些普通人呢。这种自我剖析加上正能量的输出，可以在不知不觉中建构受众的价值观。

调侃也是撒贝宁的在《开讲啦》节目中经常使用的手段，也是普罗大众日常生活话语方式的重要特征。主持人对幽默元素的运用，不仅能展现其个人魅力，更能帮助主持人建立与观众的亲密关系，拉近与观众的距离。针对《开讲啦》节目本身，撒贝宁的幽默在展示自身主持水平外，更炒热了节目气氛，缓解了嘉宾的紧张，如演员徐静蕾来到舞台时，撒贝宁说:"我知道你们几个男生想要扑上来拥抱,但我是不会让你们如愿的",话锋一转,"因为我要头一个扑上去!"节目现场立刻热闹起来,嘉宾也立刻放松下来。

但是值得关注的是,当主持人以轻松的态度和口吻对演讲嘉宾进行调侃的时候,很多时候我们所关注的和能记得的,就只剩下这种行为本身或其不合时宜性了。节目本身想要传达的节目意义将被彻底消融于满场的笑声之中。

第三节 传播内容的表达与呈现

传播内容作为传播活动的中心,对传播内容的研究,一定程度上反映了当前的社会文化。《开讲啦》通过大众话语与官方话语的巧妙置换,将主流意识形态自然而然地渗透进文本的叙事层,隐蔽而巧妙地实现了对受众话语乃至价值观的建构与整合。在具体内容的制作上,演讲者们根据青年需要,讲述的一段段有关成长经历、成功经验和个人感受的故事,体现了节目的人文关怀,凸显了人文价值,传播了正能量;另外,《开讲啦》建立起与受众的亲密关系,通过现场对话,发出青年群体的声音,营造了一个较理想的公众对话空间。总的来说,《开讲啦》通过创新宣传教育方法,以服务分享的态度和对社会热点密切关注的方法,引导舆论,弘扬了核心价值观,实现了媒介的意识形态创新表达。

一、演讲故事:以演讲内容彰显人文价值

在全媒体的时代环境下,娱乐、商业利益的感召下,电视荧屏上充斥着"大众文化"导向的各种选秀节目。《开讲啦》《我是演说家》另辟道路,以人文关怀为取向,关注主流意识形态,传播正能量,像一股清泉浇灌着观众浮躁的心境。《开讲啦》对自己的定位是"中国电视青年公开课",这一定位即表明了节目的布道教化愿望,演讲嘉宾结合自己的故事,很好地呈现了节目的精髓,以平等分享的姿态给青年们带来一堂堂人生教育课,展现了人文关怀。《超级演说家》以"人人都是演说家"为口号,将演讲的主角定位为普通大众,旨在让每一个人都能表达自己的意见。比如《超级演说家》季度冠军刘媛媛演讲的《寒门贵子》,从网络流行帖子开始,结合自身经历,论述了自己对社会阶层固化问题的认识,有理有据,很有说服力,在网上广为流传。

前些日子有一个在银行工作了十年的资深的HR(人力资源管理师),他在网络上发了一篇帖子叫做《寒门再难出贵子》,意思是说在当下我们这个社会里面寒门的小孩他想要出人头地想要成功比我们父辈的那一代更难了,这个帖子引起了特别广泛的讨论,你们觉得这句话有道理吗?

……

以《开讲啦》已播出的前四季共100期节目作为样本,对各期节目嘉宾的演讲主题的内容分析可知,演讲者表达的内容主要分为与观众分享成长经历、分享成功经验和分享人生感悟,揭示的是当今社会倡导的对理想追求、坚守努力和积极心态的主流价值趋向。下面主要选取《开讲啦》具有代表性的几期节目来做分析。

1. 不一样的成长经历,一样的理想和追求

分享成长经历,主要是指在《开讲啦》节目中,演讲嘉宾回忆自己的青少年时代,跟青年观众分享自己的成长故事,建议青年,你该怎样渡过你的青春。表面上嘉宾在讲述自己青春成长中的挫折与辛酸、幸福与苦涩的故事,其实在传达一段段关于怎样对待现在的道理。100期节目中分享自身成长经历的内容主要分四类:一是不要怕出身贫穷。比如成龙讲述了因为家穷学习了武术,十几岁每天为了50元钱做片场小工的经历。二是直面成长中的挫折。

企业家黄怒波说："我坐在黄河边上，决心给自己起名怒波，告诉自己，这些（挫折）都不算什么。"三是青春美好，珍惜人生。演员李立群说："青春经不起等待，不能浪费青春。"四是要有理想。比如《理想丰满》中企业家冯仑说的"理想能够让你看到，别人看不见的风景"。

主创杨晖接受采访时曾经说过："嘉宾们都曾年轻过，而青年代表还没老过。"由演讲者的演讲内容及其所反映出来的内在含义可知，《开讲啦》在思想传播力图建立起一种正能量，而听众也可以从演讲嘉宾的成长经历中汲取这种正能量，以此激励自身健康成长。演讲者以自身成长经历为例，讲述成长中有过的感受、失败及渴望美好并最终为之奋斗的想法，对观众进行正确的价值引导。虽然每个时代的人都有自己的成长背景，但是不论男女、不分时代，人们在青少年时期理想高远，对未来的憧憬是相同的、对梦想的追求是相同的，正如林清玄在《不怕人生的转弯》中所说的，你的环境并不能决定你的未来，你的成长过程也不能决定你的未来，而你的心之所向，才决定你的未来。而一段段成长故事，背后隐藏的是英雄不分出处、出身并不决定未来的人生观，在大肆宣扬"拼爹"的舆论环境下，用自己经历发声驳斥。

2. 不一样的成功经验，一样的坚守和付出

每个人对成功的定义不同，但对如何取得成功却有经验可循。演讲嘉宾通过讲述自己的成功经验，也是在给满腹梦想的青年学生提供借鉴，这种经验的传递，与其说是技巧的，不如说是精神的，价值观上的。分享成功经验的演讲大致分为三类：一是要有理想；二是不懈奋斗、吃苦耐劳的拼搏精神；三是面对挫折和失败，要有积极向上的心态。

现代社会快节奏的生活方式，让人们变得越来越急功近利，难以潜下心来认真做事，也就有更多的人在快要成功之时选择放弃。在此背景下，宣扬坚持便是提醒青年学生要脚踏实地，摒弃浮躁。演讲者演讲主题所传递的是一种力量，一种成功的渴望，敢拼才会赢。而随着现在物质生活的提高，新一代的青年缺少吃苦耐劳的精神，也更容易在物欲中迷失自己。因此强调"拼"与"聆听内心"能有效的为青年观众做指引。成龙、陈坤等几位演讲嘉宾演讲的关键词是"坚持""努力""坚守""拼"，他们成功经验的分享，其实是在传达一种精神，一种情怀，每一个建议都在传递正能量，能够帮助正在追梦的青年观众端正价值观。

3. 不一样的人生感悟，一样的情怀和心态

在生活中，正确的人生观和生活态度往往能增强人的幸福感。人生百态，不少青年学生在前进的过程会陷入进退两难之地。《开讲啦》节目的演讲嘉宾在演讲中，分享他们的人生感悟，为处于迷茫中的人点亮了一盏明灯。

在当代的社会背景下，青年朋友有自己迷惑的问题，《开讲啦》演讲嘉宾从自身出发，谈属于每个人的不同人生感悟。陈坤演讲说，人生路上不一定有最聪明的方式，但只要坚持追求自己的梦想，一样不枉此生。王石说，不管我们在生活中追求什么，重要的是不要后悔，自己做过个每件事，因为那都是我们自己的选择，我们自己为此负责，以期实现自己的价值。胡海泉说，人生的选择多种多样，选择什么样的人生都很美丽，成功没有定式。

不同领域、不同职业的嘉宾通过自己在成功过程中的所想所感所悟，传达自己长时间积累的人生观。尽管个人的经历、面对的困难、解决的方法各不相同，但演讲类节目以个人不同的人生经历进行人生观中不同方面的解读，集中在"价值""责任""意义"等方面，体现出积极向上的、进取向善的人生取向，产生追求积极正确人生的相同情怀与心态，便于从情感上引导青年群体形成个人价值与社会价值相统一的人生观。

二、现场问答：营造公众话语空间

《开讲啦》为交流双方提供了相等的机会参与对话，构建了一个"理想的言说环境"，在现场提问互动方面，《开讲啦》节目设置了通过小纸条传递问题和现场青年代表提问两种方式。在提问者提出问题之后，演讲者需要对这些问题进行回答，进行互动交流，主持人在其间也会进行串联。根据问题不同，对话可以分为深度阐述性对话、延伸讨论性对话和挑战质疑性对话三种。不同的对话类型，分别在不同的角度对演讲内容起到补充作用。

1. 力求正确解码，深度阐述观点

深度阐述性对话中，实现了演讲者对演讲中有疑惑部分的再解释。演讲者通过回答观众的问题，进一步解释自己的观点，更近一层传达自己的意见；观众和演讲者也可以就某个问题展开讨论，在对话中消除争议，达成共识，达到价值观整合的目的。

比如李连杰演讲时，青年观众提问："您现在还爱钱吗？"李连杰回答："名利权情从来不是坏事，我一再强调这个，为什么不爱？因为有钱能办很多事儿。但是要弄出一种务实健康的价值取向，拒绝'拜金主义'，如果为了钱而活着，为名利权情活着，那结果会很累。"林志炫演讲时，青年观众提问："到底是做一个有趣的人，人生的价值可以体现，还是做一个有用的人更有价值？"林志炫回答："在我的眼里，任何专业都要专心、精心、用心、持之以恒，任何领域，都可以有伟大的人，去做一件事，只要在这上面专、精、做到唯一，人生的价值就会显现出来。哪怕在大家眼里很平凡的业务，也可以做到最佳，重要的是每个阶段自己心中的收获与领悟。"

嘉宾的直接回答与原因理由阐释相结合，起到了帮助提问者理解其问题深刻性和辅助观者正确领会嘉宾本意的作用，避免了简单直接的回答给提问者带来疑惑或理解偏差的现象。同时，嘉宾通过问题的回答与解释，使受众在接受答案时也同样接受嘉宾的思想与观点，从而达到意义输出和影响受众的效果。是节目影响力和宣传效果的重要保证。

2. 紧扣受众需求，延伸原有内容

在延伸讨论性的对话中，一般指观众提出的问题超出了演讲内容的范围，突破了原有话题的局限，使对话互动的话语空间得到延伸。这种对话时常发生在演讲者扮演角色与其知名的角色不同的情况下，演讲者讲述自己为人熟知的或职业之外的内容后；或者是出于对知名人士的好奇，而引发对演讲内容之外的人生的兴趣。观众对演讲故事之外的东西仍感兴趣，就会发生提问和回答超出演讲故事之外的问答现象。

如观众在国际巨星光环下的李连杰讲述在其公益事业"壹基金"之后，青年代表提问"您有多少钱""您的第一次婚姻失败是你犯的错误吗？"对郑晓龙提问是"影视圈是一个名利双收的地方，您却一直很低调，火的是作品而不是您。您这样，不在乎名利，亏吗？"这体现出当代年轻人的价值取向。郑晓龙回答："有它亏的地方，也有它不亏的地方，看哪个更大了。"主持人提问毕淑敏，"我特别想问您，您的作品《孩子我为什么打你》，写的是出当前社会较为关注的孩子教育问题，这是真实的事吗？您打过孩子吗？"毕淑敏回答："我真是打过他一两次，现实生活中的做法为社会提供一种教育方式的选择。借这个机会，我要特别向我的孩子道歉，我觉得这还是家庭暴力。"主持人说，"您这个还不算什么，我建议，您得给像我父亲这样的家长写一篇文章《孩子，我为什么老打你》，你打过孩子一两次，这个跟家庭暴力没有任何关系。"

此类拓展对话的问答类型，既可满足受众对于嘉宾不为人知的一面的好奇心，同时对于嘉宾塑造自身形象也有辅助作用。首先，嘉宾较为直接地回答围绕着演讲故事的相关问题，体现了对话式的平等，以自身的经历或理解进行真实的回答，拉近了问答双方的距离，同时

也暗含了当前以受众为中心的传播理念。其次，嘉宾在回答演讲故事之外的内容时，通常以演讲故事作为基础进行引申或以演讲故事作为例子进行补充说明，这样不仅能够深化观众对演讲内容的理解，也能灵活地展现嘉宾的个人魅力，提高自身影响力和感染力。

3. 问题建构思想，表达青年主张

青年的提问，也是青年思想的表达。挑战质疑性对话中，青年们想法丰富、锋芒毕露，敢问敏感话题、敢于"哪壶不开提哪壶"，常常会提出一些令人难以预料的犀利的问题，这也是青年人意气风发、充满自信的表现，表达了青年主张。例如，在第3期冯仑的演讲中质疑其把理想实现说得太简单，在第45期著名财经作家吴晓波《我懂你的焦虑》的演讲中，青年代表马昊就质问吴晓波"什么叫别人不能怀疑你做事的初衷？"未出茅庐的青年与功成名就的演讲者们的思想在这里碰撞，《开讲啦》不仅仅是一个人的演讲，也有青年一代的思想鸣啼。

当代青年是受民主意识影响最强的一代，个人意识强烈，他们的资本在于年轻，在于不怕失去，在于追求自己的理念。通过青年人对名家名师们犀利甚至带有挑衅意味的提问，可以看出当代青年群体的勇气与无畏，敢于发问、敢于质疑，更能反映出他们独立思考、有见解、不盲从和强烈的问题引导意识，他们的大胆发问，虽然也一定程度反映了当代青年群体缺乏人文关怀和尊师重道之礼，更表达了青年人意气风发、敢于发声的自我主张。

总之，现场对话亦是建立在社会文化转型的背景之下。多元而开放的社会，引发了人们思想的碰撞，民主意识开始觉醒，唤醒民众主见，大众频频发声。在拥有了话语权之后，每个人对于他人的观点，或认同或质疑都有权发表自己的看法。也正是在这种交流之中实现了思想的碰撞与创新，也是在这种对话之中，正能量得以发扬，主流意识形态得以传扬。

三、节目隐性表达：主流意识形态的创新呈现

面对视频节目的泛娱乐化和互联网媒体的低俗化趋向，当下青年受众对于新闻、社会科教等"硬新闻"和电视媒体的关注度呈下降趋势，而《开讲啦》则创新了节目形式，与青年人受众群体的心理需求和社会转型的时代背景高度契合，既鲜明表达了主流文化的价值导向，也自然熨帖地处理了大众文化和精英文化的关系，通过嘉宾演讲、主持人串讲、青年代表参与，抛弃了传统而死板的说教，通过共同分享不同人生经历、不同成功经验、不同人生体悟，实现"随风潜入夜，润物细无声"的功效，这也正是这个时代青年需要的精神食粮。

1. 引导舆论，弘扬核心价值观

《开讲啦》的舞台上，一段段角度不同的成长历程、人生感悟，表面看来是一个个故事、想法和思考，其实都从不同的角度和侧面暗合了社会主义核心价值观。《开讲啦》始终把握核心价值观，其所实现的社会责任功能，尤其值得称道。

党的十八大提出了对个人层面的社会主义核心价值观的要求，即爱国、敬业、诚信、友善。中共中央办公厅对电视台也提出了要求，要求电视节目"传播社会主义核心价值观。"在8·19讲话中，习近平总书记更是提出了"弘扬主旋律，传播正能量"的口号。《开讲啦》通过不同个人的真实故事，以社会主义核心价值观中的个人层面为触点，牢牢把握了正确舆论导向，传播了正能量，通过"榜样故事"巩固主流思想，从而引导和激励青年群体形成社会主义核心价值观。

《开讲啦》弘扬了爱国主义情怀，爱国是个人与祖国的浓烈情感，也是个人与祖国关系的行为准则。《开讲啦》中，不时散发着振兴中华、维护祖国、报效祖国的热烈情怀。如航天员杨利伟的演讲"与责任对话"、全国政协新闻发言人赵启正"我向世界说明中国"、文学家莫言在获得诺贝尔文学奖后带来的"科学与文学的对话"、甘肃农业大学校长吴建民讲述

"世界的变化与中国",他们的演讲现场,无不振奋激昂,对于青年群体来说,十分具有强烈凝聚力和感召力,发挥了正确引导青年群体爱国情绪的作用。

《开讲啦》表达了对敬业精神的肯定,青年群体在刚步入社会,开始工作时,会出现面对职业的不适与迷茫,这就需要通过社会主义核心价值观发挥其风向标的作用,将青年从迷惘中解救出来,帮助他们确立符合正确而积极的职业观,而节目的定位也在于解决青年们面向社会的迷茫与困惑。在节目中,关于弘扬艰苦奋斗的敬业精神的篇幅也最多,不论是"不务正业"轻松恣意的娱乐歌手还是从事学术研究的学者,都是通过艰苦卓绝的努力,才能获得社会意义上的成功。如港区立法主席范徐丽泰的演讲《你真的尽力了吗?》、企业家董明珠分享自己的经验《对自己狠一点!》、被誉为"神童""东方之星"的台球运动员丁俊晖分享的《没有不努力的天才》、演员李亚鹏说《心有所愿,行而成立》、歌手张杰讲述《磨难是最好的礼物》、首位柏林电影节华人最佳男演员廖凡说《坚持不是件惨烈的事儿》。

《开讲啦》宣扬友善的道德观和人生观。在节目中,隐性传达互相关心、互相帮助、和睦友好的新型人际关系。嘉宾通过慈善"给予",正是其中表现。正如演员陈坤介绍的心灵慈善"行走的力量"、李连杰宣扬"壹基金"的慈善理念、断肢志愿者廖智的志愿者服务理念、孤独症服务组织"星星雨"成立者田惠萍妈妈对于世界孤独症儿童的关怀、李亚鹏成立的帮助兔唇儿童"嫣然天使基金",都在宣扬一种友善、为社会服务的人生观。青年阶段是形成道德基础和道德观的重要时期,应该以易于他们接收的方式对青年群体进行道德引导和教育,《开讲啦》选取受青年群体热捧的娱乐明星、向往的成功人士、崇拜的名家大师为"授课人",占据受众心理主动,从而产生较好的教化引导功能。

2. 创新方法,从宣传教育到服务分享

社会的发展要求视频节目与时俱进,不断创新。就传播内容而言,电视节目在此前已经做了很多灌输式"布道",表达了许多传道授业解惑的东西。伴随着中国的社会文化转型,民主和理性的胚胎正在成长,《开讲啦》抛弃了旧修辞中的"规劝"功能,采用新修辞的"认同"手段。视频节目正是需要这种创新,摒弃"宣传说教"的传统,代之以"服务分享"的说服理念。这正是《开讲啦》着力呈现的信息。

作为启迪民众的最直接的方式之一,《开讲啦》转变观念,顺势而为。《开讲啦》作为布道和分享的演讲类节目,天生具有说服的使命,它关注媒体的社会功能,核心议题是理想、价值观,主流而励志,传递的是"正能量"。而怎样才能实现这种传递?高高在上不行,课堂式理论灌输也不行,《开讲啦》做到了平等的服务和分享。服务表现在节目中的方方面面,如功成名就的演讲者一个人在台上站着说,未出茅庐的青年在台下坐着听,看似不平等,实际是为了更平等的交流,或是以青年的喜好选择主讲等,表现的是《开讲啦》平等、宽容、倾听、互动的态度。分享则主要指《开讲啦》的内容,有理性的判断,以主流的价值观、丰富的个人经验、贴近青年人的实际需求、富有感染力的表达方式,把受众想要知道的、未知的新信息传达给受众,说服受众。

《开讲啦》十分注重"服务"受众的需求。栏目的目标受众大多是来自院校的"80后""90后"的青年,他们个人意识强烈、民主色彩浓厚,注重平等的对话与交流,有着他们特有的意见表达方式和接受方式,要吸引这样的青年群体关注视频节目,就必须要采用他们偏爱的方式,注重采用"服务"性方法。《开讲啦》针对这一收视群体,开展了各类问卷和调查访谈活动,充分给予青年受众嘉宾和演讲话题的选择权,使青年群体参与到节目制作中去。对于"分享"的内容,《开讲啦》也是同样做法,通过在青年中征集来确定,体现了TV2.0的制播理念。

3. 链接热点，高度契合社会高频话题

综观演讲类节目，在传播中都十分注意切合社会热点。《百家讲坛》栏目中，当宫廷剧泛滥，《云中歌》篡改汉史引发猜疑、《步步惊心》塑造出沉迷于情爱的皇族子弟引人遐想，《百家讲坛》立即推出"汉代风云人物""清朝十二帝"系列以正视听；《TED》演讲更是关注"创新"，不论是占领市场的多口味意面研发者还是受欢迎的朋克音乐家，都能迅速地登上《TED》舞台；《超级演说家》中的演讲话题更是社会热点，如"我是90后""洗碗工也有演讲梦"……

作为思想盛宴的《开讲啦》，它呈上的文化主题无不链接着社会热点，在高频社会话题中给出积极正确的文化指向。它在青年人对社会看法的"众口难调"中寻找一个切入点，在受关注的方方面面以大众传播的符号信息来强化青年关于人生困惑和精神追求的文化性喻示，成功者们的人生不再是个人成就的阳春白雪，也不是成功者们用来标榜个人精致的技巧来炫耀自身出类拔萃的活动，而是直接具体地满足着青年日常生活各层次的欲望、需要和追求，实现了行动娱乐与文化引导的完美融合。

关注《开讲啦》自播出以来的节目话题，我们会发现，每一味精神大餐都隐约对应社会热点与高频话题，都具有关乎青年人人生困惑和精神追求的对接点。《开讲啦》在6月至7月的毕业季设置青年大学生毕业季特别话题，李连杰《人生就是一场寻找》、文章《越幸运，越努力》、罗志祥《走好你的下坡路》、吴晓波《我懂你的焦虑》、任泉和王潮歌等人联讲的《我和未来有个对话》，都是对即将毕业的大学生提出人生建议，既具时效性，又有针对性，不仅对已发生的社会热点进行关注，也会预测青年人关注的社会问题。

第四节　传播形式的时代印迹

传播形式是服务于传播主体和传播内容的表现形式。为了赢得观众传达思想，《开讲啦》《我是演说家》等节目都贴近受众需要，融合线下、电视、互联网传播形式，营造了平等、真诚、对话的全新表达语境。宏观层面，《开讲啦》在坚守主流价值导向的基础上，引用TV2.0理念，借用Web2.0的互联网特征和精神实质实现了传播形式的创新。中观层面，互动和对话被大比例地应用，占用了三分之二的节目时长，显示了《开讲啦》对于公共话语空间建构的决心，通过意见表达的良性互动，实现青年群体与社会典型的民主凝聚。微观层面，故事化的个人叙事与公开课、正能量的符号特征，表达了《开讲啦》的内在价值，彰显了节目的独特人文个性，承载着节目的价值传播。

一、紧跟时代步伐，TV2.0的制播模式

观看电视节目，成为中国家庭的普遍消费方式不过30余年，这30多年里，电视为人们了解世界创造了越来越丰富的窗口。随着多媒体的挤压和经济实力的增强，人们对"通过电视了解世界"的需要不再迫切，"看电视"的权力不再令人感到激动，加之重复的、同质的节目多频道放送，都使人们对"看电视"的欲望发生萎缩。在这种背景下，媒介从业者提出了另外一种可能，即TV2.0的"用电视"理念。2005年美国《连线》杂志在技术层面提出了TV2.0的概念，将宽带电视、高清电视等电视技术界定为TV2.0。同Web2.0一样，这种"技术"的定义并不能满足媒体实践的需求，在学界和媒体从业者的共同作用下，"TV2.0"被视为一种抽象的新电视思维理念，认为它在创作理念上吸收了互联网的特点和精神，核心理念在于"观众参与，与观众互动，观众决定舞台"，并具备与传统电视相对应，与"Web2.0"相呼应，强调传统电视与现代网络媒体的相融合的形态特征。

唯众传媒总裁杨晖在制作《开讲啦》时注重 TV2.0 的实践，节目形式"以受众为中心、与观众互动"进行互动交流，节目内容尽力满足"受众的心理诉求"。在《开讲啦》的传播过程中，有两个传播者，一个是节目的制作者，也是将节目投放向电视、网络媒体的人，另一个传播者则是直接向受众传递思想的人。同样，《开讲啦》传播过程中有两个受众，一个是节目录制现场的受众，另外一个是通过电视和互联网收看节目的社会受众。《开讲啦》TV2.0 的实现就是制作者通过线下和网络调查获得节目制作的市场参考意见，节目经过多媒介播出后，再利用互联网媒体进行互动，征集收看建议的反馈，再次反哺于节目自身。

《开讲啦》实现了传统电视与新媒体的互文，融合线下、电视、互联网传播形式，将即时、交流、平等的网络精神加入进来，使传统电视的单向传播变为传受双方的互动传播，观众从电视信息的接受者转变为电视制作的参与者，受众从被动的"看电视"接受信息转为用"电视"主动的索取信息。节目营造了平等、真诚、对话的全新表达语境。

1. 线上、线下调查，实现观众参与

《开讲啦》播出之前，其实经历了长达 3 个月的线上、线下调查。主创团队立足目标受众群，聆听受众诉求，通过网络和线下调查的方式收集意见，以受众参与决策的制作理念，将这些意见真正应用到节目制作的环节中去。

《开讲啦》在嘉宾、主题的选择上改变了以往的编导和策划责任制，而是参考 TV2.0 "观众参与"的创作理念，广泛征集观众意见，使观众成为节目的策划者之一。在《开讲啦》策划期间，导演团队就设置调查问卷，向青年学生提出关于"你希望邀请谁来讲，想听什么话题，你有什么困惑"的问题，并在网络上发布"你想听谁讲，我们就邀请谁"的宣传语，收集网友意见，期望选出"受众的嘉宾"而非"节目的嘉宾"。《开讲啦》最后呈现的，是受众调查结果、嘉宾的个人意愿与导演组意见的融合，不仅满足了观众的需求和兴趣点，也兼顾了节目的导向和嘉宾的意见。节目呈现的主题其实是嘉宾、节目组和观众三方智慧的结合，兼顾了节目的导向性、观众的兴趣点及嘉宾的专长。

征选青年代表与现场观众也同样采用"观众参与"方法。在每季节目录制前，栏目组都会组织"青年代表校园行"活动，选拔参与节目现场录制的青年代表。《开讲啦》录制前还会大发"英雄帖"，通过网络互动的方式征集每期节目的现场参与者。在青年学生的选取上，不仅抽选了成绩优异的名校高材生，也选择了对学业和事业存在困惑迷茫的"问题学生"。正视了青年群体的复杂性，实现了对青年学生的整体性选择。

可以说，《开讲啦》的节目内容是由线上和线下讨论确定的：不论是青年代表的抽选，还是演讲主题和嘉宾的选择，都没有离开线上和线下的讨论。利用线下调查保证准确度的前提下，运用网络力量征得广泛意见，两者的有力结合使青年意见汇集起来，积极反作用于节目，互动由此进入新的高度——青年不但参与主题的选择，参与嘉宾的选取，本人也可以加入到节目现场进行意见交流，受众保持着节目的生产过程的主动地位，演绎了 TV2.0 精神。在生产过程中，受众发挥了参与的建构作用，借用电视平台进行话语表达，其诉求与电视传播之间形成了一种你中有我，我中有你的依存关系，"看电视"转变为"用电视"，构建了 TV2.0 模式。

2. 循环传播，互联网的良性反哺

节目播出后，《开讲啦》节目组迅速开通了"CCTV1 开讲啦"的官方微博，利用节目的官方微博进行意见和看法的收集，形成了对节目的反哺和回馈。这种从受众返回制作者的过程，完成了一次传播循环，实现了《开讲啦》的循环传播。当制作者通过网络将节目内容传达给观众时，观众又通过互联网将意见反馈回去，反馈的过程本身就预示了受众对节目内容的深度解码。

《开讲啦》官方微博自开通以来,至 2017 年 5 月已有了接近 77 万名粉丝。为了鼓励吸引受众参与,《开讲啦》官方微博设置"你想听谁开讲"或"你想听什么主题"的置顶微博,让受众参与决定节目内容;针对微博庞大的青年用户群体,以微博报名的方式,让受众有机会能够亲临现场,成为青年的"代言人",向嘉宾发问;节目的官方微博还针对每阶段的节目播出情况,进行线上评选活动,通过微博投票方式,评选出最受观众喜爱的嘉宾与青年代表;同时,节目官方微博很重视每期节目播出后的宣传,加深每期节目的传播效果,通常以"节目视频+文字长微博"和演讲精彩内容一句话摘要的形式精心编排节目回顾。

在以"♯开讲啦♯"为主题的微博话题中,至 2017 年 5 月阅读已超过 14.3 亿次,讨论了 73 万多次。如网友 Dan 恋分享了自己的收看感受"♯开讲啦♯ @邹市明 没有人会永远赢,让我知道什么是越挫越勇",微博内容包括对节目内容的复述和对自身的实用性,确定了受众对于节目的深度解码;还有提出节目建议的微博,如网友陳思宇親親噠"♯开讲啦♯不要换成个女主持……用人要用对地方",还有推荐、具有网络分裂式传播的微博,如网友 Unique-LX 发表的"我认为♯开讲啦♯是中国最好的电视公开课节目……"网友黄 Yi 蓉的"♯开讲啦♯换台发现这个节目,就停不下来啦",这些互联网的意见都是对节目反馈的第一手资料,实现了对节目的反哺和二次传播的延伸。

3. 权威与开放,电视与互联网平台联合播出

"我很希望下次录节目可以用互联网来做直播……这会很彻底地实现我们全媒体的设想,将线下、电视、互联网统一到一个平台上来。"《开讲啦》主创、上海唯众总裁杨晖曾经这样设想。这种设想随着网络传播技术的发展已经成为现实。

网络的发展伴随着对传统媒体资料的高度占有,不论是报纸、广播还是电视,其生产出的文化产品也在迅速地登录互联网平台。而节目生产者们也越来越偏向于将节目资源投放到网络,比如美国《TED》演讲节目,它的大众传播就只借助了互联网平台。《TED》的成功一方面归功于节目本身的出类拔萃,另一方面也在于网络推广策略的行之有效。有创意的演讲加上依托 Facebook、Twitter、iTunes 等国际知名的网络社交平台,形成网络兴趣组,吸引受众的进行"follow(跟随)"。网络公开课也是如此,不过,网络公开课的本质是服务,性质更多的是"被需要",在营销方面则不重笔墨。

在中国,电视其实还没有失去神秘化和特权色彩。即使媒介融合的浪潮席卷了传统媒体,受众接受信息的方式、播出平台走上多元化道路,但是观众对电视仍抱有权威性认知,一条新闻在网络上不一定是真的,但是上了电视就没有假了。《开讲啦》正是选择了电视与网络并重的模式。新媒体确实会对传统电视的生存空间产生挤压,另一角度也在促使电视产业的革新,电视与互联网的联合并不能限于拉低电视收视率的表面视角,更应该看到互联网对电视播出缺陷的延伸,如扩展了节目播出时间,不需担心错过节目;扩大了收视范围,打破了以主妇为收视主体的收视格局;通过网络开放讨论与交流,深化了节目的传播的意义解码。

除电视播出之外,《开讲啦》还借助 CNTV(中国网络电视台)同步播出,设置主页进行推介宣传,并与优酷、土豆、新浪、搜狐视频、腾讯、爱奇艺、PPTV 等视频网站合作,提供节目后续播出。在网络空间的推动下,节目呈现也就不再限于画面、声音等元素,加入了广泛的交流互动和讨论,践行了网络的开放特性。

《超级演说家》《我是演说家》《说出我世界》等节目,也都有自己制定的演说比赛规则,这些规则,更好地体现了作为节目整体的"怎么说"的重要性。

比如《说出我世界》的比赛规则。

(1) 赛制。每期邀请 5 至 6 位名人,在专业名嘴导师的帮助下,接受 24 小时即兴演讲挑战，通过一场演讲传达自己的观点，现场由200名不同年龄层次的观众和51家媒进行投票，6位名人中将决出1位当期冠军，他将登上周一媒体的头条版面。

（2）挑战性演讲选题产生方式。①网络平台热议话题采集：根据各大社交平台对本场演讲明星的热门话题进行分析、搜索，采集明星的热议话题作为演讲主题。②51家媒体投票：媒体记者团成立一个微信群，进行讨论并票选最想采访的三个问题。③最后，公布三大该明星网络热议话题，由明星选择其一作为演讲选题。

再如《超级演说家》的比赛规则。

第一阶段采取导师分班制，选手依次入场进行约5分钟的演说，演说过程中台下300位观众利用手中的表决器，向选手投票，反对票过半，选手将直接淘汰。反之，支持票过半，将进入导师选人阶段，若选手没有被任何导师选择，也视为淘汰。若多位导师同时选择，权利反转至选手手中，由选手决定跟随哪位导师。每位导师有6个名额，和一个复活权用于复活之前淘汰的选手而纳入麾下。

第二阶段是战队对抗晋级阶段，四位导师战队轮番对战，每期两大导师战队各派出3名队员进行3轮PK，每轮两位导师根据主持人提供的演讲主题选择出场队员进行约5分钟的演说，然后其余两位导师和一位嘉宾评委各执1票，率先得到2票一方选手的晋级，而另一方暂时待定。

第三阶段是组内厮杀决赛阶段，组内考核，每期一个战队组内的残酷比拼，队友之间只能有一个进入4强终极决战。每期进行组内考核的导师自行决定分组和入场顺序，由演说的方式揭晓出场队员。每组演说完毕后，四位导师开始投票，率先得到三位非考核导师2票的进入下一轮，而得到考核导师1票的直接进入下一轮；未得到非考核导师2票并且也没被考核导师认可的选手则惨遭淘汰。进入下一轮的选手进行战队终极决选，根据第一轮的入场顺序，由考核导师给出一个设定情景，选手在90秒的时间之内，进行即兴情景演说，最终由考核导师决定唯一晋级名额花落谁家。

最后一个阶段是巅峰之战总决赛，经过层层筛选击破重围的全国4强，将在最后拼尽全力争夺全国总冠军的宝座！

现场投票、网络平台热议话题采集、媒体记者团微信群、票选三个采访问题、明星选择话题作为演讲选题、分阶段的不同比赛方式……这些做法虽然不是嘉宾的演讲本身，但作为演讲类节目这样的一个"组合产品"，这些形式其实不可或缺，它们都是节目组的"表达方式"。

二、多符号联合呈现，凸显传播价值

从文化的角度看，一个节目是否有意义在于它的内涵价值，纵使将节目包装得五光十色，没有内在的精神内核，也是精致的提线木偶、木头美人。

从传播学的角度上看，每一个有示范性作用的视频节目的成功都离不开其特殊的符号，如《中国好声音》中的"导师制""情感"甚至是"转椅"因素，都独特得让人耳目一新。演讲类节目的符号则明晰得多，《百家讲坛》中的"名师""知识"，TED的"创意""革新"，《开讲啦》更进一步，将主流意识形态的宣传隐藏于"故事化叙述"的框架之中，借用"青年公开课"的自我界定争取青年视线，希望激发认同和共鸣，凝聚青年受众。

1. 青年公开课："实用主义"的具体实践

公开课的实用价值是天然存在的，媒体自诞生起就具有教化的功能。从政府的角度来看，媒体或是为百姓普及知识提高国民素质，或是担任喉舌、教化民众并维护社会稳定，都是上佳的服务工具；从传媒的角度来看，对知识的普及一方面是政策的需要；另一方面可以提升自己的地位，以"精英"的面貌出现在社会环境中，加之"文化"的资源是无穷尽的，可以作为永恒的节目主题，因此教育与媒体的联系是难以割断的；从电视表现上看，以往类似公开课的节目中，是有一定吸引力的；对观众来说，在娱乐的狂欢狂喜之下，需要心灵和精神人文的滋养。简单来说，定位为"公开课"的节目实践本身除了人文价值外，也存在一定的商业潜质。

值得注意的是，本节中所说的"实用主义"并非微观上节目走向的实用主义倾向，而是从宏观来看，鉴于公开课的可应用性，提供一种切实服务的实用主义。虽然青年文化被称为亚文化，但是青年一代无论在家庭还是社会都是备受瞩目的，自古就有梁启超"少年强则中国强"的说法。对青年的人文关怀更是有益社会发展的举措。

青年公开课的符号意义不仅仅限于对目标受众的期待，更是一种对节目功能的承诺。青年公开课的"能指"，就是青年人，喻示节目是为青年人准备的，具有强烈的对象性。它的"所指"则是出于节目对青年人的实用价值，起到滋养心灵、破除迷茫的作用。在我国几千年的教育观念中，"学问"二字从来都息息相关，"学"指受教、倾听，"问"指提出疑惑，给出反馈。《开讲啦》节目立足于青年公开课的设计理念，既是对千年教育文化的继承，又与时俱进加入了平等对话的新语境，继承和创新并举。可以说，《开讲啦》丰富了文化教育节目的实用性，是一次正向的实践。

2. 故事化叙述：意识形态的修辞方式

"演讲"是演讲类节目选择的表达方式。故事化叙事是演讲的重要方法，也是其修辞方式，演讲者以故事为切入点，将观众带入自己预设的情景之中，或在故事之中，或在故事之后阐述观点，升华演讲主题。《开讲啦》中，演讲者个人经历的故事化叙述为个人的奋斗经验描绘了跌宕起伏的情节，甚至戏剧性的矛盾冲突，终于通过艰苦卓绝的努力获得成功，比直接提出论点"艰苦奋斗才能实现人生理想"和宣传灌输"所以你要发扬艰苦奋斗的传统美德"的程序化意识形态宣传，在传播效果上显然有巨大的优越性。对《超级演说家》《我是演说家》《说出我世界》等人生故事类演讲节目进行分析，同样可以发现，节目具有鲜明的主流价值观的传播理念，但都把它隐藏起来，没有直白的口号，更多的是通过故事来传达道理。

可以说，不管是信息资讯还是宣传娱乐，故事化叙事的收效远胜于宣讲道理和教训。但是我们仍旧能看到其中实用主义功利性，个人叙述中的绝对真实并不存在，事实本身更不能自我表达，它们在一个个故事的框子里被摆放，通过故事化的叙述展示出来，这种展示本身就带有倾向性和宣传性。捷克思想家、剧作家哈维尔认为，故事的魅力就在于它"不可避免和难以预料"，在阅读下去之前，我们不知道它要讲述什么，主人公会采取什么样的行为。

《超级演说家》中，参与嘉宾往往是对故事设置的技巧性进行研究，而这种故事的设置往往是虚假的，被演绎出来的，服务于演讲主题。甚至节目中有设置一个情景，要求参赛者立刻编排一个故事进行一场演讲表演，如 PK 赛中设置的"你坐着客车，发现前面农民的橘子货车倒了，大家上前哄抢，你怎么办？"的一句话题目。相比于传达思想，《超级演说家》更介意演讲技艺——这直接决定参赛者是否能留在舞台上。《百家讲坛》里，主讲人在精心设置故事，服务于即将传达的知识，枯燥的知识的比重远远大于生动有趣的故事。

在《开讲啦》节目的故事化叙事应用却往往是不自知、有感而发的，嘉宾自身经历的分享是难以脱离过程展示的，限于节目时长，这种过程展示又不能流水账似地叙述——在舞台上显然是不合时宜的。于是，一段段人生里程碑似的故事脱壳而出，让受众沉浸于好莱坞式的情节之中，感受一次探秘之旅。但是人生又是难以用"故事"穷尽的，"故事"的背后往往隐藏着某种观点或者说意识形态。是接受还是拒绝，是共鸣还是对抗，个人意识形态成为判断这种故事叙述的努力是否成功的依据之一。

在《开讲啦》嘉宾陈坤介绍了自己建立"行走的力量"心灵公益之后，青年代表那建勋说"为什么我在一定程度上非常理解'行走的力量'这个项目？我也是一个非常爱走、非常想走，也非常需要行走的人。"陈坤的"行走的力量"的戏剧性在于，一个成功的、在喧嚣的娱乐圈如鱼得水的明星，却渴望去最偏远的地方行走，追求心灵的宁静。这种在现实的压力下静下心来，寻找自我的观点引起了青年学生的共鸣，家人的期待、繁重的课业促使青年照着榜样所列举的行为方式、故事样本付诸行动。通过故事化叙述的民间话语与官方话语的置换，官方话语下的主流意识形态自然而然地呈现出来，引导某种行动，这也是演讲或者说宣传的最终目的，从情感走向实践，升华和深化某种意识形态。

3. 作为主题的关键词：有痕迹的时代传播

把20世纪90年代以来兴起的电视谈话节目的核心话题做一个梳理，不难发现几个相似概念，那就是"平民化"和"人文关怀"。平民化是现代话语体系的特征之一，也是社会文化的语境之一，我国自改革开放起就始终强调这种话语体系，在全心全意为人民服务的口号之下，我国媒介也坚守着对"平民化"的坚持。而人文关怀作为一种终极追求，在电视的呈现主要表现在对人们现实困难的帮助。

早期节目中，视频节目的平民化和人文关怀一般是以舆论监督的方式呈现的。《实话实说》首期节目就选择了《谁来保护消费者》的话题，讨论市民消费者的维权问题，《焦点访谈》《新闻调查》关注反腐败和减轻农民负担的问题，在某种程度上，这些监督的实现都在一定程度上消解了官方的权威性。后来，随着娱乐化对谈话类节目的侵蚀，谈话节目也就顺理成章地向大众化迈进，话题选择多集中于家庭关系、子女教育等人生话题。

直到今天，除了接受来自上级的宣传任务，视频节目在选题上都逐渐告别了政治话题，出现了世俗化的走向，被认为是"接近大众最有效的途径"，视频节目生产者们改变了策略，开始选择个人经历、人生经验、个人体会的话题，介绍人生故事。在《开讲啦》100期的演讲话题中，"理想""奋斗"和"人生"始终是被讲得最多、分量最重的三个话题，积极健康，鼓舞人心。《开讲啦》鼓励青年在成长中学习市场化的青年榜样，克服人生困境，表达了对青年人获得社会市场认同的期待。既表现了青年榜样大众化的特征，又体现了对青年人的人文关怀，使它成为受广电总局表彰创新创优节目。

三、互动对话，打破元叙事藩篱

演讲在诞生之初就具备互动和对话的功能，城邦精神本身就带有意见的公开发表和相互讨论的内涵。这种对话在古希腊被沿用到法庭辩论中去，被称为"诡辩"的技巧，典型的代表就是《威尼斯商人》女主角鲍西亚关于"割一磅肉，但是不允许流血"的论述。封建社会，为了维护至高无上的统治地位，王权或神权剥夺了人民意见表达的权利，对话失去了它的表达通道，演讲自然变成了教化和灌输的工具，被牢牢掌控在统治者手中，形成了一种封闭的自我言说。

到今天，演讲活动依然保持着无互动的元叙事叙述方式。法国哲学家利奥塔认为，元叙事就是"具有优先和特权地位的权威话语，一种能包含和指挥一整个时代一切理论和实践的指导思想"。它具有普遍性和合法性，其他话语诸如科学、哲学，如果没有从它这里得到合法的认证，便是非法的。这样，元叙事就成为了唯一的权威话语。在本书中，元叙事可以理解为演讲者封闭的自我言说。《TED》演讲就是其中的代表。《TED》的创办意图在于"展示"新思想而非"交流"新体验，整个节目过程为一场18分钟的演讲，演讲者完成了这场口头表达的元叙事，节目就宣告结束，这种叙事，没有互动，没有其他信息表达形式，有的只是现场观众的笑声和掌声。

而《开讲啦》则不同，《开讲啦》节目最大的特色就是互动和对话。在节目的剪辑上，每期节目大约控制在45分钟，嘉宾演讲大约15分钟，占节目比重的三分之一。也就是说，《开讲啦》的单向传播只是整个传播过程的一小部分，三分之二的时间都在营造一个对话场，一个开放的言说平台，实现了青年代表、现场观众与嘉宾的双向互动。值得说明的是，与按时间剩余随机选取提问者、随机回答几个问题的一般讲座不同，《开讲啦》在节目录制中，除了对现场观众递交小纸条的筛选外，十位青年代表则是百分之百地提出问题，而演讲者也有义务回答这些问题，节目录制经常耗费3~4个小时。这种以一敌十的对话交流，演讲者看似处于弱势地位，实际上在某种程度上才真正建构了一种平等，一种与传受关系不再悬殊的互主体性关系。

如果失去了互动与对话，那么《开讲啦》就不过是长在中国大地的《TED》演讲，讲一个故事，宣传一种价值观。《开讲啦》的独特之处就在于嘉宾与青年代表的互动，这种"演讲+对话"的方式的创造，本身就意味着社会化民主进程的推进和民众表达需要的进一步增强。我们不能妄言它将取代演讲元叙事的地位，终结历史，但是它也确实打破了元叙事一贯的权威性和连贯性，在一元的思维输出中提出质疑甚至质询，在对话和争论的思想交锋和碰撞中深化认识，充分体现了民主意见表达的去中心化和平等性。

值得欣慰的是，与哈贝马斯"交往行为理论"的观点相同，在这种言语和对话的"交往行为"之下，嘉宾与青年代表之间形成了理解和相互一致，交往理性在批判中得以重建，盲目的多元价值得到聚合和整流，将受众尤其是青年受众的思想和价值观整合到主流价值观中去。

思考题

1. 演讲类视频节目的形态特点是什么？
2. 当前演讲类视频节目的演讲者总体上具有哪些特点？
3. 演讲类视频节目内容呈现出怎样的特点？
4. 演讲类视频节目主要采取哪些表达方式？

第七章 综艺娱乐节目形态解析

豪泽尔在其《艺术社会学》一书中有这样一段话:"娱乐、放松、无目的玩耍是生活不可缺少的一部分,从心理学和生理学上说,是保持旺盛的精力,刺激和强化活动能力所必需的。"❶ 戴格理(曾担任凤凰卫视高层领导)认为:"电视的最高境界就是尽情娱乐。"❷ 从西方电视业的发展过程中,我们也确乎看到了这一特点。1948 年,美国 NBC 创办了娱乐节目——内弥尔顿·伯尔勒主持的《德克萨克明星剧院》,几乎同时 CBS 也开办了由艾德·沙利文主持的《城中明星》。这两档具备现代综艺节目雏形的电视节目一经面世,便立即赢得了世人的认可和喜爱,从而奠定了综艺娱乐节目的当代位置和社会影响,与新闻节目一起成为电视荧屏中的重要节目类型。

在中国电视节目中,综艺娱乐节目却恰恰因其以娱乐为目的,在相当长时间里被人们忽视和淡漠。但是,随着社会经济的不断发展以及电视技术的不断提高,满足了温饱这一基本生活条件的人类内心深处所具有的游戏情结和现实的娱乐需求被极大地激发了出来,综艺娱乐节目由此成为了当下我国电视荧屏中一道不可或缺的亮丽风景,成为广大电视观众收获快乐、益智娱情的重要方式之一。"电视娱乐消遣类节目的长期生命力绝不仅仅是单纯的电视自身发展原因,而是有着终极的经济原因和人之需要的本质驱动。"❸ 综艺娱乐节目在给观众带来欢声笑语的同时,也成了各电视台谋求经济与声誉双重收益的重要平台。一方面综艺娱乐节目成为大众时刻热衷的谈资之一,另一方面业界对于综艺娱乐节目的关注程度和探讨也随之显著加强。

进入 2010 年后,我国电视综艺娱乐节目的发展正处于关键阶段,节目数量众多,类型纷繁。总体而言,其形态的变化和发展日趋呈现着丰富性、广泛性、分众性、交互性等诸多特点。近年来,随着视频网站的涌现,受众年轻化以及终端的跨屏化成为视听媒体的发展趋势,视频媒体与传统电视媒体争夺受众之战日益剧烈,其中,综艺节目是非常重要的竞争武器。虽然网站把自己制作出来的综艺节目简称为"网综",比如腾讯视频的《我们十五个》、爱奇艺的《奇葩说》,但就形态来说,依然总体遵循电视综艺节目的生产制作规则。此外,跨屏播出已经成为传统电视媒体和新兴网络视频媒体共同的选择。

第一节 综艺娱乐节目的界定与分类

一、综艺娱乐节目的界定

对综艺娱乐节目的界定随着人们的认识程度和审美规范不断变化。就字面理解而言,"综艺"和"娱乐"应该是不可或缺的两个同等并列条件。但受传统观念的影响,就我国早期的综艺娱乐节目形态而言,我们往往更为注重节目内在思想的深刻性和外在形态的综合

---

❶ [匈]豪泽尔. 艺术社会学. 居延安译. 上海:学林出版社,1987:12.
❷ 程鹤麟、张绍刚. 电视策划新论. 北京:中国广播电视出版社,2002:24.
❸ 项仲平. 电视栏目与频道策划研究. 北京:中国广播电视出版社,2007:119.

性。较早的一些综艺节目，如中央电视台《旋转舞台》《综艺大观》等，以集合多种艺术门类为制作手段，以单向式的我演你看为传播方式。换句话说，就是节目的综艺表现层面显现得较为重要，娱乐功能层面受到限制而很少提及。很多综艺娱乐节目表现出一种综而不乐的观赏效果，在特定的社会阶段中，这种节目形态因为符合娱乐活动相对贫瘠的社会客观环境、知识储备相对单薄的受众主体特征而被欢迎和肯定，但从其长远的发展过程而言，这种不伦不类的尴尬模式使很多节目总是承载了过多的精神压力，不能放开手脚、冲破束缚、施展个性，因此逐渐被眼界日益开阔、阅历日益丰富的受众所抛弃。从中国古典文学艺术形态之一的戏剧发展史中，我们也可以得到类似的启发。当戏剧的演出不是刻板地、循规蹈矩地按照某种固化的观念和思想去进行情节设计、角色塑造、场景布置的时候，往往能够获得更好的演出效果。因此，对于综艺娱乐节目的界定是一个非常重要的环节，它将影响到综艺娱乐节目的主体定位、功能设置、节目安排、场景设计、人员调配等相关因素。

目前，对于电视综艺娱乐节目的界定大致有以下三种观点。

(1) 侧重于对节目制作形态进行概括。（电视综艺节目）"集音乐、歌舞、小品、戏曲、杂技等多种文艺形式于一体，在一定的时间长度内按照特定的主题或线索，采用主持人现场串联、字幕串联、现场采访等方式，运用视听语言，将现场演出用电视化手段与传播的时效性、新闻的纪实性、文学艺术的表现性融为一体，具有娱乐、趣味、知识、宣传、审美相结合的特点。"❶

(2) 侧重于对其审美表现形态的概括。"电视综艺节目类——以文艺演出为基本构成形态，但经过电视艺术的二度创作，其总体构成、表现方式和艺术手段均具有电视艺术的独特审美形态，具有电视艺术形式美的艺术作品。其中包括三种，即：电视综艺晚会、电视文艺节目、电视综艺栏目。"❷

(3) 侧重于对其功能指向形态的概括。"电视综艺娱乐节目是以娱乐大众为目的，运用各种电视化手段，对各种文艺样式以及相关可提供娱乐的内容进行二度加工与创作，并以晚会、栏目或活动的方式予以屏幕化表现的节目形态。"❸ "娱乐综艺节目即指通过综合性的表演，营造欢乐气氛，感染观众的节目，通常由主创人员精心设计单元，在主持人的调度和串接下，与嘉宾、现场观众、电视机前观众的互动交流中收获欢笑。"❹

从这些相关论述中，我们可以得出这样的印象：综艺娱乐节目是一种以多种演出样式（歌舞、戏剧、小品、杂技、魔术）为其创作素材，以受众的娱乐需求为制作目的，以音响、场景为其演出要素，以电视或网络等媒介为其传播载体，经过艺术化的加工和主持人的巧妙连接，在一定时间内完成一个或多个规定主题的节目形态。演出的文艺节目类型呈现出丰富性、多样性、综合性的总体特点；节目内容呈现出赏心悦目、寓教于乐、诙谐幽默的总体风格；节目效果呈现出愉悦身心、舒缓神经、寄托情志的总体面貌。

二、综艺娱乐节目的分类

进入 2000 年后，随着中国电视业迅猛发展，电视综艺娱乐节目因其样式新颖、内容多样赢得了受众的喜爱，由此也掀起了一阵综艺娱乐节目的热潮。2000 年，中国人民大学舆论研究所进行的"北京居民电视收视行为与收视意愿的调查"中，北京人每 100 分钟的收视

---

❶ 赵玉明，王福顺. 广播电视辞典. 北京：北京广播学院出版社，1999：133.
❷ 高鑫. 电视艺术美学. 北京：文化艺术出版社，2004：77.
❸ 胡智锋. 电视节目策划学. 上海：复旦大学出版社，2006：93.
❹ 张梦新，李琴. 传播学视野中的娱乐综艺节目主持人. 视听纵横，2004（1）.

中,有 23.4 分钟是用于收看影视剧类电视节目;有 14.5 分钟是用于收看娱乐综艺类电视节目(约占电视收视市场份额的 1/7)。而 2006 年 6 月 20 日,第十二届上海电视节"白玉兰"国际电视论坛发布谢耘耕、唐禾《中国电视综艺娱乐节目市场报告 2006-2007》。报告指出,2003 年以来,国内电视综艺娱乐节目的收视比重以超过 10%的综艺娱乐节目为主打的频道在收视份额前 10 位排名中占据了 6 席,综艺娱乐节目成为最具发展潜力的节目类型之一。报告同时指出,在经历综艺娱乐节目"克隆"时代之后,节目形态创新具有极其重要的意义,成为电视综增长率不断提高。2005 年,以娱乐节目成长的关键。

据报告统计数据显示,我国以综艺娱乐节目主打的电视频道有 177 个,以综艺娱乐命名的专业或准专业频道 35 个,各电视台和社会制作公司制作的综艺娱乐节目达 6 万小时左右,各频道全年播出综艺娱乐节目超过 14 万小时,综艺娱乐节目的播出量约占所有节目播出量的 5.3%,综艺娱乐类节目的全国收视市场份额为 7.4%,观众人均收看电视综艺节目 4000 分钟,平均日收看 12 分钟,收视时间量占到总体时长的 7.4%,比以往提高了 6.7 个百分点❶。到 2009 年,各个电视台所制作和播出的综艺娱乐节目收视率则首次超过了电视剧,成为荧屏上一道靓丽的风景。一方面数量众多;另一方面类型也日趋丰富多样化。

电视综艺娱乐节目的类型依据不同的标准有着不同的划分方式。

(一) 根据节目制作形态划分。

1. 电视综艺晚会

电视综艺晚会相对于其他节目类型,其产生时间相对较早,发展较为成熟。它主要是指根据特定的主题、在特定的时间,将丰富多样的节目类型进行艺术化加工,往往以直播的方式,通过主持人的串联、高科技的现代化音效手段,突出强调现场的热烈气氛,以荧幕化的传播手段呈现在观众面前,为人们带来特殊心理感受的一种节目形态。考虑到举办方性质、主题制定要求、播出时间限制等因素,又可以细分为节目性综艺晚会,如中央电视台自 1983 年以来创办的、已经成为全体中国人春节必不可少的"狂欢化"活动之一的《春节联欢晚会》;行业性综艺晚会,主要以宣传行业性质、凸显行业特点,普及行业法规,宣传行业活动的晚会,如公安部以表现公安系统甘于奉献的精神品质、讴歌公安系统杰出代表为主要内容的《公安部联欢晚会》;主题性文艺晚会,是在特殊节日之外,为了配合社会活动的某种特殊需求、人们的特殊情感抒发而举办的综合性文艺晚会,如中央电视台举办的以新中国 60 年来中华各民族共同团结奋斗、共同繁荣发展历程为主题的《爱我中华民族团结专题晚会》。

其中要特别提到自 1983 年后便年年举办的中央电视台春节联欢晚会,它是我国电视业发展过程中浓墨重彩的一笔,早期的综艺性栏目都受到它的影响和启发。春晚的诞生和流行主要基于它所依附的特殊播出时间——春节,其形式上的热烈、欢快,内容上的轻松、愉悦、五彩缤纷,正应和了中国观众的传统节日心理,以至于看春晚成为"吃饺子""放鞭炮"这些节日规定动作之后必不可少的重要活动。一些经典的作品成为人们茶余饭后不可或缺的谈资,而不少明星或主持人正是在这样的演出过程中走进观众的视野,获得好评。当然,综艺晚会在一段时间里有过一哄而上的盲目阶段,除了中央电视台、各省台、市台,甚至于基层的电视台都曾采用综艺晚会的形式,以至于到了节日,观众们打开电视荧屏就会看见晚会的"海洋"。根据相关调查显示的结果,春节晚会的收视率正随着人们生活条件的提高、社会环境的改变逐渐下降。

---

❶ 谢耘耕,唐禾. 2006 中国电视娱乐节目报告. 现代传播,2006 (6).

2. 电视综艺娱乐栏目

综艺晚会的形态往往规模较大，时间较长，限制较多，但是春晚所表现出的狂欢化娱乐模式却触发了此前一直潜藏在观众心底深处那种对规模化、多样化艺术样式强烈的欣赏和娱乐需求。于是综艺节目的栏目化便应运而生。栏目的特点是节目制作的模式化、播出时间的稳定化、内容设计的板块化，一经问世，便以其高度的概括性、凝练性、稳定性为综艺娱乐电视节目赢得了观众的认可。

"所谓电视综艺栏目，主要是指以栏目化的形式出现，通过电视栏目主持人的主持串联，将诸多电视文艺样式组合在一起，经过电视杂志化的艺术处理，给观众以文化娱乐和审美享受的电视文艺形态。"❶

1981 年，广东电视台所推出的《万紫千红》可以说是中国内地电视台中最先实现电视综艺节目栏目化的代表，它将各种文艺样式的演出根据一定的规律进行分类，设立了《小幽默》《逸事趣谈》《朝见口晚见面》《乐叔和虾子》等子栏目。应该说，节目栏目化的手段可以帮助人们在较短的时间里能够欣赏到多种形态的文艺表演，是一种极为有效的传播方式。尤其是在电视技术高速发展的背景下，每周安排 1~2 次固定时间（通常是在不用工作的周末）坐在家中欣赏原本需要花费较大代价才能欣赏到的文艺演出，其效果并不逊色于后者，现场观众在一定指示下创造的热烈气氛，摄像机通过推、拉、摇、移等手段采编的各种具有冲击力的视觉画面，后期制作出来的生动、幽默的画面外配音，共同造就了一种令人眩惑的家庭舞台效果。对于经济能力尚未达到一定水平、时间也比较紧张的现代人而言，这确实是一种相当诱人的选择。可以说，栏目化的节目制作方式，大大推动了综艺娱乐节目的发展进程。在《万紫千红》受到观众强烈欢迎的基础上，广东电视台乘势又开办了一个新节目——《百花园》。在其影响下，各地方电视台甚至中央电视台都进入综艺节目栏目化制作的风潮。一时间，综艺栏目如同雨后春笋大量出现在电视荧屏中。比较知名的有上海电视台先后开办的《大舞台》《大世界》；北京电视台开办的《五彩缤纷》；湖南电视台开办的《星期文艺》、安徽电视台开办的《舞台桔英》；中央电视台则有《曲艺与杂技》《周末文艺》。

大量综艺栏目的出现，促使我国的综艺娱乐节目迅速成熟起来。1990 年 3 月 14 日，中央电视台推出《综艺大观》，成为中国综艺娱乐节目发展过程中一个不可忽视的里程碑。当时每两周一期，每期 50 分钟，下设《开心一刻》《音乐星空》《请你参加》《新起点》《艺海春秋》《海外飞鸿》《天南地北》《东方奇观》《综艺快车》《综艺传真》、综艺系列剧《咱们的居委会》等若干小板块。曾以其节目的精巧独特、风格的轻松休闲得到了大批观众的喜爱，并成为时至今日所有中国电视综艺娱乐节目中播出时间跨度最长的栏目。它不仅推出了一批质量上乘的优秀文艺作品，也在造就明星演员和主持人方面立下了汗马功劳。尽管自 2007 年后因栏目老化、创新不足、质量下滑而停播，但它作为了中国电视发展史中不可抹去的记忆已然成为了其他综艺娱乐节目汲取经验与教训的重要源泉之一。现在，电视综艺娱乐节目的栏目化已是一种普遍和基本的表现手段。甚至于一些具有特殊主题的综艺晚会也逐渐开始倾向于这种方式，如轰动一时的《同一首歌》，现在还在热播的《欢乐中国行》《中华情》等栏目。

（二）根据节目自身定位划分

对于节目自身的定位，每一个栏目都会有一个相对稳定的观念，它会影响到节目内容的设置和结构的建立方式。大致来讲，我国的电视综艺娱乐节目走过了一条比较清晰的路线，也就是随着对于"娱乐"观念的理解而逐步从教育性、权威性、演出性走向娱乐性、平民

---

❶ 高鑫. 电视艺术美学. 北京：文化艺术出版社，2004：209.

性、互动性。

1. 综合演出类节目

这一类节目比较传统，发展时间较长。侧重于对于演出者艺术修养和造诣的尊重和强调，常常以一种拼盘的方式通过主持人的串接，展示不同门类、不同流派的多种文艺作品，风格以稳健知性见长。比如像中央电视台的《春节联欢晚会》《旋转舞台》《音画时尚》《综艺大观》《曲苑杂坛》等节目。

案例：《中央电视台2017年春节联欢晚会》

播出时间：2017年1月27日，农历大年三十20:00至次日凌晨1:00。

播出方式：现场直播。

串联方式：主会场由中央电视台朱军、董卿、康辉、朱迅、尼格买提主持，桂林分会场由中央电视台张蕾、广西电视台高枫主持，上海分会场由中央电视台孟盛楠、上海广播电视台曹可凡主持，凉山分会场由中央电视台杨帆、四川凉山彝族自治州歌舞团阿侯尔里主持，哈尔滨会场由中央电视台管彤、黑龙江广播电视台周巍主持。主要由主会场主持人、分会场主持人及现场嘉宾互动，根据事先准备好的台词将节目依次展示给观众。

节目元素：戏曲、歌唱、舞蹈、小品、杂技、相声、武术、魔术、快闪、公益广告等。

节目布景：演出大厅面积较大，总体以红色为主，舞台背景是一块巨型LED显示屏，而上下左右共有30多块的LED屏幕在舞台中央，配合演出节目的需要不断变化画面，采用VR全景直播，上海分会场还运用了AR技术，在杂技节目环节，观众可以看到一条活灵活现的鲤鱼从舞台上跳出，并跃入水中，寓意中国传统文化中所指的"鲤鱼跳龙门"。形成了强烈的视觉效果。观众席与演出舞台相区别。在现场一侧还设有热线接听席，按照计划好的流程将一些来电或网络留言进行现场播报。

节目特点：从创作源头抓起，拉近与百姓观众的距离。"开门、开放办春晚"力度进一步加大，强调"正能量"元素，面向全国征集春晚节目，从小人物的故事中寻找素材，将"深入生活、扎根群众"的故事搬上春晚舞台。注重起用新人新作，使春晚更接地气。各类型节目彼此穿插，但始终围绕晚会欢乐祥和的特定主题，突出主流审美意识。首次结合了虚拟现实技术，在备播区安装了4个花絮机位，"电视＋手机"实现全覆盖，让观众既可以在电视上看春晚，也可以拿着手机看直播。

2. 互动游戏类节目

和深受春晚文化影响的综合性演出类节目相比，其他综艺娱乐节目类型大都是从欧美、日韩、港台等地引进的。综艺游戏类的节目比较强调演员、主持人及观众现场或其他方式的参与和互动过程，经常邀请明星参加节目，制造噱头，镜头画面充满了智力和体力的双重较量，形式多变，风格以活泼动感见长。比较知名的节目有《快乐大本营》《奇葩说》。

案例：《快乐大本营》

播出时间：2010年1月2日晚湖南卫视19:00～22:00。

播出方式：录像播出。

串联方式：何炅、维嘉、谢娜、吴昕、杜海涛五位主持人，一般五人同时出场共同主持，以前三者为主。

节目元素：湖南省知青合唱团合唱表演；主持人和现场观众互动游戏（合唱）；少儿歌唱团体"小红叶组合"合唱表演；主持人与表演者的互动游戏；2009年快乐女声参赛选手曾轶可歌唱表演及其有关新专辑的介绍。

节目布景：观众席与演出舞台相隔离，舞台略高于观众席，舞台背景以一块大屏幕为主，深蓝的底色，时刻展示着本期节目的主题——欢唱2010，字体为色彩明快的红色，配有形态活泼的卡通漫画。当演出者在歌唱时，屏幕会随之不停变换画面。现场有乐队根据节目的需要进行临时配合。

节目特点：紧扣"欢唱2010"这一规定主题，分别邀请了老人、儿童、青年歌手为表演嘉宾，在歌唱表演的同时，时刻注意调动现场观众的参与性。五位主持人所着服装以紫红色为主色调，配以粉红色进行调和，式样独特，映衬着节目的氛围。而台词不像前者比较拘泥于脚本，侧重于临场的口语化表达。

3. 明星访谈类节目

这一类节目建立在观众对于笼罩着明星光环的演员或艺术工作者所具有的好奇和窥视心理的基础之上，通常是以明星作为节目的表现主体，除了艺术表演之外，还围绕他们的工作和生活，进行各种话题的讨论，甚至于盘诘其不为人知的隐私，向大众进行全方位的展示，风格以感性幽默见长。如《鲁豫有约》《超级访问》《非常静距离》。

案例：《鲁豫有约》

播出时间：安徽卫视，每周一到周五的晚间21:27分播出；
旅游卫视每周四、五、六晚间20:30播出。

串联方式：鲁豫主持。

播出方式：录像播出。

节目元素：一段段窝心的真情，三千六百秒赤诚对话，千万次殷切回响，打造《鲁豫有约：说出你的故事》。

节目布景：主持人与嘉宾面向对方而坐，嘉宾坐在沙发上，主持人坐在一个半人高的台子后面，两者之间有一块中等大小的屏幕，显示着节目名称。演出场地与观众席相通，没有明显的高低之分，节目布景以宁静的蓝色和素雅的紫色为主。

节目特点：以谈话为主，话题比较分散，围绕嘉宾的艺术创作、生意计划、情感生活等展开，比较轻松和幽默。主持人的服装化妆时尚精致，现场有乐队进行配合演出，根据气氛的变化演奏或活泼或宁静的曲调。

4. 真人秀综艺类节目

真人秀节目和综艺娱乐节目的结合，在国内是自湖南电视台《超级女声》的轰动而流行起来的，这是一种以激发平民参与性为总体特征的节目类型。它建立在世俗大众追求娱乐的本质化需求基础上，同时又掺杂进人人都向往的明星光环制造过程，使受到诸多现实限制而只能将梦想寄托于偶像身上的平民，充分体验了一把以往不可企及的生活方式。即便只是坐在家中通过短信或网络投票的观众，也在属于"自我象征"的选手身上获得了颠覆性的满足。近两年来，又出现了一种以明星为参赛主体的真人秀综艺节目，但参赛项目常常并不是他们的强项。总之，这类节目常常表现出一种真实互动和紧张悬疑的特点。如《奔跑吧！兄弟》《极限挑战》《真正男子汉》《美国偶像》《星光大道》《超级女声》《绝对唱响》《加油，好男儿》《舞林大会》《我爱记歌词》《挑战麦克风》等。

案例：《真正男子汉》

播出时间：湖南卫视自2015年5月1日起每周五晚22:00。

串联方式：互动。

演员：张丰毅、郭晓冬、王宝强、袁弘、杜海涛、刘昊然。

节目布景：军营。

播出方式：录播。

节目元素：邀请了6位具有不同年龄跨度的明星体验军旅生活，使其辗转于不同兵种之间，进行真正的军旅磨炼。这6位明星切合了节目的内容要求与展现，将代表性与个性化融为一体。湖南卫视首次在大型季播活动中采用"三位一体"的团队架构,派出了在叙事、个性塑造、背景深挖、户外拍摄等方面都有着行业一流经验和水准的三支金牌制作团队,强强联手,各取所长。

节目特点:节目情节设计真实而残酷。《真正男子汉》是一档国防教育节目,离不开对军队训练的真实展现,而6位明星作为被拍摄的主体,担当着国家国防教育的宣传主体,在军队训练中自然少不了真实而残酷的训练,来不得半点虚假。明星正式参与部队训练,与普通士兵共同生活,接受部队的残酷磨炼,是明星对自身的考验,也是节目的最大看点。在人们已经腻烦于柔弱无力、爱情缠绵等常态化的作秀节目后,硬汉成为荧屏上"美男""鲜肉"盛行之外人们的一种新的追求对象,不仅令受众眼前一亮,产生一种新鲜感和满足感,而且唤起了人们对阳刚血性的崇拜,激发了男性受众的男子汉情结。

5. 音乐歌会类节目

这一类节目是脱胎于早先单纯以作品介绍为主的音乐类节目。但是随着媒介形态的多元化,网络的普及化,受众了解和欣赏音乐的方式不断丰富,这种单纯以介绍作品的方式逐渐被抛弃,而侧重于作品之外对于歌手本身或者创作过程的介绍,并提高观众的参与程度,风格欢快流畅。如《我是歌手》《中国好歌曲》《中国新歌声》《蒙面唱将猜猜猜》《跨界歌王》《超级女声》《快乐男声》《欢乐中国行》《同一首歌》《周日狂欢夜》《音乐现场》《乐拍乐高》。

案例:《跨界歌王》

播出时间:2016年5月28日起每周六21:08在北京卫视播出,每集长度100分钟左右。

串联方式:栗坤。

播出方式:录播。

节目元素:歌曲演唱。

节目布景:北京电视台演播厅,巨大犹如演唱会的舞台布景,灯光绚丽多彩,营造出静谧唯美的氛围,具有强烈的时尚感、艺术感。在《跨界歌王》的模式里,与地上主舞台相关联的地下试音间是一个关键性的节目设置,这二者之间由升降机相连。从第一期的节目,我们可以大致判断出节目组赋予试音间的初衷:首先通过试音间的"严格筛选"过程,着重刻画出评委团的性格:严肃又幽默的反差萌。三位老师分别绰号"严厉、严格、颜值",组合成了所谓的"三严老师";其次,节目组估计会担心观众质疑节目的公平公正性,因而试图通过试音间里的"初试"表现对于这些成名已久的影视明星不会"心慈手软"。明星们在试音间中的各种出错、紧张、凌乱的状态与升至主舞台之后"小宇宙爆发"的竞演状态形成鲜明对比;最后,连接地上地下的升降机犹如是关于"跨界"的隐喻,意味着这些非专业歌手的明星来参加节目是"跨界"的第一步,而经过试音间考核才能升至主舞台与观众亲密接触则是"跨界"的第二步。

节目特点:《跨界歌王》真正突破固有的娱乐边界、实现了电视节目责任性与娱乐性的统一。除了全新跨界理念的设计,注重创新的《跨界歌王》,在未来的舞台和赛制设计中也大开脑洞,用动听空间、音乐表演秀空间和真我绽放空间的"三度空间"全面激发节目魅力,令明星们释放出更真实的自我。一度空间——动听空间,将由宋柯、高晓松等三名权威评委进行专业点评。明星们要凭借自己的歌声俘获评委的心,这期间他们能否成功进入二度空间,一切都充满了悬念和变数。二度空间——音乐表演秀空间,将上演展现明星多面风采的视听盛宴。美轮美奂的舞台上他们化身歌者,以经典歌曲演唱结合精湛的演技,在故事化、情景化的时空中上演创意无限、惊艳绝伦的音乐舞台秀,接观众的喝彩。三度空间——

真我绽放空间,《跨界歌王》以真人秀的方式作为辅助和补充,丰满嘉宾在节目中的精彩表现。

6. 魔术、栏目剧类节目

以往综艺娱乐节目常常是多种文艺样式的杂糅组合,但随着对于受众细分化状态的进一步认识,现在有不少节目开始注意到根据社会关注的焦点或部分受众相对集中的兴趣制作节目。魔术、栏目剧类节目就是近两年来兴起的新型节目样式。前者受到春晚的影响,后者则是在电视剧创作的带动下制作的节目。这种类型的节目数量不算多,而其发展态势也不一而同,值得大家的关注。代表性的节目有《金牌魔术团》《奇迹之门》《魔星高照》《魔法偶像》《本山快乐营》《万家灯火》《生活麻辣烫》《非常故事汇》等。

案例:《本山快乐营》

播出时间:2010年4月22日黑龙江卫视晚21:30。

串联方式:田久龄、大樱桃主持。

播出方式:录像播出。

节目元素:电视剧情的舞台延续,东北二人转表演。

节目布景:黑龙江电视台800米演播厅,1:1还原为"象牙山村",世界最先进的VL3500电脑灯,通过色彩与强度的变换为晚会打造出绚丽的舞美效果,三块悬挂的LED屏幕共达100多平方米,呈现出宽广的画面。观众席俯视整个演出舞台。

节目特点:观众与演员交融在一起,可以与演员进行直接的交流。本期剧情为"村里来了女大拿"。

7. 综艺娱乐资讯类

这一类节目主要以对于综艺娱乐的动态信息进行编辑和播报,侧重于其信息的传播。老牌的有2000年5月就开播的湖南卫视《娱乐无极限》、2000年12月开播的中央电视台综艺频道《综艺快报》,较有影响力的还有东方卫视的《娱乐星天地》、浙江卫视的《娱乐梦工厂》、台湾八大综合台的《娱乐新闻》和TVBS-G的《娱乐百分百》、香港TVB8的《娱乐最前线》等。

第二节 综艺娱乐栏目设计

一个好的设计是要设计者根据细致入微的观察和研究得来的,从栏目的主导理念到具体的环节安排,不能凭空想而建,而应当针对栏目受众的具体情况和栏目设计团体的自身条件做到精确和到位。综艺娱乐栏目相对于单纯的综艺节目来说,有着固定的播出时间和主题思想,这为节目内容本身的固定性带来了有益的帮助,但同时也有一定的负面影响。比如其一贯性和稳定性容易导致观众新鲜感的逐渐丧失,综艺娱乐栏目形态的迅速老化已经是一种常见的现象。一方面,观众对于娱乐的需求是与生俱来的先天属性,注定了电视娱乐综艺节目的出现必然成为大家注意的焦点,既然是娱乐,那么它所提供的一种外在客观理念就是让人们的天性得到真正的释放,由此形成的游戏化方式使人更侧重于感官的体验而非理性的思索。于是,节目的新颖性、刺激性、游戏性成为观众首要认可的节目元素,一旦失去了这三种特性,甚至只是其中之一,电视节目更换的快捷性便会让观众手中的遥控器立刻指向新的栏目,也就是所谓的"冲浪"现象。另一方面,任何栏目的发展必然要经历一个陌生新颖到熟悉稳定的过程,因此,为了避免被淘汰和抛弃,优秀的电视综艺娱乐栏目的设计者们常常要费尽心思,特别是要避免重复和雷同。现在,中国的电视综艺娱乐节目的设计大多来自于欧美、日韩或港台,每当一种新类型的节目经过内地化制造风靡荧屏后,就会产生无数版本的跟风之作——《玫瑰之约》曾令观众耳目一新,到 2002 年时全国各电视台模仿甚至复制这档节目的达到 30 家;《超级女声》平地崛起后,2006 年选秀节目多达 20 余档;《我爱记歌词》流行后,国内同类节目将近 10 个[1]。相比欧美等地的原创栏目如《百万富翁》《美国偶像》(如表 7.1 所示)等,我国的综艺娱乐栏目的确应当好好反思和警醒,栏目无论从模式、单元环节到元素手段的设计都一定要有精品意识、本土意识和创新意识,扭转当下泛滥成灾的模仿、跟风潮,争取创立中国综艺娱乐节目的自主品牌。

表 7.1 内地节目与原版节目

内地节目	原版节目
《快乐大本营》《欢乐总动员》《开心 100》	《超级星期天》(中国台湾地区)
《开心辞典》《幸运 52》	《百万富翁》(英国)
《超级女声》《快乐男声》《我型我秀》	《美国偶像》(美国)
《舞林大会》《舞动奇迹》	《与星共舞》(美国)、《strictly come dancing》(英国)
《我爱记歌词》《先声夺人》	《合唱小蜜蜂》《莫忘歌词》(美国)
《谁敢来唱歌》《挑战麦克风》	《who dares sings》(英国)
《玫瑰之约》《非诚勿扰》《我们约会吧》	《非常男女》(中国台湾地区)、《take me out》(英国)
《交换空间》	《全能住宅改造王》(日本)
《鉴宝》	《开运鉴定团》(日本)
《勇往直前》	《The amazing race》(美国)、《情书》(韩国)

一、风格设计

综艺娱乐栏目发展至今的经验告诉我们,风格的设计应该将稳定成熟和常变常新这两种看似矛盾其实相通的风格结合起来,才能做出受到观众欢迎并长久保持生命力的节目来。风格的设计要考虑到思想观念、经济基础、生活方式、民族特性等多种社会文化的外在因素,这些都是相对比较稳定、常态、固化的客观层面。人们因为往往更容易接受和自身心理状态相一致的事物,这种熟悉和亲切在栏目刚刚开始播出时会引起更为浓厚的兴趣。当栏目的定位已然形成时,风格设计就应当相对规定下来,并流露着特定人群由其性别、年龄、文化、种族甚至阶级差别而引发的鲜明特点,成为与其他栏目区别的重要标志之一。现在,常见的栏目风格大致有以欧美为代表的西方和以日韩、港台为代表的东方两种类型,这是两种显然受各自个性化的生活方式、思想习惯引致的类型。

1. 西方风格

西方文化力求"真"与"美"的等同,毕达哥拉斯等一批早期数论学家的理论奠定其美学思想的坚实基础。这一点对于文学艺术的发展有相当大的影响,比如古希腊人最常参加、也可说是当时人们最为重要的娱乐活动之一的戏剧演出,从剧场设计到演出形态,无不体现着对于"真理"与"永恒"观念的终极追求。通过对剧中人物的性格塑造,彰显着创作者深沉的生命思索,并给予剧场观众强烈的情感宣泄。而这种观念随着时代的发展,逐渐固化为当代西方文化中重要的思想意识,而其综艺娱乐栏目的模式设计也不能逃脱这种影响。《生存者》《美国偶像》《百万富翁》这些广为流传的节目样式,同样给了我们这样的印象。强调

---

[1] 黄杰. 卫视"相亲"陷入版权战、综艺中国创造迫在眉睫. 搜狐娱乐,2010 年 04 月 06 日 07:53,http://yule.sohu.com/20100406/n271325397.shtml.

现场感、真实感,让栏目参加者无所遁形,让观众充满强烈的震撼感。比如 2000 年由英国电视 4 频道开播的《老大哥》栏目,它的创意来自于乔治·奥威尔在小说《1984》里所塑造的"老大哥"形象:一个无时无刻无所不在的"老大哥"监视着所有人的一举一动,无论是吃饭、睡觉、工作或者走在街上、躲进洞穴——包括思想活动。这个虚构的艺术形象有着充分的现实根源,生活中,我们随处可见光明正大的"老大哥"。如忙碌并且着迷于抓拍、偷拍的摄影记者,火车站罚款的老太太,喜欢搜集社区资料的居委会老大妈和管片民警……❶在节目中,我们可以看到在日常生活中完全不可见的真实画面,不仅展示美,也让丑裸露在阳光下。这种表象上的客观使观众直面人性的崇高与卑下。

2. 东方风格

东方风格不能简单地和西方模式进行等同对比,但是东方文化的背景注定我们对于欧美综艺娱乐栏目那种不顾一切,撕开所有遮蔽的设计观念有所区别。东方文化,如中国文化常常建构在延续了上千年的伦理观念之上,将"善"与"美"相联系。即便是在娱乐活动中,也常常要有现实的功利观。中国戏剧也是在一个娱乐需求相对提高的时代产生的,但是历史的惯性发展让我们的戏剧常常承载着沉重的指导和教育功能,正所谓"不管风化体,纵好也枉然"。现在,中国的很多娱乐栏目仍然秉持着,至少在一定程度上仍然延续着这样的观念。而日韩、港台的电视综艺娱乐栏目由于其与西方的交流和接触相较于大陆早了很长时间,所以栏目受其影响很大。《康熙来了》这档受到很多争议的娱乐栏目,很多观众无法忍受主持人和嘉宾毫不遮掩甚至于接近"下流"的话题和表演,但是这恰恰成就了对我们以往节目模式的全面审视。为什么很多人一面看一面骂,但下次还要去抢着去看?因为其中的嘉宾和主持人常常处于一种最为自然和真实的状态,而不是被先天地类型化,观众通过节目可以塑造自己对于演员或者主持人的独特想法。即使是同一个演员,我们在不同的节目中也常常会有意外地发现和惊喜。反观内地一些形态接近的访谈性节目,由于其不温不火、点到即止的方式,在初期收视率高涨之后,却因为过分填补"空白",先入为主地将嘉宾定型定性,忽视了受众的积极参与能力而遭到贬低以致淘汰。总之,对于"善"美的张扬,并不意味着对人性的无视和压制,恰恰相反,更应该成为栏目模式设计者有意识追求"善"之表现的巧妙性。我们应当结合西方模式中"真"的要素,当然也要注意中国受众的视觉与心理接受程度,有条件、有选择地进行栏目的改造。

二、单元环节的设置

当节目的风格设计已然形成之后,接下来最重要的就是单元环节的设置了。宏观层面的有力展现需要结构的精巧设置,正如一首经典歌曲,每一段旋律的安排都是创作者的匠心独运。比如《美国偶像》,这档节目也是凸现西方模式中"真"的情境,因此每一季每一集的环节安排都和此相匹配。每周两次,第一次作为上一期的延续,展示上周比赛经过淘汰后剩余的几位选手如何进行一周的准备,接着进行表演和评点,观众在节目结束之后通过各种方式进行投票;第二次则是让几位选手一同出场,主持人经过巧妙地串联,和评委的麻辣点评制造出悬疑和紧张的气氛,最终公布淘汰本周分数最低的选手。每周两次的节目虽然时间很长,但因为每一集的内在部分环环相扣,引人入胜,最终取得了较高的收视率。所以,单元设计确实对于模式的整体表现力起着至关重要的作用。

目前综艺栏目的单元设置大致上分成以下三种形式。

---

❶ "老大哥"词条介绍,互动百科,http://www.hudong.com/wiki/%E8%80%81%E5%A4%A7%E5%93%A5.

1. 多元并列式

多元并列的单元设置是比较常见的一种形式，它使得在固定时长限制下栏目内容的呈现可以表现出丰富多样的色彩，从而最大程度上吸引不同群体观众的眼球。优点是没有主次之分，可能在某个单元上有所侧重表现突出，但是所有单元之间没有特定的内在关联，从而对观众收看节目就不会产生太高的要求。西方研究者曾经就电影和电视受众在收看特点方面进行了研究，认为就"集中注意力的程度"而言，"观众很少能持续地集中注意力去看电视，……但是人们看电视的时间和频率都要多于看电影。"我们在日常生活中也会注意到，收看电视的人群往往处在一种漫不经心的状态之中，主妇们常常边做家务边收看，孩子可能边玩耍边收看，而男人们更是在体育节目之外甚少花很多时间在这项活动上。所以，并列式的单元结构的确可以让人们在这种漫不经心的心理状态中选择任何时候收看节目的演出。比如说音乐歌友会式的综艺节目《音乐现场》，尽管现场气氛火爆，但是无论你在何时打开电视，插入到受众行列中都无关紧要，因为当下的歌曲表演和前面已经结束的节目并无特定关联。而一些综艺游戏类节目也表现出同样的特点，《天天向上》播出时长达两个多小时，而在这两个多小时的过程中，我们不要固守在屏幕面前，因为每个段落之间并不一定有前后承继的联系。

2. 单线递进式

多元并列式的单元结构最大程度上观照到了受众的收视特点，但是它也会造成一部分观众群在节目间进行"冲浪"时的隐形流失。我们在收看节目时，当某个段落或某个单元不太吸引人、缺乏娱乐点，就会立刻用遥控器重新选择新的节目，当新节目出现某个亮点或者吸引我们的画面和情节时，原有的节目就会在一段时间内被淡忘或抛弃。因此，与之相对，为了从始至终吸引受众的目光，有些栏目采取的是单线递进式的结构。即每个段落或单元之间有着密切的联系，情节环环相扣，人物引人入胜，气氛紧张火爆，让观众不能转移视线，造成收视状态的稳定和连贯性。这种节目单元的设置比较常见的是真人秀之类的节目，比如《美国偶像》，每个选手表演之前都会一段简短的录像片段介绍其一周来的准备情况，客观上制造了一种悬念，观众会从他的选曲、服装准备等对现场的演出进行一个提前的判断，接下便需要印证自己的判断。而选手从出场到谈话、表演及至面临评委的议论和主持人的调侃，都是影响到其最终结果的重要因素，其他选手的表演也会让观众为自己所欣赏的选手担心紧张，从而目不转睛地盯住电视屏幕。所有选手的演出结束后，最后一名还会有一个争取"复活"的机会，而这个机会也是由其前面的综合表现赢得的，所以节目的演进过程不能不让人就像被粘在座位上，不忍离开。

3. 拼贴糅合式

这种类型的节目单元设置实际上就是观照到前两者的优势而做出的一种糅合和拼贴。单元之间并无硬性规定的联系，但是在某些不同时段的演出过程中，会注意到彼此的联系。比如前一章案例中《快乐大本营》的某期主题为"欢唱2010年"的节目，大致分为三个单元。第一单元邀请了中老年龄段歌手组成的一个合唱团，第二单元邀请了一个少儿合唱群体，第三单元邀请了2009年快乐女声的一位歌手。三个单元貌似并无特别紧密的联系，但是从播出效果上来看制造了一种递进的层次感。老年歌手的演出让人感受到温馨的气氛，从而为节目开场打造了一个良好的基础。七点多钟时电视观众刚刚打开电视，还没有进入到收视的稳定状态之中，看见老年合唱团开场充满激情和幸福感的演出会引出自己的钦羡之情；继而第二个阶段，也就是进入到八点多钟左右的时间段，家庭成员应该大多结束了一天的工作和家务劳动，孩子们也可以适当的安排时间和家长一同观看节目，所以小红叶合唱团的表演就可以成为所有家庭成员共同欣赏的节目，且其气氛比较活泼昂扬；第三段是到了九点多钟，节目顺利进入了高潮部分，老人和孩子的演出让人们对于生命的观照有了一个总体的感悟，对青春美好和张扬的向往及怀念就顺理成章地进入到观众的心理层面，所以这个时候有意安排了颇有争议的快女歌手曾轶可的演出，引起了现场的火爆气氛和电视机前观众的强烈反应。从开始到结束，三个单元貌似无关，其实从总体而言，设计者还是运用了高超的智慧进行总体的设计和安排，收到了较好效果。

三、元素手段的运用

元素手段在电视栏目中的运用就好比塑造人物形象时必须采用的细节化手法。细节决定成败，如果运用得当，它可以帮助栏目的模式得到具体的、形象的、完整的展示，鲜明地体现设计者的创意和观念。而与之相反，如果运用失当，就会伤害到节目的整体效果，导致受众的流失。所以，优秀的电视栏目一般都会特别观照到具体元素的安排设置。对于综艺娱乐节目而言，元素手段大致分为综艺表演和娱乐助兴两种。

1. 综艺表演的元素

这是综艺娱乐节目的一个基本形态和基础设置，即其立足之本，也是娱乐功能发生的一个必备性条件。如互动游戏类、娱乐访谈类节目中，嘉宾的本行演出是一个常规的内容，如果缺省这样一个基本前提，就会失去观众的兴趣焦点，而其谈话内容也是往往是由此产生的。当然，表演的精彩与否不是综艺娱乐节目最重要的成分，但是，如果演出能够五光十色、精彩纷呈，也确实会让受众不由自主地深受吸引而锁定节目，充分领略节目的主题意蕴和一些娱乐因素。

2. 娱乐助兴的元素

这一元素常常是在演出所培养的现场气氛中，通过主持人的幽默、嘉宾的模仿甚至滑稽表演、观众的互动性游戏画面而产生的。综艺表演的元素往往在节目设置之初就可以基本确定，而娱乐助兴的元素却是要在大的框架之下，通过现场的临时发挥而表现出来。这一元素的使用，需要主持人充分发挥聪明才智，带动嘉宾和全场观众的情绪，进而影响到屏幕前的电视受众。《快乐大本营》导演龙梅在接受采访时就几位主持人的分工就非常详细地分析："根据他们的个性来定。何老师是睿智的，他又是核心人物，所以他要去把握全局，包括和嘉宾互动的度有多大，什么时候互动什么时候访谈，都要他来把握。维嘉是辅助他的，维嘉的长处在于他掌握了很多时尚的资讯，我们的节目既然以明星为主，那这方面是肯定需要的。另外他也属于年轻的小帅哥型，一般和女嘉宾的互动都交给他。谢娜就是有点谐星的架势，她非常放得开，你让她走主线背台词她会非常痛苦，但你要是让她去互动做游戏她立马就能出彩。海涛呢就是憨憨的邻家大男孩，他是一直努力学习的典型，也经常被前辈们调侃。而吴昕就是个资讯小美女，可爱的小女生，和谢娜区别很大。这个家庭每个人的分工都是不同的。"[1]

还要有音响、灯光、舞台的相关配合，这同样也是为娱乐栏目增光添彩的重要组成部分。《康熙来了》虽然已经停播，但作为中国台湾收视率最高的有线电视综艺节目，曾经以65.07%的支持度而成为网友心目中最佳的综艺节目并入围金钟奖"最佳娱乐综艺节目"。它的片头就非常有趣，"在奇怪的音乐声中，一只色彩艳丽的'百宝箱'不停地晃动着，箱子上刻着'康''熙'两字的金色人锁上下滑动，格外醒目地突出了节目的名称。随后箱子打开，飞出许多张五彩缤纷的主持人照片，令人眼花缭乱。定睛一看，原来是两位主持人扮鬼脸的照片。整个片头始终给观众以感官上的超强刺激，让人过目不忘。《康熙来了》不仅在

---

[1] http://yule.sohu.com/s2010/8848/s270926875/index.shtml

片头制作上煞费苦心，在具体节目的后期制作上也极尽娱乐之能事。例如：搞怪音乐的不时穿插、卡通文字和图像等特技的运用等。"❶的确，我们很难想象一档综艺娱乐节目总是非常严肃、认真、板着面孔，带着强烈的说教色彩为观众表演节目。总之，娱乐元素是综艺娱乐节目不可或缺的重要元素，也是其节目的终极目的。

除了以上两种元素，我们也可以看到，现在许多综艺节目的元素使用越来越趋向于多元化和交叉化。同一个节目除了嘉宾的综艺表演、主持人的娱乐助兴，还有来自于体育节目中的竞赛元素、科普节目中的益智元素等。这种多元因素的使用形成了目前综艺娱乐节目五光十色、五彩缤纷的感官效果，对于提高节目的收视率确实有着相当大的作用。但是也要注意，在热闹之余，有些节目滥用其中某种可能当下状态中让受众关注的元素，结果会导致节目的单一化、极端化。这种后果其实在早期的如《综艺大观》这种注重综艺表演的栏目中已经可见一斑。而现在有些综艺娱乐节目只是单纯为娱乐而娱乐，不惜弄虚作假甚至于编造谎言，以期打动观众。殊不知，这是典型的搬起石头砸了自己脚的做法。当谎言拆穿之后，只能让栏目成为明日黄花。

第三节 综艺娱乐栏目制作的一般流程

电视综艺娱乐栏目的制作是一个既要尊重栏目制作的常规化同时又要凸显自我个性的流程。在这个过程中，制作者要通过客观的详细考察和主观的深刻思考，根据栏目的定位从主持人到嘉宾、观众以及现场布景等进行精确、完善的制作。从总体上，要把握住综艺娱乐栏目的根本原则，即其普适性原则，必须尊重这类栏目发展至今的一般规律。但从细则上，也要考虑到受众的分众化现象，个性化、新鲜感一定是栏目风格化展现的必备条件。总之，应当个性化和普遍性相结合，这是每个制作流程都要注意的基本法则。

一、主题策划

对于艺术创作而言，主题的首要性和重要性是毋庸置疑的。它将决定一部作品的审美品格、意蕴内涵、思想情趣，进而决定作品的艺术形象创造手法和结构情节的内在联结，甚至细节元素的展现方式。电视娱乐栏目虽然和艺术创作分属不同的社会门类，但是，作为人类精神意识的产物，彼此必然有着一定的相同之处。尤其是综艺娱乐栏目本身又脱胎和基于一些艺术样式的表演，其中的联系更是不可分割。

对于电视综艺栏目的发展而言，主题策划是随着相关节目的蓬勃兴盛以后受到制作者重视的。主题策划包括两个层面，一个是宏观层面，指节目由其整体定位而表现出来的比较稳定的总体取材倾向，比如《背后的故事》。这档节目是明星访谈性节目，所以每期节目都以邀请一位或几位大家比较喜爱的明星，通过聊天、才艺展示、观众互动等方式，了解他在镜头后的真实个性和独特经历。另一个则是微观层面，它是指每期节目结合特定的时间和情境，因地制宜，因时而动，使作品具有鲜明的时代性、当下性、热点性，从而吸引观众的注意，不至于因为节目的熟悉而导致烦厌。而且主题策划同时又可以使栏目各板块之间衔接得更为紧密和自然，在使用各种元素手段时亦能有的放矢，经济合理地安排具体节目内容，不致因精力和物力的过度分散而让节目的表演如一盘散沙，最终达到以小见大，以点见面的效果。比如我们前面提到的《快乐大本营》2010年1月2日晚播出"欢唱2010"就是一个比较成功的主题策划。通常情况下，《快乐大本营》的主题从宏观层面上来讲比较分散，每一

---

❶ 张杰. 解析台湾综艺节目的娱乐元素——以《康熙来了》为个案. 东南传播，2007，（12）.

期可能出现两到三个不同的主题,而这一期则是紧紧围绕节日的时间背景,选取三个不同年龄层次的群体或个人歌手,让观众通过歌声一起进入狂欢,共同分享快乐。还有前面所说的《美国偶像》中的某期节目,就是以对猫王的纪念作为本期选手比赛的主要模式。通过几位选手精彩的演绎,观众们一方面得到了艺术的赏析,另一方面也因此唤起了某种共通的文化潜意识和对于逝去一代伟大歌手以及那个时代的怀念和记忆。这样的主题策划给人们留下了鲜明而深刻的印象,吸引了受众的强烈观赏兴趣。

二、特别策划

特别策划,顾名思义,就是从内容到形式打破了一般意义上每档栏目原有安排的策划。这种特别策划和前述所谓主题策划的微观层面有相似也有不同。所谓相似之处就是说,特别策划的栏目往往和常规栏目的形态和内容都有所区别,打破了基本的惯例,具有一种和原来情态的差异与疏离。不同之处在于,特别策划更强调节目外在形态的特殊性,尤其是栏目播出的时间和地点与平日播出的差异。而一般性的主题策划往往只是为了与前期节目避免雷同和相似,策划一个比较新颖的话题。

特别策划的节目形态可以说是特别的主题策划。在特别策划的综艺娱乐栏目中,我们可以吸取新闻类栏目分门别类的做法,不仅给不同类型的受众提供娱乐,也可以传递信息。大众传播理论中的社会分类论认为,应当将受众划分为若干的"社会群"加以研究。他们的主要观点是:媒介向社会成员提供各种信息,而社会成员是有选择地接受和解释这些信息的;人们选择性接触和解释媒介提供的各种信息的重要基础是其在阶层分明的社会结构中所处的地位;这种社会结构是由许多社会群体类别组成的,而社会群体类别又是以年龄、性别、收入、文化程度、职业、民族、地域等因素为分类界限的;区别社会群体类别界限的因素左右着人们注意媒介提供的信息以及对信息作出的反应[1]。比如节日背景的特别策划,中央电视台《梦想剧场》曾经推出的"五一七天乐""十一七天乐""春节七天乐",引起了观众的广泛关注和好评。这一特别策划理念下的栏目形态,围绕着节日的主题,通过人们惯常的"七天"即一周循环的时间观念,形成了一种类似于春晚狂欢的特殊氛围。通常从周一到周五的工作时间,人们一般很少有观看综艺娱乐的习惯。及至假期之初,心理和行为上的惯性促使人们可能还需要一个从紧张到舒缓的过渡期,"七天乐"的特别理念恰恰可以帮助人们打破工作五天、休息两天的作息规则,强化节日的轻松氛围,并且节目样式的相对多样性,培养出了一个"小春晚"或"长春晚"的收视效果。当人们走亲访友或忙于家事时,"七天乐"作为欢聚和忙碌的屏幕化背景,传递出节日的浓烈情绪和休闲气氛,成为一种极受欢迎的方式。后来,中央电视台还曾经播出过"电影七天乐",这就是更为特别的节目策划形态了。"五一七天乐"无疑涵盖面更广,针对受众的分化就像春晚一样有点儿一锅烩的味道;而后者则指项目表更为明确和直接,即节日中对于电影比较感兴趣的人群,其收视率也确乎证明这种方式达到了预期目标。同样。SMG新娱乐在娱乐频道推出欢乐热闹的"五一特别版面",主打推出《36.7℃·五一特辑》《劳动最光荣·五一特辑》等多档综艺娱乐节目。其中《劳动最光荣·五一特辑》中,主持人来到世博工地采访,为世博建设者送上温馨的节日祝福,也让电视机前的观众能够提前领略到了世博会建设如火如荼的建设过程。2009年安徽卫视的《剧风行动》中秋特别节目——《剧风行动中秋特别节目——花好月圆》汇集了全国最当红的新生代综艺节目主持人,以趣味游戏对抗的形式共度中秋佳节,表达团圆喜庆的节日气氛。

---

[1] 胡正荣.中国广播电视发展战略.北京:北京广播学院出版社,2003:69.

除了节目这种本身就具有特别指征性意味的策划背景之外，特别策划还包括了节目外由于某些重大活动和事件所引发的栏目制作形态。比如栏目的周年活动，往往也会采取特别策划的方式。比如针对学生群体的寒、暑期特别栏目的制作。2008年夏，正是引人注目的北京奥运会举办的时候，上海东方卫视及时推出了一档名为《为奥运喝彩》，以大陆及港澳台地区的演艺明星对阵比赛为内容的综艺娱乐节目；不甘示弱的湖南卫视也推出了被称作"选秀让位，综艺节目呈现新格局"的《奥运向前冲》；2009年，为纪念祖国60华诞，四川卫视特别制作了《我爱我的祖国》，参赛者分别在名嘴刘仪伟和李彬的带领下，以竞赛答题为主要方式进行节目表演；同年，为纪念汶川地震一周年，《我爱我的祖国》还推出了"5.12地震特别节目"。

三、系列策划

系列策划事实上根源于一档电视栏目制作的模式化所具备的优势，即为特定群体观众的熟知而会被准时收看，有别于特殊策划栏目的瞬时性、短暂性、独特性，同时又有别于固定栏目的普遍性、常态性。从而避免了一档栏目因为被观众熟悉失去新鲜感而逐渐被淘汰。

系列策划可以在一档栏目一定时间段多期节目里表现出主题的延续性、相似性，由此满足受众特殊的收视需求，并使得栏目本身在已有模式的重复过程中一方面降低制作成本，另一方面显示出新颖性和变化性。比如《幸运52》曾经在2005年中国电影百年诞辰时推出了电影专题的系列策划，包括电影以科幻片、警匪片、爱情片和喜剧片为主体的系列节目：《最终幻想》《绝不放过你》《爱就一个字》《没事偷着乐》。

系列策划还可以在一档节目的不同时间里通过对同一个主题的演绎表现出一种对应性，使观众形成到点到时就会想起的节目形态。比如前面所说的"七天乐"形态，自开播以后，因为收到高度好评，因此已然成为人们不可忘怀的美好记忆，以至于到了国庆和春节就会浮现在脑海当中。

当下，综艺娱乐栏目的系列策划已经突破了一档栏目的限制，伴随着栏目频道的定位要求日趋鲜明，有些电视频道已经逐渐开始将系列策划的方式运用到频道节目的综合设置层面。通过不同时段节目理念的相似性、模式的差异性力图打造全方位的娱乐栏目，比如广州电视台曾经在2008年，整合全台综艺力量，全盘规划，合力出击，推出广州台建台20年以来推出的阵容最大的一次系列综艺节目，也是第一次以一个同一的品牌概念来整合综艺节目。从周一宣称"真正的本土化真人秀的创新，广州本土综艺节目新秀"的《心水保姆》、周二宣称"法律节目娱乐化的新思路，民间辩手的摇篮"的《心水大状》、周三体现"创意空间创业真人秀节目，真'销士'舞台"的《心水销士》、周四"寻找民间美食新口味的娱乐节目，寻找您身边的厨神"的《心水美食》到周五"适合全家人观看的'儿童'节目"《心水宝贝》，始终围绕着广州"心水"文化的本土性特点，体现了当代卫视综艺娱乐栏目发展的新格局。2009年，浙江卫视驱动了被称作"三驾马车"的唱歌类系列节目：《我爱记歌词》《我是大评委》《爱唱才会赢》，表现了从平民到明星的全民唱歌热情，可以说这是唱歌类综艺节目中独具特色的样板，同时因为它们主体的相关性形成了浙江卫视的系列化娱乐形态。

如果说特殊策划往往有着鲜明外在条件的引导，系列策划则常常强调和考察着节目制作者的创意。因为只有不断涌现的新鲜创意才能够使得栏目得到生存和发展，对于综艺娱乐这样本身就充满了激烈竞争的栏目尤其如此。而"栏目创意有一个关键，即'新'；两个基础，即受众调查和竞争对手分析；三方面的设计，即节目内容、节目形态和栏目形象；四种人才的选择和培养,即制片人、节目编导主创人员、主持人和节目宣传营销人员。"❶ 系列策划的新意也就是从这几个方面入手。

第四节 综艺晚会制作的一般流程

相较于电视综艺娱乐栏目而言,电视综艺晚会可以说是更具传统意义的电视节目。从1983年第一次春节联欢晚会拉开帷幕到今天,它已经走过了整整28个年头,并约定俗成地成了中国人过年的重要组成内容。在它的影响下,我国的电视综艺晚会具有鲜明的民族特色和独特的个体风格并进而折射在诸多综艺娱乐栏目之中。

一、综艺晚会的特点与分类

"所谓综艺晚会,主要是指——以现场直播的技术手段,文艺晚会的艺术样式,通过电子技术手段的制作,对各种文艺节目进行再创作,经过节目主持人的组织和串联,将文艺与娱乐融为一体,给观众以综合审美享受的电视节目形态。"❷ "我们通常所说的电视综艺晚会是现代电子技术和文学艺术联姻、融合、升华、再造的一种新的文艺形式。这种文艺形式是将歌舞、音乐、戏曲、曲艺节目以及新闻人物和新闻事件等进行巧妙的艺术编排。"❸

从这些相关论述中,我们可以看出,综艺晚会的样式与一般的综艺娱乐栏目既相似也有差异。

1. 电视综艺晚会的特点

(1) 节目元素的综合性:电视综艺晚会的演出中,节目类型样式往往较综艺娱乐栏目来得更加丰富多元,除了在综艺栏目中常见的歌舞表演外,还有朗诵、戏曲、相声、小品、魔术、杂技等艺术样式在同一方舞台上的展现。

(2) 节目制作的主题性:综艺晚会的制作较综艺栏目常常有着更加鲜明和突出的主题性。也就说晚会一般会为了配合某个特殊事件或特殊时间制定指向鲜明的主题,晚会的模式到单元、元素则始终围绕这一主题,色彩鲜明、特征突出。

(3) 节目演出的空间性:一方面因为节目元素的多元化带来的内容扩充性强于一般的栏目设计;另一方面,由于与其他电视艺术种类相比,电视综艺晚会一般采取直播的方式,对于舞台设计、灯光音响等剧场效果要求较高,所以观演空间需要容纳较多的演员与观众。

随着时代和社会的不断发展,综艺晚会的特点也随之有了更多变化。比如表演节目的多元性是大部分晚会的主导形态,而现在,也出现了根据受众需求细分的以某种艺术样式为主导的晚会形态,比如中央电视台每年有专门的戏曲春晚,演出主要是来自于中国传统艺术样式的优秀戏曲节目,虽然京剧、越剧、黄梅戏等分属不同的戏种,但是它们都归于戏曲这一总的艺术门类之下是毋庸置疑的。

2. 电视综艺晚会的分类

根据电视综艺晚会的不同分类标准,大致有下列几种:

(1) 根据主题性质而言,有庆祝型、娱乐型、纪念型、公益型;

(2) 根据举办单位而言,有行业性和非行业性;

(3) 根据播出方式而言,有直播型和录播型;

---

❶ 胡正荣. 中国广播电视发展战略. 北京:北京广播学院出版社,2003:118.
❷ 高鑫. 电视艺术学美学. 北京:文化艺术出版社,2004:206.
❸ 电视综艺晚会与导演的素质培养,http://bbs.ymzww.com/thread-126057-1-9.html.

(4) 根据制作方式而言,有互动型和非互动型。

现代传播媒介的飞速发展,带来了电视综艺晚会的繁荣和昌盛。时至今日,电视综艺晚会成为电视银屏中不可或缺的重要内容。但是,在网络时代广发普及的今天,电视综艺晚会也要正确面对现实,网络观众所代表的民意表达必须成为综艺晚会制作过程中重要的参考意见。众人拾柴火焰高,电视综艺晚会在进入2017年后,我们依然看到了电视人所做出的努力,电视网络春晚的诞生和发展确乎代表着电视综艺晚会的新道路。

二、电视晚会创意策划

这是一个需要创意的时代,创意的踪迹遍布在我们生活的方方面面、角角落落。创意是对人类思维中想象层面的肯定,不敢设想,如果人类历史中没有那些璀璨如星河的众多创意,我们的世界将是何种景象。一台晚会成功与否,取决于策划的成功与否。当然,一个好的创意并不一定能促成一台晚会的最终面貌,因为从创意到具体的落实环节还是一个漫长而艰难的过程。但是我们可以说,创意是晚会的立足之点,是通向晚会成功举办的必经阶段和必要步骤。但必须明确的是,创意的产生不应该是无端产生,正如文艺创作中的灵感现象,貌似无理,其实却是作者在长期的生活实践积累和理性思考演绎后的结果。创意的表现主要通过以下几个方面现实。

1. 主题制定

有着丰富的晚会执导经验的著名导演邓在军先生曾经指出:"一台晚会的主题,直接关系着节目创作、演员选择、风格色彩各个方面,一台大型综合性文艺晚会,如果没有明确的主题,并贯穿于晚会的始终,就会显得东拼西凑、杂乱无章,即使有好的节目也给糟蹋了,或者只有个别节目给人留下印象,而整台晚会人们会很快淡忘。因此,在设计晚会的开始,必须把确定晚会主题作为首要课程,精心地考虑、研究。"❶ 主题是对整台晚会基调和风格的把握,因此,策划者必须要明确晚会的举办目的。主题的清晰深刻可以帮助晚会风格化的呈现,其他相应环节的准确定位,并且最大程度上被观众所认可和接受。

案例:春节晚会的主题制定

春节联欢晚会的主题制定是一个非常典型的例子,下面我们来看一下36年来历年春晚的主题。

1983年:团结、欢乐、希望;1984年,爱国、统一、团结;1985年,团结、奋进、活泼、欢快;1986年,团结、奋进、欢快、多彩;1987年,团结、向上、喜庆、红火;1988年,团结、奋进、欢快;1989年,团结、欢乐、向上;1990年,团结、和谐、欢快;1991年,团结、欢快、多彩;1992年,团结、欢乐、祥和;1993年,团结、祥和、自豪、向上;1994年,团结、自尊、奋进、企盼;1995年,家庭的团聚、各民族的汇聚、炎黄子孙的凝聚(亲情、友情、乡情);1996年,欢乐、祥和、凝聚、振奋、辉煌;1997年,团结、自豪、奋进的中国人;1998年,中华民族春节大团圆,万众一心迈向新世纪;1999年,欢乐、美好、动情、奋进;2000年,江山多娇跨世纪、龙腾报春迎复兴;2001年,新世纪、新希望、新生活;2002年,祖国颂、社会主义颂、改革开放颂、弘扬与时俱进的时代精神;2003年,凝聚力和自信心,团结奋进、热烈欢快;2004年,祝福;2005年,全国大联欢;2006年,和谐关爱;2007年,欢乐和谐中国年;2008年,和谐盛世,团结奋进;2009年,中华大联欢;2010年,虎跃龙腾贺新春;2011年,欢天喜地,创新美好生活;欢歌笑语,共享阖家幸福;2012年,回家过大年;2013年,新春中国;2014年,四季——春夏秋冬;

---

❶ 林强. 邓在军电视艺术. 北京:华文出版社,1993:148.

2015年，家和万事兴；2016年，你我中国梦，全面建小康；2017，大美中国，金鸡报春来；2018，喜庆新时代，共筑中国梦。

总体来看，历年春晚的主题设计都紧紧围绕着春节这一特殊时段，体现出强烈的中华民族特色和鲜明的传统文化意识，同时也关注到时代的发展脉搏。因为"按照传统，在春节这一天，人们会对过去的一年进行某种形式的回顾，同时又对新的一年充满憧憬。春晚像一面镜子，老百姓也期望它像一面镜子，在新年到来之际，折射出社会物质文化生活的各方面，以期对自己和别人进行美学意义的观照，从而寻求一种民族的认同感和归属感。[1]"使民族节日架构在社会发展的层面上，采取纵线与横线相结合的手段，立足宏观与微观相结合的角度，使得主题既有地域文化的深层集体意识，也有时代变化的即时感悟，从而凸显了晚会的个体风格。

可见，晚会的主题具有这些特点：①明确性，即使人过目难忘；②深刻性，即使人有所触动。晚会主题的特点对于策划者提出了较高的要求，既要有艺术的审美判断力，也要有时代的敏锐感悟力。

2. 风格策划

主题制定结束后，接下来就是晚会风格的制定，也可说是整台晚会模式的设计。通过风格策划，将决定节目内容的选择和编排形式。如果不恰当地风格定位，会使得整台晚会的主题模糊、节目分散、形式散漫。所以风格策划包括节目内容的策划、主持人串词的安排、舞台场景的设计等多个单元的综合整合。

依旧拿春晚来举例，这是一台受到全国人民关注和在特定时段播出的晚会。所以根据主题设计，我们就可以知道，风格应该表现出欢快、活泼或凝重、庄严。比如春节晚会，主题是要体现出中华民族全体大联欢，同时还要关注其当代特征，所以从节目内容的选材上应当紧紧围绕这一点，具有鲜明的典型性。"2008年突出了奥运主题，并且由于南方冰冻雪灾临时关注灾民，对传统主题格调似乎形成一定冲淡，但是，正因为春晚所承载的厚重期望值，在唱颂歌舞升平的同时，应当体现这种人文关怀，以彰显国家媒体的社会责任"[1]。再如2010年的春晚，其模式就延续了以往春晚的优点，比较贴近中国人的传统审美习惯。开场歌舞《虎跃龙腾报春来》和谢幕歌曲《难忘今宵》形成了首尾的呼应，而其节奏上的强烈对比更是映衬了人们在年尾对于新年的渴盼和对旧年的怀念，情意悠扬而不失明快。总之，春晚节目的形态常常是务必要能使观众充分地领略到欢欣、鼓舞、振奋的情绪。

主持人的台词风格化也是春晚的重要标志。在其他综艺娱乐栏目中，主持人的临场发挥显然更具有吸引力，但是面对春晚这种典礼性质的晚会，主持人的表现往往要求得体大方。特别是台词部分，因为中国人在春节往往希望有个好口彩，如果没有特地准备，主持人信口开河，并不是说就一定不合适，但的确是很容易说一些不太恰当的话。所以，春晚主持人的表现应该是经过精心的安排和策划。当然，在日渐挑剔的观众面前，主持人也要适当地表现出一定的现场交互能力。

至于舞台场景、现场音效等硬件的设计，更是毋庸置疑的晚会风格策划的重要环节。它将为主题的凸显增光添彩，利用视觉和听觉相结合的全方位感官效应深化整台晚会的意蕴层面，使观众在美轮美奂的感知体验中沉浸其间而难以自拔。如"中秋晚会"作为中央电视台

---

[1] 白传之. 电视综艺节目视觉美的嬗变——从中央电视台春节联欢晚会谈起, http://www.jinchuanmei.com/Article/ShowArticle.asp? ArticleID=605.

户外景观晚会,一直就主打舞台效果并以此作为创意策划的重点层面。这当然也与晚会的特殊节日背景——中秋的传统文化内涵有关。在中国,中秋节与春节显然有着重大的差异,它是亲人渴盼家庭的团圆美满、寄托离愁别绪、呼唤他乡游子的重要节日。在人们的日常生活中,这种难以言喻的忧愁与缠绵物化为吃月饼、赏月色的具体行为。人们在优美的月光下常常产生离奇的思绪,并由此塑造了月中嫦娥的美好传说。这样本身就具备着浓厚传奇色彩和美丽奇闻异事的节日,在当下高科技手段的时代基础上,我们可以充分的把古人的想象落实为今天的现实。如2009年,在制定了"天上人间,美轮美奂"的主题思想后,晚会舞台景观的营造上空前的同时用到了"借景"和"移景"两个方法:舞台搭建宜春袁山公园内的湖面上,背景除借用园内"五亭桥"等景观外,还将"明月山"上历史悠久的"昌黎阁"在山下进行了复制。唐宋八大家之一的韩愈曾在的袁州(现宜春市)任刺史,因其祖籍河北昌黎而得名韩昌黎,山上"昌黎阁"也是为纪念他而修建,拥有极强的文化代表意义,但因为山高却无法将其收入镜头之中,舞台设计师运用现代技术手段,巧妙地将这个三层高的古建筑"搬"到了山下,配合灯光、烟幕、焰火、LED等各种现代特效手段营造出一个座落在人间的"月宫"景象,给予电视观众足够的视觉的享受[1]。

三、晚会节目策划

主题和风格作为电视晚会创意的理念化层面,那么节目策划就成为了这一理念表达的物质化层面,即具体化、形象化的载体。包括节目内容的策划、节目表演形式的策划。

1. 节目内容的策划

(1) 扣合主题风格的要求。电视综艺晚会相较于综艺栏目往往有着更为显著和突出的主题思路和风格规范,所以节目的选择绝对不能离开总体风格的大框架。否则,单纯为了出新出奇而不顾整台晚会的基调设计,就会导致节目自身的游离,形成表演过程中过于突兀的部分,并减弱甚至伤害到整台晚会的制作意图。比如春晚和赈灾晚会显然就是有着巨大差异的晚会类型,一个倾向于活泼欢快,另一个则沉重哀伤。如果在前者中安排主题悲伤的诗歌朗诵,后者中安排幽默诙谐的相声杂技,恐怕效果就会大打折扣。

(2) 坚持创新性和典范性相结合的节目创作标准,拒绝平庸和流俗。综艺晚会要给人留下深刻的印象,除了舞台场景的精心设计、现场气氛的热烈明快,节目本身的质量高低也是重要的因素。历年春晚都会有一些领大家耳熟能详的优秀文艺作品问世,这就和创作者认真思考、精心选材、大胆突破、表演到位等综合因素有着密切联系。1983年王景愚表演的小品《吃鸡》就是这样一个作品,其实一开始他并不打算演出这个作品,因为这个作品和表现宏大题材的主流意识似乎有些"格格不入",但是后来在导演的鼓励和支持下,这个节目通过春晚走进了大众的眼中和心里。尽管有人曾经批评说:"曾经在莎翁喜剧《威尼斯商人》中扮演夏洛克的王景愚同志,出人意外地演些逗人一笑的非常浅薄的小品,我真感到吃惊,也感到惋惜。希望他能端正自己的艺术态度,哗众取宠是要毁掉一个演员的前途的!"[2] 其实这段段惟妙惟肖的生动演出不仅是能给节日中的人们带来了欢声笑语,而且也蕴含着深刻的社会反思,这种喜剧式的批评让观众在得到快乐的同时也开始陷入了深深地思考。因为1983年中国大地正处于万象更新、开元复始的新阶段,但是历史的教训不能够被遗忘,通

---

[1] 参见国际在线. 09央视中秋晚会场景曝光舞台上演"乾坤大挪移",http://gb.cri.cn/27824/2009/09/11/782s2618819.html.

[2] 哑剧演员王景愚不愿再谈"吃鸡",金羊网——羊城晚报,2004年10月16日,http://ent.sina.com.cn/2004-10-16/1253534558.html.

过吃鸡的形体演出，我们可以回忆起那个食不果腹年代的伤痛，从而更加向往未来的美好。

2. 节目表演形式的策划

节目表演形式作为内容的补充成分常常扮演着升华和修饰的角色，也是相当重要的部分。

（1）从单向被动转变为双向互动，通过对观众情绪的调动增强演出效果。以往的综艺晚会保持着一种你演我看的特点，这当然与当时人们娱乐方式的单一性有关。晚会的制作者常常带着一种高高在上的心态在进行节目的编排，其实忽视了观众的主观意识，削弱了其接受热情，演出效果自然大打折扣。不过随着时代的进步，现代传媒技术的高度发展，我们越来越意识到受众在文本接受中的巨大意义。很多节目演出过程中都非常重视和观众的双向互动，尤其在演出环节中，这种重视带来了节目形式的新变化和高水平。比如这两年春晚上刘谦魔术的表演，就是典型的例子。通过与观众和主持人的配合，使得原本平凡的魔术技巧增添了巨大的魅惑作用，甚至促成了全民的魔术狂欢效果。

（2）不可哗众取宠，喧宾夺主，尊重艺术的客观规律。当然，任何形式的策划或创意都不能违背艺术的客观规律。节目的表演只是作为内容的辅助层面，并不是因此可以放弃对于作品本身的创新、典范性的追求。有些节目的表演单纯为了得到观众的眼球经济，故弄玄虚，瞎拼乱凑。比如前几年特别流行的民族风形式，硬让完全属于不同形态的艺术门类拼盘式地放在一起，尽管服装靓丽、布景华美，演出者也是名角大腕，但让观众看完之后却往往有过份搞笑之感，甚至于伤害了原有作品的意义。

思考题

1. 综艺娱乐节目的界定和分类。
2. 综艺娱乐栏目设计的重要性是什么？
3. 综艺娱乐栏目的模式有哪几种，它们的区别是什么？
4. 综艺娱乐栏目的单元设置有哪几种？
5. 综艺娱乐栏目元素设计的发展方向是什么？
6. 什么是系列策划？
7. 综艺晚会的风格策划主要指哪些方面？

练习题

1. 请根据地域特色设计一个电视综艺娱乐栏目的主题。
2. 青海玉树发生了大地震，面对严重的灾情，某省级卫视欲举办一个大型赈灾晚会，请设计其内容环节与舞台风格。

第八章　真人秀节目形态解析

真人秀在国外通常被称为真实电视（Reality TV），泛指由制作者制定规则，由普通人参与并录制播出的电视竞赛游戏节目。作为一种电视节目形态，真人秀"是对自愿参与者在规定情境中，为了预先给定的目的，按照特定的规则所进行的竞争行为的真实纪录和艺术加工。"[1]

自1999年"老大哥旋风"在欧洲刮起，真人秀浪潮已在世界各地汹涌十余年。在各国电视机构争相引进、翻版、改造和创新的过程中，真人秀的类型更加丰富，题材领域更为宽广，收视率持续保持强势，成为世界范围最主流的电视节目形态之一。作为舶来品的真人秀在进入中国之后，一度陷入水土不服的尴尬境地，直至2004年湖南卫视推出《超级女声》，真人秀才一改颓势，在内地迅速发展壮大。2010年以后，国内一线卫视相继从海外引进了《中国达人秀》《中国好声音》《奔跑吧！兄弟》《爸爸去哪儿》《最强大脑》《极速前进》等原版节目模式，并由传统的电视单平台播出，向"台网合作""多屏联动"发展，诱发了新一轮真人秀收视热潮。然而，真人秀在中国的发展没有就此一帆风顺。时至今日，真人秀仍时常处于社会舆论的风口浪尖，除了伦理道德层面的非议，更有对"恶意炒作""同质化""过度娱乐化"等现象的批评，国家新闻出版广电总局一度对选秀节目亮出"红牌"。2015年7月，总局出台《关于加强真人秀节目管理的通知》，对真人秀节目的导向、内容、格调、人员等提出明确要求，以求推动这一节目形态在健康理性的轨道上实现长足发展。本章将对真人秀节目形态的发展、构成和创新问题予以解析。

第一节　真人秀节目概述

一、电视真人秀的发展历史与现状

1998年，美国派拉蒙电影公司出品了一部由著名喜剧演员金·凯瑞主演的影片《楚门的世界》。主人公楚门（Truman）正如他名字的英文原意一样，是一个"真人"，但他的一生同时又是一个节目，一场"秀"。从出生之日起，他生活中的每一分钟都被无所不在的摄像机如实记录，并向全世界直播，而楚门对自己"被观看"的生存境况毫不知情。他不知不觉地生活在一个巨大的摄影棚中，周围所有的朋友、亲人都是演员。影片用一种超现实的方式隐喻了当下人类被媒介包围，甚至在媒介中虚拟生存的现实状况。然而，这种看似荒诞的好莱坞故事正在现实生活中上演。在《楚门的世界》上映一年后，电视真人秀浪潮开始在全球范围兴起和蔓延，真人秀不断地将真人推上屏幕，让观众去观看，窥视，消费和娱乐。时至今日，真人秀已演绎为不容忽视的世界性电视奇观。

1. 雏形时期

早在20世纪50年代，在欧美电视荧屏上就已出现一些带有真人秀元素的节目。《观众点播》《这是你的生活》等都是真人秀雏形时期的代表。真正称得上真人秀节目鼻祖的是

---

[1] 尹鸿，冉儒学，陆虹. 娱乐旋风——认识电视真人秀. 北京：中国广播电视出版社，2006：6.

1973年由美国公共广播公司（PBS）推出的《一个美国家庭》（An American Family），这部电视片追踪拍摄了一个家庭在近一年时间内的真实生活，住在圣巴巴拉的劳德一家经历了很多事情，差点把这个小家庭分散掉。由克里格·吉尔伯特拍摄的这部作品共由12个部分组成，每周一集，每次一小时，从拍摄制作到放映只有九个月的时间。这个系列节目被认为是最早具有真人秀基本元素的节目。同一时期，NBC推出的《真实的人》再次用近似真人秀的形态给电视带来了新的变化，它的效仿者包括《这些奇妙的动物》《真是不可置信》等。

进入20世纪90年代，《美国家庭滑稽录像》掀开了早期真人秀节目的新篇章。节目播出精彩搞笑的家庭录像带，录像由观众选送，并可以通过评选赢得大奖。除了每周一次的评选之外，节目每季还会给观众认为最搞笑或者最特别的录像颁发高达10万美金的特别奖。这一系列主要是关于一些大人、小孩、动物甚至是无聊物体在互相映衬时显现的滑稽，它试图向观众表明，真实生活中的人就像他们在电视中看到的虚构人物一样生动。

1992年，美国有线音乐台（MTV）推出了《真实世界》（Real World），开始将镜头伸向男女关系，偷窥意味渐趋明显。7名20多岁的青年男女住在一起，摄像机24小时跟踪拍摄他们的起居生活。到了1997年，瑞典制作播出了被称为"真人秀之母"的《远征罗宾逊》，这个节目是最早被称为"真人秀"的电视节目。在此之前，虽然一些电视节目已经具备真人秀的基本要素，还都没有使用这一名称。但是，在当时的社会文化背景下，这些节目都没有产生广泛影响。

2. 两档标杆节目

真人秀引发广泛关注，源于世纪交替时期分别在欧美出现的两档标杆性节目——荷兰的《老大哥》（Big Brother）与美国的《幸存者》（Survivor）。

1999年10月，荷兰艾德莫（Endemol）公司推出《老大哥》。该栏目精心挑选10名背景不同、性格各异的选手，把他们封闭在一个房屋里。在共同生活的85天里，选手们每周六要选出两个最不受欢迎的人，而守候在电视机前的观众们则用声讯电话，选出一个他们最不喜欢的、最没人缘的选手出局。谁最后留在屋内，便能得到约7万英镑的奖金。制作组每天都做出半个小时到一个小时的节目播出。这个偷窥节目使电视台收视率猛增，随后，被澳大利亚、德国、丹麦、美国等多个国家广泛移植。不出两年，在欧美便有了18个不同的版本；在非洲，超过3000万观众在收看《非洲老大哥》，使它成为非洲历史上最流行的电视节目。从《老大哥》开始，电视真人秀作为一种独立的节目样式发展起来。

2000年，美国CBS推出的《幸存者》同样引起广泛关注，并一度名列《时代》周刊年度最佳电视节目之首。《幸存者》将室内淘汰游戏搬到蛮荒的孤岛，对于生活安定的都市观众群而言，恶劣自然环境的考验以及人类在克服各种困难中表现出来的不同能力，都可能构成一种对视觉和想象力的冲击，具有强烈的观赏性。这个节目的第一集就达到了全美收视率第一，最后一集邀请胜利者及其家人和朋友，采用脱口秀方式，收视率达到28.2%，仅美国就有5800万人收看。如今，《幸存者》已被30多个国家和地区购买版权，还有大约20个国家制作了本地版。

《老大哥》和《幸存者》的成功引发了世界范围的真人秀竞争狂潮。同一时期较有代表性的真人秀还有法国电视六台（M6）的《阁楼故事》（Loft Story）、FOX的《诱惑岛》（Temptation Island）、德国的《硬汉》（Tough Guy）等。这些节目在西方引起轰动，标志着真人秀电视节目形态的确立。美国2003年1月的收视率调查显示：在13个收视率最高的电视节目中，真人秀就有7个。欧洲学者惊呼，真人秀似乎已成了挽救电视的灵丹妙药。

3. 转型与成熟化

在各国电视媒体的竞相搬演和改造下，真人秀节目样式变得五花八门，题材更趋多样化。其中，一些强调公益性、实用性、平民性和广泛参与性的新派真人秀节目开始出现。《学徒》（The Apprentice）由当时的纽约地产大亨唐纳德·特朗普主持，将商业运作技巧与真人竞争巧妙结合，成为 MBA 的案例教程。《超级保姆》（Super Nanny），一部家政题材真人秀。37 岁的乔·弗罗斯特是一位非常有经验的保姆，每期节目都会有年轻父母向她讨教如何带小孩。《极速前进》（The Amazing Race），一部冒险游戏竞技类真人秀，以惊心动魄的全球实地冒险竞赛为主要内容，在紧张的探险中带领观众环游世界。《粉雄救兵》（Queer Eye for the Straight Guy），五个气质各异的男同性恋设计师协助一个"邋遢鬼"转变为一个时尚、性感、充满自信的都市男人，帮助观众提高自己的品位修养和生活质量。影响更为广泛的真人秀节目是开创了表演选秀类型的《美国偶像》（American Idol）和《英国达人》（Britain's Got Talent），这类节目以"零门槛海选""观众淘汰""造星"为卖点，短时间内即吸引大量观众收看和参与。

经过多年发展，真人秀已经趋近成熟，题材从初期的野外生存、室内体验到目前的表演选秀、职场挑战、生活服务……花样百出，无所不包。数量和质量不断成长的真人秀将大量电视剧观众吸引过来，真人秀成为与电视剧、纪录片一样成熟的节目形态。同时，真人秀的播出渠道也已发生变化。欧美出现了专业的真人秀频道，如"真实 24-7"、FOX 真人秀频道等；网络成为真人秀传播的新途径，带宽的增加使实时在线"偷窥"成为可能，以往单一的依靠某一节目时段播出剪辑节目的模式成为历史。

作为一种节目生产理念，强调原生态记录与游戏规则下的竞争相结合的真人秀，也越来越为其他类型的电视节目所借鉴。"类真人秀""泛真人秀"的出现，使真人秀原本就不清晰的外延边界更趋模糊。但正是这种"嫁接"与融合的态势昭示着电视真人秀不断创新的未来。

二、中国电视真人秀发展概观

中国 20 世纪 90 年代播出的《综艺大观》《正大综艺》《欢乐总动员》《快乐大本营》等综艺节目，在某些方面已具有真人秀元素。从 2000 年 8 月央视经济频道《地球故事》栏目引进原版《幸存者》算起，真人秀在中国已经走过十多年历程。总的来看，其经历了一个从兴起到挫折，再到兴起的过程，先后出现多次热潮。节目形态也从最初的不自觉到后来的自觉，从单纯模仿、引进到与国情相结合的创新设计而不断发展。

1. 第一次"真人秀热"

国内对真人秀节目有意识的探索，始于广东电视台的《生存大挑战·边陲三人行》和北京维汉公司的《走入香格里拉》。前者是国内最早的系列真人秀。节目挑选了三名互不相识的挑战者，要求他们在六个月里仅携带基本装备和少量旅资，完成包括广西、云南、西藏、新疆等在内的 8 省旅行，电视台对整个过程跟踪报道。不过，该节目节奏拖沓，竞争环节欠缺，并没有走出纪录片的模式。此后，广东台又相继推出了这个系列的多部姊妹篇。

《走进香格里拉》以其参与人员多，制作规模大，播出范围广一度备受关注。18 名参与者分为太阳队和月亮队，仅携带十根火柴与十天口粮，在香格里拉无人区生存 30 天。整个活动贯穿游戏，按规定走完全程并得分最高的小组获得大奖。节目在对真人秀形态的探索方面迈出了重要一步。

2002 年，湖南卫视推出国内第一个室内真人秀《完美假期》，这是当时地区播出收视率最高、也争议最多的真人秀节目。《完美假期》基本采用《老大哥》模式，志愿者在 70 天里所有的生活细节都被 60 台监视器 24 小时全程记录，淘汰环节的设置使节目形成了较强的戏剧性冲突，平均收视率高达 10%。但志愿者之间的勾心斗角和拉帮结派引发了争议，不少人批评节目更像"一场令人恶心的人生丑剧"。最终，第二季胎死腹中。

这一时期，中央电视台推出了一个栏目化的真人秀节目《金苹果》，设置了志愿者体验社会角色、体验意志和体能极限等环节，但形式创新不大。此后，四川、贵州、江苏、河北等多家省级电视台涉足真人秀领域。《星期四大挑战》《勇者胜》《峡谷生存营》《白手打天下》《夺宝奇兵》等多档真人秀或类真人秀节目现身荧屏，但形态无一例外脱胎于西方模版。由于节目创意和国内观众的审美需求存在差异，真人秀在经历第一次热潮后很快便"水土不服"，陷入低谷。

2. 第二次"真人秀热"

2004 年，在西方，以《美国偶像》为代表的选秀类真人秀正在热播；国内，由湖南卫视克隆这一模式打造的《超级女声》，开始引领本土真人秀进入第二次热潮。第一届《超级女声》设长沙、武汉、南京、成都四个赛区，吸引了 6 万余人报名参与，播出后受到广泛关注。2005 年，第二届《超级女声》打着"零门槛"口号，先通过五大赛区海选，进而展开"50 进 20""20 进 10"直至"5 进 1"的淘汰赛，10 名选手经过集训后参加持续 7 周的年度总决选，经由大众评审和场外观众短信投票，产生冠军。赛事历时半年，参赛人数 15 万，总决赛收视率 11.65%，位居同时段全国第一。

从此，以"海选""全民娱乐""民间造星"为主要特征的表演选秀类真人秀开始大行其道。央视在品牌栏目《非常 6+1》的基础上，推出《梦想中国》，联合 12 家省级电视台进行全国海选，节目由著名主持人李咏主持，启用了央视一号演播大厅，产生了广泛的社会影响。同一时期，央视的《星光大道》、湖南卫视的《闪亮新主播》、东方卫视的《加油，好男儿》《我型我秀》、广东卫视《空姐新人秀》、山东卫视《天使行动》、东南卫视《搜狗女声》、山西卫视《男人大典》、安徽卫视《超级新秀》、重庆卫视《第一次心动》、广西卫视《寻找最美丽新娘》、湖北卫视《花落谁家》、江苏卫视《绝对唱响》相继推出……真人秀陷入到前所未有的繁荣之中。

在"超女"模式主导电视荧屏之时，湖南卫视开始面临来自各电视机构同类节目的激烈竞争。2006 版《超级女声》的收视率被严重摊薄。2007 年，湖南卫视推出《快乐男声》，节目模式与《超级女声》大同小异，但影响大不如前。与此同时，表演选秀出现了"明星秀"趋势。东方卫视的《舞林大会》《非常有戏》《明星大练冰》，湖南卫视的《名声大震》《舞动奇迹》，江苏卫视的《名师高徒》等明星选秀节目纷纷出炉。

在表演选秀节目严重"同质化"的情况下，其他类型的真人秀重新获得各电视机构的重视。如出现了家装真人秀《交换空间》，整容真人秀《美丽新约》《天使爱美丽》，创业类真人秀《赢在中国》《创智赢家》，角色互换类真人秀《变形计》，生存体验类真人秀《我的长征》等。央视二套的《欢乐英雄》对本土真人秀节目形态进行了新的探索。该节目相继推出了"魔术训练营""汽车训练营"和"好男人训练营"，让选手们在真实"体验"的氛围中展开竞技，人物性格以中国特有的含蓄方式体现，这种中国式的真人秀模式，被认为更符合国内观众的口味，但收视效果一般。

2007 年 8 月，国家广电总局的两道"禁令"为真人秀节目特别是选秀类真人秀大大降温。其一是针对重庆电视台《第一次心动》在评委选择、比赛环节、评委表现、歌曲内容、策划管理和播出监管等方面出现的重大失误下达"封杀令"；其二是以"画面血腥、恐怖、暴露、格调低下"为由，叫停了广东台的整容真人秀《美丽新约》。不久，禁止选秀节目在黄金时段播出，未满 18 岁不得参加选秀等限制性规定相继出台。广电总局在《进一步加强群众参与的选拔类广播电视活动和节目的管理的通知》中规定，"各省级、副省级电视台上星频道举办、播出群众参与的选拔类活动原则上每年不超过一项，每项活动播出时间不超过两个月,播出场次不超过 10 场,每场播出时间不超过 90 分钟。各省级、副省级电视台上星频道所有群众参与的选拔类活动不得在 19:30~22:30 时段播出。举办群众参与的选拔类活动的后续巡演等各类活动,不得在各级电视台上星频道播出。"

3. 第三次"真人秀热"

2010 年以后,湖南卫视、东方卫视、浙江卫视、江苏卫视等国内一线卫视频道相继从欧美和韩国引进了一批原版节目模式,较具代表性的有《中国达人秀》《中国好声音》《奔跑吧!兄弟》《爸爸去哪儿》《最强大脑》《极速前进》等,掀起了新一轮的电视真人秀收视热潮。

《中国达人秀》(原版为 Britain's Got Talent)是东方卫视制作的一档真人秀节目,始播于 2010 年,该节目旨在实现身怀绝技的普通人的梦想。这是世界上最知名的选秀节目首次进驻中国,也是当年中国大陆唯一一档拥有正式版权的选秀节目。由于原版节目带来了高制作标准和广泛的收视影响,随后几年,国内电视机构加大了节目模式的引进力度。2012 年,浙江卫视联合灿星制作,引进荷兰 Talpa 公司版权,打造大型音乐选秀节目《中国好声音》(原版为 The Voice),一度引发收视轰动,至第四季,CSM 全国网收视率数据达 2.72%,CSM50 全国网收视率达到 5.308%,刷新内地电视综艺节目首播收视纪录。这一时期,有影响的原版引进真人秀还有浙江卫视与韩国公司联合制作的户外竞技真人秀《奔跑吧!兄弟》(原版为 Running Man)、湖南卫视从韩国引进的户外亲子真人秀《爸爸去哪儿》、江苏卫视借鉴德国模式制作的科学真人秀《最强大脑》(原版为 Super Brain)、深圳卫视从美国 ABC 引进的知名竞技真人秀《极速前进》(原版为 The Amazing Race)等。其中,《爸爸去哪儿》创下极高的收视率,成为 2013 年最受欢迎的节目之一。

据媒体报道,2015 年,各大卫视共有上百档真人秀节目争抢黄金档。真人秀节目数量大幅增长,引起舆论关注,一时成为社会文化领域的"话题"和"现象"。客观地看,真人秀节目的繁荣,有利于丰富电视文艺形态,拓展电视表现领域,提供更加多样的收视选择,也有利于巩固并凸显广播电视内容原创和制作优势。但随着各种真人秀节目的一哄而上以及竞争的加剧,出现了不少问题,主要表现为同质化、过度娱乐化、重引进轻原创等。有数据显示,2013 年以来,我国引进的电视节目模式达到 30 多种,高收视率综艺节目 90% 是从海外引进的版权。优秀海外节目模式的输出,就像麦当劳一样,具备高度标准化才能在不同国度获得成功。对于这股引进潮,有乐观者认为,引进可以缩短我们与世界高水平电视制作公司的距离,提升中国电视制作行业水准。但反对者则认为,引进海外版权是一种"拿来主义",缺乏创新,盲目跟风,依赖海外模式会让中国电视人养成一种"惰性"。

伴随着第三次"真人秀热潮",大量互联网视频企业也加入到电视综艺节目的制播竞争中。在媒体融合发展的背景下,除为电视真人秀节目提供更为宽广、灵活和高到达率的播出平台,还以全新方式推出一些带有鲜明互联网特点的节目形态。例如,2014 年,由爱奇艺引进韩国 JTBC 电视台版权推出的明星校园体验式真人秀《我去上学啦》在爱奇艺、东方卫视同步播出。2015 年,天津卫视播出的《百万粉丝》,则是全球首档网台联动社交生存真人秀,通过电视与网络同步直播,直接再现"网络生存"故事。同年,腾讯视频与荷兰 Talpa 公司联合研发,推出了一档大型生活实验类真人秀《我们 15 个》。

三、电视真人秀的特点及分类

(一) 真人秀的形态特点

真人秀是一种将真实与虚构融合在一起的节目形态。曾成功策划和导演过《走入香格里拉》等节目的陈强认为:"电视真人秀具体包括三个方面,即特定虚拟空间中的真实故事,全方位、真实的近距离拍摄和以人物为核心的戏剧化的后期剪辑。节目中规则等于内容,自愿者加环境等于情节，编辑方式等于效果。"

原央视资讯科技有限公司总经理惠明提出："真人秀有9个最基本的条件：①节目由规则来承载；②没有专业化的演员；③有人为选定的场所；④节目一般都设有明确的目的，如大奖；⑤节目有虚构性；⑥节目有实录性、节目强调目击感、新闻感；⑦节目具有故事性；⑧节目具有暴露性；⑨节目具有天然的悬念。"❶

清华大学教授尹鸿认为，真人秀泛指"由制作者制定规则，由普通人参与并录制播出的电视竞赛游戏节目"。在《如何理解真人秀的本质和特点是关键》一文中，他进一步提出要从三个字来理解"真人秀"——"人"是核心，"真"是特色，"秀"是手段❷。学者谢耘耕、陈虹提出真人秀节目的基本特征是：①纪实性；②原生态；③拟态性；④冲突性；⑤叙事性；⑥参与性❸。

美国电视艺术与科学学院认定真人秀有两个特征：其一是在所谓"真实"条件下发生的具有娱乐要素的戏剧性事件；其二是具有游戏节目的特点❹。

纵观业界和学界对真人秀节目形态特点的概括，我们发现，因对真人秀内涵与外延的认识存在差异，对其特征的理解也各有侧重。电视真人秀是一种综合性的电视节目，既有纪录片的纪实性特征，也有影视剧的戏剧化特征，还有主题竞技节目的娱乐性和互动性特征。真人秀综合使用众多电视元素，如益智、游戏、言谈、竞赛、剧情等，使节目的兼容性和丰富性达到前所未有的程度。如果我们将那些被称为"真人秀"的电视节目放在一起，就会发现它们是如此五花八门，林林总总，似乎很难确定一种统一的形态。但是，分析真人秀历史上的经典节目，就会发现有两个特征是其共有的。

1. 真实感

真人秀之"真"，是一种"真实感"。"真实"是相对于虚构形态的影视剧而言的，但与强调"真实性"的纪录片有本质区别。这种区别体现在，它肢解了电视的纪实特征，没有了常规纪录片对真实的努力追求，代之以高潮迭起的游戏情节、模糊的时代背景、性格各异的人物形象等。真人秀节目普遍运用"肥皂剧叙事"模式，制作时运用了特写、背景音乐、蒙太奇镜头、高速摄影等技术渲染气氛，后期剪辑和人为控制大量存在。真人秀标榜"绝对真人真事"，宣称运用"纪录片式的跟踪拍摄和细节展览"满足观众赤裸裸的窥视欲，但电视剧式的人物环境选择和矛盾冲突设置、竞赛节目的巨额奖金设置和淘汰方式又暗示出节目本身的虚拟性。可见，真人秀只是一种超越虚构与非虚构的综合性的娱乐节目。它将纪录片与戏剧紧密结合，由真实与虚拟两个层面的内涵构成，其实质是真人参与的电视游戏。

2. 可控的虚拟环境

由普通人而非专业扮演者，在规定的情境中按照既定的游戏规则，为了一个明确目的做出自己的行动，同时被记录下来，这就是真人秀。真人秀节目大的框架是事先设定的，包括奖金的设定、环境的选择、参赛者的选取和游戏规则的制定等。英国纪录片导演艾里克斯·霍尔姆斯认为，真人秀本质上是"将真人放置于人为的情景和环境中，拍摄他们如何表现和应对"。真人秀中的"虚拟环境"源于但又不同于客观真实环境，是某种人类生存时空具体而微的拟态，它包括节目的人造环境、人际环境和游戏规则。在人造环境和游戏规则中，后者起决定作用。因为游戏规则的存在，虚拟环境是可控的。除去形式，真人秀节目的价值取

---

❶ 惠明. 国内外真人秀研究及收视调查, http://tech.sina.com.cn/other/2003-10-29/1928250053.shtml.
❷ 尹鸿. 真人秀节目分析, http://tech.sina.com.cn/other/2003-10-29/1906250048.shtml.
❸ 谢耘耕，陈虹. 真人秀节目：理论、形态和创新. 上海：复旦大学出版社，2007：1.
❹ Mark Andrejevic: Reality TV: The Work of Being Watched, Rowman&Littlefield, 2004, 8.

向完全在于规则设置，甚至可以根据一个民族的性格制定规则。

国际电视界认为，真人秀的最大价值在于电视理念的创新。它融合了多种电视节目手段，包括纪录片式的跟踪拍摄和细节展现、电视剧式的人物环境选择和矛盾冲突设置、竞赛节目中巨奖的设置和淘汰方式等，组合成有机的整体。同时，整合多种媒体传播，利用网络、报纸等媒体征集志愿者和进行前期宣传，利用电视和网络播出节目以及利用网络、声讯电话、手机短信、移动互联终端等加强与观众的互动等。这些都符合媒体的发展趋势。

（二）真人秀的常见类型

在国外，真人秀另有多种称谓，如 Game Show（游戏秀）、Reality Show（真实秀）、Reality Soup Opera（真实肥皂剧）、Constructed Documentaries（创构式纪录片）等。称谓的差异意味着真人秀具体类型的繁杂。

谢耘耕、陈虹的《真人秀节目：理论、形态和创新》将真人秀节目的具体类型分为表演选秀型真人秀、野外生存型真人秀、职场创业型真人秀、生活服务型真人秀、益智游戏型真人秀、室内体验型真人秀、婚恋约会型真人秀和角色互换型真人秀 8 种[1]。两位作者在《中国真人秀节目发展报告》中，进一步将我国常见的真人秀类型细分为：野外生存真人秀、室内真人秀、表演选秀类真人秀、职场真人秀、整容真人秀、装修真人秀、教育真人秀、娱乐真人秀、公益真人秀、婚恋真人秀、旅游真人秀和法制真人秀[2]。

尹鸿在专著《娱乐旋风——认识电视真人秀》中，同样主要按题材对真人秀节目的具体类型进行了分类[3]（如表 8.1 所示）。

表 8.1　真人秀节目的常见类型

类型	特点	外国节目举例	本土节目举例
生存挑战型	参与者参加生存考验、冒险挑战等	《幸存者》	《生存大挑战》
人际考验型	参与者被安排在一段时间内生活在特定空间展示生活能力和人际关系	《老大哥》	《完美假期》
表演选秀型	参与者在舞台或演播室进行表演	《美国偶像》	《超级女声》
职业应试型	特殊职位、技能考试	《学徒》	《绝对挑战》
身份置换型	参与者进入一种自己陌生的环境中接受考验	《简单生活》(Simple Life, Fox)	《非常 6+1》
益智闯关型	参与者回答各种问题	《谁想成为百万富翁》(Who Wants to Be Millionaire, ABC)	《开心辞典》
游戏比赛型	参与者参加游戏比赛	《恐怖元素》(Fear Factor, WB)	《勇者无畏》
异性约会型	参与者受异性考测和挑选	《交换主妇》	
生活技艺型	参与者比赛生活技能	《衣着大禁忌》	《超市大赢家》

学术界与此类似的划分还有不少，其总体思路是依据类型原则划分。所谓类型，是指由于不同的题材或技巧而形成的文化产品的范畴、种类或形式。换言之，"题材或技巧"的差异是对节目进行分类的界限。但是，依此进行划分未免过于琐碎。因为电视节目的题材是不断创新的，其技巧也必然随之花样翻新。从比较宽泛的意义上看，当前仅美国电视荧屏上播

---

[1] 谢耘耕，陈虹. 真人秀节目：理论、形态和创新. 上海：复旦大学出版社，2007：30.
[2] 谢耘耕，陈虹. 中国真人秀节目发展报告. 新闻界，2006（2）.
[3] 尹鸿，冉儒学，陆虹. 娱乐旋风——认识电视真人秀. 北京：中国广播电视出版社，2006：9.

出的真人秀节目就已超过100种。在实践层面,不可能出现一种热门的节目题材,就划分出一种新的类型。对于节目的策划与设计者来说,这样做既无必要,又会为创新带来束缚。

根据英国独立电视委员会（Independent Television Commission）的研究,真人秀其实可分为以下三类。

(1) 观察类真人秀——在人们日常活动的场所观察众人的行为。

(2) 信息类真人秀——使用真实的故事告诉别人某些知识。像驾驶、急救、或宠物等。

(3) 虚构类真人秀——将真实的人物放置在设定的可控制的情景下,例如一幢房子或者某个小岛,然后拍摄发生的事情。

按照这个定义,当前为大家所熟悉的真人秀节目,如《老大哥》或《幸存者》都是典型的虚构类真人秀,亦即狭义上的真人秀,其特点是可控的环境和真实的志愿者。其他两类则属于广义真人秀的范畴。而诸如《开心辞典》《超市大赢家》《非诚勿扰》等节目实则是在一些环节借鉴了真人秀理念,并非典型的真人秀节目形态。"目前电视上频繁出现的各种选秀节目、益智节目、竞技节目、大奖赛等,实际上也都在借鉴真人秀的手法、技巧和意识。从这个意义上说,一个泛真人秀的电视时代似乎正在来临。"[1]

从世界范围节目的发展历史和趋势看,最常见的真人秀类型是主题竞技秀（Competition/game shows）和纪录片式真人秀（Documentary-style）。主题竞技秀主题众多,如体育主题（Sports）、职场主题（Job search）、恋爱约会主题（Dating-based competition）、自我提升或整容主题（Self-improvement/makeover）、装修主题（Renovation）等。其中一个重要子类是表演秀（Talent show/talent search show）,当前热播的才艺选秀节目即属此类。纪录片式真人秀即现实生活秀,包括"偷拍"秀（Hidden cameras）、生活技能秀（Professional activities）及一些社会实验性节目（Social experiment）。本章我们将分别对主题竞技秀和现实生活秀的具体形态予以解析,并特别解析一种重要的主题竞技秀——表演秀。

第二节　主题竞技秀

主题竞技秀以参赛者的竞技比拼为核心内容,因竞技主题的差异可分为不同子类,如人际关系类（如《老大哥》）、科学类（如《最强大脑》）、体育类（如《星跳水立方》《极速前进》）、职场类（如《学徒》《职来职往》）、恋爱约会类（如《男才女貌》《诱惑岛》）、生存体验类（如《幸存者》《我们15个》）、自我完善类（如《终极减肥王》）、装修类（如《梦想改造家》《创意巅峰》）等。尽管游戏主题五花八门,但其基本形态和制作机制有共同之特点。

一、主题竞技秀基本形态解析

经典模式之一：《幸存者》

美国CBS播出,首播于2000年5月。开播当年,即达到美国夏季收视率新高,创下了CBS在该时段13年来的收视纪录。目前该节目已播至第20季,仍是美国最受欢迎的真人秀之一。节目从应征者邮寄来的录像带中挑选16名参赛者,把他们送到一个荒无人烟的小岛。在4个多月时间里,他们无法得到外界帮助,不能依靠现代技术手段,要经受热带风暴洗礼,靠双手艰难生存,任何缺乏意志或身体不够强壮者都将被淘汰出局。选手定期召开"部族会议",商量把谁驱逐出小岛,每次以投票的形式驱逐其中一个人。这意味着竞争者在挑

---

[1] 尹鸿,冉儒学,陆虹．娱乐旋风——认识电视真人秀．北京：中国广播电视出版社,2006：4.

战自然的同时，还需要处心积虑地争取别人的支持，同时又得为把竞争对手剔除出小岛而勾心斗角。由于游戏规则规定人们可以使用除暴力以外的任何手段，所以这实际上意味着竞争者们除了极尽其正面的领导说服能力外，还得把造谣中伤、欺软怕硬、欺骗狡诈发挥得淋漓尽致。最终获胜的"幸存者"可得到100万美元奖金。

经典模式之二：《学徒》

美国NBC播出，首播于2004年1月，目前已播至第9季。这是一个将商业运作技巧作为真人秀竞赛主题的节目，是NBC新节目播出史上创造了最佳收视率的节目之一。节目每期从20多万报名者中选出16位"学徒"，八男八女分成两组，他们都是美国商界的成功白领。这16位学徒将接受在纽约职场幸存技巧的考验。地产大亨唐纳德·特朗普扮演他们的雇主，实习地点在特朗普商业帝国的不同企业。特朗普向他们下达任务，考验他们的智慧、创新能力、业内技巧等。测试手段是派出两组学徒，在短时间内完成不可思议的高难度任务，涵盖商业运作的许多层面：销售、促销、慈善捐助、房地产交易、财政、广告策划和设备管理等。大家轮流担任团队领导，输掉的一方会有一位对团队最没贡献的成员被"炒掉"。最终获胜者将成为特朗普的"学徒"，成为其商业帝国一家公司的总裁。

节目元素是构成节目版式和形态的基础。研究认为，欧美真人秀节目的构成元素包括"场景；俊美性感的人体；暴力因素；竞技；事故与灾难；性；阴谋与帮派竞争；背叛；人际谋略；规则；宗教；伪善；骂街；单相思；友谊；内心冲突"等。为了更好地认识真人秀的制作规律，国内学者将真人秀分解为七个基本元素：①作为故事主体和观众观看客体的人物元素——参与者；②推动节目、观众和故事发展的动力元素——悬念；③形成人物关系和情节变化的结构元素——竞争；④标志人物命运戏剧性转折的环节元素——淘汰与选拔规则；⑤形成故事假定性的情境元素——时空规定；⑥形成节目基本过程的细节元素——现场记录；⑦强化故事的感染元素——艺术加工。❶在此，重点对主题竞技秀的四个核心元素予以解析。

1. 悬念——大奖属谁？

无论是真人秀节目的参与者还是观看者，都需要一种动力性目标，驱使节目的参与者主动行动，而且这种行动的主动性越强，对目标的渴望越强，故事的吸引力也就越强，观众的观看欲望也会越强。因此，故事的目标就作为一种悬念，推动参与者和观众与节目的进程捆绑在一起。

重赏之下有勇夫。真人秀节目的参与者一旦达成某个行动目标，如到达某个地点，争取某种胜利，获得某种位置等，都将获得奖励。在主题竞技秀中，无论主题如何变换，设置大奖总是节目策划者的不变选择，"大奖归谁"也成为真人秀最大的悬念。在节目中，参与者和观众的目标总是预先设定的，但是优胜者却是不确定的。胜利者，可能是最后的幸存者，也可能是经受了考验的最有意志力的人，或竞技能力最高的人，或运气最好的人。他们将得到高价值的奖赏，如巨额金钱、房子、汽车、高级用品、特殊体验的机会、高薪职位，甚至优秀异性等。奖励能调动参赛者主观能动性的充分发挥，从而增强节目的可视性。奖赏究竟会落到谁手中，由于什么样的原因获得胜利，谁也无法得知，这些都是不确定的。观众无从控制，甚至节目的制作者也无法得知。这一悬念一般要等到最后一集才能揭晓，于是巨奖悬念贯穿始终。

例如，在《幸存者》中，最终的获胜者将获得节目提供的100万美金（这是美国真人秀节目的常规奖励额），但究竟谁是最后的胜者，观众无从得知。在第一季大结局中，参赛者们将在剩下的三位参赛者中选出谁是最终的获胜者，三人在烈日下手扶一根图腾柱，坚持到

---

❶ 尹鸿，陆虹，冉儒学. 电视真人秀的节目元素分析，现代传播，2005，(5).

最后才松开的人将获得投票权，获得投票权的选手可以淘汰掉剩下的两位选手中的一个。但节目却出人意料，三个选手中的理查德选择了退出竞争，获得投票权的参赛选手是一位女士，她没有淘汰理查德，却淘汰了另外一位参赛者。节目最后更出乎意料的是，其他选手都把票投给了理查德，理查德成为获票最多的选手，超过了获得投票权的女士参赛者，结果他成了最终的获胜者。可以说，整个过程跌宕曲折，没有人能预知谁是最终的获胜者。

真人秀虽然是一场游戏，但其奖励却是实实在在的，这是节目规则中不可缺少的一部分。动辄几十万、几百万美金的奖金或者等价奖品、高薪晋升机会、好莱坞和五百强大公司的就业岗位等利益诱惑成为欧美真人秀长盛不衰的法宝之一。这些价值不菲的奖励也成为真人秀节目展现人性的根本诱因。只有诱惑和刺激足够大，才能让参加者不惜历尽艰辛，放下伪装，放手一搏，观众也才能看到假定规则中真实的人性。

2. 竞争——谁与谁的PK？

如果说真人秀所强调的目标是一种动力、悬念，那么竞争就是过程、情节。目标必须通过竞争才能达到，胜利者是唯一的，而失败者却是大多数，因此，竞争是否激烈、竞争是否具有强度、竞争的结果是否难以预料，都决定了真人秀节目的情节是否具有足够"魅力"。

主题竞技秀的竞争环节通常包括两类，一是"与天斗，与地斗"，即与自然界的较量；二是"与人斗"，即在人际关系领域的竞争，人与人之间的较量。在一个封闭的游戏环境中，参与者会互相产生各种复杂的感情，如爱情、仇恨、嫉妒等，这些情感和利益交织，难免出现冲突。而许多真人秀实际上既包括了人与自然环境的冲突，也具有人群与人群的冲突，如《幸存者》。

在《幸存者》开始部分，部落成员选择的环节就已为日后的竞争埋下了伏笔。节目规则要求，每个部落的第一名成员从剩余的参与者中挑选自己部落的下一位成员，被选入者再选下一位，直至最后。这种选择是两难的，一方面为了能够在与其他部落的竞争中获胜，要选择更强大的伙伴；另一方面又要提防更为出色的同伴挤出自己。这种情节极具张力。参与者为了淘汰其他人而顺利进入下一轮直到最后胜出，要采取一切规则允许的手段打击对手；同时为了不至于被投票淘汰而要使尽浑身解数去迎合后者。由于真人秀的竞争和淘汰环节和社会生活具有一定的相似性，能产生一种更加"现实的效果"，更能唤起观众的心理认同。

一般来说，竞争环节设计得越新奇，竞争的场面就越有趣；竞争的规则越简单，观众的参与度就越高；达到目标的人越难以预测，竞争的悬念就越强；最后达到目标的人越少，竞争的结果就越有吸引力；达到的目标越艰难，竞争的过程就越有观赏性。

3. 淘汰与选拔规则——为何出局？

真人秀借鉴了竞赛节目的淘汰制，层层淘汰，直到最后一人（如《幸存者》）、一对（如《阁楼故事》）或一组（如《垃圾挑战赛》）。也有的真人秀节目采用记分方式，变"汰劣"为"选优"，最后获胜者获得大奖，这其实是一种间接的淘汰。还有的游戏规则是在淘汰的同时进行选拔，让被选拔出来的人具有豁免权或投票权。如《幸存者》就是让优胜者获得豁免权，被淘汰者从非优胜者的群体中产生，甚至，优胜者最后有淘汰别人的特殊权利。

真人秀节目的淘汰与选拔有四种常见机制：一是达标淘汰；二是评委裁定；三是观众票选；四是同伴裁决。达标淘汰，即事先确定游戏"过关"的标准，如果竞争者无法达标则遭淘汰，达标者进入下一轮；评委裁定较为传统，是竞技类节目最常见的淘汰与选拔方式；观众裁决多使用互动手段，由观众投票决定，能够比较客观地反映选手的人气状况；同伴裁决则由内部投票进行表决，是游戏残酷竞争性的集中体现。也有的真人秀节目综合使用上述多种方式，以强化节目的悬念和竞争性。

《学徒》的淘汰与选拔环节极具代表性。《学徒》是两个团队之间的竞争，也是16个选手个人命运的厮杀。每一集特朗普都会在最后的"会议室裁定"中淘汰一人。以第一季第五集为例,特朗普下达的任务是用1000元本金购买任意商品,在跳蚤市场出售,看哪一组能够把本金赚回,并收入最多。尼克和克莉斯蒂分别为两队队长,尼克一组在室外出售女性服装和首饰,克莉斯蒂在室内售卖从中国城选择的特色小东西。比赛当日下起了大雨,克莉斯蒂一组非常庆幸选择了室内摊位;可当天气放晴,克莉斯蒂仍然在室内坚守,进展缓慢。最后,组员们终于决定搬出去在室外销售,以弥补在室内没有客人的损失。然而,最后结算时,克莉斯蒂小组意外发现丢了钱,这导致了他们最终因为亏损而失败。克莉斯蒂选择了与自己不和的组员海德和负责财务的欧马一同进入会议室面临裁决。然而,难以捉摸的大老板特朗普最终淘汰的并不是因丢钱而需要负责任的欧马,却是因听从好友建议,没有在会议室中为自己争辩的克莉斯蒂。事实上,克莉斯蒂的好友对特朗普的习性和标准一无所知,在会议室,这位好友甚至不惜"反水"攻击她,她提出的所谓建议更是"损人利己"。在上述一波三折的节目中,多种淘汰机制共同发挥作用。淘汰的标准与结果无从预知,特朗普作为最终裁定者(唯一评委)拥有对所有人的生杀大权。成功的学徒只有一个,在"会议室裁定"过程中,选手可以相互指责中伤,或为自己辩解。会议室成为失败与胜利最后的裁判场。

4. 时空规定——置我何境?

真人秀的空间环境分室外和室内两种。室内环境大多选择封闭的独宅,活动空间有限,与外界隔绝,很少有现代科技产品,即使有也限制使用。室外环境的总体特点是条件恶劣,生存艰苦,与外界隔绝。比如《阁楼故事》中生活设施俱全的豪宅,或者《幸存者》中太平洋上的原始荒岛。

环境是促使人物发生动作的"情境"要素之一。作为节目参与者的生活空间,游戏环境对人的行为和心理会产生重要影响。研究表明,人会根据环境的变化调试自己的心理从而显现出不同的行为,特定游戏环境能够促使参与者以最快的速度焕发出与之相应的行为状态,这是整个游戏进行的前提。要展现残酷环境中的真实人性,就要对真人秀参与者的心理进行全方位的调整,让他们从进入游戏第一刻起就忘掉外部世界,全身心投入游戏。因此,节目要做的第一步就是给参与者提供一个完全封闭的、与世隔绝的游戏环境。《幸存者》通过精心营造的情境,将节目参与者带入游戏,同时,陌生化的场景不断刺激观众的视觉神经,让节目更加生动、诱人。

《幸存者》拍摄地点选在远离现代文明的荒岛上,使用具有原始象征意义的饰物和仪式;反复出现的火把、戴在脖子上的原始图腾饰物、投票时的粗糙纸张、志愿者脸上的泥巴和油彩、参加"部族会议"时的锣鼓以及被淘汰者离开时的灭灯仪式……游戏环境与游戏内容完全相符合,这个模拟仿真的假定情境给参与者规定了行为活动和心理活动的范围。进入原始荒岛的参与者首先考虑的是如何才能在陌生大自然中求得生存;同样,进入豪宅的参与者要考虑的就是如何打发漫长单调的时光;《学徒》则反复强调曼哈顿就是一个"原始丛林",一个"残酷的丛林"。

真人秀一般会设置不同于现实生活的时空环境,它是真实的,又是超现实的。其超现实性表现在它设置了一种极限,在极端的时空里,矛盾和戏剧冲突更集中,更有可看性。同样,真人秀也要求在极端的时间里完成。有的要求几天几夜,有的是一个月、几个月,甚至半年。时间的限定使冲突更加集中,悬念一波接一波,挑战性和刺激性加大。

二、主题竞技秀策划制作思路提要

1. 确定主题

真人秀的本质是娱乐游戏。对于主题竞技秀而言,确定游戏主题是节目策划制作的起点。唯物主义认为，游戏源于生产劳动。将生产、生活中的现实场景或竞争角逐进行游戏化的加工，以戏仿的方式获取娱乐体验，这就是游戏。电视真人秀也不例外，现实生活和日常生产劳动中的竞技都可以成为电视游戏的主题。例如以下几个真人秀。

《天桥骄子》（Project Runway）以"衣"为主题。12位设计新人为即将到来的纽约秋季时装周展开激烈竞争，评委兼指导团将帮助他们敲开时尚之门。最后只有3位选手能站在时装周的舞台上接受面对面的挑战。冠军作品将上 ELLE 杂志，冠军本人将获得专业学习机会，并赢得创业奖金。2014年，东方卫视播出类似主题节目《女神的新衣》（又名《女神新装》），以"24小时制衣＋T台秀＋竞拍"等环节组成。

《地狱厨房》（Hell's Kitchen）以"食"为主题。脾气暴躁的名厨戈登·拉姆齐要在洛杉矶开一家新餐馆，他在真人秀中要培训一群热心的厨师。12个厨艺爱好者在其指导下逐步淘汰，主厨故意用令人难以承受的方式凌辱他的员工，在经过许多令人不堪的折磨之后，获胜者将产生。2012年，东方卫视引进播出类似主题节目《顶级厨师（Master Chef）》，由上千名应征者开始多轮角逐逐一淘汰，最后产生优胜者。

《创意巅峰》（Top Design）以"住"为主题。12名室内设计界的新秀为最终胜出而施展浑身解数，如为神秘嘉宾打造专属房间、儿童房的游乐世界、主题聚会设计、都会饭店房间与豪宅设计等。他们的作品将受到设计界名师的检验及评论。获胜者将获得现金奖以及著名设计工作室的职位。2014年，东方卫视借鉴了日本《全能住宅改造王》，推出主题类似的装修真人秀《梦想改造家》，每期节目聚焦一户有住房难题的家庭，并委托设计师在有限时间里使用有限的资金为其房屋进行"爱心改造"。

《极速前进》（The Amazing Race）以"行"为主题，12组双人搭档参加环游世界的比赛，以其惊心动魄的全球实地冒险竞赛为主线。最后到达终点的队伍将被淘汰，最终胜利者获得百万美元大奖。2014年，深圳卫视购买版权，推出中国版《极速前进》，更对原版节目进行了大胆的改造创新，改变了原有赛制，并在全球各版本中首创复活、踢馆、分组对抗积分赛等设置。类似主题节目还有江苏卫视播出的《前往世界的尽头》、四川卫视引进播出的《两天一夜》等。

从欧美真人秀发展趋势看，真人秀的主题已趋于多元化，从最早的《老大哥》或《幸存者》模式拓展到今天的"无不可秀"。现实生活充满竞争，各行各业，每个领域，人与人的竞争，人与环境的斗争无处不在。只要精心设计，从中抽象出一个游戏框架来，哪怕是"衣食住行"之类的日常琐事，都可能设计出真人秀节目。在我国，央视的《互动空间·电视超人》曾策划过"火锅超人""筷子超人""品茶超人"等多个竞技主题，一度打造出常态化的电视真人挑战赛。

2. 设定规则

真人秀创作的关键在于游戏规则的设计。规则直接决定着故事的走向，也决定着由它产生的悬念是否吸引观众。真人秀节目的规则与体育竞赛的规则有共同之处，它不设定结果，却强烈吸引人们关注结果是什么；规则的设定或改变会决定着节目自身的命运。

欧美真人秀常将选手安置在封闭场所进行比赛，其目的是为了突显竞争，这或许具有罗马帝国角斗场式的冷漠和残酷心态。只是，在现代社会，血腥的搏斗一则不为法律所允许，二则"一个力量型的比赛是简单的"[1]，无法长久地吸引受众，相反"斗智斗勇"的比赛才是比较高层次的，更能吸引人。因此，现代真人秀节目大多将重点放在选手间的智力角斗上。而节目组的任务则是创造各种各样的契机来激化人物间的矛盾冲突，由此，观众得以看

---

[1] 喻国明．真人秀节目对中国电视格局的影响，http://tech.sina.com.cn/other/2003-10-29/1915250049.shtml.

到一个个充满了阴谋与背叛的真人故事。

但是，这些勾心斗角、残酷竞争的故事未必适合中国国情。除了道德观念和伦理文化的差异外，观众的欣赏喜好可能也大相径庭。有研究人员基于央视大型真人秀《欢乐英雄》的收视率数据进行了研究。2004年"五一"播出的《欢乐英雄·驾驶训练营》制作精良，基本代表了当时国内真人秀的最高水平，但正是这样一档"基于比赛规则而丰富展示了人物之间的心理冲突、并不断制造着悬念的"节目，总体收视率并不理想，而节目中的小测试环节却成为收视高点。研究者依此提出假设，认为在中国"太复杂的规则（逻辑）就不算是规则（逻辑），延续时间过长的悬念也不算是悬念，国内真人秀的观众更希望看到的是'外在的'、'直接表现'的冲突"，"任何力图只在节目中充分展示内心冲突的努力，注定是不能受到中国观众欢迎的。这也就是中国真人秀节目区别于欧美真人秀节目的根本所在。"[1] 或许正因为此，2007年前后，在湖南电视台的《智勇大冲关》、《勇往直前》（明星主题竞技）以及江苏电视台的《爱拼才会赢》等游戏秀中，规则变得出奇简单，外在的身体竞技和运动闯关几乎成了节目的全部规则。

2014年，浙江卫视引进制作的《奔跑吧！兄弟》（现已更名为《奔跑吧》）借助各种道具，将游戏元素发挥到了极致，如指压板运动、水池弹簧座椅、按照特定顺序吃桌上的饭、到国外市场买正确的东西吃、撕名牌、在特定环境找搭档等。这些游戏的规则并不复杂，但着重考察明星们的综合素质和团队实力，游戏之间环环相扣、严丝合缝，令国内类似节目的游戏策划水平达到新的高度。如"指压板"游戏考验的是队员的身体灵活度及心理素质，在火烧眉毛的情况下，需要队员沉着冷静地完成任务。"撕名牌"游戏规则比较多变，总体来说就是要保护自己背后的名牌，还要抢夺别组成员的名牌，是速度与体力的挑战。"弹射椅"是原版游戏中的高人气大型道具，由回答问题完成任务的队员，决定其他队友的命运，稍有差错就会导致队友被高高弹起，非常惊险。这项游戏中，体能优势基本不再起作用，脑力是决定胜负的关键。与之类似，江苏卫视播出的《老公看你的》和《为她而战》均以有趣的游戏、新奇的道具和扣人心弦的规则设计获得成功。

电视节目可能是最民族化的文化产品，真人秀作为一种节目形态在不同文化中注定要有不同的游戏规则。欧美真人秀表现"真实性、窥私性和激烈的竞争性"的经典规则并不完全适合中国的电视文化，本土化的创新和改造势在必行。

3. 不断求新

主题竞技秀正进入类型化制作时代。类型是惯例与经验的系统。之所以出现某种类型，是因为某种形式已经获得成功，而成功的产品必然引起更多仿效，成为惯例；同时，观众根据大量类似的经验，养成一种期待，随着期待的增强，最后转变为规则。在《幸存者》大行其道之后，《胆战心惊》《夺宝奇兵》等相似却又不同的后继者便不断出现。同样，《学徒》成功之后，便又有了《学徒·家政女皇》《迎合老板》等类似节目。在国内，江苏台的《最强大脑》虽源于德国节目创意，但后来被国内制作人发展为一个系列，每年一季，在强调脑力角逐的基础上，内容不断求异，道具逐季翻新，给人不同的感受。对真人秀节目形态中那些客观存在并容易模仿的要素及规则，进行多元组合，便能成为一个新的节目。但类型化制作绝不等于原样"克隆"，只有不断错位设计，不断推陈出新，才能跟上受众不断变化的口味。

即便是作为经典节目形态的《幸存者》，其在基本版式基础上的创新也不曾停止。第一季成功后，第二季的16位参争者明显都比第一季更年轻漂亮。到了第三季，节目把翻新出

---

[1] 肖建兵. 也谈如何理解真人秀节目的本质与特点——与尹鸿先生商榷, 广告大观, 2004, (9).

在游戏规则上：比赛进行一段时间后，让两个部落的部分人员抽签互换，这对参赛者来说可能是致命的，可能完全打破两个部落内部刚刚形成的小同盟。这季中的另外一个亮点是参观一家专门治疗儿童艾滋病的医院，《幸存者》与这家医院建立了深厚的友谊，并为小儿艾滋病基金会拉赞助。从这季开始，多数参赛者每季末都会在易趣网拍卖节目中的个人物品，进行慈善义捐。第五季的新看点是第一次拍摄了重聚大团圆特别节目。第六季的新看点则是把16名男女按性别分组，打出"性别牌"。接下来的第七季更没有让观众失望，游戏出现了《幸存者》史上最大的一次规则调整：失败者复活，即让之前已经淘汰的6位选手复活，组成第3个部落，和原有的两个部落竞争。第八季也是《幸存者》史上的经典，因为这次是"全明星版"，节目让以前一些受观众喜爱的选手再次回来参加比赛，同时这次比赛的选手改为18人，也首次由分2组改为分3组。第九季的看点则是出现了两位女同性恋参赛者，节目中的性别大战因而此起彼伏。

在国内，优秀的主题竞技秀创意凤毛麟角，大多数娱乐节目低层次拷贝，互相撞车，进而造成重复投资、带来资源的浪费。在国际电视界，节目版式的跨国交易司空见惯。在原创能力相对低下的当下，国内电视机构模仿和引进欧美的电视版式无可厚非。但是，善于在改造加工的过程中求新、求变，乃是电视节目不变的存活之道。

第三节　现实生活秀

如果说主题竞技秀更接近于娱乐节目，那么，现实生活秀则更接近于纪录片，因此，在西方又有创构式纪录片或建构式纪录片（Constructed documentaries）的称谓，被认为是纪录片式的真人秀。具体可分为"偷拍"秀（如《美国家庭滑稽录像》《把控伤害》等）、生活技能秀（如《超级保姆》《美食革命》等）和社会实验真人秀（如《交换主妇》《粉雄救兵》等）。

一、现实生活秀基本形态解析

经典模式：《超级保姆》

美国 ABC 2005 年 1 月推出。节目主持人乔·弗罗斯特是一位拥有 15 年从业经历的全职保姆。在节目中，乔亲自出马，到求助家庭中传授"育儿经"。节目采用实景跟拍的方式，展现她解救一对对陷于绝望的父母的真实故事。她赏罚分明，令"调皮楼梯""你这样的行为是十分调皮的"几乎成为普及用语。节目选取的问题家庭非常具有代表性，因而深受欢迎。乔被视为新任母亲的救星，调查显示很多观众觉得节目内容非常实用，拥有可贵的教育性。节目曾被《纽约时报》赞誉为"充满魅力"和"值得收看"。节目另有德国版本，FOX电视网拥有类似节目《保姆911》。2013 年，风靡世界的育儿真人秀《超级保姆》有了中国版本——《超级育儿师》（先后在央视财经频道、安徽卫视播出）。

在欧美电视荧屏上，现实生活题材的真人秀数量繁多。虽然制作成本一般不及主题竞技类真人秀，但社会影响丝毫不差，甚至不少低成本的实验性节目，因为天才的奇思妙想获得惊人收视率。与主题竞技秀不同，现实生活秀一般不设置竞争、夺奖、PK、淘汰等较具悬念和冲突感的环节，甚至没有大奖诱惑，没有极端的时空环境，更多的是通过巧妙介入现实空间，完成对普通人一段特殊生活体验的记录。

1. 重在体验的真实节目

如果说主题竞技类真人秀的看点是"事件"，那么，现实生活类真人秀的看点便是"人物"。这里的"人"不是概念上的、一般意义上的普遍的"人"，而是具体的、特殊的，具有鲜明个性的"人"。突出个性的方式是把人物投放到一定的特殊情境中去，这种情境或许迥异于其熟悉的生活，但由此能够获得不同的感受。在与自己过去生活的对比中，人的个性与潜能被激发出来。当这一切被摄像机忠实记录于荧屏，"我的传奇"便成为可供大众消费的独特体验。

BBC的真人秀节目《女人离开的一周》在7天的拍摄时间里，安排哈比村中的女人们离开家庭，度过一个为期一周的单独假期。节目制作人凯利·韦伯兰姆说："我们的节目会真实地记录下女人离开以后，那些被突然强行推入家庭和社区生活的男人们身上都发生了什么。"无疑，这是"一场有趣的社会实验"。《卧底公主》（Undercover Princesses）则让三位分别来自德国、印度和非洲某部落或王室的公主来到英国埃塞克斯郡，同住在一栋房子里，体验普通人的生活，干普通人的工作，还要像普通人一样去谈恋爱。《名誉、财富和无家可归》（Famous, Rich and Homeless）则邀请了五位名人，包括作家、主持人、运动员、演员、记者等，他们放下原本舒适安稳的居所，在伦敦街头流浪10天，体验无家可归的生活。

近年来，国内电视机构相继制作了亲子户外体验秀《爸爸去哪儿》（湖南卫视）、农家生活体验秀《明星到我家》（江苏卫视）、军营生活体验秀《真正男子汉》（湖南卫视）、职场体验秀《挑战者联盟》（浙江卫视）等。没有了主题竞技秀对"大奖归谁"悬念的关注，现实生活秀关于"人"的独特体验便凸显出来，这正是此类真人秀的最大看点。

2. 源于生活的情境设置

在现实生活秀中，节目记录的对象是特定"情境"中的人，而这里的"情境"与竞技秀中的游戏环境有诸多不同。极端的时空被日常院落替代，紧张激烈的人际冲突和人性暴露被现实生活的逻辑置换。现实生活秀虽强调记录独特的体验，但节目场景几乎都源于日常生活，大量镜头拍摄自普通的家庭空间，更不用说《美国家庭滑稽录像》这类纯粹偷拍的节目。《老大哥》似的"牢笼"或《幸存者》中的荒岛，这些超现实的"人造情境"通常不会出现。

3. 精心建构的电视叙事

现实生活秀是纪录片式的真人秀，但在叙事策略上却不同于经典纪录片的"生活流"概念。经过编导的精心设计，"建构式"纪录片通常也是一波三折，高潮迭起。此类真人秀的终极目标是通过"秀"展示人的特殊体验，为了志愿者的搭配组合更"有戏"，观众在观看时更"入戏"，导演在挑选志愿者时无不以最具个性、最典型、最富戏剧性的人物作为首选。这样的选择已为后续的精彩故事埋下了伏笔。

由于不靠大奖凸显矛盾和悬念，为了让节目更加"好看"，对比策略成为现实生活秀叙事设计的妙方。美国2006年3月8日播出的《黑与白》是一档令人匪夷所思的黑人与白人家庭"交换肤色"的真人秀，共6集。一个黑人家庭的3名成员和另一个白人家庭的3名成员"交换肤色"后，分别体验变成白人和黑人后的生活。6周里，隐藏摄像机将把他们的一举一动和周围人的反应全部拍摄下来。马克一家在变成"黑人"后，明显地感到了种族歧视的存在。"黑人"马克称，当在购物街经过一个白人妇女身旁时，她立即抓紧了自己的手提包，并避让到一边。卡门和女儿称，她们在变成"黑人"后，曾数次到西洛杉矶的多家商店应聘工作。但每次两人都发现，要么是商店的经理"正巧"不在，要么就是申请表格"正巧"用光。与此同时，扮成白人的黑人家庭却处处受到礼遇。"白人"斯帕克斯去商店买鞋，在他印象中一直板着脸的售货员忽然笑脸相迎，亲切地为他试鞋，一向高傲的售货员小姐竟然蹲下为他穿鞋、系鞋带。斯帕克斯说："我做黑人四十多年，从没接受过这样的待遇。"节目结束时，两家人都对种族歧视有了更深切的体验。有评论家说，《黑与白》"剧情复杂有趣，有挑战性，让观众经历一次神奇之旅"。

类似的对比在现实生活秀中屡见不鲜。角色互换强调的是彼此身份的对比，整容故事和装修真人秀强调的是前后形态的对比，即便如《超级保姆》一类的生活技能秀也通过对比来凸显人物技能的价值。而《美国家庭滑稽录像》《把控伤害》等偷拍类真人秀，也时常有人为的"意外"发生。以真人真事为题材的纪录片往往缺乏故事性，缺乏完整性，缺乏高潮。有时一位摄影大师花几年的工夫也未必能等来所拍摄内容的高潮和完整性。这也正是为什么纪录片成为最昂贵的时间艺术和贵族艺术。但真人秀节目巧妙地把故事性、完整性和高潮融合在叙事之中，更具可看性。

4. 寓教于乐的社教诉求

如果说主题竞技秀将现实生活中的人带进梦幻游戏，具有"造梦"功能，那么，现实生活秀则"让梦想照进现实"，它帮助观众提升驾驭生活的能力，或通过独特的人生体验，逼使观众反思现实。国内有学者将此类真人秀称之为"功能真人秀"❶，其强调的是现实生活秀并非简单的电视娱乐，具有一定的社教功能。

《超级保姆》实景记录求助家庭在主持人帮助下学会如何教好孩子的过程。小孩子可塑性很强，不良习惯和行为规律也比较容易掌握，所以相对于改造成年人，其转变效果在电视镜头中一目了然。节目最大的卖点就是实用性，因为所展现的改造过程对电视机前的其他观众也有示范作用，所以不仅收视率高，相关产品也很受欢迎，主持人撰写的《超级保姆：如何让你的孩子做到最好》连续多周进入《纽约时报》的畅销书榜。美国ABC的《改头换面：家装版》、学习频道的《衣着大禁忌》（What Not to Wear）、Discovery的《负债夫妻翻身战》（Til Debt Do Us Apart）等，从不同的方面满足了现代家庭衣、食、住、行，乃至理财等各方面的生活需求。从这个意义上讲，真人秀并不仅仅是娱乐，它是人类在体验一种新的生活，追求一种多样化的价值取向，它是新生活方式的引领者。

除了实用的知识性内容外，现实生活秀还帮助人们对自己生活的社会和现状有全新的、全面的认知。如喻国明教授所言，"实际上人们是通过这样一种真实电视来反观人的社会存在、社会规则、生活法则，以及各种多样的生活方式，通过它来体验社会。"❷ 美国FX有线电视的《30天》，则通过影星Morgan Spurlock在30天内体验各种与以往截然不同的生活经历，为观众展示美国生活的现实，如昂贵的医疗费、高额的房租、美国民众对伊斯兰文化的误解、对同性恋者的歧视等。探索频道播出的《肮脏工作》针对性更强，节目直接将触角伸向社会底层，让主持人体验一些危险的、辛苦的甚至看起来恶心的工作，给观众观察世界另一面的角度。让人们在欣赏主持人苦中作乐的同时，获得现实生活的思考。

二、现实生活秀策划制作思路提要

我国各级电视机构制作播出了不少现实生活类真人秀，较具代表性的有中央电视台的《交换空间》、湖南卫视的《变形计》《爸爸去哪儿》《一年级》、东方卫视的《我去上学了》、江苏卫视的《明星到我家》《我们相爱吧》等。其中，《爸爸去哪儿》可谓此类节目"叫好又叫座"的代表。在主题竞技秀因为"隐私""涉性""勾心斗角"等弊病在我国难以直接克隆，而表演选秀类节目又受到有关政策限制的情况下，相对而言更公益、更民生、更"绿色"的现实生活秀无疑值得媒体人士关注。现实生活秀帮助观众提升自身，或认知自身，其社教功能体现为知识性或社会实验性。从形态上看，这类真人秀节目强调在生活中发现主题，在现实情境中设置体验环节，特别是生活技能秀，选题广泛，可谓"无处不可秀"。但

---

❶ 李萍，徐勍．功能性真人秀的创意与方向．新闻记者，2006，（12）.
❷ 喻国明教授专访，http://tech.sina.com.cn/other/2003-10-29/1947250055.shtml.

正因为现实生活秀取材于日常生活,内容不够"陌生化",吸引力相对偏弱。因此,节目自身的设计至关重要。

1. 谋求有意思和有意义的统一

国家新闻出版广电总局《关于加强真人秀节目管理的通知》要求,要防止把节目办成脱离现实、脱离群众的无聊游戏,不能助长社会浮躁心态和颓废萎靡之风;要大力推动创新创优,摆脱对境外节目模式的依赖心理,坚决纠正一窝蜂式的盲目引进;要关注普通群众,避免过度明星化,摒弃"靠明星博收视"的错误认识,纠正单纯依赖明星的倾向,不能把节目变成拼明星和炫富的场所,不能助长高片酬、高成本的不良风气;要坚持健康的格调品位,真人秀节目不应变成低俗娱乐秀场,不得设置违背核心价值观和公序良俗的节目规则与低俗噱头等。

作为湖南卫视重点研发的一档生活类角色互换节目,开播十多年来,《变形计》一直在专业领域保持着高水准的节目质量,以"纪录片+真人秀"的创新模式展现主人公互换生活的真实过程与内心变化,关注社会热点问题,在学龄儿童及家长群体中享有较高的口碑称赞,在社会上掀起关于家庭教育问题的大讨论,堪称"现象级"电视节目。当下明星综艺类真人秀充斥荧屏,《变形计》坚持自己的独特风格定位——不请大牌明星,没有华丽外景,不搞恶意噱头炒作,主打素人实拍。《变形计》始终秉承"换位思考"的精神,不仅让变形主人公体验到了不一样的人生,也让电视前与电脑前的观众感同身受,让人们更加重视亲情、友情,感知生活的来之不易,并且对新的幸福生活充满信心,依然担当着一份社会责任在做节目。

2014年,东方卫视引进播出《我去上学了》,以明星上学听课、体验学校生活的形式,不仅带来趣味和教训、勾起乡愁,也通过展示变化了的学校生活,令大家进一步理解青少年、并开始考虑不同时代的沟通问题。相比韩国版本中的众多戏谑、搞笑元素,引进后,中方在原有基础上进行"本土化改造",加入更多青春体验、教育反思类元素,成为有意思和有意义相统一的成功之作。一般认为,真人秀节目应该把握自己的"变"与"不变":一方面应充分考量时代语境,及时关注人们生活中最迫切、最实际、最关心的问题,给观众带来充分的愉悦和满足感;另一方面保持不断提升节目艺术水准的信念不变,秉持审美品格,把握文化导向,努力展现人性的光芒,发掘更多精彩的故事,传递社会正能量。

《爸爸去哪儿》的总制片人谢涤葵认为,一档节目如果价值观好,就不仅仅是娱乐节目,还可以给观众在意识上留下深刻的印记,甚至影响国人的行动。有学者指出:"真人秀节目是当前收视率很高的一种节目类型,应当搭载更多的价值内容,比如可以嫁接历史记忆、人性关怀、人物命运、健身健康、常识教育、职业体验等,为其注入更深远的精神内涵和社会意义,在体现社会价值的同时获得更持久旺盛的生命力和活力。"❶ 例如,2015年四川卫视制作播出的《咱们穿越吧》便是一档有意思且有意义的历史体验真人秀。虽为穿越题材,但却区别于戏剧形式的穿越,不戏说、重考证,可谓是一部兼具历史教育性和趣味性的中国传统教育大片。为了保证能客观地还原历史真实情境,节目组还特意聘请了近50位历史专家作为节目顾问,为节目中的道具和历史的细节一一把关,而在节目中不时释放出那个时代的历史知识点,无论是情节还是道具均经过反复推敲,使明星和观众体验到了"真实的历史"。

2. 谋求实用性与悬念性的统一

现实生活秀植根于人的日常生活,既强调挖掘"真人"生活的实用价值,又注重"秀"

---

❶ 广电总局下通知:真人秀有意思也要有意义,http://ent.sina.com.cn/tv/zy/2015-07-23/doc-ifxfhxmk6572251.shtml.

带来的娱乐性与悬念性。央视财经频道的老牌节目《交换空间》便是一档贴近普通电视观众，倡导自主动手、节俭装修为理念的服务类真人秀节目。每期节目都将会有两个勇气可嘉的家庭出现。他们将提供自己房屋中的一间，在装修团队帮助下，互换装修。简单地说就是你给我家装、我给你家装。他们只有 48 小时时间，以及 8000 元有限预算。如何在规定时间有限预算内完成装修任务是最大悬念。栏目在保障观赏性的同时，提供装修知识、家装创意、家装常识，让电视观众重新认识家庭装修的乐趣和家的意义。

《交换空间》围绕实用和情感这两条线索，在环节交错中实现推进节目进程、制造悬念、刺激需求、释放情感四个主要功能[1]。装修中的实用性是推进节目的主干，情感冲突是绿叶，两者相映才能成趣。《交换空间》所有环节的设计都是围绕这两点进行考量的，两条线索并行交叉，一主一辅，融为一体。制造悬念非常关键。真人秀节目具有的挑战和圆梦的特性，决定了栏目要在实用和情感两方面不断地制造惊喜、意外、悬念。设计的环节就要具备能制造浪漫，把不可能变成可能等多种功效。在环节设计时，要让每位节目参与者都能找到各自的真实需求，有所收获。同时，家装真人秀也是一场选手之间的"情感秀"。对以夫妻选手为主角的、收视对象偏都市女性的节目，必须要有让她们释放情感、表达爱意的环节。

《交换空间》制片人张铁忠认为，真人秀其实不是《交换空间》最引人的地方，为什么有那么多成年观众痴迷？关键在于节目的实用性。一切看点，都是建立在"实用"这个基础之上。

3. 谋求过程展示与过程控制的统一

对于观众来说，真人秀是过程的展示；对于节目策划和制作者来说，做真人秀难就难在对过程的控制。过程决定了节目的真实感与可看性。湖南卫视制作的《变形计》是中国第一档角色互换类真人秀，其成败得失颇有借鉴意义。这档节目安排参与者在七天中互换角色，体验对方生活。节目全程跟拍，粗加剪辑后原生态播出。《变形计》对国内电视节目形态及电视理念产生重要影响，在 2007 年亚洲电视节上获得"最佳真实电视节目奖"。从节目规则设计来看，短短七天变形，要好看，必须要有冲突，有悬念。但事实上，生活中的冲突不可能那么多。作为真人秀，编导必须尽量不干涉人物的活动，但为保证节目可看性，又不得不人为设置冲突，将主角的心路历程浓缩于有限时间。矛盾由此产生。

《变形计》使用多种方式介入拍摄，刺激主人公在"秀"中的表现。其中，最主要的介入，是导演对互换双方的行程设置。例如在《网瘾少年》中，由于担心陕西孩子高占喜在城市里变得娇气，安排他去卖报纸打临工，这是根据主人公们在已发事件中的表现，人为设置的议程。如同变量实验一样，制作方按照自己的设想让主角受到外界的刺激从而改变行为，以获得可看性，但质疑节目真实的声音由此产生。节目按照时间顺序讲述，不刻意运用剪辑技巧营造矛盾。这种方式容易让观众沉浸在故事设置的环境里，但平铺直叙的"过程秀"缺乏悬念和高潮，且一般都是"互换-受触动-变好"的雷同模式，因而容易导致观众审美疲劳。

反观湖南卫视 2014 年引进制作的《爸爸去哪儿》，其主题更为丰富，叙事也更加多样。五对明星父子（女）在代理村长李锐的安排下，开始他们一轮又一轮的任务。短短三天两夜，将成为平日里很少有机会待在一起的父子（女）拉近距离的难忘时光。以第 1 季第 4 站（第 7~8 期）为例。新的旅程来到了山东省威海市的鸡鸣岛，但不幸的是王岳伦父女误点赶不上飞机，无法按时到达威海市，因此其余的四组家庭先行前往海岛并入住当地房舍。五组家庭到齐，孩子们独自领取午餐之后，他们的第一个任务就是前往海边钓鱼，之后五位爸爸

---

[1] 张铁忠. 谈家装真人秀节目《交换空间》的生存策略. 电视研究，2010，(4).

和当地的渔民出海作业，孩子们则去赶海，而晚餐则是白天父亲和孩子们得到的海鲜。本集最后安排了五组家庭下集要完成的任务，即五位父亲中，四位要跟随渔民出海作业，一位父亲留下来单独照顾五个孩子，最后选出的父亲为田亮。第二天，田亮大早便开始打理五个孩子起床事宜（石头、Angela 和天天是自行起床），其余几位爸爸跟随渔民出海作业。早餐过后，五位孩子们要到地道里去查找"宝藏"（实为荧光棒等玩具），而五位爸爸则待在地道另一端等待孩子们"寻宝"归来，以表惊喜。但出洞之后由于 Angela 受到惊吓哭泣不止。下午孩子们陪同岛上的老爷爷和老奶奶玩耍，爸爸们则帮助当地人修补房顶。晚上时间，爸爸们主动邀请老人们一起用餐（席间老人们也感触良多流下了泪水），之后便一起做游戏直到人群散去。

由上述情节可见，节目组一方面真实记录和展示明星父亲、子女的渔村生活体验，甚至一言一行；另一方面，通过任务的巧妙设置，实现了对节奏和剧情的控制。为了保证节目内容的真实完整，节目组无缝录制，现场记录的素材超过 100 小时。在节目中，五位明星还原到爸爸的角色，单独肩负起照顾孩子饮食起居的责任，节目组设置一系列由父子（女）共同完成的任务，父子（女）俩在不熟悉的环境下状况百出。相比原版节目，湖南卫视版本侧重考验明星带孩子的能力，更加重视讲述亲子故事，在制作过程中较好实现了过程展示与过程控制的结合，亦即真实体验与精彩叙事的统一。

事实上，无论是"偷拍"秀、生活技能秀，还是社会实验节目，作为真人秀，周密的策划和设计必不可少。当前，应着力进行真人秀娱乐元素多样性、民族性方面的探究，开掘创意源泉。在传播理念上，寻找真人秀与时代精神结合的新样式、新观念、新介质，以开放思维的方式，加大对节目内容的研发力度，实现国情需要与民情需要的统一。

第四节 才艺表演秀

表演类真人秀以才艺选秀为主题，是竞技秀的一个重要子类。自 2001 年英国《流行偶像》（Pop Idol）推出以来，世界范围掀起巨大的选秀浪潮。除歌唱选秀（如《美国偶像》《X元素》《好声音》等）外，还有舞蹈选秀（如《与明星共舞》《舞林争霸》等）、模特选秀（如《全美超级模特新秀大赛》《超模成名技》等）、搏击类选秀（如《霹雳娇娃》《十拳十美》等）、魔术选秀（如《金牌魔术团》《超凡魔术师》）等。这些节目形态在国内多有引进或克隆版本。

一、表演秀的基本特点

经典模式之一：《美国偶像》

起源于英国《流行偶像》，实际是美国的业余歌手大奖赛。节目自 2002 年 6 月在 FOX 播出以来，长期占据尼尔森收视率排行榜第一。节目每周两期。前部分为三位评判和一位嘉宾（都是流行音乐界的大腕）到各地挑选人才，他们从上千名选手中选出 30 名选手，被选中者到好莱坞参加下一轮比赛。每周 10 名选手表演，观众通过声讯电话为选手投票，裁判再进行一轮挑选，接着观众通过电话确定谁是最后的"美国偶像"，胜出者将与唱片公司签约。节目火爆的原因在于不设门槛的全民参与性，而评委席中既有格莱美音乐奖得主，也有好莱坞大牌制片人。这个格调轻松搞怪的电视选秀节目不仅在北美迅速蹿红，还在全世界 85 个国家和地区播出。其中国版本为东方卫视的《中国梦之声》。

经典模式之二：《美国达人》

美国 NBC 从 2006 年始播。任何有一技之长，认为可以到舞台上一展身手的人，都有机会参与节目。节目真正做到参赛零门槛：没有年龄、性别限制，也不限制选手们的才艺类型。因此，动作表演、舞蹈、杂耍、单口相声、魔术、口技以及很多无法归类的神奇表演纷纷登场，在吸引眼球方面更胜《美国偶像》。节目初选制度为简单的评委制，三位评委依照服从多数原则淘汰选手。总决赛全美直播，观众投票，冠军将获得一百万美元奖金及演艺合同。据尼尔森调查，《美国达人》占据14%市场份额，是NBC2005年以来收视率最高的节目，也是美国2006夏季收视率第二高的节目。2007年，英国ITV播出这个节目的英国版本。其中国版本为东方卫视的《中国达人秀》。

经典模式之三：《好声音》

该模式源于《荷兰好声音》（又名《荷兰之声》，The Voice of Holland），是荷兰金牌制作人马克·德文克制作的一档歌曲选秀节目。其之所以引起世人注目，在于它新颖、平等的海选方式。即以"覆面选秀"（Blind Auditions）吸引眼球，之后展开组内"PK"（荷兰语："De Battle"）直至进入直播表演（Live show），观众开始参加投票。美国国家广播公司NBC 2011年引进版权，在此基础之上打造了《美国好声音》（The Voice）。法国、德国和韩国等多国电视机构均在此前后购入版权。《中国好声音》由浙江卫视联合星空传媒旗下灿星公司引进制作，该节目自2012年7月13日起于浙江卫视播出。

表演秀的节目模式基本依循主题竞技秀的规范，但作为一种主要在演播室制作的室内舞台秀，又有其自身特点。

1. 以表演为选拔主题

与《幸存者》的生存挑战主题或《老大哥》的人际关系主题不同，表演秀以表演为主题。表演是通过人的演唱、演奏或人体动作、表情来塑造形象、传达情绪、情感从而表现生活的艺术活动，代表性门类通常是音乐和舞蹈，有时将杂技、武术、魔术等划入表演活动的范畴。例如，《美国偶像》是典型的歌唱表演主题，表演内容以流行歌曲为主。《美国达人》中的表演则是广义上的、泛化的才艺表演。

作为一种艺术行为，表演与生活行为有所区别。生活技能类真人秀有时也融入选拔或竞技元素，但皆以日常生活为主题，强调实用；而表演天生具有娱乐性和被观看的属性，重在审美。无论哪种表演秀，几乎都选用"才艺表演——观看"的节目模式；"表演"决定了此类真人秀在主体形态上，不可能采用"完成任务——记录"或"情境体验——偷窥"的模式。

2. 以舞台为竞技场所

表演秀的游戏空间是舞台，准确地说，是电视演播条件下的舞台。这种空间不同于现实生活秀中的日常居所，它天生是为"作秀"准备的；同时，它也不同于野外生存秀中陌生、超现实的极端环境。从物理属性上看，舞台是容易复制的。对于专业演员或进入表演秀最后阶段的"达人"来说，舞台并非陌生化空间；即便对于初次登台的普通参赛者，舞台经验也可以不断积累。从这个意义上说，无论"偶像"在世界有多少版本，舞台总是相同的。

当然，作为真人秀节目录制场所的舞台，绝不仅仅只有灯光和布景，它是被融入主题竞技规则的，是充满了评委、观众等非物化因素的。而这些元素恰是一档节目的灵魂。

舞台因主题而有所变化。除了常见的剧场式舞台，模特秀则选用T台，功夫秀选用摔跤场，汽车表演秀（如《美国最差车手》或《赛车女郎》等）选择赛车场。也有一些歌舞选秀节目从营销的角度考虑，在室外搭台竞技，但无论如何变化，这些"秀场"都是广义上的舞台，它为演员表演提供空间，也使观众的注意力集中于演员表演并获得理想的观赏效果。

3. 以才艺为评判标准

表演秀在英文中被称为才艺秀（Talent show），主要以才艺水平的高低作为选拔或淘汰的标准。《美国偶像》的大牌评委，如宝拉·阿布杜尔、兰迪·杰克逊、塞克威尔等，他们专业的评价常常对观众投票产生重要影响。尽管年龄、容貌、偶像气质等因素会在选秀过程中发挥作用，但才艺本身的优劣主导着比赛的进程。在《英国达人》现场，47岁的苏珊大妈不但以惊人嗓音震惊了挑剔的评委，更一举成名征服无数歌迷，证明了外貌并不总与天赋挂钩，才艺水平乃是取胜的主因。在我国，虽然《超级女声》增设了大众评委，并赋予其淘汰权，但专家评委和专业评委在主导权上无疑更胜一筹。从各国选秀节目的结果看，尽管最终胜出者未必是才艺最优的选手，但其在专业上绝非等闲之辈。

当然，也有节目反其道而行之，如《美国最差车手》便不是选优，而是选劣；也有的选手刻意搞怪，成为才艺选秀中的另类人群，如2004年的《美国偶像》成就了"华裔走音王"——丑星孔庆翔，这位五音不全、舞姿拙劣的"龅牙孔"人丑歌烂，却一夜成名，备受追捧。《美国偶像》监制肯·沃维克认为这种现象很常见，并用一专门名词去形容，即"反名人效应"（Anti-Celebrity）。"反偶像"成为偶像并不奇怪：他颠覆了理想型偶像的高大全假大空，掏出大众心中真、小乃至庸常的一面，甚至以反讽、自嘲的面目出现，更容易获得广泛共鸣。

4. 以造星为终极目标

《美国偶像》港译"一夜成名"，准确概括了此类节目的定位与目标，它是"平民百姓的美国梦"；《美国达人》更是打出"全民参与，每个人都可能成为明星"的旗号。列数历届才艺选秀节目，"一夜成名"的故事不胜枚举。酒吧女招待出身的《美国偶像》第一季冠军凯莉·克莱森（Kelly Clarkson），首张专辑一经推出便迅速登上排行榜冠军，创下双白金销量，更以一曲感人至深的《Because of You》在第48届格莱美大奖上成功封后。各国选秀节目都是重要的造星工厂，以《美国偶像》为代表的选秀节目本身就与唱片公司联合运作，获胜者将与唱片公司签约。同样，《美国好声音》的优胜者除获得10万美元奖金外，还将赢得环球唱片公司的一纸签约。

二、表演秀的模式与环节

模式的本义，是一种成熟的、经过考验和验证的，有稳定的内在规定性与外在指向性的标准样板，具有特定的规则和套路。模式的内在规定性由一系列的理念、程序、结构、规则等构成，是模式生发审美空间和艺术创造的内在张力，而其外在指向性由时代精神、价值取向、生活变迁等构成，则是模式实现与时代同行，与社会同步的外在动力。模式的内在规定性与外在指向性共同规约着模式的生命动力。成功的节目模式，既遵循着既定的模式的内在规定性，又随时调整模式的内在因素，以适应外在的新变化❶。

肯·沃维克将《美国偶像》的高收视率归结为"三合一"的娱乐模式。首先，海选阶段，水平参差不齐的选手进行本色表演，各种搞笑场面令观众捧腹不已；其后，中间的遴选，观众可以通过拨打电话或发送短信参与到评选过程，互动参与激发了收视热情；最后，决赛阶段的激烈竞争扣人心弦，节目达到高潮。集娱乐、参与和艺术为一体，《美国偶像》的成功显得那么顺理成章。今天，这一模式已成为才艺选秀的标准模式。据统计，目前世界上已有超过30个国家和地区以此为蓝本，推出了自己的选秀节目；连美国军方电视台都制作了名为《军事偶像》的歌唱秀。在中国，包括《超级女声》《梦想中国》《加油，好男儿》在内的选秀节目无不参照这一模式打造。

一个由理念主导的节目模式，在具体操作上由多个单元组成，根据节目结构的不同，可

---

❶ 胡智锋. 电视节目策划学. 上海：复旦大学出版社，2009：98.

以称之为版块或环节。将板块或环节进一步肢解，不难发现，在节目环节中其实融入了各种不同的关键性元素。《真人秀节目：理论、形态和创新》一书列举了表演选秀类真人秀的七大关键元素：海选、游戏娱乐、PK、秀出个性、互动、制造大众明星、创造收视奇迹❶。这些元素在真人秀节目构成中发挥着重要作用，并通过不同环节的设置予以体现。在此，结合我国选秀节目特点，着重对以下环节予以解析。

1. "海选"

"海选"是中国农民在村民自治过程中创造的一种直接选举方式，即村官直选。《超级女声》让"海选"一词家喻户晓。在这档节目的选秀过程中，所有选手根据报名先后进入摄影棚，面对评委演唱自选歌曲（无伴奏），评委按铃表示演唱结束。评委会对其表现作一简短评价。在海选结束后，评委将从所有参赛选手中选出50名优秀选手进入复赛。其实，"海选"方式在西方同类节目中早已普遍使用，《美国偶像》通常以三周海选开场，但其遴选方式要更加灵活，观众甚至可以通过电话等方式参加初试。《超级女声》在后期增设了"网络唱区"，"海选"方式趋于多样化；到2010年《花儿朵朵》推出时，3G技术发展成熟，任何手机用户只要使用支持摄像功能的3G手机，录制30秒至1分钟的演唱片段，上传视频即可参赛。

"海选"将电视的主角由明星让位给普通民众，成就了一场场"大型无门槛音乐选秀活动"。不分唱法、不论外形、不问地域，只要喜爱唱歌并年龄符合参赛限制均可报名参加，这充分激起普通民众的参与热情。"海选"过程的原生态播出，也大大丰富了节目的内容和可视性。

当然，"海选"的平民性也降低了表演秀的专业程度，于是有节目不采用"海选"方式，或对"海选"设置一定门槛。如《中国好声音》由导演组到全国各地去挖掘学员。导演组认为："好声音难觅，这是客观存在的，我们导演组在全国寻找好声音，真是碰上一个算一个，有些是圈内音乐人、电视人介绍的，既然是在行业内，有过参加其他选秀经历也并不奇怪。此外导演组还会到一些酒吧、专业院校去挑选，甚至某些大型企业的工会、文工团去找。"

2. "PK"

颇具中国特色的"PK"一词，源于网络游戏的"Player Kill"，有单挑、末位淘汰等意。《美国偶像》选手表演完之后，等待选票和淘汰，并没有选手间的PK，而《超级女声》则把PK发挥到了极致。这一环节是指，两名实力相当的歌唱选手进行比拼，最后只有一人胜出，另一人淘汰出局。

"PK环节"的设置增强了选秀的对抗性和悬念性。在《超级女声》的淘汰赛中，各选手唱完参赛歌曲后，选出短信票数最低的选手，再由评委选出相对较弱的选手，一起上PK台，各自拉票后清唱一曲，最后让大众评审投票。随着投票越来越接近尾声，场面的气氛也越来越紧张。再如《中国好声音》的"导师考核"环节，其大致规则是4位导师各自在一期节目中，考核自己队内的14名学员。每期节目由导师把旗下的14名学员两两配对，分成7组，通过两人合唱一首歌的方式，选出7名学员。随后将有一名学员被导师"钦点"直接进入今后的"表演秀"，剩下的6名学员被分成3组，每人唱一首自选歌曲，最后仅有3名学员能被导师留名"表演秀"。经过"导师考核"，每个导师旗下将只剩4名学员。于是，选手的命运就像一场跌宕起伏的电视连续剧，谁将胜出，谁会摘下桂冠，整个赛事是一个大的悬念，每场赛事是一个小的悬念。一个悬念接着另一个悬念，环环相扣，引人入胜。可见，除了赛事本身的悬念外，节目叙事者还应善于制造悬念，将悬念迟滞化、过程化。

---

❶ 谢耘耕，陈虹. 真人秀节目：理论、形态和创新. 上海：复旦大学出版社，2007：36.

3. 互动

互动是表演类真人秀节目的内在动力。在真人秀的生产、流动环节中，与观众的互动扮演着相当重要的角色。有的节目以观众反馈决定选手去留，有的节目以此设计比赛环节，真人秀大多依靠观众参与得到最直接、快速的信息反馈，因而节目一方面能够最大限度地满足观众口味，一方面方便迅速调整，这也是选秀成功的重要因素之一。

以《超级女声》为代表的早期选秀节目，一方面邀请部分观众参与节目，另一方面充分利用网络、手机等，创建新的互动形式。首先是利用网络与场外观众进行随时随地地沟通，如在线讨论、网友连线、超女选手和评委直接进聊天室访谈等。其次是通过手机互动，这突出体现在现场播出短信留言和短信投票等方面。按照规则，从分区淘汰赛开始，观众可以用短信投票的方式支持自己喜欢的超女，而年度总决赛的前三甲排名，完全由短信投票数目决定。此外，还有一些别的互动形式，如在短信中抽出的幸运观众向选手点歌，通过下载彩铃支持选手等。由于盈利模式的差异，在《美国偶像》的公众投票系统中，电话投票是免费的，短信投票也与普通短信价格一样。这种模式无疑更有利于助长了观众参与互动的热情。

随着技术的发展和媒介手段的多元化，观众直接参与节目的渠道在不断增多。以热门节目《中国好声音》为例，由于微博上的诸多热门话题与积极讨论，很多微博用户在看到相关微博后会打开电视，调至浙江卫视收看《中国好声音》；而观众在收看《中国好声音》时，又会迫不及待地将自己对节目的诸多感想分享到微博。无论是煽情过度，还是真情流露，至少有一点可以肯定：几乎每一期《中国好声音》都成功地制造了娱乐话题，在微博上引发广泛讨论。《中国好声音》、新浪娱乐与搜狐视频三大账号不断进行互动发布，引发粉丝们的再次传播与后续互动。

4. 场外环节

通过电视屏幕，将生活中原汁原味的、不加修饰的行为过程完整展现出来，是真人秀最大的魅力。早前的电视选秀节目，如青年歌手大奖赛，在电视上展现的只是参赛选手经过包装后在舞台上的表演，以及评委的评判和最后的颁奖过程。观众看到的是经过精心安排、不允许有任何与计划不符的电视节目，春节联欢晚会就是这一理念的集大成者。选手们在舞台下的表现、选手的心理活动、舞台下的生活等内容却很少或几乎没有涉及。观众几乎不能通过电视获取选手舞台背后的信息。这样的节目发展到最后，形式越来越单调、越来越缺乏创意，观众也出现了审美疲劳。

真人秀则一改过去的节目形式，在内容上增加了很多场外环节，以展现幕后的精彩。如将选秀活动的海选、复选、预选、决赛、选手培训等过程都原生态地呈现在电视屏幕上。这从某种程度上讲已经不是一个单纯的比赛活动，而是一出精彩的"情节剧"。其中较为典型的有《非常6+1》中的选手培训、《快乐男声》的"男声学院"、《超级女声》的幕后公益活动、亲友团助阵、MV拍摄花絮等。再如，《中国好声音》热播后，适时推出了衍生节目《中国好声音—成长教室》，以12集纪录片完整展现刘欢、那英、庾澄庆、杨坤四大导师如何训练学员的场外花絮，再次获得观众肯定。可以说，正因为有了大量台下内容的呈现，电视选秀完成了从"秀结果"到"秀过程"的转型。

此外，个性化的评委也是表演秀节目的一大"卖点"。如《荷兰好声音》的评委安杰拉（Angela Groothuizen），她是个摇滚流行歌手。除了她有力略带沙哑的声音，她更吸引人的地方是她为人豪爽、亲切而热情的人格魅力。因此，男女老少都愿意加入她的队伍，尤其是孩子们（荷兰办有儿童版 The Voice Kids），特别愿意选择这位"奶奶"。"好声音"系列的诸位评委活泼风趣，互相"斗嘴"，为了争夺一个优秀选手，费尽心思，也成为节目的一大看点。再如《美国偶像》有"毒舌"评委西蒙·考威尔，亦是个性十足、颇受观众喜爱的屏幕明星。从节目构成的角度看，他们是与选手同样重要的人物元素。

三、表演秀的形态创新

随着越来越多真人秀的涌现，它逐渐成为一种流行文化。而根据流行文化社会学的定律：流行得越快、越广的事物，其生命周期也越短。有学者依此推论，认为电视真人秀很快会落入昙花一现的宿命中。事实上，现代选秀节目已经走过10多年历程，不但没有速朽，反而常办常新。在中国，经历了"超女"的极度喧嚣后，表演秀虽遭遇发展瓶颈，却随着原版模式的引进，在短期调整后华丽转身，再度步入高速发展期。形态创新成为表演秀发展的原动力。

1. 选秀对象：明星与素人相结合

素人即平民、平常人。以《美国偶像》《超级女声》为代表的选秀节目以平民百姓为"海选"对象，其特点是草根和造星，与"平民选秀"理念反其道而行之的，是"明星选秀"。英国BBC的《快来跳舞》（Strictly Come Dancing）、美国ABC的《与明星跳舞》（Dancing with the Stars）、FOX的《与明星滑冰》（Skating With Celebrities）等皆属此类。其规则大同小异，如《与明星跳舞》每期选6位二线明星和6位专业舞蹈演员组成搭档，当着现场评委和全国电视观众的面展现舞技，由评委打分和观众投票排出名次，每周淘汰得分最低的一对。比赛内容包括拉丁风格的恰恰和古典风格的华尔兹，分别考验女方和男方的表现。上述明星选秀节目都有本土版本，如上海台的《舞林大会》《明星大练冰》、湖南卫视的《舞动奇迹》、东南卫视的《星随舞动》等。此外，湖南卫视的明星歌唱秀《名声大震》、东方卫视的明星戏曲秀《非常有戏》、江苏卫视的明星飞行秀《壮志凌云》也一度引发收视热潮。

《我是歌手》（I am a Singer）是湖南卫视从韩国MBC引进推出的明星歌唱真人秀节目，由洪涛团队打造，节目每期邀请7位已经成名的歌手之间进行竞赛。节目共13期，包括排位赛、踢馆赛、复活赛、半决赛和决赛。随着比赛的深入，节目会增加"轮盘抽歌""致敬专场""复活赛""突围赛"等多种比赛形式，用来提升节目的悬念度。最终，根据500名观众听审的打分，决出本季"歌王"。明星真人秀的兴起表明，创新是差异化生存的希望。此类节目迎合了大众通过表演观察明星喜怒哀乐的心理需求。从明星参与度讲，多数受邀明星尚处二线或是过气明星，为增加曝光率，大多乐意参加节目。如果说素人选秀让观众体会到了以自身的力量帮助丑小鸭幻化成白天鹅，那么，明星选秀则告诉观众"你也可以玩转明星！"

"星素同台"是表演秀形态创新的重要思路。2015年，由国内多家电视台联合制作播出的《隐藏的歌手》，便是一档全新的歌唱类综艺模式。每期节目将邀请一位经典流行歌手作为原唱嘉宾，节目中，原唱明星和5位"模唱素人"一同置身神秘的6扇竞演门后，模唱者和原唱者一同飙歌。观众只能凭相似度极高的声音来分辨孰真孰假，只听声音看不见脸，意味着明星也有可能会被素人淘汰。这样的设置增加了节目的悬念感和吸引力。不少观众对这些真假难辨的声音所折服，很多网友发微博称赞节目"温馨感人""充满正能量"。

近年，中国荧屏上还一度兴起专业表演秀。这类表演秀为参与者设置了一定的专业门槛，如北京卫视的《红楼梦中人》《龙的传人》、湖南卫视的《寻找紫菱》等都是为影视剧寻找专业演员；央视的《谁将解说北京奥运》则吸引了地方台的大量优秀解说员一展才华，以争夺奥运解说机会；广东卫视的《明日之星》要求选手必须是各艺术院校在校的艺术、表演类学生和研究生，并且要有两次以上的影视剧演出经历；2010年湖南卫视推出的《我要拍电影》全民导演推选大赛则是一次选拔优秀青年导演的电视活动。与卡拉OK式的歌唱"海选"相比,影视表演、导演、主持均属于有一定专业门槛的才艺,因此,此类选秀的参与范围更窄,但表演水平更加专业。

2. 选秀主题:传统与流行相结合

原 Fremantle 传媒公司 CEO 汤姆·格特瑞奇说:"《美国偶像》就好像麦当劳或者星巴克一样,已经成为美国文化的一部分。"的确,民族性是电视文化的重要属性。当歌舞选秀风靡世界的时候,一些具有民族特色的选秀主题开始风行。

阿联酋阿布扎比电视台 2007 年推出的诗歌选秀节目《百万诗人》,以保存和弘扬阿拉伯民族文化遗产为宗旨,成功吸引了数千万观众。与唱歌跳舞、展示隐私等纯娱乐真人秀相比,该节目的最大不同在于参赛选手要现场吟诗作赋,在语言感染力、文学才华乃至思想境界等方面一决高下。《百万诗人》的比赛现场布置得典雅素净,选手们一律穿着传统白色长袍,吟诵原创的阿拉伯奈伯特诗歌。5 位专业评审,其中 3 位是来自科威特、沙特和约旦的著名演讲家,另两位是来自科威特和阿联酋专门从事诗歌研究的学术权威,他们对选手的语言表现、诗歌内容和思想内涵进行点评。节目在海湾各国设置多个分赛区,以观众短信投票作为评选依据。负责策划《百万诗人》的编导马兹鲁阿表示:"阿拉伯民族素有崇尚文学、喜好诗歌的传统,但是近年来随着西方文化的不断侵入,很多年轻人已经渐渐丢弃了自己民族的文化传统,这是很令人担忧的。作为媒体工作者,保护民族文化遗产,弘扬阿拉伯诗歌艺术是义不容辞的责任。事实证明,国际风行的真人秀模式不仅仅适用于娱乐节目,同样也可以体现出艺术品位和人文深度。"❶

真人秀是大众娱乐、草根文化的代名词,而中华民族是以深刻的思想内涵、高尚的道德情操、相对保守的伦理观念著称于世的。如何巧妙地把大众化的娱乐节目形式和弘扬民族传统文化结合起来,在大众参与娱乐的同时进一步推动民族文化的传承与发扬,让真人秀与中国文化同频共振,成就大众文化与民族精神的无缝融合,是我国电视人需要研究的一大课题。要充分利用中华文化元素、中华美学精神对引进节目模式进行本土化改造,坚持以我为主、开拓创新。要树立文化自信,摆脱对境外节目模式的依赖心理。

近年来,以江西卫视的《中国红歌会》、东方卫视的《非常有戏》、深圳卫视的《功夫之星》为代表,加上北京电视台为重拍电视剧《红楼梦》举办的"红楼梦中人"全球华人选秀活动,一批体现民族文化和中国气派的电视选秀纷纷上演,雅俗共赏成为选秀节目对于文化精神的新追求。其中,较有原创精神的是江苏卫视的《名师高徒》,这是一档以师徒关系为节目内核的音乐表演秀,已连续播出多季。节目将"师道传承"这一概念引入娱乐节目,通过展现明星师徒全方位的"教"与"学",在寓教于乐中回归"传道、授业、解惑"的师德精神,颇具中国特色。

3. 选秀模式:引进与原创相结合

在"三合一"选秀模式大行其道的同时,中国各电视机构也一直在嫁接和移植的过程中尝试模式的创新。例如,《超级女声》借鉴了《流行偶像》的一些要素,但也进行了大胆的本土化改造,如增加"PK"赛、"粉丝"团等新概念,大众评委、评委和场外短信三方制约的复杂赛制也独具中国特色。包括《超级女声》在内的各大选秀,每一季的规则都会有所变化,这既是适应政策进行的调整,也是对观众不断变化口味的迎合,更是对同质化节目竞争压力的反抗。

2010 年以后,国内电视机构加大真人秀节目版权引进力度。就当前国内真人秀节目的发展现状看,版权引进一方面说明原创力不足,但同时也要看到从模仿到买版权是一大进

---

❶ 李震. 诗歌文化选秀节目火爆阿拉伯世界, http://news.sohu.com/20070906/n251986806.shtml.

步。因为栏目引进版权一方面可以大大缩短栏目设计的时间，一个栏目从创意、立项、论证、受众分析……要经过很长的时间磨砺，但买版权会让这个时间段大大缩短。版权引进的另一大好处是可以减少风险，因为在引进版权之前就能看到对方的录播带，并知晓其在国外的收视率情况。在大多数情况下，国内外受众的收视倾向是相同的，这就加大了栏目的成功率。

但应该看到，无论模仿还是引进，都不应成为国内电视节目发展的主流渠道。各级广电部门应积极鼓励具有鲜明中国特色、中国风格、中国气派的原创节目模式，大力提倡将当代艺术理念与现代技术手段相融合的集成创新；对引进节目模式则要适度控制数量，避免过度集中在某一地区或国家。真人秀节目在策划和实施等各阶段，都要认真考虑通过环节规则、情境故事、人物言行等，生动活泼、活灵活现地体现社会主义核心价值观，告诉人们什么是应该肯定和赞扬的，什么是必须反对和否定的，做到春风化雨、润物无声。从节目形态发展的角度看，模式的自觉创新正是表演秀成熟的标志之一。

江苏卫视的原创节目《名师高徒》彰显了中国传统文化的师道理念。该节目以流行歌曲表演为内核，围绕"歌坛唱将寻觅爱徒，唱响之星拜师学艺"为主题，用选秀的方式，让新人学艺歌坛巨星，让老师在荧屏上"传道、授业、解惑"，师徒携手现场PK。节目分"名师收高徒""名师出高徒"等阶段。在随后几个播出季中，节目添加"剧情"因素，情景再现名师往事，再由明星现身说法；开办"金牌学院"，突出明星亲自授课过程；创办"亚洲杯"，邀请亚洲各地选秀新人进行歌唱友谊赛等。在改版与创新的过程中，节目选秀味趋淡，"真人教学+综艺表演"的新模式逐渐确立。再如，东方卫视的喜剧表演选秀《笑傲江湖》也是一档受到欢迎的国内原创节目。与其他同类型喜剧节目不同，《笑傲江湖》找寻的是没有很多喜剧表演经历的非专业选手，他们来自祖国的天南海北，身份和经历各异，但都热爱喜剧类表演。节目通过挖掘最优秀的戏剧人才、展现欢乐的喜剧才艺，为充满生活压力的人们传递了笑对人生的正能量。

四、表演秀的营销与产业链

1. 品牌经营

在美国，电视综艺节目总收入中约有40%来自广告，剩下60%来自对节目品牌的延伸营销。因此，由电视节目品牌所带来的延伸性的相关品牌产品的开发才是节目投资方关注的战略重点。依靠《流行偶像》发家致富的Fremantle传媒公司，仅凭借《美国偶像》一项，就从FOX集团赚得7500万美元授权费用；2002年，《流行偶像》冠军Will Young首张单曲销量突破180万，成为英国年度最畅销单曲；2003年，《流行偶像》和《美国偶像》以视频游戏的形式登上PS2和PC两大平台，观众开始真正身临其境地体验"偶像"的乐趣；2004年，持续高烧的美国消费者在《美国偶像》的授权产品上花去了2.15亿美金——产品涵盖玩具、糖果、商业卡、电子游戏、杂志、图书等35个大类。短短四年时间，"偶像"系列品牌产品的全球累计销售额就已高达10亿美元。可见，《美国偶像》的收入依托，是成熟的唱片工业及娱乐产业链。

在国内真人秀节目商业运作的早期，《超级女声》的营销与产业链建构较具代表性。从单纯的电视节目到全方位经营的商业品牌，其成功运作，对于如何实现文化产业链的形成与实现多赢等命题带来全新的思考。在营利模式上，《超级女声》改变了以往电视台以广告收入为主要来源的传统结构，将电视、电台、报纸、杂志等媒体充分融合，并充分运用手机、网络等新媒体，使"超女"影响力辐射至全国。从电视节目、艺人合约到唱片、图书、网络等项目，"超女"构建起新的文化产业链，将传统电视节目并入一条崭新的品牌流水线。值得一提的是，湖南卫视成立了专门的品牌运作与衍生产品开发公司——天娱传媒，将国内电视品牌运作的商业模式推向成熟。作为品牌所有者，天娱传媒主要收入来自"超级女声"品牌的延伸，包括签约"超女"的广告代言、演出、唱片发行收入等，而选秀节目只是这个娱乐品牌的起点。天娱公司在节目制作之前，先从节目策划、节目制作、广告运营、商业活动和新的盈利模式等方面进行了整体考虑。只有这样，节目在播出之后，后续的开发才成为可能。这一模式的成功表明，营销活动应当贯穿于节目策划与生产的始终。其中，主要包括节目自身营销和广告营销两个方面。节目自身营销的常见方法是：①节目信息导视；②有奖收视；③建立品牌识别系统；④活动推广；⑤通过整合营销方式，实现多媒体、多渠道销售。对于广告营销，则应考虑通过多种形式推介产业链上的利益合作方。常见广告形式有贴片广告、冠名及品牌赞助、植入式广告等。

2012年以后，国内真人秀节目的经营模式更加成熟。《中国好声音》不同于以往的节目对明星导师们采取付费的方式，从节目开始到选拔结束，包括选手后续签约以及签约之后的商业演出，还有导师开发音乐学院、演唱会、音乐剧、线下演出在内的全部产业链，制作公司都参与分成，明星导师共同打造产业链的模式让明星们长期共同投入，这无疑将使得明星效应更大作用地发挥出来。《中国好声音》制作方灿星制作很早便成立了经纪公司，以准艺人的方式来打理，第一季初步入选的56名选手（每位导师旗下14人）中签约46人。作为全球《The Voice》系列节目的传统营销模式之一，选手所唱曲目的网络彩铃下载也变成节目组非常重视的产业链条环节之一。中国移动为消费者提供打包付费彩铃下载业务，节目组和中国移动按照中国移动与音乐公司传统的分账比例进行分账，预计将产生3.2亿的价值。

可见，从产业链建构的角度看，在选秀节目研发的过程中，应充分考虑延伸产业链上的各个要素，如表8.2所示❶。

表8.2　营销产业链上的各个要素

序号	品　　种	
1	版权	
2	音像制品、图书电影、电视剧	
3	新媒体业务	短信投票
		短信增值服务
		彩铃
		新媒体互动
4	商业演出	
5	艺人经纪	
6	特许授权的纪念产品	
7	游戏	
8	课程开发	
9	博彩	
10	慈善拍卖	

综上所述，营销活动已经深深渗透进真人秀的血脉之中，在真人秀节目的每个环节，都能找到商业营销的因子。从节目策划、节目制作/播放、市场运营，到品牌运作与衍生产品

---

❶ 谢耘耕，陈虹．真人秀节目：理论、形态和创新．上海：复旦大学出版社，2007：219．

开发，电视节目整合了各种相关产业。其中，节目制作商、节目品牌运营商、冠名赞助企业、广告代理商、电信运营商、短信增值服务提供商、娱乐包装公司、网络公司等默契配合、联动运作，与卷入互动娱乐的选手、新闻媒体、"粉丝"及无数普通观众们一起，创造出一个个市场价值巨大的节目品牌。依托品牌，处于产业链中的各类商业参与者，都将获得巨大收益。

2. 互联网营销合作

在目前的媒体环境下，观众已经不再满足于单向被动地接受电视所传递的信息，随时随地观看、拥有多样选择、亲身参与体验是他们新的诉求点。互联网的介入，为人们提供评论吐槽的互动渠道，让制作方及时获得各种反馈意见，不断丰富节目内容和规则。利用社交软件的关系链进行宣传营销，使节目的各种话题不断扩散发酵，吸引更多人的关注。视频网站的巨大空间还成为电视媒介的有效延伸，把电视"装不完"的海量内容放在互联网上展现，让观众根据自己的喜好有针对性地进行选择。

最初，互联网介入电视节目主要是通过广告植入的方式来实现的。比如，与《花样姐姐》合作的蘑菇街多次在节目中被提及，《前往世界的尽头》中所体验的极限行程在"阿里旅行·去啊"平台同步售卖。互联网与电视的"联姻"并没有止步于表层的合作。继电视剧、电影之后，视频网站盯上了真人秀这块蛋糕，开始与电视台和制作机构展开更深层的互动合作，并为真人秀节目形态的构成要素带来了新的变化。

《中国好声音》与腾讯的合作，就不仅限于版权销售传统形式，腾讯全平台（包括腾讯网、微信、视频、微视、QQ以及游戏产品等）都参与到整个腾讯视频"好声音"的生态圈中。以第三季《中国好声音》为例，经由与互联网企业腾讯合作，"观众"变为节目的一环。在互动玩法上，腾讯视频推出一系列原创节目，其中一档节目通过特殊的内容和产品交互设计，使网友可以在观看节目的同时，通过"线上转身"的形式来表达自己的喜好和态度，真正参与到节目中。引入"弹幕"技术，实现上千万网友一起"吐槽"的观战体验，营造和许多粉丝一起观看的影院式氛围。腾讯视频移动端的"影视圈"功能，则可以让网友轻松截下节目精彩画面，加上自己的创意和点评，实现与朋友们的即时分享和沟通。另一款产品"粉丝吧"，不仅可供网友发起对喜爱学员的相关话题，还有可能与学员交流，过一把做幕后军师的瘾。除此之外，"好声音"概念在游戏领域被首次开发——腾讯游戏《中国好声音》官方游戏在节目热播期同时上线，为观众提供另一种参与节目的途径。

思考题

1. 从世界范围看，电视真人秀节目经历了什么样的发展历程？
2. 真人秀节目有哪些具体类型，其节目形态分别有何特征？
3. 主题竞技秀与现实生活秀的形态区别有哪些？
4. 表演秀节目的常见模式与环节是什么，如何创新？
5. 以大学应届毕业生的就业、应聘为背景，设计一档融现实生活元素与竞技元素于一体的室外真人秀节目，写出你的创意与策划。

第九章 视频活动类节目形态解析

随着电视媒介竞争的加剧以及网络媒体特别是新媒体的冲击，电视媒介的发展日渐困难。北京大学新闻与传播学院的陈刚教授认为："电视媒体的突破在于活动。"[1] 活动作为一种高关注度的信息类型，不但能引发人们的广泛关注和持续"注意"，还能实现"注意力"经济，甚或衍生出新的产业链，因此，活动类节目日益成为媒体运营的重要方式。在当下媒介日益面临"窄播化""分众化"的传播语境中，电视媒体极为重视活动，很多电视台成立了"大型活动中心"或"活动策划部"，积极策划、创意各种活动，活动已然成为一种全新的电视节目形态。在《超级女声》《中国好声音》《中国汉字听写大会》、"寻找最美系列活动"等成功电视活动的示范和引领下，我国电视活动发展迅猛，成为电视媒介塑造媒体品牌、打造媒体核心竞争力、实现媒体经济新增长的重要法宝。不仅如此，报纸、广播以及网络等媒体，也纷纷策划、打造各种活动，并拍摄、编辑成视频活动类节目加以传播，以求在媒介竞争中争得一席之地，在活动经济中找寻到新的经济增长点。这样，以往以电视台为主体创办并借助电视媒体传播的活动类节目（即"电视活动"）进一步拓展为视频活动类节目，并已然成为当下炙手可热的节目形态，影响着媒体的品牌建构和经济效益的实现。

第一节 视频活动类节目概述

一、视频活动的概念界定

从欧洲狂欢节到我国的各种节庆，从古代庆祝收获的歌舞到当今充斥于媒介的各种票选，从国家举办的各类庆典、公益活动到学校或个人策划组织的成人仪式和小型party……活动（Activity）已经成为人类生活不可或缺的重要形式。《现代汉语词典》将"活动"界定为"为了达到某种目的而采取的行动。"《辞海》对"活动"的解释则是："人对于外部世界的一种特殊对待方式。是人的本质力量、个体存在、社会生活以及人类历史发展的基础。劳动、语言、思维是人的活动的基础。人的各种形式的活动，在物质生产活动的基础上产生。基本特征是它的对象性，即对象独立存在、主体反映它的属性并对其加以能动的改造。活动区别于运动，它不是自发的，而是由主体心理成分参与的积极主动的运动形式。"[2] 通过上述关于"活动"的定义界定，我们大致可以把握"活动"的基本特征：①活动具有"主体行为"；②活动的"主体行为"具有目的指向性；③活动的"主体行为"离不开一定的对象。

近些年来，视频活动类节目已然成为一种全新的节目形态，并引起了国内学界和业界的极大关注，但国内学者对其进行的概念界定还是较为模糊，还没有形成较为明确的、普遍为人认可的定义。当下对视频活动的概念阐释是以电视活动为主体的概念叙述，并主要集中在三个视域：一是从媒介功能出发，认为电视活动是电视媒体协调社会的一种活动。比如《中国电视收视年鉴2007》中认为，电视活动是"一项以电视媒体为平台，电视传播为渠道，

---

[1] 陈刚. 湖南卫视的省级突围. 大市场·广告导报, 2005, (10).
[2] 辞海编辑委员会. 辞海. 上海：上海辞书出版社, 1979: 929.

有目的、有计划、有步骤地组织众多人员参与的社会协调活动。"二是从营销角度出发，认为媒体活动是一种媒体营销手段。一些学者引入西方的"Media Event Marketing"（"媒介活动营销"或"事件营销"）的概念，认为"媒体活动就是通过主办或参与举办各种活动树立自身的整体形象，达到扩大知名度与影响力的目的，最终获得受众与广告主青睐的营销手段。"❶ 三是从节目化角度出发，认为电视活动是一种综合性或整合性的节目形态。比如赵化勇在《中央电视台品牌战略》中认为"电视活动是一种以特定主题活动为平台，集互动、参与、营销为一体，能够引起轰动效果的综合性节目形态。"❷

应该说，不同的视角会形成不同的视频活动的概念界定，虽然上述定义各有各的说辞和道理，但因有所侧重而显得不够全面和深入。我们不妨这样理解"视频活动"。

首先，视频活动是一种特殊的活动。美国学者丹尼尔·戴扬和伊莱休·卡茨认为，电视活动是一种特殊的媒介活动，通常"经过提前策划、宣传和广告宣传"。约翰·艾伦将特殊活动（Special Event）定义为："用来形容精心计划和举办的某个特定仪式、演讲、表演或庆典，特殊活动标志着某个特殊场合或要达到特定的社会、文化或社团目标或目的。"❸ 美国的盖茨（Getz）则从活动组织者以及客户的角度出发认为："特殊活动是赞助人或组织人的正常计划或活动以外的一种一次性或经常性发生的活动；对客户来说，特殊活动是在正常的选择范围以外，或日常经历以外的一个娱乐、社会或文化体验的机会。"❹ 根据专家学者的论说以及对实践的归纳，就会发现视频活动是一种特殊的活动，并具有四个明显的特征：①活动是由行为主体或对象构成；②活动并非是自然发生的，而是行为主体有意识策划、组织的"伪事件"；③在活动中，行为主体（无论是举办主体还是参与主体）都有自己的某种目的；④活动是以"仪式、演讲、表演或庆典"等形式出现的，是"一个娱乐、社会或文化体验的机会"。

其次，视频活动是视听媒介刊播的一种节目形态。在《2004：中国电视关键词》中曾这样描述媒体活动："媒体活动实际上就是媒体事件，是人为制造的一种热点。在没有重大新闻事件的时候尤其显眼。"中国传媒大学胡智锋教授曾经对活动和内容的关系进行过历时性考察：媒介活动走过了三个阶段，第一个阶段活动和内容是相对的、游离的，比如"三下乡"，反映到屏幕上是有限的，可能只是一条消息。第二个阶段活动和内容开始贴近，比如主持人大赛，有一半的活动变成了内容。第三个阶段活动本身就是内容，主办者甚至为配合内容的需要来设计活动，制造两者的相关性、悬念性，实现了内容与活动的合二为一❺。由此，视频活动并非是活动本身的视频化呈现，而是经过精心策划、设计并符合视频媒介播出要求的一种节目类型。

综合以上分析，我们可以给"视频活动"这样的概念界定：视频活动是举办行为主体（主要是媒体）为了实现某种传播目的而有意识地精心策划、组织主题活动，并整合各种社会资源，利用视频传播方式对活动过程和（或）活动结果进行仪式化呈现的一种节目形态。

二、视频活动的特征

赵化勇认为，"电视活动以其活动的参与性、过程的互动性、内容的开放性、环节的竞

---

❶ 李芸. 电视媒体活动的策略解析. 青年记者，2007，(5).
❷ 赵化勇. 中央电视台品牌战略. 北京：中国广播电视出版社，2008：115.
❸ [澳] 约翰·艾伦等. 大型活动项目管理. 王增东、杨磊译. 北京：机械工业出版社，2002：11.
❹ [澳] 约翰·艾伦等. 大型活动项目管理. 王增东、杨磊译. 北京：机械工业出版社，2002：12.
❺ 胡智锋，汪文斌. 2004：中国电视关键词. 现代传播，2005，(1).

争性、结果的未知性和功能的娱乐性等不同于常态节目的特质,构成了较为强大的吸引力。"❶ 他对电视活动特征的论述只是对部分电视活动类型的归结,难以涵盖所有视频活动类节目类型。实际上,通过上面对视频活动的分析及概念界定,视频活动主要表现出以下特征。

1. 主体的自觉性

视频活动是行为主体(主要是媒体)"经过提前策划、宣布和广告宣传"并加以仪式化呈现的结果。在一般的媒介报道中,"媒介所扮演的只是雅各布森所谓的交际性角色,至少从理论上讲,媒介只是提供了一个转播的频道而已。"❷ 而在视频活动中,媒介已经不再满足于"被邀请"的传播者,而是通过媒介议程设置功能有意识地对活动主题、内容、形式等进行策划、组织,并最终实现了丹尼尔·波尔斯丁在其《形象》(The Images)中所界定的典型的"伪事件"的呈现。或者说,视频活动并不是自然发生的事件,而是行为主体围绕某一主题活动进行策划、设计的结果。比如四年一届的奥运会不是媒体策划的结果,故不能称为视频活动;而中央电视台的《感动中国》、扬州电视台的《跨年撞钟》等则来自媒体的自觉策划而成为视频活动。席文举在《策划传媒》中提出了一个"策划传媒"的概念,这个概念中的"传媒"是被动的,而视频活动无疑则是"传媒策划"的结果,体现出行为主体的自觉性。从此种意义上说,媒介纷纷创办视频活动类节目,也意味着媒介从报道型传媒向策划型传媒或者传媒策划的转变。

2. 事件的营销性

事件营销(Event Marketing)是近年国内外十分流行的一种公关传播与市场推广手段,集新闻效力、广告效应、公共关系、形象传播、客户关系于一体,成为推介新产品、快速建立品牌形象并提升品牌知名度与美誉度的重要营销手段。正因为如此,媒体也极为重视事件营销,并提出"媒介活动营销"(Media Event Marketing)概念,认为可以通过活动营销方式来整合资源,实现树立自身形象、获得经济效益以及赢得社会效益等目的。于是,众多媒介选择主题活动或者事件营销来实现某一目的。比如,《超级女声》给每一个人提供了表现的舞台,"想唱就唱",不但实现了全民的狂欢,而且无论是收视率还是受众的参与量以及获得的经济效益等,都取得了突出的成绩,凸显出"事件营销"的威力。中央电视台"寻找最美系列活动"("寻找最美乡村教师""寻找最美乡村医生""寻找最美孝心少年"等),通过一个个感人的故事,形象塑造了一个个平民英雄,弘扬了社会主义核心价值观和正能量,也有效地拉升了中央电视台的收视率和影响力,实现了事件营销。

3. 公众的深度参与性

"媒介对某个问题的重视程度同公众对该问题的重视程度具有高度的一致性,传播媒介在某一时期内突出强调某些问题,经常出现某些目标,建议公众注意什么问题,会取得惊人的效果。"❸ 议程设置理论要求媒介组织尊重社会公众的意愿,把握受众的心理,让受众在媒介组织的"召唤"下,能够应答这种召唤,并参与到社会活动中。虽然说,从广义上看,电视媒介议程设置的节目都离不开社会公众不同程度的参与,但社会公众对大多数电视节目的参与是一种观看式参与,或者说是低介入式参与。而视频活动的社会公众参与是一种深度参与,这既表现为公众可以直接参与媒介活动节目而成为活动的"主角",也可以表现为社

---

❶ 赵化勇. 中央电视台品牌战略. 北京:中国广播电视出版社,2008:115.
❷ [美]丹尼尔·戴扬、伊莱休·卡茨. 历史的现场直播——媒介事件. 麻争旗译. 北京:北京广播学院出版社,2000:6.
❸ 郭庆光. 传播学教程. 北京:中国人民大学出版社,1999:214.

会公众通过投票等方式介入到活动中来，还可以表现为对节目心理的参与。比如《中国红歌会》，社会公众不论男女老少，不论地位职业，只要喜爱红歌，都可以免费报名参加。除此之外，社会公众还可以在现场观看以及运用微博、微信、电话、网络等进行参与，甚至某些参与直接决定着活动参与者的名次。再如《超级女声》就使部分社会公众实现了两次角色转变：一是由欣赏者转向参与者，二是由参与者转向表演者。而《中国汉字听写大会》中的电视受众既可以报名到活动现场参与，也可以在电视屏幕前进行心理和行为上的参与。可以说，视频活动的参与是一次深度的参与，也是一种延伸性或者拓展性的参与，这种参与非常好地诠释了施拉姆的"最佳的传播效果是由受众参与而最终完成的"这一结论。

4. 呈现的仪式化

活动似乎与仪式有着不解的渊源，而视频活动更为注重仪式。《大英百科全书》中认为："仪式是一种能够展现出来，同时可以观察到的行为，它是建立在已有的或者传统的行为规则之上。"丹尼尔·戴扬和伊莱休·卡茨在《媒介事件》里提出电视的"仪式角色"，并称作"电视仪式"或"节日电视"。寇德瑞进一步将之延伸，在2003年提出"媒介仪式"的概念。美国学者詹姆斯·凯瑞则认为传播就是一种仪式，并提出传播的仪式观。根据詹姆斯·凯瑞的观点，传播的仪式观的核心是召唤和聚合，传播最重要的功能是构筑一个统一的意识形态，使人们共享信仰，维系感情，保证社会的和谐稳定。❶ 很多学者将视频活动本身看作是一种仪式，将在特定的时间、地点把视频活动内容与形式的组合方式转化为媒介仪式并进行反复重复或者强化的行为视作视频活动的仪式化。比如《感动中国》的仪式化是通过舞美灯光的巧妙变化、感人音乐的适时响起、颁奖辞的声情并茂、主持人的动情采访以及现场观众的情感反应等构成的；《中国红歌会》是通过在红色背景的舞台、红色的主持人和选手服装以及红遍南北的"红歌"等仪式化特征来表现活动的"红"、主题的"红"。可以说，视频活动呈现的仪式化，是围绕活动主题和运用仪式化要素，如构建节目内容，运用选秀、竞赛、评选、论坛、演艺等不同艺术表现形式以及设计舞美造型等，呈现出具有参与性、共识性、认同精神的"仪式"行为。值得注意的是，视频活动仪式化的特征往往导致节目表现出很强的娱乐性成分，甚至在某种程度上说，没有娱乐性的视频活动仪式，是很难在以秒为单位转换"注意力"的时代里迅速吸引受众注意并实现注意力经济的。

三、我国视频活动类节目发展概述

我国视频活动类节目的发展，与媒介观念的变革以及传媒业的竞争等紧密相关。纵观我国的视频活动类节目，大致经历了从无到有、从简单到丰富、从星星之火到燎原之势的发展过程。

从1949年新中国成立到1978年，是我国视频活动类节目的萌芽期。这一时期视频活动类节目的主要代表是北京电视台举办的春节综合性文艺晚会。北京电视台举办春节晚会始于1960年，晚会内容有诗歌朗诵、相声、歌舞等，可以说是中国视频活动的初创作品，并表现出电视受众的参与性与节目的现场性和仪式化等特征。此外该时期值得一提的是1961~1962年连续举办的《笑的晚会》，采取了文艺茶座的形式，表现出以相声、小品为主的节目内容和轻松娱乐的节日气氛，并体现出受众的"参与性"和节目的"现场性"。不过，随着"文化大革命"的爆发，我国视频活动也很快走向了凋零，电视事业一度几近停顿。

从1978年到20世纪90年代末期，是我国视频活动类节目的发展期。1978年农历除夕，中央电视台为观众举办了"文革"后的第一次春节联欢晚会，电视活动在"文革"后重

---

❶ ［美］詹姆斯·W·凯瑞. 作为文化的传播. 丁未译. 北京：华夏出版社，2005：98.

新起步复苏。1983年中央电视台举办的《春节联欢晚会》可谓有标志性的意义，这场我国电视文艺晚会中最具中国文化艺术特色和象征意义的晚会成为中国人过年的"新年俗"，也成为电视文艺晚会的典范。随后地方性春节联欢晚会、华东六省一市等地域性春节联欢晚会也如雨后春笋般发展沿袭起来。晚会类电视活动仍然是这一时期的最主要的形式。此外，文艺竞赛类电视活动也成为迅速崛起的另一主要电视活动类型，其中一些成为了发展至今的品牌电视活动。这其中包括中央电视台《CCTV青年歌手大奖赛》（1984年）、《电视相声大赛》（1986年）、《中央电视台主持人大赛》（1988年）、《CCTV模特电视大赛》（始于2000年）、《国际大专辩论赛》（1993），此外，自1985年中央电视台还自己主办或和地方电视台合办了舞蹈、民族乐器、京剧表演等电视大奖赛。

从20世纪90年代末到2004年，是我国视频活动类节目的快速成长期。20世纪90年代中后期以来，电视媒体市场化意识逐渐加强，中国电视已全面进入以"产品"为主导的阶段，而具备市场价值的大型电视活动也愈发被媒体所认同与重视，逐步成为电视媒体的社会协调行动与营销手段，并进入电视活动营销的自觉时期。各大电视媒体纷纷推出各种类型的电视活动，如凤凰卫视在世纪之交陆续推出《千禧之旅》（1999年）、《欧洲之旅》（2000年）、《穿越风沙线》（2000年）等一系列文化考察电视活动；中央电视台《服装设计暨模特电视大赛》（2001年）、广东卫视《国际超模大赛》（2003年）等电视选秀活动靓丽荧屏；中央电视台《年度经济人物评选》（2000年）、《感动中国》（2002年）、《中国电视体育奖》（2002年）等人物评选活动……电视活动营销出现快速成长的态势。

从2004年至今，是我国视频活动类节目的繁荣期和品牌化时期。在这一阶段，《超级女声》火爆国内荧屏，形成全民狂欢，它不仅将电视选秀活动推向了高潮，而且还以商业上的巨大成功，将"活动经济""活动营销"等概念推入人心。于是，电视荧屏上的各类活动节目蔚然成风，《梦想中国》《我型我秀》《全家总动员》等商业性活动类节目蔚然兴起，并赫然成为我国电视荧屏上亮丽的风景。2006年，中央电视台、各省级电视台及城市电视台举办了数量众多、形式多样的电视活动，既有选秀类，也有主题新闻类，还有节日类……2006年更因活动之多而被业界誉为"媒体活动年"。2007年，电视台举办的活动类节目势头不减甚或方兴未艾，湖南卫视甚至将其视为广告招商的"王牌"。2008年，电视媒体借助北京举办奥运会的契机，依托活动特别是体育活动，掀起了营销中国的热潮。其后，电视台举办各类电视活动的热情不减，《非诚勿扰》《中国好声音》《中国好歌曲》《梦想星搭档》《寻找最美系列活动》《中国梦想秀》等一大批具有影响力的活动类节目纷纷涌现，在推动视频活动向前发展的同时，也加速了活动类节目的品牌化进程。不仅如此，在电视台大力策划、创意电视活动的同时，报纸、广播以及网络等媒体也将视角伸向活动类节目，并借助网络等媒体通道向受众进行传播和营销，这进一步加速了视频活动类节目的发展。

四、视频活动的分类

从各类晚会、庆典到各种各样的大赛、评选，从各种慈善活动到新闻主题活动。从电视活动类节目到网络视频活动类节目……视频活动以多样的内容和形式，展现出其特有的风采和价值，这也给视频活动类节目的分类带来了困难。欧阳国忠在《媒体活动实战报告》中曾将电视活动分为论坛活动、文化考察活动、事件直播活动、评选或晚会活动等类型[1]。谢耘耕曾将电视活动分为组织性活动、突发性活动以及策划性活动等。应该说，这些划分都有其道理，但视频活动在内容和形式的差别也使视频活动表现出丰富的形态和迥异的风格，上述

---

[1] 欧阳国忠. 媒体活动实战报告. 广州：南方日报出版社，2005：4.

学者的类型划分很难完全涵盖所有的视频活动类型。实际上，作为党和人民喉舌的中国媒体，具有宣传功能和产业功能双重属性，这也使得我国视频活动或侧重公益性表达，或注重商业性追求，或表现出现公益性与商业性合谋的倾向，我们不妨从此角度对视频活动进行类型的划分。

（一）公益类视频活动

公益类视频活动是社会组织（主要是媒体）为了某种公益性目的而策划的视频活动类型。公益类视频活动往往通过"活动"的仪式化呈现来倡导主流价值观，表现出传承中华文明、凝聚民族精神、引导社会文化、承担社会教育等特征，体现出追求社会效益的目的。比如创办于 2002 年的《感动中国》，就是中央电视台策划的一档公益类电视活动。这个活动采取"央视主办、媒体联动、群众参与"的运作模式，联合全国 40 多家媒体成立"全国感动联盟"，广泛发动群众参与，比如在 2015 年的票选中就收到选票近 6000 万张，表现出很强的受众参与性以及节目影响力。不仅如此，《感动中国》还很好地发挥了电视传播的教育功能。它通过评选"感动人物"的方式宣扬感动人物的事迹，发挥了"弘扬我国传统文化中有利于社会和谐的内容，形成符合传统美德的时代精神的道德规范和行为规范"的作用。清华大学李强教授曾经这样评价："我们的时代并不缺少偶像和英雄，重要的是这个时代推崇的是什么样的偶像和英雄，而《感动中国》借助中央电视台传播主渠道地位给社会做了一个良好而清晰的示范。"很多观众更是含着眼泪说："《感动中国》是一部弘扬中华民族精神、唱响时代主旋律的经典之作。"❶ 应该说，中共中央在不同的场合和多个文件中多次提出和强调，新闻出版、广播影视、文学艺术、社会科学，要坚持正确导向，唱响主旋律，为改革发展和稳定营造良好的思想舆论氛围。在这些政策的指引下，我国媒体通过公益性视频活动较好地弘扬了主旋律，宣传了社会主义核心价值观。不过，公益类视频活动在活动主题和叙事内容上仍然存在很大的差异，我们不妨将公益类视频活动进一步细分为以下类别。

1. 节庆类视频活动

中华民族历史久远，文化博大精深，中国传统节日、法定假日以及纪念日等时间节点为节庆类公益视频活动提供了取之不尽的文化资源。《春节联欢晚会》《我的长征》《抗战胜利七十周年大阅兵》《中国质量万里行》以及扬州电视台创意的《新年撞钟》祈福活动等是节庆类视频活动的代表。

2. 社会服务类视频活动

社会服务（Social services）概念由英国学者理查德·提特穆斯（Richard M. Titmuss）于 1958 年在他的著作《论福利国家》中首次提出。社会服务具有照顾性、舒缓性、治疗性、预防性等特征，它能够减轻服务对象的社会压力，改变他们的行为方式，关心并帮助他们解决在不同时期遇到的难题等。我国媒体承担着服务社会的责任，这也使得社会服务类视频活动较为普遍，比如中央电视台帮助平凡人实现寻人梦的《等着我》；对全国中小学生进行社会主义教育、爱国主义教育的《开学第一课》；充斥媒体的慈善类视频活动如《春暖2007》《慈善1+1》《梦想星搭档》《圆梦行动》等；对社会底层群体进行关注并帮扶的电视活动，如扬州电视台的《暖冬行动》等……而为 2008 年的汶川大地震和 2010 年的玉树地震举办的地震募捐视频活动，更彰显了我国互帮互助的民族传统以及社会主义大家庭的团结力量，体现出媒体强烈的社会服务意识和社会责任。

3. 大型新闻类视频活动

围绕国家政策以及社会价值观的宣扬，进行大型新闻主题策划，并用议程设置理论多角

---

❶ 孙金岭. 打造中国的精神品牌. 央视国际, www.cctv.com, 2006 年 2 月 24 日.

度长时间地构建宣扬我国社会变革带来的社会新变化和新景象,以弘扬社会主旋律,是大型新闻类视频活动的主要特点。比如2002年江苏省广播电视总台和江苏省委宣传部联合策划、拍摄的大型新闻系列活动《时空新飞越,空中看江苏》,以航拍的方式展现江苏各个地市的新变化、新成就,全面反映了江苏改革开放以来的沧桑巨变和丰硕成果,同时也是向即将召开的十六大献礼的电视活动。再如《黄金江岸率先路》则是江苏省广播电视总台在2003年为呼应江苏省沿江经济发展会议的召开而推出的大型新闻活动。江苏省广播电视总台的《江苏新时空》自2002年到2007年做了16个大型新闻活动,集中体现了新闻媒体围绕中心工作、服务大局的主动作为意识,为主题新闻类视频活动做出了有益的探索。

4. 主旋律评选类视频活动

弘扬主旋律、倡导社会主义核心价值观的主旋律评选类活动节目在电视媒介上极为常见。这类视频活动往往凭借其影响广泛、参与度高等特点而成为媒体的宠儿。仅以主旋律人物评选类活动为例,《感动中国·年度人物评选》是中央电视台最权威、最知名的年终大型人物评选活动之一,它在弘扬先进事迹、树立学习榜样、传递正能量以及营造积极、上进、健康的社会风气等方面具有极大的推动作用。而全国各地方电视台创办的人物评选活动,如陕西电视台《感动我的人》、东方卫视《年度真情人物评选》、山东电视台《天下父母》等,也助推了我国社会主义核心价值观的宣扬。

5. 借事传播类视频活动

我国媒体还往往围绕政治、经济、社会文化等领域的社会重大事件进行策划,创设出具有较高影响力的视频活动。比如,中央电视台的《CCTV中国奥运舵手选拔活动》《倾国倾城:最值得向世界介绍的中国名城》等是借助2008年奥运会契机而进行的电视活动;《我要看世博》是北京卫视与中粮集团联手为"世博会"而打造的、从内容到形式真正全民参与和互动的电视活动;《我要上春晚》是为央视春晚甄选优秀演员、输送精品节目而创办的视频活动类节目。

(二) 商业类视频活动

我国"事业编制,企业管理"的媒介体制和现实存在,使媒介尤为注重经济效益的实现,这也使得我国商业类视频活动较为普遍。商业类视频活动根据主题、内容以及表现形式的差异大致可以分为以下几类:

1. 竞赛类视频活动

打开电视机或者活动类网络视频,乱花迷人眼的往往是各种竞赛类视频活动,知识竞赛、歌手比赛、模特比赛、主持人比赛、掼蛋比赛、戏剧比赛、烹饪大赛……可以说,专业竞赛类电视活动是商业类视频活动的先驱。从20世纪80年代中期开始,以《全国青年歌手电视大奖赛》为代表的一批专业竞赛类电视活动就开始涌现荧屏,为毛阿敏、宋祖英、彭丽媛等一批后来成为中国乐坛中坚人物的青年歌手提供了崭露头角的机会。进入20世纪90年代以后,随着媒体产业化的发展,电视台逐步改变经营理念,将各种竞赛与电视频道的品牌建设结合起来,不断调整竞赛活动的内容以及组织方式,提升竞赛活动的影响力,使该类活动成为当下视频活动的重要类型,如《CCTV模特电视大赛》《时尚中国》《魅力新搭档》《城市之间》《男生女生向前冲》等。

2. 选秀类电视活动

"选秀"是近些年较为流行的热词,选秀类视频活动是竞赛类视频活动不断创新发展的结果。随着电视业的不断发展,频道竞争愈演愈烈,电视台开始通过品牌建设和节目内容的差异化来扩张市场份额,于是,选秀类活动应运而生。2004年5月湖南卫视策划推出大型选秀活动《超级女声》,一年以后便风靡全国。2005年5月,中央电视台全面启动《梦想中国》大型电视活动，联手全国12家省级电视台组成互动联合体，共同打造成就平民艺术梦想的最大平台，整个活动一直持续到10月。2006年，湖南卫视的《超级女声》和中央电视台《梦想中国》继续着一年一度的平民歌手"海选"，东方卫视继续推出《我型我秀》《加油，好男儿》，山东卫视和重庆卫视通过选秀节目分别为各自的偶像剧挑选年轻的男女主角，北京电视台更是以重拍电视剧《红楼梦》为口号，在全国掀起"红楼梦中人"选秀狂潮……2006年几乎成为中国的"选秀年"。至今，选秀类视频活动依然还在继续着，比如浙江卫视的《中国好声音》、中央电视台的《中国好歌曲》等。

3. 商业评选类视频活动

除了主旋律评选类视频活动之外，还存在各种各样的商业评选类视频活动，如2004年的中央电视台的城市评选《魅力中国·魅力城市》《CCTV中国最具经济活力的城市》以及2007年《倾国倾城》《CCTV我最喜爱的中国品牌》等，以及各个城市地区的"形象大使""微笑大使"评选活动等。值得注意的是，这类视频活动往往以公益为名却具有很强的商业目的性。

4. 购物类视频活动

近几年，购物类视频活动也活跃在媒体上，并呈现越演越烈的态势。比如11.11（光棍节）被策划为大规模促销日，而2015年购物狂欢竟然跟电视合谋，形成了声势浩大的购物狂欢类视频活动：天猫与湖南卫视合作奏响购物狂欢的"双十一晚会"，而京东则与央视3套合作"京"喜夜晚会……将购物类视频活动推向了极致。值得注意的是，2014年8月23日在东方卫视上档播出并随即在优酷土豆上线的购物类视频活动《女神的新衣》，通过电视与电商的跨界联合，将设计师、明星、时尚买手拉入秀场，让销售平台天猫与用户平台"明星衣橱"App全程互动，在万众瞩目下完成同一时尚主题从设计、制衣到展示、竞拍，再到上架、购买的全部流程，真正实现"所见即可买"的完整体验，堪称"用户体验为王"的互联网时代电视节目创新的里程碑。

实际上，在或侧重公益性或注重商业性的同时，视频活动经常出现两种活动类型合流的趋向，主要表现为公益性与商业性的合谋，即很多视频活动往往以公益性作为活动的出发点来吸引受众的注意力，而在具体运作中却采用商业模式的方式进行。比如山东卫视与中国移动动感地带联手打造的"天使任务"，寻找《会有天使替我爱你》的男女主角；扬州电视台2007年策划的《中国移动金秋校园行》等。以公益为名行商业之实，是众多视频活动策划的出发点，也是媒介塑造品牌形象以及实现经济效益的关键所在。

五、视频活动的价值

视频活动往往因其参与人数多、影响力广泛而成为当下媒介传播的热点，我国各级电视台以及报纸、广播、网络等媒体也积极积聚媒体力量，充分借助活动来整合各种社会资源，不断拓展视频活动的类型与形式。于是，名目繁多、类型多样的视频活动，如竞赛活动、评选活动、慈善活动、节庆活动等，纷纷登陆并闪亮视听媒介。应该说，视频活动的兴盛是与视频活动的价值分不开的。

视频活动的价值，首先表现为能够拉升收视率或者点击量，并迅速建立起视频活动节目甚或是电视频道（台）或者网络平台的品牌形象。视频活动具有极强的传播力，能在瞬间激发出受众的参与热情，"聚焦"受众的关注点，使视频活动在短时间内产生影响力，进而提高节目的收视率或点击量，塑造出高知名度的节目或者媒体的品牌形象。电视品牌作为一种竞争力、吸引力、亲和力的象征，标志着一种超越时空的品位和文化，它能够沟通电视的文化与商业，创造和谐、健康的文化与商业氛围，让电视既是商业化的工具，也是值得信赖的文化制造源[1]。比如湖南卫视《超级女声》在创造选秀活动奇迹的同时，也塑造了《超级女声》的电视栏目品牌，使湖南卫视名声大噪，让一个经济不发达的中部省份的电视媒体领先全国省级卫视，进一步塑造和强化了湖南卫视的"娱乐"定位和品牌形象。再如中央电视台2014年的《中国汉字听写大会》，也迅速聚焦了受众的注意力，收视率在第五期攀升到2.16%——收视观众达到了1.2亿。而据《中国汉字听写大会》官方所宣称的总决赛2.59%的收视率，这个数字已经超过《中国好声音》2.31%的总决赛收视，显示出很强的节目吸引力和收视率。实际上，不仅电视媒体要走品牌化，其他媒介也是如此。随着媒介的多元化以及媒介竞争的加剧，追求品牌化赢取收视率或者点击量成为媒介巩固和扩大市场份额的不二选择，而充分利用媒介本身具有的"平台"来做活动，用视频活动形成传播影响力来塑造媒体品牌，已成为各媒体实现市场拓展的重要途径之一。

视频活动特别是公益类视频活动的价值，其次表现为能协调社会、凝聚精神，具有良好的社会效益。传播学的奠基者拉斯韦尔在《社会传播的结构与功能》一文中，概括指出了媒介传播的三大作用：监视环境、协调社会各部分的关系、传递社会遗产。视频活动往往以公益性作为活动策划的出发点，公益性特征能使视频活动营造出和谐、互助、友爱的社会氛围，传承中华文明，凝聚民族精神。比如中央电视台《共同关注》栏目与中国青少年发展基金会联合主办的《圆梦行动》，时间跨度3个半月，播出50多期，活动期间"圆梦行动"共接受社会捐款1.25亿元，资助贫困大学新生38892名。比如中央电视台"寻找最美系列活动"，通过一个个平民英雄故事的讲述，给人以极大的感动，传递了满满的正能量。可以说，视频活动在促进社会和谐与文明、传递正能量以及弘扬社会主义核心价值观等方面发挥着重要的舆论引导作用。

视频活动的价值，还表现为能够获取经济利益，促进媒介发展以及商家经济效益的实现。当前媒介竞争日趋激烈，传统媒介收入普遍呈现下滑的态势，这迫使我国媒体努力追求经济效益，以实现自身的生存与发展。媒介的"二次售卖理论"告诉我们，电视等视听媒介的"售卖"主要表现为第二次售卖，不过，在网络媒体特别是新媒体语境中，电视媒体还会通过第三次售卖——将电视节目售卖给网站进行独播来实现效益。以电视活动为主的视频活动具有超强的传播力和影响力，这在为电视活动实现"注意力经济"的同时，还能吸引众多商家或者新媒体企业通过各种形式与电视媒介联姻，努力实现多赢局面。事实上，以逐利为目的的商家永远只做锦上添花而不是雪中送炭的工作，因此，成功的视频活动能够极好地实现经济利益，并促进节目以及媒介的发展。比如湖南卫视2005年的《超级女声》，通过冠名、广告、短信获取直接收益6800万元，通过艺人经纪获取直接收益2750万元，广告代理收入1200万元，与电信、联通公司的短信分成900万元，短信增值2100万元，网站广告100万元[2]……而与其合作的企业，比如冠名企业蒙牛乳业等也极大地促进了产品销售，销售额达到55000万元，并让"蒙牛酸酸乳"通过《超级女声》节目深入人心，实现了企业与媒体的双赢。而近年红遍中国的《中国好声音》（后改名为《中国新歌声》）也通过广告招商以及与腾讯等网络媒体视频签订合约等，也实现了极佳的经济效益。正如欧阳国忠所说的，电视活动已经成为"媒体一道吸引眼球的好风景，一处上佳的人造'资讯源'，一个赚钱的'好帮手'。"[3]不仅电视媒体策划的电视活动如此，其他媒体策划的视频活动也是如此。

---

[1] 陈兵. 电视品牌建构. 北京：中国传媒大学出版社，2006：6.
[2] 张晓明. 2006年：中国文化产业发展报告. 北京：社会科学文献出版社，2006：336.
[3] 欧阳国忠. 中国媒体大转折. 北京：团结出版社，2003：242.

第二节 视频活动类节目的文本解析

视频活动是社会发展的需要，也是媒介产业化经营的必然结果。那么，视频活动文本在实际策划中应该遵循什么样的程序与规范？视频活动应该具有什么样的叙事程式？什么样的活动文本才是成功的视频活动文本呢？在这里，我们将主要结合视频活动的具体实践，对视频活动的文本策划、视频活动的程式以及成功视频活动文本的因素等方面进行解析。

一、视频活动的文本策划

"凡事预则立，不预则废"。视频活动是社会组织特别是媒体根据受众需要、市场行情、竞争状况以及媒介本身等因素自觉策划的结果。策划又称"策略计划"和"战术计划"（Strategic planning/Tactical planning），是人们为了达成某种特定的目标，借助一定的科学方法和艺术手段，为决策、计划而构思、设计、制作策划方案的过程。视频活动从某种意义上说是一种媒介公关活动，为此，可以借鉴公关活动的程序进行视频活动文本的策划。著名的公共关系学者马斯顿曾经提出公关活动的 RACE 模式，认为公关活动一般经历调查研究（Research）、采取行动（Action）、实施传播（Communication）和效果检测（Evaluation）四个阶段，即第一阶段调查研究，是解决公关问题前首先把握目标公众和场景，为公关活动的正确决策提供科学依据；第二阶段采取行动，根据调查研究，有的放矢地采取行动，精心策划，是公关成败的关键；第三阶段实施传播，公关人员将组织的政策、行动、意向传递给公众，以期影响公众的行为和态度；第四阶段是效果检测，在采取行动、实施传播之后，对活动效果进行检测评估，找出问题所在，为改进活动提供依据。应该说，这个公关活动模式，是在公关活动主题确定下的一种过程性程序运作。为此，视频活动的文本策划可以借鉴马斯顿的 RACE 模式进行。

1. 确定主题活动

活动主题对视频活动而言就是灵魂，好的主题是视频活动成功的前提。比如江西电视台在 2006 年推出的纪念长征胜利七十周年的大型视频活动《中国红歌会》，就是绝佳的视频活动主题策划：江西是中国"红色"的土地，也是中国红色革命的摇篮，这是江西电视台所处地域的优势；"十送红军""映山红""山丹丹开花红艳艳"……一首首经典革命"红歌"为人所熟悉并使人倍感亲切，这使节目具有广泛的受众基础的同时，还能撩拨人的心弦，唤起人们对青春、对理想、对逝去的光荣岁月的种种怀想，这是电视受众需要的基础；长征胜利七十周年是电视活动《中国红歌会》的背景，契合了时间节点需要，同时由于社会中非常缺失一种红色情怀或精神力量，而《中国红歌会》能振奋人、鼓舞人；"红歌会"也利于电视媒体的仪式化表现……江西电视台具备了众多举办"红歌会"的条件，这也为视频活动《中国红歌会》主题的成功奠定了基础。再如深圳卫视和少林寺文化传播（登封）有限公司斥资数千万联手打造的全球首个中国功夫竞技互动节目《功夫之星》，是 2006 年第一个获得中国国家广电总局批文的大型视频活动，它通过全世界认同的中国文化符号——中国功夫，向全球弘扬中华民族自强不息、奋进不止的民族精神，选出最具阳刚气质的"功夫之星"，展示"集结天下浩气，弘扬中国精神"的主题。这个视频活动选题因与中国功夫象征的少林寺合作并由改革开放的前沿深圳卫视举办而备受关注，体现出创意新颖、参与性强、社会关注度高、具有可连续开发性等活动选题特征而一炮走红，成为营销中国以及对外宣传的一道亮丽风景线。……事实上，综观国内成功视频活动的主题策划，无不是从视频传播特点以及优势出发，或是创意新颖、受众需求及参与性强、具有可连续开发的可能性，或是根据媒介自身占有的资源以及媒介所处的地域位置优势等方面进行综合考量而确定的。

2. 进行调查研究

视频活动文本并非是活动策划人的灵感呈现，而是在明确视频活动主题之后，对影响视频活动的市场因素进行调查研究，从而为视频活动文本提供市场性支持。因此，市场调查研究是视频活动不可或缺的重要环节，它直接关系到视频活动的成败。

视频活动的调查研究主要包括自身分析、目标受众分析、对手分析以及资源潜力分析等方面。首先，视频活动主体要客观冷静地分析自身的状况，比如视频活动主体是电视台，则要分析自身的媒体性质、资产结构、人才结构、规模实力等，进而对电视媒体自身的优势和劣势予以客观评价，以确定自身是否具备成功举办视频活动的条件，为视频活动的成功奠定媒体物质和人才基础。其次，就是要分析目标受众。"受众为王"，媒体的竞争归根结底是对受众的争夺。为此，要分析视频活动目标受众的心理、需要以及收视期待，把握目标受众的兴趣点，时刻围绕受众的心理与收视期待进行策划，唯有如此，才能保证策划的视频活动能够吸引受众的参与以及观看，确保策划活动的成功。实际上，唯有挖掘目标受众的兴趣和需要，满足受众的收视期待，才能实现媒介的竞争力。再次要分析其他媒介的视频活动。要对其他媒体的视频活动情况特别是与自身选题相关或者相近的视频活动类节目进行比较分析，明确其竞争优势与竞争不足，或进行差异化思考，或在借鉴的基础上有所创新，从而取其长避其不足，确保视频活动策划具备成功的可能性。最后是资源潜力分析。即分析视频活动成功实施需要的媒体资源、政府资源、企业资源以及后期衍生品的开发等，确保视频活动的顺利实施和收益的最大化。

3. 视频活动文本设计

视频活动文本设计是在视频活动主题确定并进行市场调研之后，精心思考、设计视频活动的运作流程及细节，保证视频活动的每一步骤都具有计划性、可行性、创新性和吸引力。一般而言，视频活动文本设计是通过视频活动创作人员的头脑风暴后形成的具有极强操作性和执行力的策划。视频活动文本主要包括以下几个部分。

（1）活动主题。活动主题就是视频活动策划的灵魂、核心，贯穿于策划始终，是活动策划内容的高度概括。活动主题以受众为指针，以能够引起受众的共鸣作为衡量主题成功与否的标准。比如湖南卫视的《超级女声》的活动主题是"想唱就唱"；天津卫视的《快乐家游站》则以"家庭挑战，快乐家庭"为主题；江西卫视的《中国红歌会》的主题是"唱歌就唱最红的歌"等。

（2）活动目标。活动目标是指视频活动策划需要达到的目的。视频活动目标明确了视频活动的策划方向，为视频活动的效果评估提供了可考性的指标。视频活动的目标主要分为传播目标和营销目标。传播目标是让多少人接触、认知视频活动，并形成良好的活动品牌认知，产生认同感和美誉度；而营销目标则往往与经济利益相关联，是视频活动能够获得的经济效益。传播目标和营销目标往往是通过具体的指标来确立，比如传播目标跟收视率（或者点击量）关联，营销目标跟媒介收入（占据主体的是广告吸纳量）来明确。虽然不同类型的视频活动有着不同的活动目标，比如有的侧重传播目标，有的注重营销目标，这使得传播目标和营销目标看似有些对立，但实际上两者是有机结合、密不可分的。我们知道，电视等视听媒体的节目往往是通过出售观众的注意力给广告商来实现收益的，因此，观众的多寡即收视率（或者点击量）的高低，往往与媒介收入（更多的是广告收入）高低成正比，这也使得视频活动在策划时要明确其传播目标和营销目标的数值，并通过活动策划努力实现活动目标。

（3）活动步骤。视频活动进行的具体程序称之为活动步骤，视频活动的文本步骤实际上就是视频活动的文本化预演，一般包括活动的时间、地点、场景、方式、流程以及主持人、参赛者等活动因素的细化安排。比如《中国红歌会》的活动步骤就极为简单：宣传发动—报名参赛。而在比赛现场也极为简单，没有流光溢彩的舞台，没有华丽精美的包装，就在玻璃搭建的、四周能看见里面一切的"红歌房"内，一个个普普通通的老百姓用歌声演绎了一幕幕感人的故事。而《中国汉字听写大会》则采用中央电视台和国家语委联合举办的形式使活动步骤更具可操作性：通知发送到各个学校—学校选拔—各个省选拔—全国性听写比赛。在节目仪式化方面，《中国汉字听写大会》则采用选手比赛及赛后采访、嘉宾承担裁判、央视主考官念题、观众参与答题、带队教师和亲友团的期待表情等交替呈现，既有视频活动的竞赛性也有场内外互动；既有教育性也有娱乐性的表现手法；既展现了现场过程又具有悬念……从而使视频活动更具有吸引力和黏性。事实上，不同视频活动的步骤会因活动主题有所差异，但总体而言，活动步骤的设计要具有可操作性，在节目仪式化呈现方面要具有能吸引最多数受众的表现形式，从而确保节目的可看性，进而实现活动的目标。

（4）活动传播计划。活动传播计划是为实现视频活动传播目标而进行的策划。一般会通过整合营销传播的方式，努力实现更大范围的传播。比如江西卫视的《中国红歌会》采用电视、广播、报纸、杂志、网络等进行立体宣传以及社会推广等方式来推进视频活动的传播。江苏扬州电视台的《跨年撞钟》则采用高收视率的电视节目《今日生活》、广播电视报以及网站、微博、微信等媒介进行推广。应该说，视频活动的媒介推广是视频活动成功与否的关键，视频活动的策划者不应该仅仅停留在用各种媒体进行信息传播，还应该从有效传播的角度出发，考虑目标受众接触的媒介类型及时间、空间进行媒介选择或组合，进而选择有效的媒介进行视频活动的传播，提高视频活动推广媒介的精准性和有效性。

（5）活动经费预算。活动经费预算是根据视频活动需要，分项列出活动各个环节需要的人力、物力、财力，并将之综合起来的大致费用。视频活动的经费预算，能够避免浪费，促进视频活动经费支出的科学性，也有助于发挥视频活动经费的效力。

（6）活动效果预估。活动效果预估是对视频活动主题、活动效果等因素的综合考虑。通过活动目标与活动经费支出加以比较分析，从而预测评估此次视频活动可能产生的效果。

应该说，视频活动的文本设计并没有固定不变的模式可循，它需要根据视频活动的主题、内容以及形式等进行具体的创意与设计。不过，视频活动文本大致包含上述的内容。

4. 视频活动方案实施

当视频活动文本经过精心设计并确定下来后，还需要制定相应的实施细则，确保活动方案的顺利实施。由于文本的设计归根结底还是一种理论性的构想，所以在实施的过程中总是与实际运作有所偏差，特别会出现一些突发情况，为此需要视频活动策划人或者主持者能够灵活处理、随机应变，根据实际情况对设计好的方案进行适当调整。曾有人说，文本的设计是第一次创作，那么具体的实施则是第二次、第三次创作。因为实施方案的过程不是一个被动执行的过程，而是一个再加工、再创造的过程。在活动实施过程中，方案将会被进一步细化、优化，并更具有可行性和效果性。因此，一般而言，视频活动文本在实施的过程中，要注意两点：一是监督措施，对视频活动文本进行监督，以保证活动的各个环节不出差错或是出差错之后立即修正或改正；二是修正措施，要根据视频活动实际情况修正原有视频活动文本的不足或者突发情况，确保视频活动的有效运行。

5. 视频活动效果评估

视频活动方案获得实施并不意味着视频活动的结束，相反，审慎地评价视频活动的实施结果，并及时做出反思或总结，是视频活动效果的评估环节，同时也是优化下一次或者下一期视频活动的开始。事实上，视频活动从前期准备到每一环节的落实，整个运作过程耗费了大量的人力、物力、财力资源，如果活动一结束而不进行总结的话，不但会造成资源的极大浪费，而且也无助于视频活动节目的优化。可以说，在视频活动运作的过程中，其组织者可以积累经验和教训，如果适时地对活动加以总结和盘点，就能为下次活动积累经验，为将来举办同类节目奠定基础，同时也为将来活动的创新和品牌延伸提供经验。比如2004年《超级女声》总决赛结束后，湖南卫视立刻召开评估会议，对这一年的活动进行审慎地评价、反思和总结，这也为2005年的《超级女声》的火爆奠定了基础。再如《中国汉字听写大会》在节目运作过程中也不断调整，最终在总决赛赢得2.59%的收视率，取得了极好的传播效果。

二、常见视频活动文本的表现程式

视频活动文本与其他电视节目一样，都是通过若干元素的有机组合，产生新的传播效果。这些元素是观众熟悉并可以预见的，主要包括人物、情节、场景、服装和道具、音乐、灯光、主题、对话、视觉风格等[1]。视频活动就是将这些预见的仪式化元素根据活动类型的需要，以不同的方式和表现形式呈现出来，形成不同类型的视频活动文本。根据前面视频活动的分类，我们主要对几种常见视频活动类型的表现程式进行解析。

1. 节庆类视频活动的程式

节庆类视频活动的流程一般包括新闻发布会、节庆活动动态消息发布、节庆系列活动、庆典晚会等几个部分组成。新闻发布会主要公布节庆活动的系列活动内容及其亮点；动态消息则报道活动的进展状况；节庆系列活动则为活动庆典提供先期准备；庆典晚会则是节庆活动的仪式化表现，也是节庆活动的重头戏。节庆类视频活动的庆典晚会具有强烈的仪式化特征，通常由主持人串联节目，然后围绕节庆主题活动的歌曲、舞蹈、相声、魔术等艺术形式有机穿插，依次登场。在节目中间，可能有领导致辞或者发表祝福语等，最后在一片欢乐的海洋中结束节目。以《同一首歌》为例，活动开场先有一群孩子同唱一首歌，然后引出主持人；主持人在作了开场介绍后，请出歌手；活动最后再同唱一首歌。主持人一般不会长篇大论，而主要以节目本身吸引观众；活动现场的嘉宾通常盛装出席，有的还专门设计了较为特别的出场仪式；活动中途会插播事先准备好的宣传片；现场舞台设计或华美，或传统，或庄重，或典雅，现场音乐具有很强的感染力……节庆类视频活动的主要代表节目有《春节联欢晚会》《金鹰电视艺术节》《同一首歌》等。

2. 大型新闻类视频活动的程式

大型新闻类视频活动是媒体对社会生活中反映时代进步、代表社会主流、有重要时代意义的大型事件或事件组合，进行策划、摄制并呈现的具有很强影响力和宣传性的视频活动类型之一。大型新闻类视频活动往往采用"宣传意图＋精英思想＋大众视角＋电视手法"的模式，把以往单纯的"做新闻"转向"做活动"，通过大型新闻活动来带动主题报道品质的提升。大型新闻类视频活动的程式，往往首先要把握当下或者未来一段时间的"宣传意图"，即围绕党委、政府阶段性的中心工作或需要在全社会进行动员的事件，进行提前筹划；其次要有精英意识，即新闻报道活动要具有一定前瞻性、时代性，能够引导舆论，影响社会；接下来通过团队合作的方式运用"大众视角"和"电视手法"进行全景化、立体式、长时间地新闻报道，从而使新闻活动走向深入或多面，进而凝聚新闻力量，使报道入眼入脑入心，达成宣传效果。比如2006年5月江苏广播电视总台《扬子江·汉江·富士山——对话新农村》摄制组与江苏省外事办联合组成韩日考察组，对韩国前总理李寿成、韩国内务部大臣金会

---

[1] [英]大卫·麦克奎恩. 理解电视：电视节目类型的概念与变迁. 北京：华夏出版社，2003：23.

长、日本爱知县田原市向山町农民石井敏子、日本福冈县知事麻生渡、江苏省委副书记张连珍、江苏省社科院农村发展研究所所长包宗顺等64个人进行关于新农村建设的采访，这64个人，从政府官员到普通农民、从专家学者到企业家、从韩日两国到江苏省，涉及新农村建设的方方面面。这种多层次、多角度、多领域的互动对话，是单一的新闻报道难以做到的，它既丰富了新闻内容又具有很强的影响力。不仅如此，大型新闻活动还以"有看点"的内容和有美感的形式进行节目化呈现，这也使得大型新闻类视频活动不再仅仅是报道，而成为了具有较高审美价值的文化作品，成为了和谐社会大时代背景之下的"全息社会图像"。

3. 评选类视频活动的程式

评选类视频活动流程一般由推荐候选对象、正式候选者产生、社会公众投票、颁奖典礼等几个阶段构成。活动启动前一般召开新闻发布会，公布评选范围和标准，然后群众投票，产生正式候选对象，接下来有电视展播候选对象的专题介绍，吸引社会公众的投票参与，最后在颁奖晚会上揭晓评选结果。视频评选活动的颁奖晚会往往是现场直播，特别注重氛围和仪式感的塑造。演播现场设大屏幕播放事迹或者专题介绍片，场景设置分为主持区和访谈区，音乐深情并具有感染力，灯光变化，当选人物或衣着民族服装，或身穿职业服装出现在现场，主持人一般由一男一女主持。晚会的大致流程为：人物（城市）影像资料介绍、具有渗透力的情感音乐与主持人饱含感情的颁奖词、揭晓结果、嘉宾颁发证书或者奖杯、简短访谈。为了营造仪式感，颁奖晚会现场还往往设有一条较长的通道供当选人物（或代表）缓缓走出，主持人邀请颁奖嘉宾为当选者颁奖。主要代表节目有《感动中国》《CCTV年度经济人物评选》《中国十佳劳伦斯冠军奖颁奖盛典》等。

4. 选秀类视频活动的程式

选秀类视频活动的流程一般分为区域选拔赛、淘汰晋级赛、半决赛、决赛等四个阶段。活动启动前先开新闻发布会或通过广告发布活动信息，公布参赛要求，然后比赛按照制定的规则进行。区域选拔赛部分一般用选播花絮的形式展现活动进程，主要场次则进行视频直播或录播。选秀类视频活动的节目程式一般有一个或者一男一女两个主持人，并且邀请3~5个评委现场打分或点评。一般先海选，然后分组对抗，接下来再两人PK。可以说，在淘汰晋级过程中，主持人往往会调动多种手段营造悬念感，并常常设置具有象征意义的环节呈现仪式感。半决赛或决赛中，通常设置参赛者背景介绍等小环节，或回顾其参赛过程，或讲述赛场背后的故事，比赛中主持人调动包括音响、音效在内的多种手段增强紧张气氛，媒介观众还可以通过手机短信、客户端、微信、微博等媒体形式参与比赛结果的投票或者竞猜。选秀类视频活动的主要代表性节目有《超级女声》《加油好男儿》《中国红歌会》《中国功夫之星全球电视大赛》等。

5. 社会服务类视频活动的程式

社会服务涉及社会各个阶层和各个领域，这使得社会服务类视频活动具有多样的活动程式。比如中央电视台大型寻人节目《等着我》，则契合受众需要，体现公益文化使命，从平凡人提供寻人诉求—中央电视台联合公安部、民政部以及公益明星、志愿者等进行寻人—现场仪式化呈现的程式展开。在节目现场，则通过主持人与寻人者的聊天或者视频方式讲述"寻人者与被寻人"的故事，然后运用悬念叙事方式引发人们对寻人者诉求的欲求，接下来用"寻找到"或"未找寻到"的情感叙事拨动受众的情感之弦，再通过爱心组织和公益明星的"帮扶"实现"情感共鸣"。再如一些慈善类视频活动的流程一般是在活动策划初期联络部分企业作为"种子选手"参与或者通过新闻报道面向社会征集公益活动志愿者。活动正式启动后，通过宣传报道发动社会力量广泛参与，活动的总结阶段一般以晚会或捐赠仪式结尾。慈善类视频活动的总结阶段为单独的晚会形态或捐赠现场的直播形态，通常由一男一女两个主持人主持,广邀社会名流或者企业家作为特邀嘉宾,演播现场设大屏幕可以播放感动人的短片,音乐具有感染力和渗透力,灯光会根据场景变化而变化。为了营造仪式感,慈善晚会或者捐赠仪式一般都是采用的象征意义的方式表达。为了渲染氛围,会有短片播放,也会有契合慈善晚会主题的文艺节目,甚至还有现场的人物采访,包括受慈善捐助的对象和捐助人。此类节目的主要代表有《圆梦行动》《春暖2007》等。

需要说明的是,视频活动是一个不断创新的节目形态,它往往从受众接受心理以及其他类节目形态的经验出发,积极进行节目内容和形式的创新,这也使完全归结各类视频活动的类型及程式变得愈发困难。事实上,正是因为视频活动的不断创新,才使得视频活动保有旺盛的生命力,并成为媒体整合各种社会资源、塑造品牌、实现经济效益的一大利器。

三、成功视频活动文本的因素分析

什么是成功的视频活动文本?虽然说人们对收视率或者点击量的评判标准颇有微词,但不容置疑的是,当下最为直观的评判标准依然是收视率或者点击量。比如2004年《超级女声》在长沙地区的平均收视率最高达16.05%,到了2005年,其收视数据较为稳定,前三月都在6%以上,最后两个月超过了8%。这充分说明一定区域内的受众对于《超级女声》的支持度,同时也成为衡量视频活动文本成功与否的最为重要的因素。再如《中国汉字听写大会》,该节目自第四期起收视率已突破2%,第五期更攀升至2.16%——收视观众达到了1.2亿。《中国汉字听写大会》官方宣称总决赛2.59%的收视率,这比当年红遍大江南北的《中国好声音》的2.31%的总决赛收视率还要高。而通过对收视率比较高的视频活动文本的分析研究发现,成功的视频活动文本是创新性、公益性、参与互动性、仪式化、时机性等诸多因素协调运用、整合为一的结果。

1. 创新性:视频活动的生命

凤凰卫视掌门人刘长乐曾经说过:"我们不怕节目被复制。说到底,凤凰的经验是两个字:创新。不断地创新,不断地战胜自己。而贯穿在每一天每一刻的创新意识和行为,是无法复制的。如果说凤凰真有什么秘密的话,就在这两个字当中。"[1] 视频活动以主题的鲜明性、过程的参与性、结果的未知性以及仪式化的呈现等区别于其他常态节目,并表现出极强的传播力。不过,大量雷同或者复制的视频活动节目也在不断地稀释着视频活动本身的价值,视频活动的生命周期也大大缩短。为此,根据目标受众的收视期待和接受心理,结合媒体自身的定位和优势,组织、策划出更具创意的视频活动,以实现媒体社会效益和经济效益的统一,是当下视频活动亟待解决的问题。

创新是视频活动的灵魂和生命,创新是现代营销花园的奇葩,极具创新性的视频活动也往往意味着占据巨大市场潜力的可能。人的主观能动性为视频活动的原创力提供了无限的可能,而如何依托现有资源,通过独特的视角、独家的策划和独家的制作来掘取广阔的市场,成为视频活动竞争的重点。我国电视媒体中曾出现过以评选比赛为主体的"类选秀"活动节目,如央视1984年开始制作并播出的《CCTV青年歌手大奖赛》,是由各单位报送选手,然后经过一级级的比赛和选拔,最终站在决赛舞台上一争高下的。虽然说这种选拔制彰显了选手的优秀,但忽视了视频活动的过程性以及受众的参与性,即使是在决赛现场,其表现程式也不过是先个人表演、专家打分,然后再通过回答几道问题以彰显选手综合实力,这种表现程式使得整个电视活动较为传统和严谨,并未释放出视频活动本身的特点。而同样是选秀活动的《超级女声》,则将选秀做成了草根式的全民派对。只要愿意,每个人都可以成为活动

---

[1] 陈湘茹. 解析凤凰卫视的成功之道. 传媒观察, 2007, (4).

的主角,都可以站在舞台中央"想唱就唱",正如《超级女声》主题歌中唱的:"就算没有人为我鼓掌,至少我还能够勇敢地自我欣赏……"正是全民意义上的狂欢才备受欢迎。根据美国在华的调研分析,《超级女声》对受众最具吸引力的是"人人可以参与的形式新颖/创意好",这个原因占到了总比例的25%。由此可见,《超级女声》赢就赢在创意上。再比如另一选秀活动《加油!好男儿》,在面对锋芒四射的湖南卫视《超级女声》时,东方卫视策划人则从女性性别和唱歌之外寻找新的创意点,从纯粹的男性角度出发进行更为广泛的竞赛项目,这也增加了视频活动的看点,使视频活动产生了较好的传播效果。在上海地区,《加油!好男儿》在收视排行榜上始终较同时段同类节目大幅领先,到决战之夜则创下全国平均收视率3.29%的好成绩。

虽然说《超级女声》是借鉴甚或模仿了美国的《美国偶像》,《加油!好男儿》也借鉴了欧美的电视活动,甚或直接参考了《超级女声》,但在借鉴的同时也根据中国观众的收视心理进行了本土化改造或创新,并最终成为成功的选秀类视频活动。再如《中国好声音》作为引进节目以其新颖性赢得一片喝彩,并成为现象级的节目,而后因版权问题改名为《中国新歌声》,虽然节目进行了一些创新,但并没有突出的创新亮点,表现出"伪创新"的特征,这也使得《中国新歌声》的收视、口碑、影响力呈现出下滑的态势:公开数据显示,《中国好声音》第四季首播CSM全国网收视率达2.72%,而《中国新歌声》首播全国网收视率却降至2.24%;从总决赛收视率来看,CSM52城市数据显示,在"鸟巢"直播上演的《中国新歌声》收视率为3.956%,市场份额为16.05%,与2015年《中国好声音》第四季总决赛6.843%的收视率以及高达27.358%的收视份额相比,《中国新歌声》总决赛收视率跌幅明显。由此可见,创新是视频活动的灵魂和生命,也是视频活动的立身之本、生存之根、繁荣之源。如果视频活动失去了创新性,它也就失去了依凭,也就难以实现视频活动的价值了。正因为如此,2016年7月1日国家发布《关于大力推动广播电视节目自主创新工作的通知》,要求加大广电节目的创新,我们相信这必将进一步促进我国视频活动的模式、内容以及存在样式的创新性表达,实现我国视频活动的繁荣发展。

2. 公益性:视频活动的起点

视频活动虽然因营销目的不同而有公益类视频活动与商业类视频活动之分,但如果细究就会发现,无论是公益类视频活动还是商业类视频活动往往都将公益性作为活动的出发点。公益性的活动能够吸引甚或激发大多数人的关注和参与热情,而这正是视频活动所努力追求的。为此,公益性成为视频活动策划的出发点,即使是商业性较为浓郁的视频活动,也往往借助公益性的名义进行活动的策划、推介。比如,公益类视频活动《感动中国》,以"感动公众、感动中国"为主题,通过评选"感动人物"的方式发挥电视媒体的教育功能,塑造公共价值观念。扬州电视台近些年在一般性广告收益下滑的背景下,则通过视频活动来塑造媒体品牌和实现经济效益,比如近几年策划的《跨年撞钟》电视活动,则在"跨年"这一特殊时间节点上,通过"撞钟祈福"的公益性出发点最终实现了社会效益和经济效益的双丰收;而扬州电视台与江苏双沟酒业股份有限公司联合打造的首届"双沟珍宝坊——美丽扬州新形象"扬州美女大赛,实际上完全是媒体与商家合谋的一次商业活动,却打着"提升城市形象,展示扬州风采"的旗帜来吸引众多观众报名参赛。应该说,公益性只是视频活动的出发点,作为具有企业性质的我国媒体,往往表现出公益性与商业性的合谋,甚或打着公益性的幌子行商业性的目的。

3. 参与互动性:视频活动的基石

从传统媒体传播形式来看,我国受众总是相对处于被动接受的地位去接受媒介传播的信息,但媒介受众具有主动性和选择性,这在媒介多元和新媒体强劲发展的当下尤为凸显,并将进一步强化媒介"受众为王"的传播理念。施拉姆认为,最佳的传播效果是由受众参与而最终完成的,而视频活动本身具有的特征必然更强调节目与受众的互动。现象级的大型选秀类电视活动《超级女声》之所以影响巨大,与受众的参与和互动密不可分:一方面受众可以不再是节目的旁观者,而是直接参与节目进行"想唱就唱"的表演;另一方面,受众还通过观众评议团代表大众对选手评委的表现发表观点、通过"FANS团"与选手进行互动、通过手机短信等大众票选方式进行"选秀"打分。因此,《超级女声》不仅仅是"草根选秀"的视频活动,还是引发全民参与狂欢的视频节目,它使受众实现了两次角色转变,一是传统欣赏者向参与者的转变,二是一般参与者向表演者的转变。❶可以说,受众参与的最高层次是"电视节目能对观众的非电视生活产生精神或行为上的现实作用",有学者将之解读为"延伸性和拓展性的参与"❷,而深度的参与互动性能增强视频活动与受众的黏合度,促进视频活动更有效的传播。

4. 仪式化:视频活动的血肉

活动往往有着天然的仪式感。奥运会圣火的点燃是一种仪式,《同一首歌》开场同唱"同一首歌"是一种仪式,中央电视台春节文艺晚会台上台下一起倒计时也是一种仪式。美国学者詹姆斯·凯瑞曾提出传播的仪式观,他认为传播实际上是一种仪式。仪式化成为了视频活动日渐凸显的一个特点,它将活动的内涵和外在形式结合在了一起,构成了视频活动的血肉。事实上,视频活动的人物、故事、场景、服装和道具、音乐、灯光、色彩、对话、视觉风格等,都是视频活动仪式化的元素,而对这些元素进行有机组合或者创造性编码,构成了视频活动的仪式。比如《中国功夫之星全球电视大赛》借助中国功夫、歌舞等仪式化元素,对中国传统文化进行了有效的全球展示。再如《感动中国》中感人的人物故事、华美的舞台、烘托情感氛围的音乐以及优美的获奖词等,构成了《感动中国》的仪式,给人以感动和激情。应该说,仪式化作为视频活动的血肉,直接影响着视频活动的吸引力和参与度,决定了品牌的价值与经济效益的实现。

5. 时机性:视频活动的关键

视频活动应该"审时度势",要选择在最佳的时机推出最合时宜的视频活动。媒体在策划活动或者寻找活动切入点的时候,应该巧妙借助各种重大节日、社会话题、时事活动、突发事件等时机,利用人们对这些时机事件的关注,将之与活动巧妙地结合起来,实现借势传播或者以时助力,赢得人们的兴趣和注意力。比如2006年为纪念长征胜利七十周年,江西电视台策划推出大型电视活动《中国红歌会》,在国内掀起猛烈的红歌狂潮风。同样的时机,中央电视台则推出的《我的长征》,以现代人回顾历史的一种体验方式,重走长征路线,沿途为老百姓做好事,比如修红军坟、援助贫困老红军生活、沿途建长征医院、长征小学等。另外,还带领文艺小分队、法律小分队等为民服务,也在国内引发了不小的轰动。凤凰卫视也非常善于利用时机策划、组织电视活动,比如1999年8月,随着千禧年的到来,凤凰卫视全力打造了跨世纪的重大采访活动——"千禧之旅";2001年5月,在申奥城市选举结果产生的前两个月,凤凰卫视组织了"北京——莫斯科"申奥远征活动;2004年5月,为纪念郑和下西洋600年,凤凰卫视又举办历时八个月的航海电视活动"凤凰号下西洋"。这些活动有一个共同点,那就是凤凰卫视在确定时机后立即出手,紧紧抓住"第一"的时效性,从而赢得先机,并利用活动平台,将人们所关注的视点引向深入。而2015年天猫与湖南卫视的"双十一晚会"将光棍节演绎为大众的购物狂欢,更诠释了时机对视频活动的重要性。

---

❶ 廖金生. 电视活动:一种全新的节目形态. 现代视听, 2009, (12).
❷ 李蓉, 张晓新. 体验经济与电视媒介的思维创新. 电视研究, 2009, (1).

由此，成功的视频活动文本，不仅仅需要创新的活动文本、比较好的大众参与互动性以及仪式化的呈现，还应该选择一个最佳的推出时机。随着时间的推移，受众的喜好、习惯以及社会环境可能也会发生着不同程度的变化，这就要求视频活动要因时而变、因地制宜，不断推陈出新、勇于探索，唯有如此，才能赢得媒体受众的认可和喜爱，实现媒体效益和社会效益的双丰收。

第三节 视频活动的市场营销

视频活动的市场营销，是从市场营销的相关理论发展而来的，指的是大众媒介在市场经济活动中以视觉活动文本为核心资源，通过传播渠道的整合以实现视频活动相关信息有效到达受众并引起受众关注和参与，通过与广告商的结合以及衍生品的开发以实现媒介经济效应的一种传播活动和经营方式。而实现市场营销最为重要的理论当推"整合营销传播"，它作为一种品牌传播战略，是企业通过与内外部利益相关者建立互惠互利的合作关系，形成内外协调一致的传播策略，最终为企业带来回报率的增长[1]。实际上，视频活动既是一种节目形态，也是一种文化产品，理应通过整合营销的方式建构起品牌形象，最大程度地实现视频活动的传播目标和销售目标。对于视频活动的整合营销，主要包括对视频活动内外部资源的整合、传播方式的整合以及经济效益实现途径的整合等，通过各种方式的整合能够有效建立起视频活动的品牌形象。

一、视频活动内外部资源的整合

视频活动内外部资源整合是指媒体根据视频活动所需资源的内外部联系，通过集聚、重构、优化等方式融合媒体内部资源，通过联合、借助、互利等方式优化外部资源优势，进而实现内外部资源的调整、组合、配置、共享，促使内外部资源发挥最大作用和实现最大效益。

1. 视频活动内部资源的整合

作为全新节目形态的视频活动，往往具有社会规模大、持续时间长、参与人员多等特征，这需要媒体特别是电视台确立视频活动为中心的理念，打破原有的媒介频道化、专业化、部门化的框限，整合内部资源和力量，全心力地打造品牌视频活动。具体而言，一个视频活动至少需要以下部门的分工协作：策划创意部负责视频活动的内容和程式设计，技术部负责设备调配、灯光与音响的布设以及拍摄、剪辑、后期制作等，宣传营销部负责视频活动的推广和广告招商，后勤部负责活动场地的布景……大众媒介唯有将资源有机整合，才能为创作出成功的视频活动奠定基础。比如央视财经频道的视频活动《春暖2007》，就突破了栏目或部门行为力量单薄的局限，充分整合了频道或电视台的栏目、人力资源，实现全面动作，形成了传播合力。再如《感动中国》，无论是节目主持人、媒介仪式（舞台、音乐、灯光、造型甚或现场观众）的设计、电视摄像以及转播车的运用，还是节目在中央电视台一些频道的报道以及在《中国电视报》、手机媒体等的立体化深度联动传播，都是中央电视台整合内部资源的结果，而这也为《感动中国》的成功奠定了基础。

2. 视频活动外部资源的整合

视频活动如果仅仅依靠媒介自身的实力和能力，会面临很多的困难，为此，大众媒介需要联合、借助并有效整合社会资源的力量为自己所用，确保视频活动的顺利举办并取得成

---

[1] [美] 唐·E·舒尔兹. 整合营销传播. 吴怡国等译，呼和浩特：内蒙古人民出版社，1993.

功。这一方面要跟政府及相关部门密切合作，借政府力量的助力减少电视活动的生产阻力。比如《中国汉字听写大会》并非中央电视台不能独立制作，但会面临一些困难，比如各个学校的组织等，但中央电视台与国家语言文字工作委员会合作，这些问题和困难都会迎刃而解。再比如扬州电视台举办的《中国扬州美女大赛》则借助与旅游局的合作，以选拔"扬州旅游形象大使"为名，也增强了视频活动的公信力和参与度。另一方面还要实现与相关企业资源的通力协作。企业与电视媒体的合作并不仅仅是资金的支持，还能将企业资本所链接的有效资源和互补资源为媒体所用，从而提高效率，降低视频活动成本。这方面比较经典的个案就是《超级女声》。蒙牛集团不但为湖南卫视打造选秀类电视活动《超级女声》提供资金支持，而且还动用了它在全国上万个分销商、几十万个营销终端、几百万的宣传海报、上亿的产品包装等资源来刊登"蒙牛酸酸乳"广告和"超级女声"比赛内容，为《超级女声》的走红立下汗马功劳，而蒙牛集团也凭借《超级女声》节目的火爆实现了自身的品牌营销和实力扩展，形成电视媒介与企业共赢的结果。事实上，成功的电视活动往往是整合各种社会资源，充分利用各种关系的结果。比如重庆电视台选拔《微笑大使》，就是利用亚太城市市长峰会契机，由宝洁集团提供赞助，密切与通勤、银行、公交、通讯等行业部门合作，并将选手送到新加坡出外景……可以说，这一视频活动将政府资源、媒体资源、广告主资源、行业资源、市民资源等几大资源完美结合起来，优化了视频活动的效果。

二、视频活动传播方式的整合

每个传播媒介的终端都有着不同的受众，为了更好地实现视频活动的推广和传播，视频活动还往往运用电视、报纸、广播等传统媒体以及网络等新媒体进行新闻、广告、节目联动、互动评论等各种传播方式的整合，努力实现传播范围和传播质量的最大化。我们不妨以视频活动举办最主要的主体——电视台为例分析视频活动传播方式的整合。

1. 整合媒体自有媒介进行"在播"传播

虽然说，媒介类型的多样化以及媒介竞争的加剧，使电视媒体的影响力有所下降，但97.6%的电视机普及率，说明电视媒体依然具有广泛的受众群。因此，利用电视媒体进行视频活动的营销和推广，依然是视频活动传播营销最常用的手段。电视媒体对视频活动的传播营销，往往通过全台联动的方式，借助电视广告、电视宣传片、电视节目预告、在关联栏目拓展访谈、电视新闻报道甚至独立开辟宣传栏目等方式进行联动"在播"宣传，尽最大可能地将信息传播给受众。比如江西卫视的《中国红歌会》的联动在播宣传是通过四种方式展开的：一是大密度、高频次播出宣传片。共播出不同类型的宣传片十几条，内容涉及红歌的概念、红歌榜的评选、"红歌总动员"、主场晚会，形式多样，频次密集，加上与"江西卫视十月中国红"的打包推广，整个系列宣传片风格统一，重复播放，有助于形成"舆论场"的效能，显现出"中国红歌会"的气势，扩大传播范围。二是利用各档新闻资讯类节目及时播发红歌会动态。《中国红歌会》还借助江西卫视的主打新闻栏目《江西新闻联播》《新闻夜航》及《社会传真》以及地面频道高收视的民生新闻栏目《都市现场》《第五社区》等新闻资讯栏目进行活动推广和传播，而这些新闻资讯栏目几乎完全涵盖了各个层次、各种年龄的受众，这也有助于《中国红歌会》的信息告知和传播。三是临时开辟"红歌会"专栏《红歌快报》，每天15分钟，为原汁原味的社区飙歌提供播出平台，这既具有前期宣传预热效能，又能筛选出一大批有特点、有看点的平民"红歌手"，为国庆七天井冈山飙歌增色不少。四是大量的滚动字幕，遍布全天各档节目中，尤其是"红歌总动员"及主场晚会现场滚动观众短信，为电视活动《中国红歌会》的成功起到了极好的催化鼓动作用。

不仅如此，电视媒体还充分利用自身媒介资源，如广播电视报、电视台网站、广播、客户端、微博、微信甚或电视台车体等媒介样式全媒体、全方位、立体化推广视频活动。比如东方卫视"我型我 SHOW"就是由上海文广集团的东方宽频作为"我型我 SHOW"的官方网站,实现网络节目点播,受众可以点击在线直播、观看幕后花絮片断、浏览选手博客,同时会员用户可以上传歌曲、投票、参与论坛等。不到一年,网站拥有了超过 100 万的注册用户,每天最高访问量达 2400 万❶。再如《中国好声音》就充分运用官方网站、官方微博和明星微博等实现了节目的宣传,为节目高收视率奠定了基础。

2. 借力报纸、杂志、网络等"他有"大众媒介实现"联动"传播

电视媒体不仅运用自有媒体进行视频活动的信息传播,还借助"他有"媒体的新闻报道、事件营销等方式实现"联动"传播。比如中央电视台举办的青歌赛电视活动,各大报纸、杂志、网络等媒介就曾从民族文化、音乐魅力、歌手风采等多个角度分析、报道事件过程、结果以及大赛过程中的花絮和故事,从而为电视活动提供了背景材料的分析、性质和发展趋向的阐释等内容,给人以多维度地审视。再如《中国好声音》就曾运用事件营销和话题营销等方式借助"他有"媒体激发人们对该活动的关注,比如对张惠妹的"失恋""增肥"、对周杰伦加盟的"出场费"、对汪峰在决赛发飙并手撕媒体、对庚澄庆的婚姻以及"徐海星事件"、杨坤与丁丁的潜规则等"事件"或谣言进行营销,对建筑工人黄恺为爱高歌《Better Man》、四位导师集体见证求婚过程等话题进行新闻式营销……报纸、杂志、网络以及自媒体等诸多"他有"媒体的报道甚或重复性报道,对爆料、澄清、再爆料、再澄清的八卦新闻的炒作等,都能让事件或者话题进一步发酵,并激发人们关注《中国好声音》关注,并在很大程度上助推了节目的收视率或点击量。

3. 合作网络媒体实现"互利"传播

网络媒介具有双向互动、传播迅捷、超越时空等优势,为此,电视媒介举办的电视活动还与网络等媒介进行合作或独播,实现电视与网络媒介的"互利共赢"。比如《中国好声音》第二季与搜狐视频形成联动合作的品牌,实现了"好上加好"式的互利传播:《中国好声音》不但获得搜狐视频提供的数亿元独家转播费用,还借助搜狐视频实现了节目品牌的传播,与此同时,视频活动节目还能通过网民的评论、弹幕、吐槽等互动参与调整节目策略,促进节目更贴近受众;搜狐视频则依凭《中国好声音》第二季的独家资源能够在网络视频竞争中占有先机,甚至围绕《中国好声音》进行大量造势与内容策划,自制《冲刺好声音》《K 歌之王》《好声音英雄谱》和《搜狐视频娱乐播报好声音特辑》等节目,在为观众带来独家《中国好声音》幕后故事的同时,也增加了搜狐视频的点击量,搜狐视频曾披露了"好声音"项目的业绩数据:播放总量超过 20 亿,营收超过 2 亿元。这既增加了搜狐视频的经济效益,也塑造了搜狐视频的品牌形象。应该说,视频活动与网络等新媒体合作,能够实现互利共赢,并进一步促进视频活动的发展。

4. 借助"第五媒体"形成"脉动"传播

新媒体是一个不断变化的概念,而第五媒体则是新媒体中除互联网络之外的一种互动数字化复合媒体,这些媒体主要有以下几种形态:①手机媒体。手机的普及使手机媒体越来越成为传媒界瞩目的焦点,手机客户端、手机网站、手机报、微信公众号等被广泛地开发和使用,这也为视频活动的传播和营销提供了更多的通道。比如 2016 年的《中国新歌声》与东方视界以及"3D 东东"App 合作,将裸眼 3D 技术应用到节目当中,3D 版《中国新歌声》将同步在"3D 东东"App 上播出。②IPTV。传受互动性是 IPTV 的重要特征之一,用户不再是被动的信息接受者,还可以根据自身需要主动地、有选择地收看节目内容,这也为视频

---

❶ 王惟红,熊忠辉. 电视活动成功因素分析. 现代视听,2007,(3).

活动提供了一种传播通道选择，事实上，当下很多视频活动，如《中国好声音》《中国梦想秀》等都在 IPTV 上留存并供给用户点播。③数字电视。数字电视产业链有望增长，电视活动应该充分把握数字电视的新拓展，实现电视活动的传播营销。

5. 利用人际传播形成"互动"传播

一些视频活动中的关联人还走进社区、走入社会进行点对点传播，这也进一步促进了视频活动的传播。比如江西卫视的《中国红歌会》就曾多次深入南昌社区，再如《中国好声音》在开播的同时，还运用明星在全国十多个城市开展推介会，在第三季北京推介会上是作为导师的庾澄庆，在天津是由歌手胡彦斌、吉杰……这些歌手明星亲临现场，与现场的歌迷、观众形成了良好的互动。可以说，人际传播因更具贴近性和情感性而成为重要的传播方式之一。

三、视频活动经济效益实现路径的整合

视频活动的资源具有广谱性，相当多的事件和信息都可以经过策划进入视频活动。不仅如此，视频活动的仪式化特征，也使得市场资源的开发具有极大的潜力，这表现在：在媒体—受众—企业这个关系链中，企业需要借助媒介实现企业形象或者产品的营销，这使得媒介具有足够的企业信息资源可供开发；在公共权力机关—民众—媒介这个关系链中，为了黏合政府与群众的关系，媒介也有足够的政府资源可供利用。为此，以公益性为出发点或者表征的视频活动或与政府联姻实现直接的经济效益，或与企业联手通过各种形式实现经济效益。事实上，视频活动正是凭借出色的盈利能力而成为各个媒体竞相争夺的一块高地。

（一）围绕视频活动产品本身实现经济利益

我国传统的电视经营模式是以"二次售卖"理论为基础的，电视媒介经营基本上等同于广告经营：电视媒体用节目内容换取观众的注意力和影响力，然后再将观众的注意力和影响力售卖给广告客户，以实现经济效益。为此，电视媒体总是想方设法实现节目的注意力和影响力，并将之转换为广告效益。而好的电视活动因历时较长、波及面广、参与性强，往往能够迅速成为受众的"聚焦点"，因而也具有了极高的注意力资源，从而赢得广告客户的青睐。可以说，视频活动与广告客户多种形式的联姻，是视频活动实现经济效益的主要方面。不过，随着网络媒体的强劲发展，好的视频活动也成为网络竞争的稀缺资源，并实现了以往电视媒体不能实现的"第一次售卖"，提高了视频活动的经济效益。

1. 视频活动的"第一次售卖"

成功的视频活动可以通过发行成片版权、数字电视媒体的点播以及在线播放前插广告等方式实现"第一次售卖"利益。比如《中国好声音》第二季内地收视创下 CSM 收视率 5.233% 新纪录的同时，将中国台湾地区播放权卖给台湾中天综合台，将网络独播权以一亿元的高价售卖给搜狐视频；《中国好声音》第三季则被腾讯视频以 2.5 亿元的价格竞得……随着新媒体的强劲发展以及对版权保护的增强，视频活动与网络以及数字化方式联姻将成为常态，这将为视频活动借助"第一次售卖"直接实现经济效益打开了另一扇门。

2. 视频活动的"第二次售卖"

（1）赞助或者冠名广告。企业的赞助费或者冠名费是视频活动类节目一项非常重要的收入来源。比如，中央电视台《梦想中国》的冠名费是 3000 万元；2005 年湖南卫视《超级女声》的冠名权被蒙牛企业以 2000 万元获得；雪碧集团则在 2006 年以 1000 万元夺走东方卫视的"我型我秀"的冠名权；加多宝夺得《中国好声音》第一、二、三季独家冠名权的费用分别是 6000 万、2 亿、2.5 亿；《中国新歌声》第二季被 OPPO 以 5 亿元的高价夺得

独家冠名权等，都显示出视频活动的赞助或者冠名权能够为节目带来良好且较为稳定的经济收益。

（2）电视活动片头、片尾广告。优秀视频活动的品牌效应以及传播效应，使得广告商在视频活动节目播出或者结尾的时候，进行贴片广告，实现借势传播。这种方式在2010年1月1日广电总局第61号令《广播电视广告播出管理办法》出台后，广告放置在视频活动节目前或者节目后，成为较为常用的广告收益方式。

（3）插播广告。视频活动在播出时还经常被插入广告，进而获取广告收益。视频活动节目的优劣决定插播广告的多寡，而插播广告往往出现在视频活动的中间，特别被广泛用于具有悬念的关节上。比如，看《中国好声音》往往感觉广告多而长，据不完全统计，3小时的《中国好声音》淘汰赛，几乎每隔30分钟就插播5～10分钟的电视广告，甚至主持人华少"善意"提醒："接下来送给大家一段很长的广告时间"，甚至有网友调侃"别在广告里插播好声音"。而随着《中国好声音》的收视率和影响力的提升，其广告费也水涨船高，2015年的优信二手车的60秒广告的一次性刊播价达到了3000万。由此可以窥见《中国好声音》插播广告而获取的收益。

（4）植入式广告。美国全球品牌内容营销协会分会主席Cindy Callops认为，"我们正从一个营销沟通的打扰时代（Age of interruption），进入一个植入的时代（Age of Engagement）。"植入式广告将产品或品牌及其代表性的视觉符号、服务内容等策略性地融入电视（电影）节目内容中，通过场景、人物、故事情节等方法再现，让观众留下对产品及品牌的印象，继而达到营销目的。植入式广告往往与信息一起，共同构成了受众所真实感受到或通过幻想所感知到的信息内容的一部分。在合适的地方巧妙地植入广告，一般不会引起受众的反感，还能获取巨大的经济效益，这成为当下限制插播广告时间背景下广播电视（电影）实现经济效益的一大选择。植入式广告可以分为品牌形象植入、背景植入、声音植入、情节植入等形式。比如《中国好声音》中就多次植入加多宝的产品形象以及出现华少为加多宝、汽车等广告进行宣扬的画面。

（5）转借型广告。转借型广告实际上是隐性广告的一种，主要是借助现场的场景、人物的穿着等而做的广告。很多电视活动现场往往有意设置一些具有广告目的的招牌、衣着甚至道具等，实现广告的营销。

（6）视频活动宣传片广告。视频活动在实现传播效应时，还经常运用宣传片的方式进行信息的推介，并在宣传片中插入广告信息，实现经济效益。比如电视活动《非诚勿扰》宣传片中对"步步高音乐手机"的冠名宣扬等。

值得注意的是，视频活动还通过受众的互动参与赢得利益。比如湖南卫视举办的《超级女声》活动，通过短信投票和向观众发送有关《超级女声》等活动资讯的短信增值服务，实现短信经济收入3000万元左右，约占该节目总收入的40%～50%。

（二）通过加强视频活动衍生品的生产实现经济利益

视频活动衍生品是指以视频活动节目为核心资源，研发制造出来的与节目内容相关，适合收视群体消费的服务与产品。衍生品的开发处于整个产业价值链的下游，是产业增值的关键环节。成功的视频活动易与其他产业融合，派生出各式各样、品类繁多的产品和服务，而在高新技术的引领下，视频活动的衍生品会更加丰富，甚或超出人们想象。综合目前视频活动已经探索出的衍生品形式，可以概括为表9.1。

随着人们对视频活动价值的深入认知以及视频活动营销观念的深入，视频活动衍生品将会更为丰富。在此，我们将对上表中重要的衍生品作一分析。

表 9.1 衍生品形式

衍生品标准	类别	衍生产品形式
按衍生源来划分	衍生节目类	视频活动衍生节目
	衍生内容类	音乐下载、彩铃等
	社会效应衍生类	影视剧拍摄等
	运营活动衍生类	旅游地、主题公园的开发等
	品牌衍生类	相关店名等
按衍生形式来划分	音响产品类	节目 VCD 或 DVD、唱片
	图书杂志类	相关的图书开发
	玩具礼品类	画册、玩具等
	服装配饰类	文化衫、明星服饰等
	线下活动类	选秀明星演唱会、粉丝经济等

1. 视频活动衍生节目类

基于主节目开发配套的衍生品生产将是视频活动开发 IP（Intellectual Property，知识产权）价值的另一种主要方式。可以说，围绕成功的视频活动节目进行衍生节目的开发正逐渐成为一种潮流，这一方面能够进一步强化视频活动的品牌及影响力；另一方面也能实现借势传播，挖掘出视频活动背后蕴含的市场价值。比如《中国好声音》（已改名《中国好歌声》此处引用原节目名），自开播收视一直领先，这也让其衍生节目备受关注。在《中国好声音》首季开播时，只有《成长的教室》一档衍生节目，但随着节目持续受到市场追捧，2015 年的《中国好声音》衍生节目在数量上似乎达到"极致"，仅浙江卫视平台就播出三档衍生节目——《真声音》《娱乐梦工厂》《不能说的秘密》，且皆有不俗的收视率，如周五晚《中国好声音》之后播出的《真声音》，CSM50 城收视率最高为 3.784%。而作为网络独播合作方的腾讯视频，则推出《探班好声音》《重返好声音》《约吧好声音》《有料好声音》和《剧透好声音》五档《中国好声音》的衍生节目，总播放量达 5 亿次以上。可以说，衍生节目的开发，既能实现营销宣传效果最大化，还能将成本最低化、商业价值放大化。比如 2013 年《中国好声音》的衍生节目《真声音》独家冠名费 3500 万元，2014 年其冠名费 4600 万元，涨幅超过 30%。

2. 视频活动衍生内容类

根据视频活动内容开发线下衍生产品，如艺人经纪、唱片发行、彩铃下载、歌曲下载、演唱会、粉丝经济等衍生产业链，也能创造出比较好的经济效益。比如《中国好声音》节目组委会与一些学员签约，帮助艺人出专辑，举办演唱会等，都延长了视频活动的产业链，实现了衍生品的价值。又如《中国好声音》的决赛在国家体育场鸟巢进行现场直播，这一方面可以强化电视节目的品牌价值；另一方面，也能通过门票、广告等实现较好的经济效益。而《中国好声音》的导师及学员的商业巡演，更是进一步强化了节目的品牌价值和经济效益。

3. 社会效应衍生类

很多热门的电视节目都推出了配套电影或者电视剧，如《爸爸去哪儿》《奔跑吧！兄弟》推出同名电影，并分别实现了 7 亿和 4.3 亿的票房。不仅如此，随着移动互联技术的发展以及人们有效消费的增长，手机游戏也成了电视节目进行衍生品生产的目标，比如《一站到底》《爸爸去哪儿》《奔跑吧！兄弟》等都开发了相关游戏软件，这些都为视频活动的衍生品开发提出了极好的思路。事实上，一些视频活动节目也在这方面做出一些尝试，比如 2014

年10月，由灿星公司大胆创新、深耕市场而出品的由第一季和第二季《中国好声音》学员联袂出演的偶像音乐剧《我的青春高八度》在浙江卫视播出，这一电视剧俨然就是《中国好声音》的电视剧版，据权威机构统计，该剧在同时段电视剧中独占鳌头，为国产偶像音乐剧带来了一股春风。应该说，有些视频活动有着很多感人的故事，比如中央电视台"寻找最美系列活动"中就有许多走心的故事，这也需要视频活动策划人进一步挖掘、创作，从而制作出更多、更优秀的文化类衍生品。

总的来说，媒体活动能够开启视频产业的众多环节，实现经济效益的最大化。虽然说我国视频活动的IP开发正日益得到重视，开发形式也越来越多元化，但与欧美电视节目的衍生品开发体系相比，还有很大的差距，例如将电视节目的品牌授予其他厂商生产衍生产品方面还没有获得极大的利用，而这却是西方电视媒体最为重要的获利方式：比如益智节目《谁想成为百万富翁》的特许商品140多种；《美国偶像》在电视广告、唱片发行、授权纪念品和演唱会门票等方面，全球总收入超过10亿美元。另外，除版权外，它授权的产品还涵盖玩具、糖果、商业卡、电子游戏、杂志、图书等领域。仅福克斯电视台就向开发《美国偶像》的英国娱乐公司支付了超过7500万美元的版权费用。2001年开始，制作方在全球33个国家制作同类节目，包括《印度偶像》《加拿大偶像》等都为开发商带来了巨大的经济效益❶。这些都说明，我国视频活动价值开掘还不够深入，还有足够多的精耕细作的空间，这也要求大众媒体加大引进媒介经营人才，放大、放长活动产业链，尽最大程度地实现经济效益，从而尽可能地扭转传统媒体收入下滑的不利局面。

思考题

1. 请你谈谈为什么很多电视台在广告下滑之时纷纷举办各种电视活动？
2. 请你分析《中国汉字听写大会》的成功因素。
3. 请你分析《感动中国》的表现程式。
4. 请你分析《中国好声音》的营销之道。

练习题

1. 请你围绕"广场舞"选择一个角度进行视频活动策划。
2. 请你以"最美中国教师"为题进行视频活动策划。

---

❶ 张宏. 媒介营销管理. 北京：北京大学出版社，2006：138.

第十章　栏目剧与网络剧节目形态解析

我国第一部真正意义上的电视栏目剧是重庆电视台在1994年推出的《雾都夜话》。随后，各地省市级电视台纷纷效法，自办栏目，并以良好的收视率稳居各大电视台的收视排行榜前列。到2006年，电视栏目剧的发展掀起了一个热潮，被业内人士称为"栏目剧年"。根据首届全国电视栏目剧评优暨研讨会的资料统计，全国共有40多家省市级电视台开办了栏目剧，比如江西电视台经济生活频道的《绝对想演》、北京生活频道的《大城小事》、福建电视综合频道的《夜》、湖北经济频道的《经视故事会》、浙江影视娱乐频道的《本塘第一剧》、陕西电视台的《都市碎戏》、江苏电视台的《百姓聊斋》、西安电视台的《狼人虎剧》、广东卫视的《博客奇谈》等。目前，栏目剧出现了跨区域、跨文化、跨节目的发展格局，呈现出不同的模式和风格。

网络剧的发展则是以互联网在社会的逐渐普及、网络视频平台迅速兴起为背景的。国内第一部专门为网络制作的网络剧，是2000年由长春邮电学院大学生制作的《原色》，成为中国网络剧的开端。而国内第一部网络自制剧，则是2009年土豆网推出的《Mr.雷》。这种题材贴近网民生活、轻松幽默的自制剧一经上线受到了观众的普遍喜爱。于是众多网站纷纷开始投资制作网络剧，形成了一股办剧热潮。如优酷网推出的《泡芙小姐》、搜狐视频推出的《钱多多嫁人记》等，都获得了可观的点击量。当前，网络剧的制作更加专业化、规模化、互动化，呈现出繁荣发展的态势。

第一节　电视栏目剧的界定与分类

一、电视栏目剧的界定

电视栏目剧这一名称首次出现是在2000年。2000年2月28日《生活时报》刊登《电视剧"家庭"又多一成员〈老窦酒吧〉开栏目剧先河》一文。在接受采访时，《老窦酒吧》的导演管虎经验式地将"栏目剧"阐述为一种注重时效性的、像电视栏目一样的新剧种：讲述的故事有喜有悲，主要是揭示社会存在的一些问题，每周拍一集播一集，每一集都是一个独立的故事[1]。

2004年国际情景剧研讨会上，重庆卫视《雾都夜话》的创始人马及人正式提出了"电视栏目剧"这一概念。马及人认为"电视栏目剧不是电视栏目和电视剧的简单相加，也不完全是以栏目的形式播出的戏剧故事或电视剧，而是一个有自己的特色和内涵的节目形态，它包括'五化一性'，即形态生活化、内容平民化、演员群众化、语言地方化（不排除普通话）、情节真实化和观众的参与性。"[2]

在电视节目领域，电视栏目剧算是一个新生事物，尚处在不断地发展和变化之中，学界和业界始终没有提出一种相对统一的界定。主要有以下几种观点：

---

[1]《老窦酒吧》开栏目剧先河.生活时报；2000年2月28日.
[2] 马及人.首届全国电视栏目剧评优暨研讨会讲话稿.中国栏目剧网.http://www.chinalanmuju.com/.

中国传媒大学教授周涌认为，电视栏目剧是电视传播的平民性以及电视经历了跨文化、跨区域发展之后的区域化传播两种趋势下的产物，这就注定了电视栏目剧必须具备平民性、地域化传播两个特征。周涌强调了电视栏目剧本质属性的几个关键词"栏目""剧""地域性""参与性"。"栏目"是指以栏目的方式来生产、制作、播出；"剧"指以演员扮演的方式来讲故事；"地域性"即本地化；"参与性"就是观众的参与，包括对节目本身实质的参与，如提供故事、参与表演等，还包括观众观赏心理的介入。❶

《中国广播电视学刊》李彩英认为，电视栏目剧是中国电视特殊的文化市场竞争环境下创新的产物，是当前电视业界特殊的电视品种和文化现象。电视栏目剧以其成本低、群众参与、贴近生活、生动及时等特点得到观众积极的认可，满足了观众对电视节目不断增长的需求❷。

四川电视台《经视麻辣烫》制片人韩鸿对栏目剧给出这样的定义："电视栏目剧是以电视栏目的形式存在，具有统一的片头、主持人及由演员演绎的有故事情节的电视节目形态。❸"

中央戏剧学院教授路海波认为，栏目剧解决了老百姓对于资讯或自身话语权的一种需求，真正让老百姓得到一个主角的位置，发现环境，抒发情感。它兼具了新闻的快速反应力、适应力，也兼具了电视剧的叙事能力和感染力❷。

山东电视台王亚军、刘何雁将栏目剧描述为，基本采用情景再现的拍摄手法，将观众喜闻乐见的真人真事搬上荧屏，它比纪实片更具故事性、曲折性，比电视剧更贴近生活，具有真实感，是介于纪实片和电视剧二者之间的一种样式。❸综合以上这些学界、业界的观点，电视栏目剧是一种由群众演员或业余演员表演的，具有贴近性、纪实性、平民性、参与性和地域性等审美特征，具有戏剧化故事情节的，按照电视栏目规律生产、运作和播出的电视节目形态。电视栏目剧不同于传统意义上的电视连续剧，也不同于一般意义上的电视栏目，它是兼容了栏目化运作规律和电视剧艺术形式的电视节目类型。

二、栏目剧的分类

电视栏目剧依据不同的标准有着不同的划分方式。

（一）根据题材分类

1. 新闻类栏目剧

新闻类栏目剧出现与民生新闻的崛起遥相呼应。随着中国电视新闻的民生价值取向愈发普遍，在"平民视角、民生内容、民本取向"的新闻素材中，故事性的挖掘变得较为突出。尤其是一些地方台对新闻诠释的方式有了很大程度的拓展，如尝试引进一些综艺、小说、戏剧的元素（情景再现与剧情表演），这便直接促成了新闻类栏目剧的诞生。在新闻类栏目剧中，故事是讲述新闻的手段和方式，将新闻事件加以故事化演绎。这种迅速反映新闻事实的短剧往往更受观众的欢迎。新闻类栏目剧的代表有浙江电视台《本塘第一剧》、湖南经视《新闻故事会》❹ 等。

个案：湖南经视《新闻故事会》

湖南卫视《新闻故事会》是典型的新闻类电视栏目剧。《新闻故事会》每周四集，由长

---

❶ 温洪泉、王晓雄、陈清平．电视栏目剧的现状、属性及发展，中国广播电视学刊，2007（2）．
❷ 张步中、丁玲华．电视栏目剧研究价值探析，传媒观察，2007（7）．
❸ 项仲平、钟丽茜．论电视栏目剧的界定和特征，中国广播电视学刊，2007（7）．
❹ 兰州电视台、广西电视台、安徽电视台、山东电视台等亦有同名《新闻故事会》栏目剧．

沙著名方言双簧相声艺人奇志主持，以省内发生的新闻事件或人物为原型，仿效时下流行的电视剧或电影的拍摄方法，用"事件重演"的方式再现于受众，在遵循真实的前提下，强调二度创作和演绎，使新闻产生戏剧张力与情节冲突。《新闻故事会》每期故事的演员都从普通观众中征选，故事"以情节吸引人、以细节打动人、以人物命运感动人"。即所谓"新闻有意、故事有情"，在强调故事性、人情味的同时，特别强化新闻的戏剧悬念或煽情、刺激的因素。它追求纪实化的拍摄，秉承新闻的传播速率，借鉴电视剧的构思技巧，立足本土，展现身边人，身边事。通过拍摄社会新闻来展示世事百态，通过讲述社会故事来展现人间悲喜，以故事化的语言来传播新闻，以多样有效的电视手段来加强新闻的可视性。

2. 社教类栏目剧

社教类栏目剧涵盖经济、法制、科技、教育、生活等多方面。一开始是从法制节目开始，表演、情景再现等叙事形式得到重视。近年来，经济节目也开始逐渐引入栏目剧的表现形式。2004年3月起在四川热播的《经济麻辣烫》栏目，以百姓经济生活中的日常事件为素材，由当地作家撰写短剧脚本，业余演员演出，再由主持人从经济角度对剧情进行评点，化艰深为平易，化死板为鲜活，化理念为实例，创造了以短剧说经济，以故事说民生的经济节目的新形式，被专家认为是"用方言短剧讲述老百姓自己的经济故事"。再如湖南经视的《商界惊奇》，同样以娱乐化的手法讲述商战故事和精彩案例，共有"惊奇点击""惊奇再现""惊奇档案"等三大版块，每周一个真实的商战案例，每期50分钟，节目反响不俗。这些栏目剧实现了社教节目与影视节目的优势嫁接，在电视社教节目的制作方式和节目类型上进行了有益尝试，提升了节目的收视率，创造了社教节目娱乐化传播的新形式。

个案：中央电视台第七套节目《法制剧场》

《法制剧场》是中央电视台第七套节目《法制编辑部》的一个主打栏目，时长30分钟。栏目精选与农业生产和农村生活相关的典型案例，情节适当丰富补充，或同类案件整理合并，以"情景再现"的方式演绎主要情节，由各地专业演员、业余群众演员、警察、法官、检察官、乡村干部和普通农民参加演出，故事曲折充满悬念，并由主持人讲述串联，在展示案情的同时，揭示人物间的法律关系和案件发生的主观因素及社会背景，其中包含的法律知识由著名法律专家进行点评，解读法律、解剖人生，以贴近生活的角度体现出普法的重要意义，"寓法于案、寓教于乐"展示了法制节目的一种全新样式。栏目开播以来，深受广大观众的欢迎。2005年年初，央视公布了对全台12套节目共200多栏目"观众满意度"调查结果，《法制剧场》列第10位。由于节目的播出时间选择在中央台及地方台的电视剧已集中播放完毕的时段，对观众的收视选择具有很强的吸引力，将拥有更加稳定庞大的观众群众。

3. 情感类栏目剧

"情感"是故事永恒的主题，亦是故事获得较好收视效果、打动人心的有效策略。不论是爱情、友情、亲情，都是屡试不爽的创作题材，涉及恋爱、婚姻、家庭、伦理等诸多问题。情感类栏目剧主要讲述老百姓生活里发生的情感故事，关注人物的情感经历、思想变迁。情感类栏目剧通常以情感作为事件叙述的焦点，展示故事主人公在平凡的人生中不平凡的情感波澜。这类栏目剧一般每期20～60分钟，节目以短剧为主体，每集一个故事，剧本成了节目成功与否的首要原因；演员或都是普通老百姓，或由老百姓与非一线的专业演员混合；台词是方言，或是方言与普通话混合。重庆卫视的《雾都夜话》、福建电视台综合频道《365夜》、西安电视台《狼人虎剧》、陕西电视台《都市碎戏》、湖南卫视的《爱情魔方》等都是情感类电视栏目剧的代表。

个案：重庆卫视《雾都夜话》

重庆电视台的《雾都夜话》被《南方周末》称作"电视传奇"，这是制片人马及人走街串巷深入三峡库区和各区县调查之后的创造。所有剧情都来自重庆的真人真事，大部分的演员都是当地的普通群众，该栏目采用简单的电视表现手段，截取生活流的片段，群众表演也略显生涩，但"从观众中来，到观众中去"的亲民宗旨使节目得以长盛不衰。《雾都夜话》将民间评书艺术引入栏目，一个传统的说书人角色作为一个隐蔽内在的主持人，以话外音的形式讲述"这个人和那个人，在这个场景和那个场景正在发生的故事。"充分体现了视听媒体的"口述"特点。《雾都夜话》从一个周播节目逐渐变为日播节目，这样一档带有浓郁民间气息，看似俗气的电视节目，却创下了十年重庆电视台文艺类栏目收视率之最，甚至超过了一些热门电视剧，在重庆地区收视率和收视份额进入全国栏目总排名前十名。

（二）根据制作平台和播出范围的分类

在我国，栏目剧由于其播出平台的不同，可分为全国性和地方性两类。由此带来覆盖面和收视群体的不同，栏目剧的地域色彩及关注主题也因此有所不同。

（1）中央电视台和各省的卫星频道生产的栏目剧，例如中央电视台农业军事频道的《法制编辑部》、重庆卫视的《雾都夜话》、河南卫视的《故事俱乐部》、陕西电视台的《都市碎戏》、广东卫视的《博客奇谈》、江苏卫视的《新三言二拍》等。

（2）各省市地面频道生产的栏目剧，如浙江影视娱乐频道《本塘第一剧》、江西经视的《绝对想演》、北京生活频道的《大城小事》、苏州经济频道的《故事会》、湖北经视的《经视故事会》等。

第二节　电视栏目剧的节目形态特征

一、电视栏目剧的跨节目类型融合

在百舸争流的中国电视发展大潮中。电视节目形态发展中的交叉与融合愈来愈普遍。比如以江苏卫视的《幸福晚点名》、上海东方卫视的《东方夜谈》、央视经济频道的《今晚》、湖南卫视的《百科全书》等为代表的"娱乐脱口秀"就是一种介于谈话节目和娱乐节目之间的节目形态。电视节目形态发展中出现的交叉融合，即催生了新的电视节目形态出炉，也推进了传统节目形态的变革，使电视节目形态能适应社会生活的飞速变化，朝着多元化的方向发展。

栏目剧电视节目形态发展过程中出现的融合现象是全方位、多层次、多领域的。近年来电视荧屏上出现的一些新的节目形态，可以说很多都是通过融合其他节目形态来实现的。电视节目形态的融合主要表现在跨节目类型的融合与跨媒体形态的融合。跨节目类型的融合是指"把两种或多种不同类型的节目形式或元素融合到一起，打造出另一全新的节目形态"；而跨媒体的融合是指"以电视媒体为传播平台，以电视的表现形式来承载其他媒体形式的资源，在两个不同媒体内容与形式的完美结合中，嫁接出新的电视节目形态"❶。从"栏目剧"的字面意思理解，它明显属于前一种形式的融合，栏目剧是对电视剧形态和栏目特征的融合，所以可以称之为"以栏目方式播出的剧"。

电视栏目剧是按照栏目规律运作的微型电视剧，一方面，它具有"栏目"的特征；另一方面，它又包含"剧"的元素。

栏目剧之所以被称为"剧"，在于它具有"剧"的本体属性，栏目剧的情节紧凑、矛盾冲突明显，浓缩了戏剧的一些基本特征，比如人物集中、矛盾集中、设置悬念等，从目前国

---

❶ 张建敏. 电视节目形态发展中的融合现象分析. 中国广播电视学刊，2006（5）.

内栏目剧的形态上可以发现，绝大多数栏目剧都为 25～45 分钟的单本剧，也就是说每期节目播放一个独立的故事，也不排除在节假日、特殊的时间或根据某个主题播放 4～8 集左右的连续剧，包括固定的演员、连续的剧情。

以江西电视台经济生活频道的《绝对想演》为例，《绝对想演》是一档日播的电视栏目剧，每天的播出时间是晚上的 7 点 30 分到 8 点 15 分，即每天播出一个 45 分钟的单本剧。该节目取材于百姓生活中的热点故事，由非职业演员真情演绎，主持人进行轻松幽默的穿插点评，从百姓生活小事中发掘值得思索的东西。节目风格定位不同于传统意义的电视剧。既有剧的特点，即故事性，又是按照栏目化的方式运作和播出的，同时充分赋予观众"话语权"，对演员表演、故事结局、导演风格等进行实时的短信点评，达到节目的良好互动。该栏目除了播出单本剧，也推出过几集连播的连续剧，比如"都市言情系列剧"——"空房子""我要和你在一起"等。

栏目剧并非严格意义上的电视剧，它们虽然拥有电视剧的主要元素，但又是按照栏目规律运作的。"栏目的规律"，指的是"定点、定时、有主持人和演播室等外在特征的节目"[1]。栏目剧是以固定的时间、时段，以栏目形式发布和传播的。电视栏目剧的栏目性首先表现在时段上，以栏目时长为创作表现的尺度与边界，以栏目的形式编排、播出。固定的播出时段、时长宜于培养观众的忠诚度，形成较为固定的收视群体。其次，栏目剧大多有主持人出场，介绍故事背景、串联故事情节或评议故事意义，在观众和剧情之间起到联系沟通和舆论导向的作用，主持人成为节目故事的桥梁和栏目的标识，与栏目剧融为一体。第三，情景剧与电视剧都有较强的商品属性，便于向不同的播出平台出售，因此它一般要尽量洗去媒体、频道的印记。以栏目形式发布和传播的电视栏目剧，在这方面与情景剧和电视剧区别开来，栏目剧一般是某一电视台的独家制作或播出，与电视台的栏目品牌紧密结合，《雾都夜话》就是重庆电视台的品牌栏目，观众一提到《雾都夜话》就会想到重庆电视台。

在栏目剧中，"栏目"是骨，"剧"是肉；"栏目"是规格、要求，"剧"是内容、卖点，两者相互依存、骨肉相连。栏目剧是在栏目和电视剧基础上嫁接产生的一种新的节目形态，但比栏目承载了更多的"剧"，体现了"剧"的所有特点和要求；同时又比电视剧更具备"栏目"的优势，比如审片制度，栏目剧就可以避免电视剧那样繁琐的审片机制，从而保证了故事题材的时效性、灵活性、开放性。所以，在栏目剧中"栏目"与"剧"这两个概念是"合"不是"分"，"合"得越融洽，节目越好看。栏目剧应该充分发挥由"栏目"形式带来的特性和优势，比如互动性和娱乐性，争取更大的发展空间，但这点恰恰是当下许多的栏目剧创作人员所忽视的，他们或是只看到剧的一面，或是只看到栏目的一面，这都不利于节目发展。总之，"栏目剧≠栏目＋剧"，不是简单地做加法，而是两者的有机融合。

二、电视栏目剧的节目特征

1. 栏目化的定期播出

栏目化是电视栏目剧最为明显的外部特征。"栏目化，就是以星期为单位，把电视台的播出时间按计划分割给各个节目，按既定的播出时间和长度，有规律地播出，使电视台可以更生动、自觉地吸收观众深度地参与到电视节目的制作中来。"[2] 因此，一档成功的电视栏

---

[1] 项仲平，钟丽茜．论电视栏目剧的界定和特征．中国广播电视学刊，2007，（7）．
[2] 袁忠东，李磊．理性解读电视栏目剧的美学特征．现代视听．2007，（7）．

目剧往往伴随着一批固定的收视习惯的观众。一般电视剧只是阶段性的播出，根据集数和长度，在某个时间段播出，形成的影响力也只是一段时间内的。

栏目剧的栏目化使其拥有固定的播出时间，对于喜欢收看栏目剧的地方观众而言，比较容易形成长期收视的惯性，从而帮助节目培养稳定的收视群体。各种档期的栏目剧中，日播节目的影响力更为显著。比如江西电视台经济生活频道的日播栏目剧《绝对想演》，每天晚上的7点30分到8点15分播出，在江西省内已经培养了相当稳定的收视群体，平均收视率达5.6%，最高收视达7个点。重庆电视台的《雾都夜话》，一个持续了十多年的老栏目品牌，也是在从周播改成日播之后，不断创下它的收视神话。《生活麻辣烫》，虽然历经从重庆卫视频道转换到时尚频道，但是播出时间依然是在傍晚6点15分，固定了三年的播出时间，同样培养了稳定的收视群体。该节目历经几次改版，调换过几个频道，并未对这一品牌的收视率形成较大影响，由此可见观众的忠诚度已经相当稳定。

2. 鲜活灵动的故事呈现

由于栏目时间所限，栏目剧通常每集被设置成一个独立的故事单元，一次只讲述一个生活故事。借这个故事有的栏目剧展示一种生活图景，有的栏目剧揭示一个社会问题或生活哲理，不枝不蔓，鲜活灵动，场景相对单一，时空跨度不大。这不似电视连续剧，有着持续的剧情，以主要人物和核心情节为主线，以多集连播的方式拉动观众，讲述故事。

栏目剧的故事内容往往较贴近生活，注重现实性和真实性。有些栏目剧因其日播的快捷特点，还带有非常明显的新闻性——对真实新闻事件进行演绎，从而也更具贴近性。栏目剧大都把"身边人身边事"作为主要的题材选择范围，每天一个小故事，折射现实生活的喜怒哀乐，展示婚姻家庭的伦理道德，世态人情的冷暖万象，让老百姓从中看到自己或者他人的真实生活图景。

比如河南电视台电视剧频道的日播栏目剧《故事聚乐部》每天播出一集短剧，每集短剧独立成篇，短剧根据河南十八地市本土新近发生的真实故事改编，反映的是普通大众的思想情感。该栏目播出的短剧将通过故事新闻化，虚实结合，通过百姓的原生态演绎，最大限度地还原真实，以"演绎百姓故事，寻求情感共鸣"为宣传口号，以情感故事为节目的基本定位。比如其中一期短剧叫《我想有个家》，讲述一个从小到大和自己未婚的妈妈生活在一起的女孩渴望亲情，展开计划去寻找爸爸的故事；短剧《大爱无言》讲的是一对双双下岗的夫妻，拖着瘦弱的身躯，寻找工作，不轻言放弃，终于有所回报，苦尽甘来的故事。这些故事都发生在百姓的日常生活中，对观众有着很强的吸引力。

在生活节奏日益加快的当代社会，大众娱乐内容层出不穷，以前忠诚地守着电视追看数十集、上百集长篇电视剧的观众日益分流。栏目剧恰恰以其独立简洁、小巧明快的故事迎合了部分观众的需求，尤其是白领阶层、年轻观众"快餐式"的收视胃口。

3. 来自民间的群众参与

民间气息浓郁的栏目剧与其他电视剧样式一个完全不同的节目形态特征，是在于它的演员群体。电视栏目剧大多选择的是当地的群众演员，这些演员往往是毫无表演基础的影视爱好者。一方面，这是栏目剧制作方出于低成本控制与高密度播出频次的必然选择；另一方面，这也是栏目体现与观众的互动，加强群众参与性，体现内容贴近性的栏目定位的必然要求。

以重庆电视台两大方言栏目剧为例，定位于情感剧的《雾都夜话》，明确提出该栏目播出的故事是本土的身边的故事，而讲述者本身，也是普通的身边的人。演技或许不够专业，但是其节目的定位并不是要演员去刻意的"演"，而是凭借自己的生活基础去真实地"表现"，说话的方式、表情、举动，都让观众看到是生活本身，身边人的常态。追求轻松诙谐的喜剧《生活麻辣烫》，对于演员的要求，更显得宽松。情感剧的"哭戏"等场景对于群众演员来说过于专业了一些，而《生活麻辣烫》，除了生活本色表演外，有时还有夸张的搞笑，甚至群众演员表演过程中的紧张与生硬，搬到荧屏上都可以成为一个看点。该栏目剧每天两个故事连播的量，使其对群众演员的需求日益增大，从而也成为很多表演爱好者的触电练兵之地。《生活麻辣烫》仅报名在册的群众表演人员队伍就超过了五千人，他们对演员的征集口号是："无论男女老少，无论高矮胖瘦，唯一要求爱好表演"。方言的形式大大地缩短了演员与角色之间的距离，因此也非常容易成为普通人参与的一项活动。

同样是重庆卫视精心打造的栏目剧《今夜不设防》，有着更为精品化的定位，不光立足本土，还着重向外发行，这在本土演员资源上就面临比《生活麻辣烫》匮乏的难题，很多本土的群众演员，在拍摄中往往要分心去对语言方式进行转换，从而更增加了表演的难度，也就更加不自然和生硬。因此《今夜不设防》的演员体系，一般是在专业的影视学院或话剧团中挖掘，或者是在《生活麻辣烫》的群众演员系统中挑选优秀的进入。这显然增加了节目制作的成本，制约了节目的成长空间。该节目于2007年9月停播，恰恰证明了栏目剧过于"专业化"后带来的制作困境。

4. 地域化的传播定位

栏目剧从一开始出现便在各地创造了不俗的收视表现。但央视之外的地方台栏目剧往往具有一个共同的特点：本地制作的栏目剧在当地播放效果很好，一旦跨出了这个地域范围到外地播出，或是外地制作的栏目剧到本地播出，收视率就难以保证了。因此地域化的传播定位通常为栏目剧制作者所坚持。大多数栏目剧的取材都是来源于当地群众的日常生活，电视镜头的外景中传达出来的也是特征鲜明的地方景观。诸如上海的外滩、杭州的西湖、西安的城墙、成都的麻辣烫，这些都是无法复制的地域标志。

地域化的传播定位带来栏目剧"方言"盛行的特点。很多地方台栏目剧均使用方言播出。重庆、四川用的是麻辣的川渝方言，上海、浙江用的是温婉的吴侬软语，辽宁、黑龙江用的是幽默的东北方言等。这就与较为兴盛的方言新闻、方言谈话节目等一起形成了鲜活的区域性电视传播热潮。一方水土养一方人，地域化的传播特征也培养了地域化的受众群，这是栏目剧在地面频道寻求差异化生存的方式。不过，地域化、方言化也在一定程度上成了栏目剧跨区域长远发展的瓶颈。

三、电视栏目剧与其他电视节目类型的比较

电视栏目剧综合了其他节目形态的特点，与电视剧、情景喜剧、电视纪录片等存在着一些共性。但它之所可以独立成为一种新的节目形态，是由于它有着与其他电视节目不同的新特点，在比较之中这些特点更为明显。

1. 栏目剧与电视新闻栏目的比较

从构成形式上看，栏目剧的主持人与传统电视新闻栏目的主持人作用不尽相同，栏目剧的主持人是为全剧作铺垫和串联衔接而存在，是为了串联剧情而服务的，因此有些剧集中即便没有主持人出镜也照样能够讲述一个完整的故事，而传统电视新闻栏目的主持人大多则已经成为了节目的固定符号，成为栏目的形象代言人和重要标识，作为栏目的一个重要组成部分而存在。从内容上看，栏目剧是在固定栏目的形式内融入故事的内容，电视新闻栏目则根据自身的定位可以采用比较灵活多变的内容组合；从叙事性质来看，栏目剧的观众欣赏的往往是来源于真实生活的"虚构故事"，而一般电视新闻栏目则偏向对社会事件与社会问题的纪实和探讨。

2. 电视栏目剧与电视剧的比较

从播出时间看，栏目剧以栏目化的形式播出，其播出时间固定，易形成持续影响力，而电视连续剧的播出时间则集中在某一时期，根据集数和长度在某段时间内播出。从题材内容上看，虽然栏目剧也有系列，但总体上看栏目剧的每一集都可以独立成篇，都是独立的播出单元，剧情发展的紧密性、连贯性不强，而电视连续剧则是围绕核心人物和一定故事主题连续展开的，每集之间都有比较紧密的内在联系；从演员的选择上看，栏目剧一般使用群众演员，而电视连续剧则基本上采用专业演员出演；从艺术表现手法上看，栏目剧因受篇幅所限，简单的剧情铺垫就可以直接进入正题，叙事节奏是紧凑的，而长篇电视连续剧因为有很大的空间进行各种艺术表现，因此节奏可以是舒缓的，同时也很强调首尾之间的铺垫与呼应。此外，电视剧也不受"栏目的规律"限制，没有主持人和演播室等外在节目特征。观众收看栏目剧和连续剧的心理也有很大的不同。看电视剧的时候，观众怀着看他人的经历的心理，参与感较弱。栏目剧因其讲的都是老百姓身边的故事，受众收看时容易产生体验式的心理共鸣，希望在故事中找到自己或者自己身边人的影子。

3. 电视栏目剧与电视情景喜剧的比较

电视栏目剧与电视情景喜剧的相同之处是讲究题材的平民化，它们都不会选择社会化的题材。许多情景喜剧拍的都是普通人的日常生活，比如《我爱我家》《东北一家人》《家有儿女》等作品表现的都是发生在普通百姓家庭里的趣事乐事，这与栏目剧追求的"普通百姓演绎百姓故事"有异曲同工之妙。

电视栏目剧与电视情景喜剧的区别主要表现在：电视情景喜剧一定是"喜剧"，场景主要集中在室内，外景主要是转场时出现。虽然情景喜剧每集的故事也相对独立，但是都要由固定的专业喜剧演员来表演，比如《我爱我家》里的文兴宇和宋丹丹，《东北一家人》里的李崎和巩汉林等演员，他们都是国内家喻户晓的笑星。

电视栏目剧则可以是各种类型的"剧"，当然也可以是"喜剧"。栏目剧主要由群众演员和业余演员表演，没有固定的场景和人物限制，每集都是一个独立的故事单元，导演可以为不同的故事选择不同的内景和外景，安排不同的演员扮演不同的人物。

4. 电视栏目剧与电视纪录片的比较

栏目剧和纪录片共同具备的一个特点就是写实性。"纪录片，一种排除虚构的影片，它具有一种吸引人、有说服力的主题或观点，但它从现实中汲取素材，并用剪辑和音响来增强作品的感染力"❶。真实性是纪录片的本质属性，电视栏目剧从电视纪录片中继承了一定程度的写实主义。在拍摄手法上，电视栏目剧偏好使用一些纪录片的表现手法，比如把摄像机扛到事件发生的现场去拍摄，模拟当时事件发生的来龙去脉，普遍采用同期声录音，有意录下拍摄过程中的环境声等。

尽管栏目剧中"剧"的一面使其不可避免地带有了几分虚构与演绎的色彩，但一切戏剧技巧的目的却是努力在追求近似生活的真实感。从栏目剧的题材、故事、场景、演员、表现手法等方面都能看出纪实风格。栏目剧多取材于本地民生新闻和符合本地文化趣味的故事，一直关注的就是老百姓身边的事，让老百姓演绎自己的故事，比如，闻名全国的"宝马彩票案"发生后，西安电视台的《狼人虎居》几天内就将之编改为电视栏目剧播出。

如果说，当下电视纪录片的制作在真实的基础上越来越重视戏剧因素的引入，而电视栏目剧则是在戏剧的基础上越来越强调真实感的营造。从这个意义上，它们互为补充，共同构成了我们丰富生活的全写真。

---

❶ 陶涛．电视纪录片创作．北京：中国电影出版社，2005：35．

第三节 栏目剧的选题及剧本

一、选题的来源

1. 百姓生活

电视栏目剧要满足观众的收视需要，打动受众。这不仅是为社会效益考虑，也是为经济效益考虑。没有收视率，一切皆归零。要想受到观众的喜爱，甚至追捧，电视栏目剧的内容选题往往应该是老百姓关注的热点问题和焦点问题。它可以由某个社会热议的真实故事改编而来，也可以是反映百姓日常生活内容、老百姓生存和心灵状态的真实写照。换句话说，就是要创作出符合受众心理特点、文化氛围的电视栏目剧作品。只有这样，作品才会具有较强的贴近性，才能很快打动观众。例如电视栏目剧中关于婚恋、情感、家庭以及孩子教育为题材的电视栏目剧作品，就很受观众的喜爱，因为这类故事可以说是都市人情感生活的一个真实写照，在大家眼里看着别人的故事，心里却盘算着自家的烦心事儿，柴米油盐之中带了几分"心灵鸡汤"的味道。如西安电视台都市频道电视栏目剧《狼人虎剧》，完全由西安人自己演绎发生在身边的家长里短，《杠头义警》《二手车》《我的父老乡亲》《风过河湾村》等剧广受百姓欢迎。

为了更贴近生活，许多栏目剧制作单位还向社会公开地广泛征集选题和剧本。这些社会上征集到的剧本在质量上自然与专业剧作家是不可相比的，但却能有效迅速地扩大栏目剧故事的视野和范围，为节目组提供鲜活的事例和人物原型。从校园生活到家庭婚恋，从社会制度到柴米油盐，栏目剧无孔不入，只要是能加工成好故事的都可以成为栏目剧的素材，这样就保证了故事与老百姓的贴近性、亲切感。从社会上公开召集剧本，扩大了栏目剧的号召力，并在一定程度上减轻了剧组的创作压力——特别是对一个日播的节目来说。"向社会征集剧本"的数量和质量虽然不成正比，但这其中的优秀选题及草创剧本完全足以让专业人员思源不绝。

2. 新闻热点

栏目剧题材要抓住观众关注的热点，一个捷径就是紧贴时事，广泛关注报纸、电视、广播、网络等各类媒体的新闻热点。栏目剧可以请出生活中的真实人物再现新闻故事，但更常见的情况是由群众演员来搬演新闻故事。例如吉林电视台都市频道电视栏目剧《红男绿女》就是大部分取材于真实的新闻故事，如2007年年初，各大媒体纷纷报道了"转运珠转了谁的运"这条新闻，吉林电视台《红男绿女》栏目组第一时间将其改编为短剧《转运珠》抢拍播出，其收视效果就非常好。再如前些年公安部通缉犯、残忍杀害四名同学的云南大学学生马加爵终于在海南省三亚市河西区落网，依据这个新闻事件，湖南电视台《故事会》栏目率先抢拍并播出了电视栏目剧《马加爵落网记》。片中，马加爵就选用了形象酷似马加爵的湖南某高校学生邓言钒来主演，创收视新高。

二、栏目剧的剧本特征

1. 凝炼简单的戏剧冲突

栏目剧有限的节目时长、栏目化的制作周期和投入，决定了栏目剧篇幅短小。栏目剧选取人们在生活中遭遇的桩桩小事，但这些小事从各自角度反映广阔的社会背景。借用茅盾评价短篇小说的论断，其实电视栏目剧同样也可以"抓住一个富有典型意义的生活片段来说明

一个问题或表现比它本身广阔得多，也复杂得多的社会现象。"❶

如福建电视台综合频道《365夜》的节目《到底谁有病》，讲述了一位到农村支医回来的医生回到原来的医院开展"小处方"活动，本来是想为患者节约药费，结果却因为公费治疗等问题而受阻；《想你想得好辛苦》借一个网恋的故事，反映了网络对现代人情感生活方方面面的影响……这样的故事比比皆是。相比中长篇电视剧，栏目剧更看重的是"剧"与现实的互动意义，而不是人物塑造或意境描绘等。从剧本结构上来看，栏目剧的剧本讲究简洁明了的故事，戏剧冲突凝炼，集中演绎一件事情的几个有意味的情节最适合。

以《365夜》每期20分钟的故事剧本为例：在故事开始五分钟内，就将主人公、主要地点和事件的大概情况交代清楚，或以人物亮相的方式，或以剧情花絮提示的方式，并借助旁白叙述的手法，可谓"开门见山"。大量使用旁白是栏目剧的重要手段，一是用于补充剧情的介绍；二是描述人物的心理活动；三是剧情过渡、铺垫或提出悬念，比如通过解说词提醒观众注意人物的精神变化或行为举止，这样一来，叙事节奏自然加快了。一般来说，栏目剧通常只是阐释一件事情的若干个情节点，剧本线索越简单，矛盾冲突就越集中，越有助于观众的接受和故事的拍摄。因为这种在紧凑的故事演绎中，不断构筑兴趣元素的短剧，非常适应当下受众快餐般的文化消费心理。当然，由于栏目剧故事通常源自真实的生活事件，而事件本身可能就是曲折复杂的，可谓"天然的好材料"，那么剧本也应当尊重原事件的真实性，加工复杂多繁的过程，提炼影响事件发展的关键点，打造一期好故事。

另外，栏目剧没有刻意戏剧化的情节设计，也没有庞杂的人物关系设置，看似对平凡生活的还原，实际上对编剧提出了更高的要求。无论故事本身是否真实，能够被观众理解并产生真实的感受才是至关重要的，因此充分尊重生活的本质真实、提炼丰富的细节和1～2个核心动情点是剧本成功的要素。俗话说"麻雀虽小，五脏俱全"，栏目剧故事有限的剧情空间反而更利于用一个短小的故事迅速打动人心、阐明事理，而丰富的细节让故事更加细腻，动情点的设置让故事更鲜明深刻。例如《雾都夜话》的剧本就十分讲求动情点设置，有一期故事讲父子关系，当生病的父亲看到儿子为了给自己治病而辍学打工（派发传单），满含着泪水地接过传单自己发起来，此时编导用了一个长镜头给出父亲的背影特写，然后音乐渐起，使观众的情绪沉浸在父子情深的体味中而不能自拔。

2. "团圆"模式与"是非"逻辑

栏目剧题材来自于现实生活，多集中在爱情、亲情、家庭、伦理等类型。为了适应简短的故事篇幅以及观众的收视心理需求，栏目剧剧本大多沿袭了传统的叙事模式。比如常见的大团圆模式：通常主人公贤良淑德、谦虚忍让，然而遭遇不幸、困境或者误解，一忍再忍或是受到外力帮助，最终得到谅解、摆脱困境或获得成功，呈现出皆大欢喜的团圆结局。在不同的故事中，主要元素可以被不断更新、填充、置换，幻化出无数个悲欢离合、恩怨情仇的故事。

重庆台《雾都夜话》的大团圆模式运用得较为典型。主人公无论老师、警察、工人、领导在叙事过程中总是先处于被欺压、被压抑、被误解或者不公正待遇之中，但是他们不会大吵大闹或是剧烈反抗，而是不断忍让，克己复礼或者循循善诱，耐心守候，他们的美好品质在一次重大事件中显现，对方幡然醒悟，反思过往，最后双方拨开乌云见天日。在这些主人公的身上，传统道德精神闪现着光辉，面对困难他们坚持不懈，面对责难他们谦虚忍让，面对"敌人"又宽容大度，他们讲究恭（谦恭有礼）、忍（克己忍让）、宽（不计较他人造成的困难）、和（力图和平解决，希望对方自己醒悟）、惠（给予别人恩惠、好处），并自觉不自

---

❶ 茅盾. 鼓吹集. 北京：作家出版社，1959：256.

觉地以此作为行为准则。这种因循传统精神，讲究伦理道德的文化策略，特别符合当下人们普遍渴望社会稳定、和谐发展的心态。

栏目剧的主要收视群体是女性观众，多集中在45岁以上。这些女性观众教育程度不高，大多结婚生子，经历了一些人生磨难，当她们作为母亲教育孩子时，都会以伦理道德作为做人的要求，希望孩子具备好的道德品质，比如分清是非、为人正派、勇敢、善良等，对她们来说道德评判就是最主要的行为标准。因此，栏目剧需要"建立一种符合于观众普遍的观赏心理和是/非、善/恶标准的叙事逻辑"❶，使观众从感性上融汇到节目的叙事情境之中。如福建台《365夜》2006年的一档节目《一张假钞》，讲述一对夫妻通过恰当处理一张百元假钞来教育子女的故事，虽然说理色彩较浓，但反映了一个常见的社会问题；南方电视台经济频道栏目剧《真实故事》的首期节目《在一起》根据"福建肝癌母亲舍命保胎产子"的感人新闻改编拍摄的。这些短剧普遍具有较强的"是非"逻辑，对观众也有较强的教化和启迪作用。

3. 叙事的时效性体现

在创作栏目剧剧本及制作栏目剧时都需要把握时效性，那些反映新近百姓生活题材的作品总是能得到更多的关注，因为长篇电视剧在尽量追求时效性题材方面，常常由于篇幅的限制而力不从心，此时以短小见长、栏目化管理的栏目剧得以显示优越性。

栏目剧的时效性往往体现在对题材的提前策划，将故事的题材、表现主题与最新的时事形势、社会热点，甚至与季节联系。比如《365夜》在高考时期推出《老爸陪我高考》《被涂改的考卷》《考生家长》，在烈日炎炎的夏日推出《西瓜不甜》《老李的香瓜》《办公室的温度》等剧，都获得了较好的收视率。凤凰卫视的《老窦酒吧》也将戏剧故事与近期的新闻话题相结合，当周拍当周播，"因为可以把这周的事情编进去，甚至是把真实的人物编到戏里去"。

栏目剧发挥"时效性"迅速抓住观众阶段性的关注热点，延伸其关注热情，这是普通电视剧、电影所不及的。但这就对编剧队伍的构成有了新的要求，更倾向于有媒体经验者，许多编剧本身就是报纸、杂志编辑，这样就保持了题材的鲜活性和新闻敏感性。但需注意的，栏目剧毕竟是"剧"的形式，受到故事剧本创作环节的制约，因此这里所说题材的"时效性"不可能与新闻的"时效性"相比，而是以中长篇电视剧为参照标准。

首先，故事题材往往取材于近期媒体报道的事件，加工自真实的生活原型。如前面举的例子，湖南的《故事会》在马加爵落网后第三天就播出了《马加爵落网记》，收视率比平常提高了30%以上。在宝马案一周年之际，西安台《狼人虎剧》推出由欧亚学院学生演出的《西安宝马案》，剧中将刘亮化名为赵亮，但主要情节仍然保留。抓住这些有时效性的新闻，就会使栏目剧故事更容易吸引受众眼球。

其次，剧本创作往往与社会热点相结合。典型代表就是杭州电视台的《本塘第一剧》，由主持人扮演的一家三口——哥哥、嫂子、小姑每期节目议论一个社会热点问题，比如公交车拥挤、家庭纠纷事件等；《雾都夜话》则偏重讨论一些家庭问题，比如离婚是否应该成为考核女干部标准、丁克家庭的争吵、请保姆的烦恼等。看完节目后，观众往往能从中获得一些思考和启发。成都电视台《蜀人茶坊》还首开转播车一次性切换合成的录制方式，这意味着节目制作周期将大为缩短，使观众们在剧中所看到的热点事件、新闻，跟我们真实生活的热点几乎同步。

---

❶ 杜闻伟．全国电视栏目剧研讨会会议记录，http://www.cctv.com/tvguide/special/C14736/20060601/102811_4.shtml.

此外，在栏目剧剧本的语言中，常常可以看到一些新兴词汇的使用，这也是时效性的一种体现。由于栏目剧依据栏目的审批制度，较之于电影、电视剧相对宽松。所以许多新兴、时尚、生动的词汇都会出现在故事情节和人物对话中，使得故事主人公更具时代感、真实性，迅速拉近了栏目剧与百姓的心理距离。

三、剧外的主持人

主持人类似于评书中一个说书人的存在，他是栏目剧成为一种电视节目形态的重要特征，是栏目的一个标示性标签，也是与电视剧、情景喜剧等其他"剧"区分的重要标识。电视剧是一个纯叙事的作品，而绝大多数栏目剧都会让主持人的评说参与进入故事，有的会在故事开始前的对故事进行简介，点出每期节目的看点设置悬念，有的会在故事结束后的进行评说点睛，揭示故事的内涵，启发观众对故事的思考，甚至有时还直接进入到故事中间去。

大体说来，栏目剧主持人与故事的结合主要呈现三种基本结构形态：以剧说理——"主持人引入＋短剧＋主持人点评"，如《经济麻辣烫》《生活麻辣烫》；以剧言情——"短剧＋内在叙述人（主持人）"，如《雾都夜话》《红男绿女》；以剧说事——"主持人侃谈＋短剧补充"，如《东方夜谭》等。

比如重庆电视台时尚频道播出的《生活麻辣烫》，是一个由主持人轻松散谈结合喜剧故事的方言栏目剧，在故事的前后都会有演播室两个主持人，针对故事内容进行评说议论，或者谈及相关新闻，带有一定的时效性，以及舆论导向性，体现出明显的日播栏目特征。再如浙江电视台影视娱乐频道的栏目剧《本塘第一剧》，号称"浙江民间的奥斯卡"，该栏目网罗惊奇、稀奇、传奇的真实故事，演绎纪实风格的电视短剧，每期播出一个由新近发生的新闻事件改编的短剧，采用"电视短剧演播室新闻链接"的结构和情景化的主持方式，以同在一家的哥嫂与小姑子三人在一起看电视的家庭场景来引入故事，穿插观点进行点评，完成主持人的任务，也完善了栏目化的特征。

栏目剧在相对独立的剧情故事前后，加上主持人的存在，成为一个易于操作的栏目化方式。主持人的议论评说既可以增强悬念，提升故事正面、积极的社会意义，突出栏目剧的社会责任感，也起到了画龙点睛和深化主题的作用。此外，相关的新闻事件或者身边故事的引入，也加大了栏目剧信息量。总之，主持人的评说在完善栏目剧节目形态的特征、故事情节的推进和有助于观众的欣赏等方面都起到了重要的作用。

第四节　电视栏目剧的制作与运营

一、栏目剧的制作流程

电视栏目剧的制作是一项持久性、综合性的工作。各个电视台的栏目剧虽然特点各异，但制作流程大致相同。总的说来，电视栏目剧的制作流程大致分为以下五个阶段。

1. 创意阶段

此阶段主要是提出电视栏目剧的剧本设想和创意，栏目剧制作团队应仔细分析其所在区域是否还有未满足的潜在观众市场，现有的电视栏目剧是否应该加以改进和提高。一般而言，电视栏目剧寻求创意的主要方法有两种：观众意见反馈法。了解与分析电视栏目剧的观众的问题及意见，将意见和问题收集之后，最后转化为创意；集体讨论法。收集有关媒介企业的管理人和营销人员及有关专家的意见和创意，分析观众需求，激发创意，即所谓头脑风暴。创意阶段一般考虑两个重要的因素，一是该电视栏目剧的开发和创意是否与媒介企业的战略发展目标相适应，表现为利润目标、收视率、媒介企业的品牌形象、成本目标等；二是媒介企业有无开办电视栏目剧的能力，包括人力、物力和财力。

2. 剧本阶段

电视栏目剧的剧本创作仅仅靠专业创作者是不够的，需要把剧本的创作团队延伸至广大群众。一是对生活在基层的业余群众创作团队进行挖掘，加以整合，就成为了剧本创作的可靠的中坚力量；二是通过网络、电视广告等方式向社会各界广泛征集剧本或故事创意；三是发动报纸等媒体的新闻工作者参与创作或提供创意，因为他们更熟悉一线新闻。有了广泛的群众编剧作为后备力量，就足以保障日播剧剧本的质量和数量。但是剧本的创作并不像生活中故事发生的那样简单，在具体的操作中经常会出现故事"撞车"、故事内容千篇一律的局面，因此，这就显示出整合故事资源和剧本资源的必要性。在此基础上，策划一些系列剧，或者主题剧这样的活动，也成为可能。这还在某种程度上，解决了剧本原创、知识产权等问题的纠纷，一举多得。

3. 拍摄阶段

边播边拍是当前各电视台栏目剧普遍采用的拍摄方式，这在美国、韩国等电视业发达的国家已经是相当成熟的模式。边播边拍无疑是栏目剧实现规模化、系列化生产与制作的一条必要途径。采用边播边拍的方式，栏目剧可以根据受众反馈，及时调整剧作内容、提升传播效果，进而帮助栏目剧获得较高的收视率。例如杭州电视台《家在天堂》栏目剧的编导就采用这种拍摄方式，制片人称"为了让剧情新鲜，今天的第一集，就是前天才拍摄的"，他们还根据观众的需求及时调整人物命运和事件进程。如果遇到重大节日、庆典时，还会适时调整剧作内容，切合节日主题和氛围。边播边拍的制作方式既是对栏目剧时效性的呼应，也有利于制作团队对受众作出较为准确的定位。当然，为播而拍，单纯从收视率出发，缺乏前期深入的艺术酝酿和斟酌，如此的栏目剧也一定是低级平庸之作。

与高投入、大制作的电视连续剧相比，电视栏目剧的拍摄无疑相对粗糙。央视《法制剧场》制片人曾经介绍，"我们一个外景组通常由导演、摄像、录音、化妆、场记、制片等七八人构成。为了精炼队伍，大家都身兼数职，导演兼剧务，摄像兼灯光，化妆兼服装，场记、制片兼道具。"只要有些电视经验的人，一眼就能看出电视里播放的是否是栏目剧。不成熟的表演，略感生硬的对白，只在单一机位表现某一个场景，画面的表现力不足，信息含量单薄，几乎成了电视栏目剧的"招牌"，当然更很少会有让人眼花缭乱的蒙太奇剪辑。如果说演员演技不佳是由于没受过专业训练的话，观众尚可理解，因为大多数受众关注的并不是演员的演技，而是画面所讲述的故事。只有故事本身感人才能够打动观众。在外部形态上十分粗糙的"烂剧"，却仍能获得老百姓的青睐，收视率节节攀升，就是最好的证明。当然有好故事，再配上更专业些的制作水准，无疑可以使电视栏目剧锦上添花。

4. 试播阶段

电视栏目剧制作出来之后，媒介企业要进行一定规模一定时间的投放试播。而后根据市场调研分析的结果进行电视栏目剧的内容、定位、形式、特点和制作等方面的二次确认。这种试播的方式，一方面节约成本；另一方面也可即时调整或者停播节目，把市场风险降到最低。此外，在栏目剧试播过程中，也要依据观众反映的情况，分析目标观众的规模、结构、价值取向、兴趣爱好及其对试播剧的满意度。试播阶段的收视情况，如果与媒介企业发展目标一致，那么意味着新的电视栏目剧开发成功。当然，如果栏目剧播出后获得了意料之外的成功，制作方也可考虑剧本转让、开发与栏目剧相关的其他延伸产品等。

5. 检验阶段

检验阶段事实上贯穿于栏目剧的整个生命周期。一般是根据专业的媒介调研公司提供的数据，国内常采用尼尔森调查的数据，了解栏目剧播出时的受众收视率情况和观众对节目内容的反馈情况等，再对节目进行及时的改进、增删，争取以最好的电视栏目剧正式展现在观众面前。

二、栏目剧的运作模式

经过几年的发展，目前全国各个电视栏目剧的运作模式已较为成熟，大致有体制内运作、体制内公司化运作、市场化等三种模式。

（1）第一种是以苏州广电总台《故事会》栏目为代表的节目运营形态。这种运营形态完全采用体制内运作模式，从拍摄、编辑到后期制作与平台播放全部由电视台内部团队完成。对于一档日播的电视栏目剧来说，每集 2500 元的制作成本已接近同类栏目制作成本的底线。这也在很大程度上限制了该栏目对优质剧本的广泛搜求和对群众演员的淘汰筛选，成为节目寻求更大发展的制约瓶颈。

（2）第二种是以重庆电视台《雾都夜话》栏目为代表的节目运营形态。这种类型采用体制内的公司化运作模式，对节目的制作采取相对独立化、市场化的承包制度，节目完成并通过审查后再由电视台花钱收购。由于有了相对独立的制作团队和多层审查机制，再加上其每集的制作成本保持在 20000 元左右，在业内同比处于中上水平，从而使节目的质量、数量和时效性都得到了较大的提高和保证。

（3）第三种运营模式是一种更为彻底的市场化运作模式，以陕西电视台的《都市碎戏》为代表。这种模式制播完全分离，所有的节目制作环节全部实行社会化运作。社会制作公司提供的节目成品必须统一交由台方组织的专家审看组和观众审看组联合打分通过，然后再由电视台按照实际播出时的收视率成绩支付给制作公司以相应的回报，每集从 6000～12000 元不等。相对于前两种运营模式来讲，这种运营模式下的栏目剧不仅能够保证充足的节目源供应，同时也更能推出受市场欢迎的节目成品。以《都市碎戏》为例，其播出时间虽是在晚上10 点以后，但其收视率数据却比公认的黄金时间段的电视剧还要好。

三、宣传与营销策划

在当前中国电视市场加速发展、竞争日趋激烈的条件下，电视栏目剧的培育期一般要经过三个月到半年的时间。不同栏目剧类别可能会有差异。比如文艺类栏目剧培育期相对要短一些，社教类栏目剧、新闻类栏目剧的培育期相对要长一些。在电视栏目剧的培育期，由于栏目剧刚刚推出，栏目剧的知名度和影响力都非常有限，收观率和市场占有率都很低。另一方面，由于还处于投入期，此时栏目剧几乎难以看到有明显的收益。在这种情况下该类栏目剧的编播需要结合栏目自身发展实际，采取相应的措施。

1. 媒体宣传造势

注意在自有媒体或其他相关媒体上进行有效地宣传和推广。比如，在本台的强势时段或该栏目剧目标观众较为集中的时段进行宣传、告知，提示目标观众进行收看。同时，在当地广播电视报、晚报上就该栏目剧的定位、特色、主要内容、播出频道、播出时间等"卖点"进行较为详细的介绍，提高观众对它的认知和了解。例如，江西电视台经济生活频道的栏目剧《绝对想演》，就非常注意在江西电视台的其他频道的优势时段进行该栏目剧的推广宣传。有意思的是，该栏目剧的宣传推广非常注重利用剧中群众演员在江西市民中的知名度和号召力来提升该栏目的人气，使得该栏目的收视业绩和社会影响力不断提升。

2. 强化频道导视

在频道编播上，加强对新推出栏目剧的导视，努力向观众展示新栏目剧的"卖点"，增加新栏目剧的收看机会。在栏目剧的编排组合中，一是可以考虑将新栏目剧放在强势节目时段之后，以便顺势将该强势节目的收视优势导入新栏目剧；二是可以考虑将新栏目剧放在目标观众群相近的节目后面，以便吸引目标观众连续收看本频道栏目剧以达到"集束推广"和"组合营销"的效果。比如，我们要推出一档针对家庭妇女的栏目剧，就可以考虑安排在下午家庭剧或生活情感剧后面播出，吸引家庭妇女连续收看。在现代营销学看来消费者（观众）对产品（电视节目）的购买或使用方便以及成本相对低廉是促成消费者购买的主要动因。与此相应，在目标观众方便收看或有收看愿望的时间段安排相应的节目播出应该是栏目剧编排的基本指导原则。

3. 公共关系策略

公共关系的内容远远超过了媒介产品本身销售活动的范畴，它不以媒介产品的销售为目标，也不同于广告、销售促进等促销工具，公共关系的目的是改变公众对媒介企业形象的态度，从而起到胜似广告的效果。电视栏目剧的宣传也可以运用各种公共关系技巧来宣传，例如：常规的操作方式可以充分利用各种媒介围绕电视栏目剧的方方面面进行全方位的轰炸式报道。从开机仪式、新闻发布会、拍摄花絮、演员与观众代表的见面会等，进行立体的全方位的曝光，制造社会舆论，挤占各种媒体，吸引广告主关注。形成新闻事件，同时也就吸引了广大电视观众的注意。比如安徽宿州电视台在开拍电视栏目剧《百姓故事汇》之初即召开新闻发布会，并同时展开演员报名及剧本征集等活动，并同时宣传在栏目剧播出后，举行"我最喜爱的演员"和"我最喜爱的故事"评选活动，给予奖励。由于前期不遗余力的宣传，使得电视栏目剧《百姓故事汇》在当地家喻户晓。

除形成新闻事件外，还可以不定期的举办一些公益活动，尤其当栏目剧创品牌之后，可以赞助对与栏目主题或定位相关的机构或众所周知的事件或参与一些公益活动，或以栏目剧为名媒介企业自己举办一些公益活动。例如：举办专题活动、参与或赞助公益活动或策划公关广告等，通过这样的手段在特定目标群体内创造美誉度，比如专家、学者，这些人本身就是最具说服力的广告。一方面，可以很好地利用各种形式的社会赞助活动来达到吸引观众注意的目的；另一方面，还可以提高媒介企业的大众美誉度，树立可信性形象等。

4. 梯次开发收益

电视栏目剧的宣传，要懂得制造话题。新闻、剧作、观点、好评、批评，可圈可点，唯有如此才能创造持久的关注。制作方要善于把握时机，创造电视栏目剧品牌。一部叫好的电视栏目剧取得成功，系列题材作品就立刻跟上。若错失时机，资源就白白让别人搭了顺风车。相关产品的开发也是电视栏目剧市场营销中一个重要的内容。片子卖火了，DVD、剧本、小说就可全盘跟上，争取利益最大化。这从另一个角度讲也是对电视剧的一种宣传方式。借各种方式充分开发利用自身资源。电视栏目剧不再是一次性产品，可以被多次开发利用，达到多次盈利。例如在本台播出形成一次收益，卖给外台形成二次收益，做成音像制品形成三次收益，制作相关商品或相关娱乐项目的衍生成品形成四次收益，甚至可以组建栏目俱乐部、栏目连锁酒吧并提供各种相关服务形成五次收益。这样的话，电视栏目剧就可以形成一条完整的产业链，实现多元化的赢利模式。

第五节 网络剧的界定与分类

一、网络剧的界定

中国大陆网络剧的概念最早是由上海戏剧学院教授钱钰首次提出，即网络剧是通过互联网传送，由上网计算机接受，实时、互动地进行戏剧演出的新的戏剧形式。具体过程是，演员的表演由数码摄像机摄录，网络服务器进行舞美合成，通过互联网传送给网上的终端机❶。这种方式与电视播放不同的是，观众有可能参与剧情，发表意见。这一定义主要针对的是互联网对戏剧的实时传播，强调网剧本质还是戏剧。

由于网络剧是新兴的影视艺术表现形式，近年来发展变化迅速，其含义并没有普遍且权威的论述，学界、业界的界定不一，主要有以下几种观点。

中国传媒大学广播电视艺术学博士冯宗泽认为，网络剧是专门为电脑网络制作的、通过互联网播放的一类网络连续剧，产生于数字网络化媒介生态之中，正在成为当代社会的一种典型文化样态。伴随其兴起的是媒介信息的融合和多渠道资源的整合。话语权重心偏移带来创作理念的变革将使其呈现出更加丰富的新形态。它兴盛的根源是后现代主义逻辑在中国社会的深度拓展。

杨景然在硕士学位论文《网络剧传播研究》中将网络剧界定为"借助传统影视剧技术制作手段，制作符合网络传播特点和审美方式的，通过网络这一传播渠道、受众观看并可以参与互动交流，甚至影响剧情走向的视听节目。"这种说法将网络剧的制作、传播、互动特色、美学特征等方面加以概括，比较详细完整。

王春英在硕士学位论文《大众文化语境下网络剧的传播学分析》中指出："网络剧是专门为电脑网络制作、通过互联网播放的视频作品，是一种网络与影视艺术相结合的新兴艺术品种。"

深圳晚报将网络剧做出这样的界定，即一种新型的娱乐形式，通过因特网传送，由电脑网上接受，实时、互动式的影视剧。它与传统电视剧的不同主要在于传输介质的差异。

黄薇莘在《网络剧的现状与思考》中认为"网络剧是指针对网民群体制作的，通过互联网播放的剧集，包括网络电视剧和网络电影。"

电影理论家王志敏则认为："网络剧是电影的衍生品，只不过是电影六种形态（银幕电影、电视电影、网络电影、电视剧、网络剧、电影剧）中的一种而已。"也有学者定义网络剧为一个新兴的艺术品种，可由观众随意即兴点播，具有快速、便捷、互动的优势。

"筷子兄弟"之一的王太利认为，网络剧是指"自制的、盈利模式只是靠广告植入、只能在互联网上播放的影视剧"。他们出演的网络剧《老男孩》在2010年红遍网络，仅在优酷一家网站播放次数就超过6000万。而2010年也被称为中国网络剧元年。

综合参考以上研究成果，网络剧是网络与影视艺术的结合，是个人或组织借助传统影视剧技术制作手段，以互联网为主要传播渠道和分享平台，与观众形成互动机制而制作的符合网络传播特点规律和当代审美标准的新型影视节目。它的本质是剧，是传统影视剧在互联网上的一种延伸。它与传统电视剧的不同在于传播平台和传播机制上的差异。

二、网络剧的分类

网络剧按照不同的标准有不同的分类。
（一）按题材类型进行划分
1. 网络情景喜剧

网络情景喜剧不同于传统的电视情景喜剧，在内容题材方面与互联网生活更加紧贴，没有固定剧长，通常以二十分钟以内的短剧为主，故事情节极度细节化、夸张化，叙事风格充满后现代主义的解构特征。以"屌丝"为题材的情景剧占据了主流，通过小人物的"做梦—

---

❶ 钱钰."网剧"——网络与戏剧的联合.《广东艺术》，1999（1）.

梦碎"式的故事结构描述年轻一代的生活状态和思想动向。《屌丝男士》便是一部网络特色鲜明、舞台感十足的网络"段子"喜剧。自上线以来，该剧长期占据网络剧王的领军地位，开创了现象级IP时代。此外，如《十万个冷笑话》《万万没想到》《麻辣隔壁》《屌丝留学记》《废柴兄弟》《这都不叫事》等剧，都以嘲解诙谐的影视语态和短快新奇的传播特色，给网络时代的观众们带来了丰富的喜剧美餐。

个案：万合天宜《万万没想到》

碎片化的信息时代，在人们很难有大段时间阅读书籍或追剧的新媒体环境下，万合天宜和优酷联合推出的迷你网络喜剧《万万没想到》在2013年8月一经播出后，就受到观众的追捧和喜爱。每集不到十分钟的剧长，讲述"屌丝"青年王大锤为了实现某个目标却最终适得其反的荒诞故事，在让人捧腹不止的同时，又给观众在有限的时间里带来轻松和愉悦感。《万万没想到》衍生出了许多高冷幽默的网络语，如"我只想安静地做一个美男子""夕阳下的奔跑""迎娶白富美走向人生巅峰"等，也已经渐渐融入到大众语料库内，通过微博、微信等新媒体进行高频的病毒式传播。这类互联网自制剧多以自黑反讽的语态来对抗现实的怪诞，用自我嘲解的方式化解生活的压力。播出以来，该剧的全网点击量超过20亿，受到了观众的极度认可和支持。

2. 网络言情剧

青春偶像化的题材内容对于年轻一代群体有独特的吸引力，而网络言情剧则是在传统言情剧发展的基础上，加入了白领、办公室等都市化、网络化内容，如搜狐视频出品的"钱多多"系列。青春偶像元素也是网络言情剧不可缺少的部分，并且大多偏向于纯爱的风格，致力塑造烂漫、梦幻场景，使用知名度较高的偶像演员来吸引观众、增加点击量。如土豆网2010年出品的《欢迎爱光临》，优酷网2015年出品的《何以笙箫默》等。另外近几年还出现少数故事题材偏向家庭伦理层面的网络剧，如2013年腾讯出品的《诛三计》，乐视出品的《我怀了你的孩子》等。

个案：优酷视频《何以笙箫默》

改编自顾漫同名小说的《何以笙箫默》是首部单日网络播放量超过三亿的网络剧，百度指数最高达到320万。故事的题材正是当下最热门的青春伤爱主题，但不同于已经影视化了的不少作品中对青春怀旧的残酷描摹，《何以笙箫默》的风格倾向于清新脱俗，故事中有爱的"伤痕"，但最终用爱去愈合主人公的心灵创口。剧情对原著的经典还原和精致雕琢，充满了诚意和敬意，不媚俗也不浮躁，在时尚的包装中，娓娓道来了一个阳光暖心的痴恋故事。无论是七年别离的邂逅、欲迎还拒的虐心纠缠、决心携手一生的并肩前行，都在两位主演的举手投足间表现得淋漓尽致、惹人艳羡。该剧登上韩国三大电视台之一的MBC，入选广电总局2015电视剧选集，是网络言情剧的一大突破。

3. "超现实"网络剧

超现实题材的剧作在传统电视剧中播送频率相对于其他题材较少，然而在当今技术高度发达的剧作条件之下，一大批科幻、神魔、穿越题材的超现实剧的兴起已经变为现实。"超现实"是指超出了现在科学所能解释的范围，以人的想象和夸张构造出故事情节。这样的剧作充满创造力和想象力，给人带来视觉冲击的同时，丰富了观众的精神世界。最早尝试超现实题材的是酷6网。他们在2010年就推出自制剧《紫檀也疯狂》，以紫檀赋予人"瞬间移动"功能这一"看点"展开故事。之后，土豆网在2011年出品了加入科幻元素的《乌托邦办公室》以及以"灵异事件"为卖点的《异事录2011》；2013年，腾讯出品了超现实题材剧《冲吧，宅男》；乐视出品了《Xgirl》《唐朝好男人》。近年来的超现实剧加入了"盗墓""穿越"的主题，如欢瑞世纪2015年出品的《盗墓笔记》，企鹅影视2016年出品的《鬼吹灯》，乐视网2015年出品的《太子妃升职记》等。而热度不减的则是神魔类剧集，如爱奇艺2015年出品的《花千骨》、上海剧酷2017年出品的《三生三世十里桃花》等。

个案：乐视网《太子妃升职记》

在高投入、高产出的影视剧业内基本行情之下，IP购买成本仅20万的《太子妃升职记》成为了当年网络剧中的"黑马"：单日播放量最高过2亿，收官之际已取得超26亿播放量，更是连续10天霸屏新浪微博话题总榜第1名。不同于传统的古装剧或穿越剧，该剧浓缩了"性别反转""穿越""宫斗""男男CP""女女CP"等元素，在中国戏剧中罕见地以浓墨重彩描绘了一个兼具双性的主要人物形象。凭借对具有男性心理和女性特征的张芃芃的塑造，故事情节较自然地发展出了男女角色之间的关系。同时，导演在构图和每幅画面的色彩上有极优秀的掌控力，也摸清了群众的需求，把仅有的资金用在观众看重的剧情、画面上，画面廉价却美好、面孔赏心悦目、故事构架乐趣横生。作为一部另类的古装剧，《太子妃升职记》轻松明快又脑洞大开，清新脱俗，别具一格，成为了一代"神剧"。

4. 网络古装剧

古装剧在网络自制剧的发展历程中出现的时间比较晚，数量也屈指可数。优酷在2012年出品的《绝世高手之大侠卢小鱼》是第一部网络古装武侠剧。之后在各大视频网站上陆续出现了多部古装剧，如欢瑞世纪2014年出品的《古剑奇谭》、爱奇艺2014年出品的《后宫那些事儿》。近年来网络古装剧大体有武侠、历史、神话、魔幻、宫斗、穿越等主题，契合了当下观众的"古装情节"和审美标准，以丰富生动的剧情设置和美观华丽的场景画面，在主流视频网站上拥有一席之地。

个案：正午阳光影业《琅琊榜》

电视剧《琅琊榜》称得上低开高走，开播时收视并不出彩，播到后来却从收视到口碑都异军突起，成为当年的话题电视剧。由同名小说改编的该剧，讲述了英雄归来、洗雪沉冤的故事，打破了之前改编剧倾向于以感情戏为主要故事脉络的格局，既有朝堂争斗的波诡云谲，又有江湖侠士的文武风流。《琅琊榜》的故事时空虽然是架空的，但是在细节上却把握得当，在服装、礼节等方面力求还原历史真实风貌。此外，该剧演员的发挥表演也可圈可点，除了胡歌展现出了实力的演技，表现出了"英雄的姿态"之外，许多并不著名的演员也能与剧中角色有着较高的契合度，在有限的出境时间内将人物形象塑造得淋漓尽致，可谓难能可贵。该剧对中国传统"士人"的道德品格和政治理想做出呈现，表明立足于中华民族优秀传统文化，将是网络古装剧今后发展的方向。

5. 涉案类网络剧

通常电视剧中的涉案剧都是以公安机关的人员作为破案人员，警察的人物设定也相对固定。在网络剧发展的时代，涉案类型的故事甚至可以脱离公安行政部门的参与，侦破案件的人员常常被设定为非公安人员，带有"草根英雄"的情节。最早出现的涉案类网络剧是2010年优酷上线的《毛骗》，2011年上线的《糊涂囧探》，2014年乐视出品的《PMAM之美好侦探社》《笨贼一箩筐》，腾讯视频出品的《暗黑者》。涉案题材最大特色就是情节制胜，通过不断制造悬念，引领观众层层深入剧情，体验警察、侦探与犯罪分子之间斗智斗勇、出生入死的故事。网络涉案剧则加入了黑色幽默的喜剧效果，在严肃的情节中加入缓冲元素，让剧情更加丰满，观众的体验更加丰富。

个案：腾讯视频《暗黑者》

根据热门网络小说《死亡通知单》改编的网络剧《暗黑者》，讲述的是一群身怀绝技、个性独特的警务人员组成的侦探小组,与不明身份的连环杀人案罪犯进行着一番又一番的生死博弈。故事情节环环相扣,导演手法、演员表演都有新意,是一部诚意之作。自2014年6月开播以来,就一直颇受关注,上线首周点击量突破两千万。2016年获得金骨朵网络影视颁奖盛典最具品牌价值网络剧。相比于其他题材的网络剧,涉案类题材《暗黑者》的制作出品以及良好的收视是一次成功的尝试,也为之后此类题材的网络剧指明了方向。

(二) 根据制作方进行分类

网络剧的生产制作方分为专业影视公司、视频门户网站以及民间个人或组织。制作方的不同带来网络剧的制作成本、题材内容、倾向风格、发行出品、传播反馈等各个方面的差异。

(1) 专业影视公司生产的影视剧投放的平台除了各电视台之外,各大视频网站也成了其重点投送的对象。影视公司如欢瑞世纪、光线传媒、企鹅影业、正午阳光影业在制作影视剧方面具有专业化、规模化、系统化的特点,按照电影制作的工艺流程进行网络剧的生产,其成本相对较高,而出品的剧作质量也相应较高。此类网络剧实际上属于电视剧在网络平台上的延伸。

(2) 视频网站纷纷加大对网络剧的投资,开始进入"百家争鸣"时期是从2014年。之后网络自制剧呈井喷之势发展。一方面,低投入高产出的制作营销模式使然。另一方面,视频网站更加注重"用户为王"的理念。网络剧的独播性,使得网络剧成为视频网站提高用户黏度、增值视频网站品牌价值的重要方式。

(3) 民间个人或组织制作的网络剧成本更加低廉,制作水准也难以与专业公司相比,但"草根性"的特点,与观众的接近度更强,容易产生情感共鸣。

第六节 网络剧的形态特征

一、网络剧的互动特征

1. 创作阶段

网络剧的互动性在网络剧的整个创作流程中几乎都有体现。观众通过网络把自己的意见转达给了剧组,从而能对网络剧产生直接的影响。互动的方式有很多,包括网络投票、留言互动、专家访谈、导演微博、主演博客等[1]。网络剧的极强互动性是传统电视剧所不具备的,也正是因为这样的双向创作模式,才使得剧情创意更加贴近观众的体验。有专家曾这样说:"编剧对情节的意义有时候不如观众大。"基于P2P模式下的网络剧遵循了内容为主、用户至上的互联网思维,从而使得剧本的创作更加具有弹性和活力。

2. 上线阶段

网络剧线上线下互动关系紧密,网络受众群体特征、网友评价等都可以通过数据获得和分析,通过数据进行网络剧细分和精准定位则更能满足特定受众的个性化期待。线上的推送播出某种意义上是进入了买方市场的价值评估阶段。屏幕前的观众需要对互联网上庞大的网络剧群进行筛选过滤,从而选出最具有价值的剧作。这对于网络剧创作方而言是较大的挑战和考验。例如网剧《报告老板》《外星人少女喵》通过与网民的实时线上互动,征求意见,对自身剧情动向和发展做出了更加合理和民意的规划。

---

[1] 崔保国,孙平. 近十年来我国网络剧发展趋势探析. 2016 (8).

二、网络剧的碎片化特征

科技发达、信息泛滥，互联网带来的一大问题便是信息的碎片化。消费者对于信息的接受，不再是一个平面，而是立体化的。人们在吃饭、坐公交等生活间隙都能获取信息。这种传播方式在现代社会的传播系统中，愈发占据着重要的位置。

而网络剧的出现正是迎合了当前的社会趋势。碎片化对于生产内容的要求就是短。受众需要在有限的时间内获取到足够的信息或者享受到等值或者超值的愉悦感。网络剧的观看者与传统影视剧观众的体验是非常不一样的。例如：你可以在任何时间在线观看网路剧，想停止就停止观看，然后随时可以继续观看，但是传统的影视剧你必须固定时间观看，不能选择性的中断节目，特别是遇到没有足够的时间看完一个时间较长节目的情况。网络剧的时长相比于传统电视剧偏短。2015年上线的网络剧，20分钟以下的网络剧占了79%，整体还是以"短平快"为主。

此外，各大视频网站更加注重用户的碎片化生活状态，根据广大网民普遍的观剧规律和偏向喜好，对网站自身的建设和其"两微一端"的开发进行了及时调整。在网站推送方面，采用用户识别机制，即根据用户的浏览历史及其兴趣爱好进行针对性的网剧推送。在微信、微博的推送方面更加注重其时间、篇幅的长度限制，多以"焦点""热点""痛点"为要进行传播。

三、网络剧的娱乐化特征

传播学家D·麦奎尔等人通过对电视节目的调查，分析了各类节目提供"满足"的不同特点，认为电视节目，尤其是电视剧可以提供消遣和娱乐，满足受众释放压力的需求，这也就是"心绪转换效用"。网络剧多数涉及喜剧、恶搞剧、青春偶像剧，并且内容题材更倾向年轻一代的现实：求职、恋爱、颓废、理想等。剧情立足热点，紧跟时事，调侃社会，讽刺现实，剪辑节奏明快，后期配音配乐加强"笑"果，观众随着主人公的"悲催"遭遇释放了现实中的压力。

另外，网络剧的娱乐化还体现在其线上线下的双向互动模式之中。线下的活动不再是单一的反馈，而是成为了剧作的一部分，可以出现在剧的延伸甚至剧中。《十万个冷笑话》中，不同群体的观众的"呼喊"被放在每一集的片头，成为一大亮点。《万万没想到》中，剧尾导演的入境广告看似与剧情毫不相关，实际上在他幽默的表达方式上，观众们也能将其看作喜剧的一个部分，从而更加增强了剧情之外的吸引力。而《屌丝男士》中，主人公以及其他人物经常跳出角色本身的身份，对搜狐网甚至是观众进行吐槽调侃，在出乎意料之中博人一笑。网络自制剧的青年导演和非一线演员特别重视网友们在微博的评论，《报告老板》的每一集末尾巧妙地设置了逗趣的采访，比如第二集片尾便采访白客"报告老板第一季呼声很高，大家都想让你来演主角，你觉得呢？"观众乐于看到自己的呼声有被重视，片尾彩蛋形式的采访很受欢迎[1]。这种自由活泼的剧集创作，更加符合当今人们更加开放活跃的思想，体现出网络时代的后现代气息。

思考题

1. 如何理解电视栏目剧的跨节目类型融合？

---

[1] 张昕．网络自制剧成功的传播学分析．《今传媒》．2015（2）．

2. 电视栏目剧与电视连续剧有何异同？
3. 电视栏目剧的剧本特征是什么？
4. 如何开展电视栏目剧的宣传与营销活动？
5. 以你当下的校园生活为背景，撰写一档电视栏目剧节目的故事梗概，要求1500字，采用"团圆"模式，有3个左右的戏剧冲突。

第十一章　视频社教类节目形态解析

第一节　社教类节目的界定

电视社教节目是以电视传播的形式对观众进行社会教育、文化教育的一类节目样式。这类节目寓教育于娱乐，寓教化于服务，寓宣传于信息、文化知识的传播之中。其题材广泛，节目设置、编辑、播出手法灵活多样，是集中体现电视特色和电视台水准的节目类型。

电视社教节目曾是我国电视节目以新闻、文艺和社教为主要内容的三大板块之一。在传统的电视节目内容划分中，包括时事深度报道、人物、经济、教育、少儿、体育、服务、健康等内容的节目统统划为社教节目。在我国电视节目发展过程中，社教节目曾是电视台的支柱节目。从20世纪50年代末中国电视的产生，到90年代中期中国电视节目走向成熟，许多电视台把电视社教节目的制作播出作为兴台大计。电视社教节目在数量和质量上也取得了骄人的成绩：评奖种类繁多，等级门类也不在新闻节目之下。

20世纪90年代中期，随着电视市场化程度的不断加深，电视节目内容与市场、与观众收视的结合日趋紧密起来，以前只算宣传账和创作账的观念和做法已越来越不适应市场的需要。群体的庞大、栏目设置的重复、手法的单一陈旧，已使原有电视社教节目不再是少投入高回报的节目类型，而是高投入低回报的节目类型。加之新闻节目不断改革，文艺节目日趋走向娱乐化，因此，一些电视台开始弱化社教类节目，面向市场开始节目整体整合。直到21世纪初，众多电视台开始针对不同的观众划分相对应的频道，有关社教的内容分离在各个专业频道中，成为中国电视发展的一个亮点。法治频道、少儿频道、健康频道、都市频道、体育频道等专业频道，为大众提供了更丰富更详细的各类节目，社教类节目的宣教功能得到了明显的加强。

发达国家的电视节目构成中，并没有社教节目的明确概念。在西方国家的电视节目中，新闻和娱乐节目占绝大部分，其次是种类繁多、细分的服务类栏目和社会公益性的节目。不过，西方的公共电视有些节目类似于我国社教节目。如芝加哥WTTW的使命陈述即是："教育、启迪和鼓舞公众，满足公众在公共事务、教育和艺术方面的利益和需求。"[1]

一、社教类节目的基本特点

社教节目颇具中国特色。在我国的电视屏幕上，社教节目仍主要承载着宣传党和政府政策和对公众进行教育的任务，各地方电视台都有专门的社教部从事社教节目的生产。随着频道的专业化、节目的栏目化，其他一些部门制作的专业化强、综合性强的节目及栏目也纷纷出现在各地方的电视台屏幕上，社教节目的概念变得模糊。应当说，社教节目是相对新闻节目而言的。新闻节目时效性强，但信息性质相对单一。社教类节目同其他类型的电视节目相比，有许多自身的特点。

---

[1] 马庆平．外国广播电视史．北京：北京广播学院出版社，1997：137．

1. 节目内容的广阔性

社会教育涉及社会生活的方方面面、各个角落，可以延伸到任何有受众的地方。与之相比，其他类型的电视节目则有着自己相对专一的"领地"。社教类节目信息综合性强、承载量大，涵盖一个社会的生活状况、风俗民情、历史沿革、思想情感、情绪波动以及宗教、政党、团体、政治、经济、科技、教育、卫生、城建、交通、医疗、文化等方方面面的综合性信息。由此带来了节目对象的多层次。比如从人的年龄段来分，有婴幼儿、小学生、中学生、大学生和成人；从人的职业和地位分，有蓝领工人、办公白领、农民等。针对以上不同年龄段、不同职业的人群，社教节目也有着不同的制作要求。

2. 节目内容的时代性

追求时代性是社教节目的传统。过去，社教节目是展现时代大背景下深层次报道的有力园地。通过社教类节目，人们记住的许多人物、事件，无不是与时代紧密相关的。从目前社教节目的播出情况来看，与时代同步的节目深受观众的喜爱。从现实切入，观众身边的事实会在即时的节目中表现，当然会吸引住观众。现在的社教类节目已经把以前电视工作者"想做什么内容就做什么内容"的思维模式转变为"观众要看什么就去关注什么"，能够根据迅速发展的现实不断地调整节目的选题方向。

3. 叙事方式的故事性

故事化的叙事方式是社教类尤其是科技类社教节目的重要特点。以戏剧化的故事为载体，用故事的元素来结构节目，力求情节引人入胜，分析细致入微，把科学道理拆解开来，用浅显、通俗、直白的形式展现给观众。通过故事中人物的视觉叙述事件，让观众感觉到电视荧屏不仅仅是在报道事实，灌输知识，更是从人性的视角讲述这个事件，而传递的科学知识正是观众面对此类事件时，解决问题，化解矛盾所需要的钥匙。

4. 节目效果的延续性

各级政府及其部门机关是社教类节目性质、内容的把关人。但在收视社教类节目的过程中，观众往往在作为受教育者的同时，也会同时成为施教者。受教者在看完节目后，往往会潜移默化地将节目影响带到人们的学习、生活、工作中。一言一行，一举一动，无不影响着受众周围的人们，而受众本身也时刻受着别人的影响。

二、社教类节目的作用

现代的社会教育具有其他教育形态不可比拟的特殊作用，它的作用主要表现在以下四个方面。第一，社会教育直接面向全社会，又以社会政治经济为背景，它比学校教育、家庭教育具有更广阔的活动余地，影响面更为广泛，更能有效地对整个社会发生积极作用。第二，社会教育不仅面对学校，面对青少年，更面对社会的成人劳动者。这不仅可以弥补学校教育的不足，满足成年人继续学习的要求，有效促进经济发展，还可以通过政治、道德教育，促进社会安定与进步。第三，社会教育形式灵活多样，没有制度化教育的严格约束性。它很少受阶级、地位、年龄资历限制，能很好体现教育的民主性。第四，现代人的成长已不完全局限于学校，必须同社会实践相结合。通过社会教育更有利于人的社会化。总而言之，社会教育在现代社会里其意义愈加重要，是现代社会教育体系中不可忽略的部分。

社教类节目以电视的方式，生动活泼、直接形象地实现了社会教育的目的，相比传统的社会教育方式，社教类节目更具亲和力，更容易让人接受。尽管社教类节目目前在整个教育体系中还处于辅助和补偿地位，但随着社会教育日益发展，社教类节目越来越显示出了不可替代的作用。以电子声像为传播媒介的电视社会教育，已经成为当代社会影响中最广泛、最生动、最活跃的一部分❶。

首先，优秀的社教类节目可以对受众进行潜移默化的思想及知识教育，有利于受众综合能力的提升，有利于丰富受众的精神生活，有利于发展受众的兴趣、爱好和特长。电视受众尤其是青少年受众，都有自己的兴趣和爱好，这些兴趣和爱好若能及早得到培养，就能形成特长，表现出某一方面的才能。这无疑会加速他们的健康发展。比如目前的学校教育，很难适应同一班级中不同兴趣爱好和发展水平学生的个别需要，电视社教节目则可以弥补这些方面的不足。社会知识、自然知识、人文知识，学生可以在自己喜欢的社教节目内容中汲取滋养，进而拓展阅读与深入学习，独立运用自己的知识和智慧去发现问题、分析问题、解决问题。如此，电视社教节目为受众的全方位发展提供了一条途径。

其次，优秀的社教类节目提供的是一种鲜活的教育。它的深刻性、丰富性、独立性、形象性是刻板的学校教育难以比拟的。电视社教节目协调社会教育力量可培养受众积极参加社会活动的能力，能将分散的、自发的社会影响纳入正轨，同时也有利于帮助整个社会教育大气候的形成与完善。电视社教节目往往设置固定的专栏和节目主持人，注重与观众的交流，吸引观众参与节目，调动各种艺术手段，进行潜移默化的宣传教育，让观众在收视愉悦中陶冶性情，提高思想情操，获得多方面的知识修养。电视社教节目还有引导社会舆论、调节平衡社会情绪、在全社会养成一种终身教育观念等作用。它比较全面系统地担当了电视传媒所具有的"新闻窗、百花园、知识库、服务台"等多种社会功能。

美国著名传播学者施拉姆曾指出，所有的电视都是教育的电视，唯一的差别是它在教什么。电视作为一种传媒，其社会功能是为大众提供新闻信息、娱乐和服务的工具。在我国，电视和其他媒体一样，其拥有的广义教育功能是显豁的。这种功能在新闻节目、娱乐节目、影视剧中也仍然存在，只不过是隐性的，而在社教节目中则是明显的。在西方国家，其公共教育类的节目仍然占有很大的份额，他们需要这种节目来表明电视媒体的社会公益性。从这个意义上说，电视社教节目将一直在荧屏活跃，其服务类节目和专门的教育类节目依然是其他节目无法替代的。

三、社教类节目的分类

电视社教节目包含着诸多门类，有知识性节目、服务性节目、对象性节目、课堂教学性节目等。但由于社教类节目题材范围最为广泛、表现形式最为多样、接受对象最为庞杂，且是电视台里节目种群栏目最多、比重最大的栏目类型，其本身构成了一个庞大的节目体系，因而也是分类最为复杂的一个节目类型❷。这里主要按照其功能进行归类。

1. 知识性节目

社教节目突出的作用是向受众传授维系社会发展所需的社会规范和知识，承担起个人社会化的功能。这一作用比较集中地体现在它的政治、经济、文化、科技等各类知识性节目中。

政治、经济知识性节目内容一般都比较严肃，政策性比较强。但它作为电视传媒的一个组成部分，不宜采取直接说教的方式，而应选用生动、鲜明的事实作为宣传的依托，进而有理有据地进行宣讲，动之以情，晓之以理。如中央电视台的"经济半小时""法制园地"等。文化知识节目题材广泛，天文地理、古今中外、包罗万象。有的致力于观赏性，寓知识于山光水色之中；有的侧重于竞技性，在吸引观众参与的智力竞赛中传道授业解惑，如江苏电视

---

❶ 石长顺. 电视栏目解析. 武汉：华中科技大学出版社，2003：141.

❷ 石长顺. 电视栏目解析. 武汉：华中科技大学出版社，2003：143.

台的"一站到底"节目。科技知识节目既有介绍各类应用科学技术知识,直接为实际生产部门服务的;又有展示各门学科的最新成果,介绍国际科技动态,让观众耳目一新、开阔思路的。中央电视台的"科技苑"、湖北电视台的"科教天地"、武汉电视台的"科技之光"、贵州电视台的"科幻电影与未来时代"系列片等,都是深受观众喜爱的社教类科技节目。

2. 对象性节目

不同层次的人群有着不同的需求。对象性节目为特定的对象开办,按照社会的需要来教育、塑造一定层次的社会群体,使之担负起相应的社会责任。我国电视传媒中比较成熟的对象性节目,主要有少儿节目、青年节目、农民节目、军人节目等。少儿节目是我国最早开办的对象性节目。中央电视台从1960年元旦起,每周三、周六就有固定的儿童节目时间。现在,中央和各省市电视台已陆续推出如"大风车""动画城""芝麻开门""七巧板"等充满童趣、深得童心的少儿节目,对开发儿童智力,培养少年儿童爱祖国、爱科学、爱人民的高尚情操起着不可估量的作用。青年节目既有当代青年生活的写真,又有青年朋友理想的追求。它往往把深刻的哲理寓于生动活泼的画面之中,面向时代,面向生活,激发青年为社会主义现代化献身的豪情壮志,给青年朋友留下久久的思索和回味。如中央电视台的《开讲啦》、江苏电视台的《世界青年说》,都是近年来广受好评的青年节目。农民节目诸如中央电视台的《聚焦三农》《每日农经》等。它们以为广大农民服务为宗旨,播出内容有农村发生的各种新人新事,农民所需要的各种信息,以及有关农业生产的各种科技知识等。

3. 服务性节目

服务性节目生活气息浓郁,题材广泛,内容丰富,深为观众喜闻乐见。它向观众介绍烹调、保健、美容、栽花、养鱼等充满家庭生活乐趣的知识,常采用节目主持人与观众促膝谈心聊家常的形式播出,家庭气氛浓烈,传播效果好。服务性节目常常邀请观众参与节目,让生活中的能干主妇、模范丈夫、幸福家庭上荧屏现身说法,以进一步触发观众的参与意识。服务性节目在许多电视台各类节目收视率中长期名列前茅。中央电视台的"为您服务"、湖北经济电视台的"何嫂五分钟"、广东电视台的"家庭百事通"等节目一直受到观众的喜爱。

4. 教学性节目

教学性节目是系统地传授某一类文化科学知识的电视节目。它是课堂教学的扩大和延伸。将电视这一现代科学传播手段运用于教育领域,是教育手段的一次飞跃。它突破了传统课堂教学的时空局限,一人讲,万人听,容纳最大量的学生,把教育面扩大到整个社会。在我国这样一个地域广阔、人口众多、教学设施相对落后的国家里,办好电视教学节目,是一条多快好省地培养各类人才的途径。央视的《百家讲坛》就是一档有着广泛社会关注度的教学类节目,栏目往往选择观众最感兴趣、最前沿、最吸引人的选题,邀请颇有建树、表达能力强的专家学者走上讲坛,追求学术创新,鼓励思想个性,强调雅俗共赏,重视传播互动。栏目选材广泛,现多以文化题材为主,并较多涉及中国历史、中国文化。

第二节 女性电视节目解析

作为现代文明发展的成果之一,男女平等的观念深入人心,妇女的社会地位日益提高。与此同时,当代传播媒介不断朝着碎裂化、分众化的方向发展。在以上两个因素的共同作用下,女性节目应运而生。从狭义上来说,女性节目是指以女性为主要受众,关注女性生活的一类节目;从广义上来讲,这类节目是在充分给予女性发言权的基础上,鼓励她们从女性视角来审视自我、观察社会,这也是如今许多女性节目的发展方向。

一、节目定位

女性电视节目尽管已经将节目本身的受众范围缩小到以女性为主,可是鉴于女性群体年龄、职业、兴趣等方面的差异,以及近些年来女性群体的审美趣味和欣赏水平随着受教育程度不断提高而逐步提升,节目定位的重要性更加不容忽视。

1. 定位的多元化

一般认为,1995年1月1日在中央电视台开播的《半边天》标志着我国女性电视节目的诞生。电视业经过多年的发展,在传播理念上有了重大的转变和突破,女性节目作为一股新生力量,在电视变革的浪潮中不断寻求新的发展和进步,展现出了良好的势头,取得了瞩目的成绩,这很大程度上要归功于节目定位的多元化。

《半边天》节目自开播以来,它始终遵循男女平等的原则,逐步确定了"关注社会性别,倾听女性表达"的宗旨,明晰了维护女性权益,拓宽女性发展空间,提高女性生活品质关注女性群体整体的生存状态与发展空间。它始终定位于朴素端庄的大众女性路线,更多的呈现出中年女性群体的生活状态[1]。

相较于《半边天》的"正统",许多地方电视台和民营娱乐机构策划制作的女性节目颠覆传统的路线,呈现更加时尚和前沿的感觉。例如旅游卫视的《美丽俏佳人》,这个节目以白领成熟女性为主要收视群体,传递新鲜的时尚信息和生活理念,旨在为现代女性提供榜样;由湖南卫视和阳光文化于2004年共同打造的《天下女人》则是另一类典型的女性节目,它主要面向25~38岁的女性知识分子和高端女性,是一个以讨论女性话题、关注都市女性精神世界为主题的节目。

2. 定位的创新性

从最初的《半边天》开始,随着媒体环境和人们关注点的变化,女性节目的多元化发展本身就是创新性的一个体现,可是这仅仅只是其中的一个方面。在媒体多元化不断发展的今天,媒体的碎片化、专业化是不可避免的大趋势,要适应这种形势,只有打破传统思维,在层出不穷的女性节目中寻找新的突破口和新的方向,发现空白并填补空白,才能在激烈的市场竞争中获得一席之地。换言之,可以不是新的领域、新的内容,但是不能没有新的主题、新的角度。新中求新,要做到这一点,难度远比开辟一片新的领域,发掘新的内容大得多。

例如,旅游卫视的《美丽俏佳人》就打破传统信息类时尚节目规范,不是将一堆昂贵高端的名牌精品摆在观众面前,让众多的女性观众望尘莫及,它提出的口号是"不买最贵,只买最对",在教女孩子们装扮外表的同时教她们如何省钱,如何在眼花缭乱的时尚潮流中拿捏分寸,把握自我,符合当今女性追求有美感的品质生活的心理。这也使得《美丽俏佳人》在众多同类的时尚节目中脱颖而出,获得了不错的口碑。

3. 定位的灵活性

定位并不是死板的规定,更不是限制节目发展的框架。定位的灵活性和定位的准确性不是相互矛盾的两个概念,对两者之间的关系需要辩证地看待。在节目策划的初期,对节目的定位往往是探索、尝试或者是一种理想化的描述,而真正意义上的定位,需要在自我的审视和观众的反馈中进行不断地调整和完善。这很大程度上体现在节目的内容筛选、视角变换等具体构思当中。

例如2003年5月8日《半边天》栏目全新改版,它将收视对象不仅锁定在女性,同时也注重男性,着力提供一个男人与女人相互沟通,相互了解的平台,促进两性的美好相处。

---

[1] 刘春燕. 温雅淑良靠边时尚热辣上位,女性节目脱胎换骨. 重庆晚报,2004(11.24).

因此，《半边天》不只是一个"女性节目"，更是一个"性别节目"。新版《半边天》有大量的话题直面男人和女人从生理到心理的异同，探讨性别的内涵和两性相处的经验，在男性、女性思想和情感的碰撞中，寻求和谐完美的共处世界。同时，作为日播节目，新版《半边天》加强了新闻性和娱乐性，大量新闻人物、事件的出现，独有的性别视角，丰富的外景画面和精彩的演播室对话，呈现其独有的个性。

二、选题角度

主题就是每期节目的内容核心，所有的选材都必须有针对性地围绕这个主题来进行。爱美是人的天性，对美的追求更是女性生活的永恒主题。可以说，美，是所有女性节目的中心词。我们主张女性节目的策划要围绕这个主题，从不同的层次，不同角度引导女性观众们去发现美，感受美，创造美。对于"美"，我们要有全面而深刻的理解。美，不是狭义的容貌靓丽和衣着光鲜，还包含了健康的生活方式，积极的处世态度、高尚的审美趣味等，真正的美需要内外兼修，不可偏废。具体来说，我们可以从以下几个方面来思考。

1. 外在美

例如旅游卫视的《美丽俏佳人》，作为一档面向年轻都市女性的大型美容时尚秀节目，旨在"让女人生活得更美丽"，内容涉及服饰、美容、娱乐家居、旅游等，每期挑选与之相关的一个主题进行深度的介绍说明，涵盖面广，信息量大，是专为都市女性打造的电视时尚杂志。我们也发现，随着女性时尚消费水平的提高，越来越多的商家把眼光盯在这种类型的时尚信息节目上，希望借助节目的影响力宣传自己的商品。如果一味地追求商业价值，长此以往，不仅会使自身的公信力大打折扣，还会引发观众的质疑和反感。在这种情况下，女性节目策划者和制作者要有清醒的头脑，不应把女性消费局限在展示商品和传播商业信息上，要打破思维定式，拓宽选题范围，比如要进行消费知识的教育，应注意提升女性的欣赏品位而不是简单地附和商家的口号。另外，科学理财知识也是女性关注的热门话题，女性节目可以帮助她们处理好当前消费、中远期消费和资金增值的关系。女性消费领域广阔，所以消费维权知识也是不可忽视的一个方面。

2. 内在美

随着社会的发展，女性的社会地位有了很大的提高。那些几乎一度被男性垄断的行业开始出现众多女性佼佼者的身影。这些有着良好教育背景和职业背景的中产阶层女性，无论是在社会地位和社会影响力上，都处于优势地位，她们是其他女性羡慕和向往的对象，对她们的描述，有利于吸引观众，尤其是女性群体的注意力。例如由杨澜主持的《天下女人》，着力于"关注女性的精神世界"，通过邀请在各行各业具有较高成就，具有较高知识背景的精英女性做嘉宾，与她们分享奋斗经历和心路历程，为广大女性展示出更为广阔和更为自主的生活空间，体现出女性生存的更大价值，观众在观赏节目之后，随之产生"我也想要成为××那样的人"的强烈愿望，从而激发起她们改变既有命运的主体自觉[1]。中央电视台的《半边天》有一期节目讲的是深圳市罗湖区文锦社区工作站站长张晶已过不惑之年，天生一副热心肠，在这个岗位上干了整整10年。来竞聘这个岗位之前，她是怀着"一杯茶，一张报，混一天"的想法来的，没想到来了之后才知道这是一份责任大、操心多又无名无利的工作，许多人都不愿做、不屑做；但张晶却抛弃了原来的初衷把它当作一项事业，用心去做，在平凡的岗位上做出了不平凡的成绩。通过主持人张越的访谈，张晶敞开心扉，向我们展示了一个成熟女性对社会沉甸甸的责任和出色的工作能力。类似张晶这样的女人不再仅仅是"家园

---

[1] 杨明，黄晓.努力打造特色女性访谈节目.西部电视，2006，(6).

女人",更是"社会女人",她们总是在超越"小我",追求"大我",品质中普遍具有自食其力、坚强睿智、心胸宽广的特点。

总的来说,这种类型的女性节目讨论女人的喜悦、烦恼、渴望和困扰,试图展示女性的全新价值观与生活方式,引导女性生活潮流,同时以模范效应引导女性建立起健康向上的生活观念,在压力巨大的现代生活中树立起生活和工作的自信心。在女性面对多种来源的生活压力的今天,关注女性的心理健康具有格外重要的意义,这也是每个女性节目策划者的责任。

3. 生活美

一直以来,关注女性生活是女性节目的优秀传统。生活在不同环境中的女性,同样都在寻找着生活的真谛。成功的女性节目,最重要的不是报道不同的事物,而是从不同的角度去报道同一个事物,去挖掘那些隐藏得更深的东西。名人的生活固然比普通人更能吸引大众的眼光,但女性节目的立场应该是尽量撒开名人的光环,抛开光鲜的外表,将名人平凡化,从人文关怀的角度更多地关注他们生活中的酸辣苦辣,以独特的女性视角来观察、记录、探讨生活中的点点滴滴,引发观众的共鸣。成功者毕竟只是少数,更多的是默默无闻的普通大众。因此,关注女性生活,也不能仅仅关注成功女性的生活,更要关注那些认真工作,照顾家庭,在挫折和艰难中勇敢生存的平凡女性,她们的生活同样是美丽的。女性节目的意义绝对不止于尊重女性这么简单,更多地关注她们的生活,关注她们的生存空间,关注她们真正的需要和感受[1],引导和帮助她们成为生活的主人才是节目的最终目的。

例如在《半边天》的《爱情麻辣烫》系列中,描述一个大龄未婚的女性杂志编辑秋菊,她 45 岁,经济独立,生活稳定,却一直没有找到合适的另一半,甚至没有谈过一次真正意义上的恋爱。她并不是独身主义者,却总是和相亲的众多男士擦肩而过。现在,她仍在等待那份怦然心动的感觉。主持人张越在节目结束的时候总结说:女人经历了许多风风雨雨后,再回头看那一张张过去讨厌的男人的脸,会发现其实他们也是很可爱的,那是经历了沧桑的脸。节目就在这种宽容和理解中结束了。我们由此也可以看出,女性节目不能仅仅向观众展示人物的生活,同时要有所引导,使观众从中获得一些有益的启迪。

三、类型和风格

近些年,女性节目不仅在定位和选材力求新颖,在组织形式和整体风格上也有了很大的突破,其中一个重要的特点就是参考、吸收、融合了许多其他节目的形式,节目模式的综合性明显增强。纵观女性节目的类型,主要有以下几种。

1. 访谈类

这种节目融合了访谈类节目的元素,主要的形式是邀请嘉宾或者挑选主人公,通过访谈的形式分享她们的生活经历、人生感悟等,访谈可以就人物本身进行,也可以结合自身的经历针对既定的话题展开。采取这种模式的节目主要有《天下女人》《女人百分百》《半边天》等。

例如,在《天下女人》中,节目组每期固定邀请女性文化学、社会学等领域知名专家和明星嘉宾到场,播出的节目诸如"我们欣赏的男人""人工美女""女人怎么减压"和"男人在家"等都颇受女性欢迎。值得一提的是,在以上提到的几个节目中,访谈常常作为一种主体形式,与其他形式灵活、有机地结合在一起,丰富节目的传播方式,起到更好的传播效果。《半边天》在 2003 年改版之后,就适当增加了节目的新闻性和娱乐性,还采用了外景与

---

[1] 张博璠. 女性节目拿什么吸引观众. 青年记者,2009,(5).

演播室相结合的新举措，令人耳目一新。

2. 互动类

与访谈式中嘉宾是节目的主要话题和表达对象相比，互动式淡化了主持人、嘉宾和观众之间的界限，提高了节目的互动性和参与度。在这种类型的节目中，主持人和嘉宾同样掌握着话语的主动权，以至于观众的思维也始终处于轻松活跃的状态，更多地呈现出一种"全民讨论，全民参与"的景象。受现代的传播理念中受众本位思想的影响，更多的观众已经不满足于停留在倾听与受教的阶段，"参与"和"互动"的欲望变得格外强烈。这也是推动访谈式逐渐向互动式过渡的重要原因之一。

例如，旅游卫视的《美丽俏佳人》就将名牌主持人、当红明星、时尚专家作为节目的三大亮点同时推出，每一期对美丽的话题进行探讨和交流，随机邀请街头的年轻女孩作为模特，也让她们介绍自己的扮靓经验，让众多渴望美丽却以为它遥不可及的女孩子感到"原来美丽也可以这么容易"，成功地打造了一档平民化的时尚节目。

3. 综艺类

顾名思义，这样的女性节目以关注女性为出发点，兼具了娱乐、谈话、选秀等多种功能，是一种综合性质非常强的节目。其中，《淑女大学堂》是这种节目的典型代表。每期的《淑女大学堂》精选了二十位职业不同、性格不同、背景身份不同的新世代女性，在节目中，这二十位女性面对有关女性生活的辛辣问题，在屏幕前大胆表白心中的观点，无论对错与否，勇敢地表达真实的自己。然后由主持人和来到现场的明星嘉宾以及专家对她们的言行加以点评和指导，从各自的角度对技巧性的女性问题加以探讨。进入《淑女大学堂》的二十位女性三个月才更换一次，这让她们有足够的时间在节目中展示自己的风采和观点，也让观众有充分的时间去了解她们。希望能用三个月的时间，帮助她们完成从单纯意义上的美女变成真正淑女的重大蜕变。在节目的设计上融合脱口秀、真人秀、搞笑、游戏、益智、选秀等综艺元素，首开娱乐综艺节目之先河，把女性学堂活色生香地展示在屏幕上。

女性节目的风格，是一个复杂的多变量问题，它与节目定位、节目内容、主持人和嘉宾的风格都有很大的关系，很难给它下一个定论，在我们平常观看女性节目的实际经验来看，一个节目在不同的版块和环节当中也会有一些改变。

例如由杨澜主持的《天下女人》，她的总体风格是知性而成熟的，可是《天下女人》在对心理博士张怡筠的访谈中，也加入了逗趣、调侃、表演、悬念等多种娱乐元素，实现了荧屏内外融为一体的情感互动。节目轻松诙谐，使人在轻松愉悦中接受了她的观点，从而达到心情的彻底放松。

温情是女性节目的一大特色，女性富有情感，在乎情感，也爱表达情感。因此，女性节目要在细节上把握温情色彩，才能让女性在心理上产生亲切感，这样才能抓住观众。主持人在女性节目的温情表现上起到了至关重要的作用。主持人的体态语言和声音语言都是传达温情的桥梁。我国的"老牌"女性节目《半边天》走的就是相对温情的路线。如《半边天·访谈》中《生活不相信眼泪》（2007年2月12日～2007年2月13日）中，主持人张越眼神的变化，真实反映了其复杂的心理活动，既有对主人公不幸命运的同情，也有对主人公坚强心理的佩服，通过眼神，实现了和嘉宾的完美交流。在谈及资助的事情时，张越微笑着并张开双手，以理解的姿态期待主人公继续讲述下去❶。

节目的风格是一个成功女性节目的个性和特色之所在，在这一点上，我们的宗旨是：不要一味地去模仿，适合的才是最好的。对于近些年来电视媒体出现的过分娱乐化的倾向，我

---

❶ 张博璠. 女性节目拿什么吸引观众. 青年记者，2009，(5).

们需要冷静地看待和思考。怎么传递给观众更加理性、更加高尚的审美，怎么让观众从节目中获取营养而不是一笑而过，是值得所有电视工作者探索的课题。

四、主持人和嘉宾

主持人是节目的明线，贯穿节目始终，成为节目真正意义上的掌舵手。前面我们也谈到，主持人的风格往往奠定了一个节目的风格。从这个意义上来说，主持人真的称得上是节目的灵魂人物了。在主持人和嘉宾界限逐渐淡化的今天，嘉宾的重要性同样不容忽视。在我们对女性话题进行深入探讨的过程中难免遇到困惑和不解，这时观众期望听到该领域的专家相对权威、中肯的分析和建议，这时候嘉宾的作用显得尤为重要。女性节目受众和题材的特殊性，对节目主持人有一定的要求，针对这一点，结合女性节目的发展现状，可以着重从以下几个方面来阐述。

1. 女性是主力军，男性是生力军

与男性相比，女性情感细腻，言语温柔，对女性生活的相关话题都有亲身体验，本身就是"行家"，可以发现问题、提出问题和解决问题，当然也就可以更好地理解、传达女性节目的内涵，获得女性观众的青睐。由此，女性主持人在女性节目中的优势是不言而喻的，现在的大多数女性节目也都是女性主持人占主导。如《半边天》的张越、《天下女人》的杨澜、《美丽俏佳人》的李静等。

但是近些年来，也有部分女性节目反其道而行之，出现了男女搭配甚至男性主持人的现象。这与传统女性节目嘉宾和主持人都选择女性相反，此类节目越来越多地关注了男性话语和男性的审美情趣。《淑女大学堂》就是由刘仪伟担纲主持，嘉宾中男女皆有。制作单位认为，目前女性的话语空间存在一个重新被塑造的过程，它是男性和女性通过平等的沟通和社会舆论来获得的。这是女性节目一次新的尝试，至于它能否达到预期效果，获得广大女性观众认可，还需要社会各界共同关注。

2. 主持人的个性化和能力的综合性

女性节目不断地朝着主题多元化和形式多样化的方向发展，这对主持人的综合能力提出了更苛刻的要求。不同的嘉宾，不同的话题，不同的形式，局面如何掌控、分寸如何把握，主持人都要能转换自如、游刃有余。然而，万变不离其宗，这里的"宗"指的是主持人的鲜明个性。个性要成为主持人的标志和节目的品牌。

《天下女人》的主持人杨澜有着良好的教育背景，温文尔雅，成熟知性，从容不迫，侃侃而谈。然而，节目中的杨澜也会哈哈大笑，还会拍桌子，还时不时冒出几句冷幽默，用更多的口头语和生活化表情，烘托出幽默情景，使这档定位于高端精英女性的节目更加轻松。在这种氛围中，主持人杨澜同时表现出知性的气质和活泼的性格，也展示出一个成熟女性的魅力。

《半边天》的主持人张越，好读书，善思考，勤于笔耕，对多彩的人生有深入而细致的观察和独到的体验与见解。她思维敏捷、性格爽朗，言语犀利而风趣，她的人物访谈常常给观众留下很深的印象[1]。尽管每次访问的人物和主题都不一样，我们都能感受到她事前所作的充分的准备工作，以至于言谈的每一个细节都闪烁着个性的光芒和智慧的火花。这也是她的节目获得众多女性观众青睐的原因。

3. 嘉宾和主人公的多元化

随着传播方式的不断调整变化，那个主持人发问，嘉宾教授讲课，观众听课的时代已经

---

[1] 项仲平. 电视节目策划. 北京：中国广播电视出版社，2002：268.

一去不复返了。女性节目的嘉宾朝着更加多元化的方向发展,这是"受众本位"思想的具体体现,也是增加节目亲和力的重要手段。

《半边天》把眼光主要投向生活在我们周围的普通女性,有年逾不惑的街道干部,有真爱难觅的大龄女青年,有压力重重的职业女性,对她们生活中的点点滴滴的描述让广大女性观众开始重新审视生活。像这样的节目是一档平民程度比较高的节目。

《淑女大学堂》中每期挑选的二十位女性都是由节目制作方经过半年的时间从全国各个行业筛选,轮番试镜选出来的。对她们从外形到气质再到谈吐进行严格把关。此外还邀请一位两性专家或社会学家,及一位社会公众人物,嘉宾有男有女,试图从多角度深刻剖析女性的生活状态和心理现象。这样的节目将精英女性、专家学者和公众人物的视角有机结合,具有一定的权威性。

《天下女人》当中,节目嘉宾大多具有高知名度,在各自行业具有较高成就。这些女性通常也是具有较好知识背景的精英女性。有时节目还会邀请一些文化学、社会学等领域的知名女性专家到场。《天下女人》的精英意识和文化品位比较出众。因此,节目播出后受到不少知识女性和都市白领的支持。

第三节　少儿电视节目解析

少儿电视节目是以儿童为目标受众,以电视为传播媒介,利用综合性的表达手段,以某种形式融知识性、娱乐性、教育性于一体的寓教于乐的电视节目类型。世界上第一个少儿频道——尼克儿童频道开办于1979年4月。1958年9月,北京电视台(中央电视台前身)正式设立《少年儿童节目》专栏。改革开放以来,我国电视儿童节目的发展进入了快车道。2001年南方台开办了我国首个少儿频道,少儿电视节目开始踏上专业化的征程。2003年,我国内地第一家面向全国少年儿童的专业化少儿频道——中央电视台少儿频道正式开播,开辟了中国少儿电视传播的新里程[1]。

一、节目定位

少儿频道数量的增多,必然导致儿童节目数量增大,因为一个频道每天一般要容纳18~24小时的播出量,如此之多的频道资源,使每个频道的受众群体相对减少,一般能形成较为固定的收视群体。在这样的情况下,可供儿童选择的电视节目越来越多,媒体之间的竞争愈加激烈,如果所办儿童节目定位不准,制作的节目很难对儿童产生吸引力,达不到预期传播效果,从而导致目标受众的流失和市场占有面的不断萎缩,最终结果是所办儿童节目被市场所淘汰[2]。

媒体要使自身的少儿节目占有市场、赢得受众,就必须加强对儿童群体的研究。了解他们的喜好和想法,摸清他们的收视倾向及其他影响其收视的行为和心理特征,进而根据儿童收视习惯确定自身栏目设置和节目编排,尽可能扩大自己的受众面,赢得更广阔的市场。找准少儿节目定位,确定节目编排,应坚持以下几点。

1. 受众定位:适应窄众化形势

按国际通用的准则,1989年11月20日联合国大会通过的《儿童权利公约》第一条规定:儿童指18岁以下的任何人,除非对其适用之法律规定成年年龄低于18岁。0~18岁又

---

[1] 李晓瑞. 电视栏目定位的几个层次. 中国记者,2004,(10).
[2] 陆晔,赵民. 当代广播电视概论. 上海:复旦大学出版社,2002:60.

可划分为不同阶段，每个阶段有其相应认知层次。一般而言，儿童的心智发展可分为三个阶段，3～7 岁为感官期，7～11 岁为分析期，11～16 岁为反省期。儿童在不同阶段有不同的心理特点和行为方式。因此，儿童节目定位必须窄众化，细化目标受众群体。

在这方面，境外电视媒体走在了前面。比如，英国的 BBC 办有三套青少年儿童节目，即针对婴幼儿受众（0～6 岁）的 CBEEBIES 频道，针对少年受众（6～12 岁）的 CCBBC 频道和针对 16～34 岁之间的青年受众开设的 BBC3 频道；法国 Chado 少儿频道以 11～18 岁的女孩为目标观众；美国 Discovery Kids（探索亲子）频道定位在 13～19 岁的受众；维亚康姆旗下的尼克罗迪恩频道的受众范围在 2～15 岁间，比较宽泛，但其频道内部的不同节目有明确的受众定位；我国台湾的东森幼幼台定位为幼教频道，目标观众群锁定为 0～7 岁的幼儿，幼幼台已成为台湾小朋友的首选频道。

相比之下，我国内地少儿电视节目的目标受众的定位则显得过于宽泛，大多把观众范围定为 0～18 岁的少年儿童，甚至还包括青年等相关人群。如央视少儿节目把受众定位为 0～18 岁的少年儿童及家长；南方少儿节目把自己的定位拓展为少儿女性节目；天津少儿节目把自己的定位往家庭节目的风格上靠；广州少儿节目则把适合收看的人群定位为 4～25 岁的少儿和青年。显然，这些少儿节目缺乏对收视群体的细分。

2. 内容定位：满足儿童娱乐、认知、交往的需求

施拉姆将儿童观看电视的需要分为三类：一是娱乐需要，二是认知需要，三是交往需要。央视索福瑞的媒介研究显示：4 到 14 岁儿童平均每天接触电视的时间是 2 小时 22 分钟。从幼儿园到初中毕业的 12 年时间里，儿童接触电视的时间长达 1 万多小时。因此，电视在现代儿童的生活中扮演着十分重要的地位，儿童需要通过电视满足娱乐、认知、交往的需求。

《天线宝宝》的创始人、英国幼教专家安妮·伍德女士曾说过，最容易吸引幼儿注意的莫过于由他们的经验和视野能领会的事物和环境，而幼儿们理解这一讯息的途径就是"玩乐"。陶行知先生也有类似表述，他曾说过，儿童应该是快乐的，成人们应该负起责任来敲碎儿童的地狱，建立儿童的乐园。由于儿童心智不如成年人成熟，注意力集中程度很低，他们会不由自主地把目光移向别处。据调查，儿童注视电视屏幕注视的时间长度很少超过 30 秒，绝大多数少于 5 秒，因此让儿童接受抽象、说教、缺乏娱乐性的节目是十分困难的，可见娱乐性是制作儿童节目的基本要求，也是儿童节目的重要出发点和落脚点。

苏联教育家苏霍姆林斯基说："在人的心灵深处，都有一种根深蒂固的需要，就是感到自己是一个发现者、研究者、探索者，而在儿童的精神世界里，这种需要特别强烈。"[1] 儿童对世界总是充满好奇心和求知欲，好奇心是他们探索外部世界的内在动力，他们从一生下来就不停地探索这个世界。少儿专家曾作了一个大型调查——对少儿电视节目的喜好程度和儿童对电视节目的期望。研究发现，按学生对不同节目内容的喜好程度排名，动画片位居第一，以后依次是：介绍动物类内容节目，介绍认识周围世界内容的节目，儿童游戏，手工制作，讲故事，记录我们的生活等。儿童期望从电视获取所需信息的欲望是很强烈的。在电视节目中，制作人作为引导者，要创造宽松的节目氛围，走进他们的精神世界，激发儿童探索的欲望，引导他们认知这个世界。

幼儿从生下来就有交往需要，开始是与其身边的成人交往，几年后开始与同伴交往，交往伴随了幼儿的整个成长过程。社交需要理论（Social needs theory）认为，孤独感是对社交需要未满足的反应。人生来就有与人保持交往和被关爱的需要，除非个体的人际关系满足

---

[1] 苏霍姆林斯基著．要相信孩子．汪彭庚译．北京：教育科学出版社，2009：65.

了这种固有的需要，否则孤独感就会产生。因此，制作少儿节目时也必须考虑这一因素，即满足儿童的交往需求。少儿节目如何满足儿童交往需求？总的说来，即加强节目互动，让儿童参与到节目中来。强烈的参与意识是孩子们的天性，一直以来，我国的少儿节目传受互动性较差，少儿参与节目不够，这成了制约节目向前发展的一个巨大障碍，甚至是致命弱点。少年儿童能不能参与、如何参与、参与的形式无疑是办好少儿频道的一个至关重要的因素[1]。

3. 形式定位：让儿童乐于接受

少儿节目的好与坏，最终要由它的目标受众——儿童来评判。由于年龄和知识等多方面因素限制，儿童倾向于接受直观、形象、生动的东西，因此少儿节目要寻求一种好的表现形式，让儿童易于、乐于接受节目内容。这种表现形式必须是真正属于儿童的，是能够为儿童乐于接受的。儿童喜欢充满神奇性、趣味性、幽默性、想象力的节目。好的形式应该在节目语言、节目背景画面和字幕设计、道具、主持播报形式上力求符合儿童的心理、生理特征[2]。

个案分析　中央电视台少儿频道《中国动画》栏目

《中国动画》是专门播放优秀国产动画片的栏目，开播后收视率、综合排名一直位于全频道第一，观众美誉度很高。这个栏目深受儿童喜爱的原因除了播放的动画片外，很重要的原因就是注重互动，重视与观众的交流。尽管大家都知道增强互动可以拉动收视、吸引观众，但对儿童而言，倾听儿童心声、关注儿童的情感需求比有奖收视、赢取大奖更有效。《中国动画》的观众互动包括"欢乐电话拨一拨""欢乐信箱摇一摇"和"欢乐图画动一动"等三内容，都是针对儿童的不同心理需求来贴近他们。如"欢乐图画动一动"更是考虑到孩子们对动画神奇魅力的向往，将孩子们寄来的画经过动画的处理方式使他们的图画"动"了起来，一时间，多少个"小画家"摩拳擦掌，纷纷踊跃来稿。除此之外，节目的整体包装突出卡通特点，针对作为节目场景的卡通欢乐岛专门设计了精美的"小小岛民卡"，送给积极参加节目的小观众，就是这"一卡在手"，让孩子们产生了强烈的归属感，跟节目的联系更加紧密，卡通欢乐岛真正成为能为孩子们带来快乐的梦想乐园和心灵乐园。

二、类型和风格

从题材上看，无论是科普卫生、文艺游戏等现实题材，还是民间故事、神话传说等历史题材，它们都在少儿节目中有所体现。少儿电视节目不仅仅是关于未成年人的节目，而是为未成年人服务的节目的集合。一般来说，少儿电视节目可以划分为以下4个类型。

（1）少儿动画类节目：这是少儿电视节目中最主要的节目类型，它既包括针对18岁以下儿童制作的二维、三维动画片，又包括木偶戏、皮影戏这类少儿节目。如央视少儿频道，除了整点播出的动画片和原有的《动画城》栏目，另有《中国动画》栏目为国产动画片搭建了专门的播出和交流平台，《经典动画片》让少儿观众重温国内外经典的优秀动画作品，《动漫世界》则精选了以世界名著名片为素材的优秀动画和动漫作品。

（2）少儿专栏专题节目：是指把以儿童为收视对象的节目按一定主题或题材组织起来，形成一个有机整体的节目类型。这类节目在播出时间上具有常规性、持续性的特点，多为杂志型的专栏节目，内容涵盖少儿益智节目、游戏节目、访谈节目、新闻节目等。

（3）少儿文艺演出节目：主要指各种少儿文艺表演节目，这类节目往往结合节假日以大

---

[1] 程前. 办好少儿频道需要强化"三个意识". 电视研究，2004，(4).
[2] 郑捷. 浅谈电视儿童节目娱乐性与教育性的契合. 电视研究，2006，(6).

型文艺晚会或比赛活动的形式展开，注重主题的推陈出新。如元旦儿童文艺晚会、六一儿童节晚会、少儿卡拉 OK 大赛、少儿朗诵比赛等。

（4）少儿其他节目：包括儿童影视剧以及其他适合少儿收看的节目，如少儿音乐电视、性教育节目、家教节目和少儿真人秀等。如文质英华文化发展有限公司制作的《挑战奇罗星》就是一档典型的真人秀节目。该节目每期中根据拍摄地点的环境特色，将父母"困"于其中一处；然后根据小选手的个性特点，由卡通形象奇罗星设置三或四个游戏关卡。解决问题，冲破难关，小选手才能成功帮助他们的爸爸、妈妈摆脱"困境"，家庭团聚。游戏关卡的设置主要从精神、力量、勇气和智慧等方面考验小选手自主解决问题的能力、与他人沟通、社会交往的能力。

无论何种类型的少儿电视节目，都应考虑到儿童是少儿节目的目标受众，是节目成功与否的最终决定者。节目制作者应当以儿童为本位，一切从儿童出发，避免成人化倾向和庸俗化倾向。总的看来，少儿节目的风格大体是观赏性强、参与性好、寓教于乐。

（1）观赏性强。少儿节目是否具有观赏性是儿童评判节目好坏的第一步，是留给儿童的第一印象。不同于财经、科技、时政等面向成年人的节目，儿童节目必须直观、形象、简单、亲切，这些都是观赏性的主要组成部分。可以尝试借用动画、游戏、故事、童话人物、卡通形象、小动物等表现形式，提升节目的观赏性[1]。

（2）参与性好。儿童由于年龄较小、注意力难以集中，儿童看电视时眼睛会不由自主移向别处，这一点对节目的传播效果有较大影响。同时，儿童有交往的内在需求，需要通过观看节目来满足。因此，少儿节目必须注重参与性，通过互动形式，让儿童参与到节目中来，让节目真正走进儿童内心。

（3）寓教于乐。娱乐和教育是少儿节目的两个主要特性，也是主体功能。娱乐和教育两者应当结合起来，少儿节目要在娱乐中对儿童进行潜移默化的教育，寓教于乐是儿童节目应当追求的终极目标。两者融合起来，从儿童的视角出发观察世界、引导思考，才能赢得儿童的喜爱。

三、环节设计

1. 亲子互动

亲子互动，顾名思义就是让儿童及其家长走进节目现场，共同参与活动。亲子活动的优势在于通过孩子与家长的互动，加强他们之间的交流和情感培养，不仅对儿童有吸引力，也让家长们跃跃欲试。亲子互动节目的典型代表有洛阳电视台社教中心的《开心蹦蹦跳》、福建少儿频道的《石头剪刀布》。这些节目给儿童提供一个展示自己聪明才智的舞台，家庭成员在游戏体验的同时也构建了和谐亲子关系。

2. 动画人偶形象与观众互动

少儿节目中的人偶形象由于出镜率高，形象深入人心，因而可以走出虚拟世界，在节目中与观众展开互动，这不失为一种好的节目形式。比如北京卡通频道播出的美国儿童科普节目《比克曼的科学世界》就是通过三个由真人扮演的卡通角色来串场，深入浅出，通过游戏和孩子可以亲自操作实践的小实验来讲科学知识。例如滑翔机飞行的原理、海底隧道是如何建成的等。

3. 动手、游戏环节

游戏，是儿童的天性，在节目中引入动手、游戏环节，是儿童节目常常采用的方式。典

---

[1] 程前. 办好少儿频道需要强化"三个意识". 电视研究，2004，(4).

型代表如中央电视台少儿频道的《智慧树》节目,其版块《巧巧手》《请你跟我这样做》《科学泡泡》皆有很强的参与性,让孩子们在游戏中动起来,在游戏中收获知识,快乐成长。

4. 电话热线

由于表达沟通能力有限,儿童的情感世界往往被忽略。而事实上,儿童也有较为丰富的情感世界,也有情感宣泄、寻求认可、感情寄托、自我归属等心理需求。儿童的需求就是节目的努力方向,可以创造一定节目形式来满足儿童的这些需求。比如《中国动画》的"欢乐电话拨一拨"环节广受孩子们欢迎,在"欢乐电话拨一拨"的语音留言中孩子们畅所欲言,从"拔河比赛输了后心里的不服气"到"盛饭不小心打碎了碗怕妈妈生气",从"找不到兴趣爱好的苦恼"到"数学考了个全班第一"等,想说就说,妙趣横生。

四、主持人和嘉宾

少儿节目主持人往往集采、编、播、控等技能于一体,在节目中起到传播知识技能和美好向上的精神情感的作用。一个充满个人魅力的主持人可以很好吸引儿童的注意力,使儿童倾心于节目,对节目质量有直接提高作用。少儿节目主持人在节目中占据中心地位,控制着全场的气氛和活动进度,一定程度上决定了节目的传播效果。少儿节目主持人应具备以下能力素质。

1. 青春活泼的外在气质

儿童天真活泼可爱,稚气十足,喜爱新奇事物。要想儿童接受他们的主持人,必须从外在气质上接近儿童的性格特点,让儿童对主持人产生兴趣,进而对节目产生兴趣。主持人要拥有青春活泼的外在气质,同时可以采用动物、卡通造型及颜色鲜艳、色彩分明的服饰进行包装。典型代表有金龟子形象、月亮姐姐的公主造型等,都深受小朋友喜爱。

2. 良好的沟通能力和协调能力

主持人在节目中起到引导话题、转移注意、调节情绪、控制气氛、沟通嘉宾和场内观众的作用,对主持人的沟通能力和协调能力提出了很高要求。良好的沟通架起了节目与儿童之间的桥梁,传递主持人思想和情感,影响和感染着观众。

3. 扮演充满童心爱心的"孩子王"

少儿节目主持人从某种意义上来说就是"孩子王",即拥有童心和爱心,能和儿童进行无障碍交流,深入他们的情感世界。要拥有一颗童心,善于从儿童的视角出发,为儿童着想。要拥有一颗爱心,才能赢得儿童的喜爱,只有真心喜欢孩子的人,才能发自内心地去扮演好"孩子王"的角色。

4. 成为儿童的"知识宝库"

儿童从一生下来就对世界充满好奇,希望去探索这个世界,弄明白这个或那个"为什么"。据一项调查显示,儿童看电视首先是满足自己娱乐的需要,其次是希望通过电视获取一些社会知识和科普知识。少儿节目主持人要充当"知识宝库"角色,用自己丰富的知识去解决他们心中的"十万个为什么",满足他们的求知欲,帮助他们健康成长。

5. 形成自己的主持风格

"一千个读者眼里有一千个哈姆雷特",节目主持人也是如此。主持人应当根据自身的实际情况和节目需要,形成自己的风格,杜绝千篇一律。比较成功的典型风格有:活泼可爱的金龟子,亲切的鞠萍姐姐、能歌善舞的红果果等。独特的主持风格好比一张"名片",人们若干年后也许不清当时主持人的名字,但一定能记得他们的形象。我国台湾的东森幼幼台就特别注重对节目主持人风格的区分,如水果家族中的凤梨哥哥、草莓姐姐、西瓜哥哥、葡萄姐姐,天空家族中的月亮姐姐、彩虹姐姐、星星哥哥、太阳哥哥,昆虫家族中的蝴蝶姐姐、蜜蜂姐姐、蜻蜓哥哥等，他们以青春靓丽、活泼灵动的形象博得了孩子们的喜爱，成为节目的标识，拉近了频道与受众之间的距离。

如果把少儿节目比做一场戏，主持人自然是主角，而嘉宾作为配角也必不可少。嘉宾在节目中的作用，主要是与主持人开展互动，在思想碰撞中激发灵感，推动节目情节的发展。少儿节目嘉宾的选择应遵循以下几点。

1. 贴近原则

少儿节目的目标受众是儿童，加上不少儿童家长喜欢陪着孩子观看节目，所以家长也是受众的重要部分。嘉宾的选择应当和节目受众具有贴近性，才能引起儿童及其家长的共鸣，因此少儿节目嘉宾应该以儿童和家长为主。

2. 具备某一领域的专业素养

具备某一领域专业素养的嘉宾可称为"专家型"嘉宾。如果儿童节目涉及某一具体领域，并且向受众传播该领域的专业知识，就需要专家型嘉宾参与节目，起到增强传播效果，体现专业水平，提高节目档次的作用。

3. 具有良好沟通能力和互动能力

主持人若是红花，那嘉宾可称绿叶，红花与绿叶的搭配才能使节目更加完美。嘉宾的重要责任就是对节目进程起推动作用，这需要主持人与嘉宾的互动。完成好节目互动，对嘉宾的沟通能力和互动能力提出较高要求。实践证明，具有良好沟通和互动能力的嘉宾是节目的重要亮点。

第四节　老年电视节目解析

从1991年天津电视台创办《晚霞金晖》至今，我国电视老年节目已有20余年的发展历史。目前中央和各地方电视台都开办了一些老年电视节目。代表节目有中央电视台《夕阳红》、大连电视台《霜叶集》、山东电视台《老友》、北京电视台《金色时光》、中国教育电视台《天天看点》、上海教育电视台《海上红枫》、江西电视台《多彩金秋》、深圳电视台《长青岁月》、东方电视台《精彩老朋友》、吉林电视台《人间晚晴》、南方电视台《好戏连台》、杭州电视台《金秋》、河南电视台《老年世界》、广东电视台《天年乐》、兰州电视台《久久相约》、广州电视台《情满夕阳》、安徽生活台《枫叶正红》等。但总体看来，老年电视节目受到电视台的重视程度是不够的，"开办老年栏目、播放老年电视节目的电视频道不足2%，每个频道每天播放的比较合适老年人观看的电视节目时间长度平均不到2小时"[1]。因此，老年电视节目需要社会、媒介和受众的共同支持，其拓展和提升的空间非常之大。

一、节目定位

老年节目就是以老年人为目标受众的电视节目。老年人平时闲暇时间较多，除了锻炼身体、从事必要的家务之外，电视就是他们最主要的伙伴。作为电视的忠实受众，老年人通过电视节目可提升他们的生活情趣。电视节目也可以为他们排忧解难，使他们老有所学，老有所乐。所以办好老年节目具有重要意义。

既然老年节目的主要受众是广大老年群体，那么节目制作人就一定要抓住老年群体受众的特点，例如老年人的普遍特点是思维慢，记忆力弱，语速慢，有时爱絮叨，甚至性情固执，观念一般不会轻易改变等。因此，老年电视节目的定位要满足老年人的这些特殊需求，

---

[1] 樊葵. 老年群体作为电视观众资源的优势. 电视研究，2003，(3).

做出符合老年人的审美情趣、生理心理特点和价值取向的电视节目。

1. 服务性定位

老年电视节目与老年观众的关系就像两条直线，节目的定位就是两线的交点，只有找到了这个结合点，才能最大限度地体现节目本身的社会价值和传播价值。而要实现这一目标，就要从老年观众的视角出发，充分发挥节目的服务功能，并由此打造电视节目的内容与形式。关注老年人的心理、生理需求和生存状态，把节目办成老年人心理诉求、心灵沟通的园地，真正地为老年观众服务是赢得观众的法宝，也是老年电视节目越来越受老年朋友欢迎的重要原因。

例如2006年元旦开播的以全国老年人为主要观众的数字付费电视频道——山西电视台老年福频道，就是以"服务生活，愉悦心灵"为目的和宗旨。频道首批开设有服务、情感、娱乐三大类节目，包括介绍养生保健的《长生殿》、休闲类的《家有宠物》、人文历史类的《经典系列》等栏目。节目充分考虑老年人的生活特点、生活需求和生活愿望，通过设置的20个栏目，为全国老年朋友提供一个方便生活、获取信息、抒发情感、享受娱乐的平台。又如中国教育电视台的《天天看点》是在原有老年节目基础上，经过多方位信息整合而策划制作的一档老年栏目。《天天看点》节目紧紧围绕服务老年观众，充分贴近服务对象，内容突出老年特色。如：老年教育、老年保健、老年情感、生活服务、往事回忆、法律法规以及配合时节的大事记等，抓住观众所关注的社会问题组织编排，激发认同感和参与欲望。另外，还根据每期节目内容机动安排温馨传递，如服务小贴士、信件、电话、短信内容摘要或怀旧歌曲等。再如广州电视台唯一的一档老人节目《情满夕阳》，提供鲜活灵动的生活小百科，充分发挥了灵活多变的特点，汇集生活小点滴、小窍门，简单易懂，为老人提供非常实用的生活小常识。逐渐成为老人收视群体中的不可或缺的一个节目，受到当地老年朋友的关注和喜爱。

2. 针对性定位

狭义地讲，老年节目就是让老年人看的节目，所以栏目首先要锁定老年群体这个主体受众，栏目内容要为其量身定做。在形式上要充分考虑老年人的特定特点理解能力和视听感觉特点，运用适度的声音和画面节奏。电视节目的画面、播音员的演播、说话的节奏不要太快。播出时间的安排要依据老年人的生活习惯，掌握属于老年人自己的"黄金时间"。此外，节目要针对老年人的不同需求，设置不同的版块。如关注资讯类版块，搭建与老年人有关的或他们所关注的社会政治、生活资讯及维权平台；健康服务板块，抓住终身教育的理念为老年人提供量身定做的相关健康课程；旅游娱乐版块，展现老年人的风采特长，提供给他们旅游娱乐资讯等。

3. 综合性定位

老年节目的综合性定位首先就是要把栏目内容的形式多样化、综合化，充实节目内容，使其丰富多彩这样才有实力、有亮点，这样才能吸引老年受众。以中国电视老年节目的标杆节目——央视的《夕阳红》来说，从1993年10月开播至今，已经从创办初期的单一型，发展成现在的多版块、多类型的综合性节目，无论是以前的《关注夕阳》《祝您健康》《不老人生》《生活新视窗》《潇洒走四方》《相约夕阳红》《爷爷奶奶动脑筋》，还是现在的《人生宝鉴》《家有妙招》《相约夕阳红》《省钱大比拼》等版块，每档节目内容和形式都丰富多彩，而且不断推陈创新，节目质量越发上乘，从而吸引了越来越多观众的眼球，收视人群不断增多。它也是央视目前唯一以老年人为收视对象的综合性栏目。

此外，还要照顾到多层次的受众需要，即栏目要有充分的全局意识与拓展意识，在努力做到符合老年口味的同时积极地争取其他受众，树立分众服务、兼顾大众的理念，积极地做到让每个人都能看、都想看。例如 2006 年 5 月，改版后的河南电视台就提出：精品栏目则在内容和形式上不断创新，其名牌栏目《梨园春》要在稳定中老年主体观众的基础上，争取青少年观众。

二、选题角度

1. 在社会系统中办好老年节目

老年电视节目面对的是老年人群，其内容形式有明确的分众传播特点。但世界是一个相互联系、相互依存的系统，任何事物的存在都是相对于其他事物而存在的。老年人是相对于儿童、少年、青年、中年而言的。没有儿童、少年、青年、中年就无所谓"老年"的概念，所以老年电视节目要把老年人放在复杂多变的现实社会环境当中去，让他们和其他年龄的人群发生联系，产生冲突碰撞，亦即矛盾的产生，从而使得节目好看、耐看，也会使节目更加生活化、真实化。这也是让节目成为不同年龄段的人群相互了解，老少沟通交流的一座桥梁。

另外，从节目本身考虑，一个好的老年节目往往不仅能吸引所指向的接受对象，还能吸引其他年龄段的受众群体。如果一个节目能满足不同年龄段的人所共有的需求，便能将其影响力扩展到更大的范围，进而增进老年群体与其他年龄段群体的相互理解、相互关爱与相互支持。有些成功的老年人节目让青年人和老年人同台献艺，进行互动，这不仅让人在笑声中消除了"代沟"，还让老人仿佛回到了"青年时代"。这样既使得一批引领风潮、越活越精彩的"新新老人"跃上荧屏，给更多荧屏前的老人带来了自信和乐趣。又增加了节目的直接受众，获得了收视率。

2. 重视老年人的心理健康和心理特点，充分展现老年节目的魅力

对老年节目来说，受众的分众服务特别要关注老年人的心理健康。目前，一些老年电视节目求医问药的节目特别多，荧屏几乎成了专家门诊——这些节目往往还有承载伪劣医药广告的嫌疑。真正能够满足老人心理健康需求的节目并不多。随着社会生活节奏的加快，大量空巢家庭的出现，使得一些老年人陷入极大的精神孤独，加上现代邻里关系的日益淡漠，社会老年活动场所建设的滞后，老年人的生活环境呈现出封闭单调的特点，迫切需要各种与外界沟通交流的渠道。比如离退休职工在社会角色转换的过程中，往往出现一些不健康的心理障碍，比如无用感、被遗弃感、孤独感、恐老怕病、惧死心理、封闭感等。因此，老年电视节目要发挥自己优势，做好老年观众的心理调适工作。

例如 2002 年 1 月，中央电视台教育专题部《老年课堂》栏目就适时地把老年心理问题纳入自己的视野，把心理学知识用电视手段表现出来，制作了 44 期"老年心理健康漫谈"节目，内容涉及老年心理的方方面面，受到了老年人观众的普遍欢迎，获得了广泛的社会赞誉。

3. 抓住老年人经常回忆往事的心态

年轻时，爱憧憬未来，青春是美丽的名片；上了年纪，爱回眸从前，阅历是宝贵的财富。对于很多已经生活了大半辈子的老年人来说，回忆他们生命中最为重要的经历，是他们重温心灵往事，总结人生道理的一种方式。电视老年节目应该注意到老人爱回忆的特点，启发他们打开记忆之门。

老年是易于怀旧的时段。风雨坎坷中，每一位老年人走过了自己的多半生，有许多的春风得意、良辰美景，也有许多的辛酸苦辣、遗憾教训。人生道路上的种种况味，往往得暇便油然浮上心头。这种老年个体的情愫，一经做成电视节目，就不再只是属于孑然一身的了，就会由人及己的在老年朋友的心上波散开来。这样的电视节目，会让老年观众享受逝去岁月

的美好，充盈他们因赋闲而空落的现实生活，滋润他们因孤独时而寂寞的心田，使他们更加珍惜人生的金色晚年，欢悦地过好今后的日子。

三、模式和风格

1. 老年电视节目要具有可参与性和互动性

老年节目要强调参与性和互动性，要让老年嘉宾走进直播室。事实证明，离退休老人的参与意识是很强烈的。针对老年人的节目应该更多地引入人际传播的手法，营造主持人与观众平等交流的气氛，多创造机会让老年观众参与到节目中来。通过积极参与节目内容，尤其是对于心态失落、悲观的老年人来说，电视可以帮助他们树立再次走上社会舞台，享受生活的信心。

上海东方电视台开辟的《精彩老朋友》节目，其中的"老夫老妻魅力展"环节，为老年人一展艺术风采提供了舞台，很受老年朋友欢迎。2004年10月，中央电视台《夕阳红》栏目隆重推出的大型娱乐竞赛节目《省钱大比拼》，节目融娱乐性、趣味性、服务性于一体，节目的口号是"省钱靠智慧，勤俭是美德"。节目主要内容是：为三位参赛老人提供100元菜钱，比赛时间是一个月。在这一个月中参赛选手要充分展示他的勤俭持家能力和精湛的厨艺，三位选手中谁钱花得最少但是日子过得最好，并且在饮食上最讲究营养搭配的老人就是比赛的总冠军。同月，南京电视台推出新节目《金牌老妈》锁定中老年人，"金牌老妈"大型选秀活动每周推出六名勇敢"老妈"，以"老妈，你好""今天我出镜""老妈模仿秀""老妈别动队""老妈辩辩辩""老妈向前冲"等环节充分展示参赛"老妈"们的才艺、模仿力、口才以及不俗的勇气。这些"老妈"们从周一到周六占据南京电视台生活频道的最黄金时间，成为出镜率最高的凡人明星。

内容定位准确、老年观众参与率高成为此类老年节目成功的法宝。这样的互动参与，既扩大了节目影响，也密切了节目与老年生活的现实联系。另外，节目还可以请一些有丰富的工作经验的老年专家学者．如请具有渊博专业知识的老医生讲医学常识、防病治病；请老教师讲如何教育第三代；请老心理学专家帮老人疏导心理问题；请老法学专家给老人讲法律知识等。这类活动不仅给这些专家、学者提供了新的舞台，也再次证明了他们的价值，提升了节目本身的亲和力，更容易吸引老年受众的注意。

2. 老年节目要生动幽默，富有情趣

老年电视栏目要注重老人的心态，"老人如小孩"是他们的一种心态特点。看透了世俗纷争，看淡了功名利禄，老人的身上体现出一种超凡脱俗、轻松自在、简单纯朴的气质。所谓大智若愚，大象无形，老年人既有成熟的心智，又有儿童般极具个性化的心态。所以在节目中要抓住老人的"小孩"特点，努力使节目生动幽默，富有情趣，表现出老人个性化的行为、语言，使节目更加适合老人、进而吸引老人。

3. 根据老年人的生活习惯而设定栏目的时间

老年人有不同于一般观众的生活方式和生活规律，传播的对象性很强，如老年人习惯早起早睡，对他们来说早晨的时间更为黄金；而对年轻人来讲，晚上的时间更为宝贵。因此节目的播出必须充分考虑老年人的特点和生活习惯，老年观众好静不喜动，社交活动少，闲暇时间多，这就保证了他们比一般观众有更多的时间接触电视。老年人普遍认为老年电视节目每次播出长度在40分钟左右为宜，在电视收视的时段上，他们希望安排在上午 8:30～12:00；14:10～17:00；19:00～21:00，这样的安排比较符合老年人的生活规律[1]。他们也主张

---

[1] 瑞来．综合策划与特色创意：老年电视节目的灵魂．理论界，2005，(7)．

节目播出后有重播，以利于对节目内容的记忆和对知识的巩固。

4. 老年节目也要常做常新

一个成功的电视节目，首先要有好的创意，能够引起观众的收视兴趣，使观众在学知识、受教育、抒发情感、享受轻松愉快的生活等方面有所收益，好的老年电视节目也不例外，要做到这一点，在节目的整体策划阶段树立创新意识就显得尤为重要。

世界上的任何事物都是处于不断地变化之中。一个长期不变的节目形态势必会引起观众的审美疲劳，老年电视节目也是这样。所以老年电视节目也要随时代而变化，以变化促发展。例如上海文广新闻传媒集团和上海老年基金会联合推出的全国首档老年电视综艺节目《精彩老朋友》，它摆脱了传统老年节目节奏缓慢、气氛持重、内容保守的刻板形象，其设置的小版块如"难忘的精彩""精彩外公外婆秀""精彩老来伴"等，在讨老年观众"欢心"的同时，也引导提升着老年观众的审美情趣。它在坚守阵地的同时进行一些形态创新的尝试，使之成为一张上海老年节目的"精品"名片，使其成为全国老年节目的一个叫得响的"品牌"。

四、主持人

主持人是一个栏目的灵魂和轴心，许多人看一档电视节目有时就是冲着那个主持人而看的，老年观众更是如此。由于老年观众生活大多孤寂孤单，所以他们往往对自己喜欢的主持人带有许多亲情的成分而加倍依恋。所以老年节目的主持人一旦和栏目吻合以后尽量不要轻易更换。

老年节目的受众特点要求电视节目的画面、播音员的演播、说话的节奏不能太快。主持人应当展现真诚可亲、稳重大方、耐心细致、朴实无华的形象，形成亲切、沉稳、清新的播音风格；同时应该避免主持人声音老成、语速缓慢的情况；虽然节目的服务对象是老人，但老人并不都是我们想象中的老态龙钟，眼花耳背。他们希望自己健康年轻，清新柔和的声音会使他们感受到青春的气息，而语速太慢也会使人无法集中注意力，显得拖泥带水，让人昏昏欲睡。因此老年节目的语言应朴实无华，直截了当，不要拐弯抹角、花里胡哨，语气亲切自然，语速适中，吐字清晰，必要时还可适当重复、解释。让老年听众在愉快、轻松的气氛中获取知识，得到愉悦感，感受生活。

第五节　生活服务类电视节目解析

改革开放后，中国电视业在迅速壮大的进程中，也伴随着电视理念的深刻嬗变。无论这种嬗变是出自于市场竞争的重重压力，还是出自于人文精神的深入人心，其结果是令人欣喜的。观众们发现，他们拥有了越来越多的频道选择，他们通常也都能在眼花缭乱中找到适合自己的电视节目，他们已不再被视为被动的阅听人，而成为电视从业者竭力争夺的"上帝"。

生活服务类电视节目正是在这样的背景中应运而生，从1979年央视《为您服务》传出沈力亲切舒缓的声音，到20世纪90年代央视《生活》栏目的闪亮登场；从省市台生活频道的逐次开播，到各种或原创、或引进的节目形式的缤纷亮相。生活服务类电视节目已成为各级电视台用以提升竞争力的重要途径，也正在介入、塑造并改变着大众的日常生活。

然而广义的"生活"是个对应一切现实存在的庞杂概念，过于随意的节目定位会使"生活"内容泛化，亦步亦趋的节目策划更会使"生活"色彩单调。因此，清晰地界定"生活"范围，准确地找到"生活"宗旨，明确地定位"生活"姿态，恰当地赋予"生活"意义，是每一个节目制作者应深思熟虑的命题，也是提升生活服务类电视节目品质的路径。

一、节目定位:"为您服务"

电视与当代大众的生活已经密不可分,甚至对于那些沙发上的"土豆"来说,电视已经成为了他们生活的大部分。美国学者克罗科称,不是电视是社会的镜子,而是社会成为电视的镜子。这个论断虽有所夸张,但却指出了一个现象,当代大众越来越习惯于从电视当中模仿与学习,并在不自觉的状态中改变他们的生活习惯,韩剧热与部分青少年热衷韩流服饰便是一个突出的事例。

这种情境对电视生活服务类节目的发展来说恰恰是契机。与其让观众被动地受到荧屏的影响,不如主动地去影响观众。于是我们看到,从央视《为您服务》栏目起确立起的"服务"宗旨,一直成为国内生活频道或生活栏目的主导理念。如山东电视台生活频道《生活帮》栏目的口号是"有事您说话,生活帮你办",杭州电视台生活频道宣称"以亲和性、服务性构建节目框架",而辽宁电视台生活频道的《生活导报》栏目直接举起了"为人民服务"的旗帜。

然而多数生活频道与生活栏目的内容是有所局限的,介绍生活常识、生活技巧,提供生活信息咨询等构成了他们"服务"的主要方式,沈力的"为您服务"模式影响犹在。在一个网络高度发达的时代里,受众可以迅捷地、深入地从互联网上获取衣食住行等相关生活信息,而不再特别依赖电视给他们提供服务。因此,发挥电视的自身优势,开拓新的服务空间是生活类栏目面临的挑战。

处置危机类节目便是一类较有成长空间的节目类型。目前,国内较有代表性的是央视《生活》栏目的《生活危机现场》,北京电视台生活频道的《你该怎么办?》等。这些节目的原型均来自美国的电视栏目《你该怎么办?》,节目每期分犯罪、医学和生存等专题报道,以主人公的叙述和专家点评结构数个真实事件,教育观众如何将自己从被侵犯、意外事故、疾病等极端情境中解救出来。由于这档栏目采用了影视片的编辑手法,使电视形象化的特点发挥得淋漓尽致,观众们通常可以在身临其境的视听感受中获知新鲜的预防、自救知识。因此,系列节目很快被引介到中国并被中国同行所效仿。

提供时尚生活服务是可以使生活类栏目内容保持常新的有效途径。变动不居的时尚是充满活力的时代象征,也是大众文化的重要符号。迈克·费瑟斯通认为,在当下社会,"对新商品本身的知识、这些商品的文化与社会价值的知识以及如何恰如其分地去使用它们的知识,就变得越来越重要了。"[1]电视人处于信息交互网络的集结点之中,处于时尚信息传播链的顶端,自然有理由将这些信息及相关知识传达给受众。这样,既以传播者的身份参与了时尚的更迭和演进,又能收获观众们投来的好奇专注的目光。目前国内唯一专门提供时尚服务的频道是上海电视台生活时尚频道,其他电视台时尚生活服务类的节目也越来越多,如辽宁电视台生活频道改版,就增加了《时尚装苑》《魅力永恒》《风尚》等数个时尚节目。

二、选题来源:百姓生活

生活服务类电视节目的素材从哪里来?一个简单的回答是:从大众百姓的生活中来。尽管大众与小众的区隔只是相对的,大众的构成也不是恒定的,但大众永远是社会的大多数——他们有着近似的生存境遇,有着近似的生活品质。近年来一些受欢迎的节目类型,无论是电视选秀节目的热闹,还是民生新闻的崛起,正说明电视大众路线的成功,生活服务类电视节目自不例外。

---

[1] 迈克·费瑟斯通. 消费文化与后现代主义. 南京:译林出版社,2000:27.

问题在于，大众生活同样是个宽泛的概念，抽象的大众总是由具象的个体所组成。因此，电视人必须建立起投射及反映大众生活的基本视角，以框定节目的表现空间，集纳受众的视线。

1. 家庭生活视角

家庭既是社会组成的最基本单位，也是大众生活的主要发生场域，举凡政治、经济、文化、体育、教育、卫生等诸种生活形态，事实上都以直接或间接的方式与家庭相联系。再者，中国的家文化源远流长，通过家庭纽带维系的骨肉亲情也是国人生活伦理的重要组成部分。所以，家庭视角能够以小见大，像是摄向大众生活的广角镜头；又能营造温暖的炉火氛围，唤起观众（家人）的情感投入。陕西电视台家庭生活频道是目前唯一冠以"家庭"之名的省级台生活频道，尽管节目内容仍有进步空间，但它的频道广告语，"咱家的频道！说家里事，拉家常话；全心全意服务家庭！"，无疑是生活服务类电视节目的一个发展方向。

2. 地方生活视角

正像菜系中的粤菜重生鲜，川菜重色味，扬菜重原汁。以中国之大，一方水土中的一方人，自然都有自己的生活环境以及由这种环境带来的生活习惯及生活模式。比如央视春节联欢晚会在中国北方、南方迥然相异的收视率就与之不无关系。因此，尤其是对于省市地方台来说，具有浓郁地方特色的生活服务类节目便是他们避免同质竞争的一条途径。地方生活视角主要考虑的受众是本地人群，很多情况下，一个略带地方口音的老乡主持人要比满口标准普通话的严肃主持人更有亲和力，而热火简单的家乡小吃可能要比京城的满汉全席更让人垂涎三尺，甚至略显俗气的民间风俗也会比通行一律的西化仪式更受人欢迎。另一方面，省级卫视的跨区域传播也可以使生活服务类电视节目成为向外地受众展示本地文化的一扇窗口，或者，成为一条联系寄寓他乡的游子的情感纽带。

3. 消费生活视角

消费生活是目前多数生活服务类电视节目选择的视角。罗杰·西尔弗斯通认为："作为一项技术的电视连接了当代文化——家庭文化和消费文化。人们消费电视，也通过电视消费。"❶ 在经济社会的现实中，消费主义的意识形态已然成为当下大众日常生活的基础。2003 年，央视二套由经济·生活·服务频道更名为单纯的经济频道似乎就是个生活经济化的符号象征。试举央视二套旗下的节目《快乐主妇》为例，这是一档消费竞技性服务类节目，每期都会有选手在超市现场"比拼"购物本领，制片人称，"我们节目不要求选手的美貌、才艺，只要在最短时间挑选出价格最贵的商品就都可以参加。"事实上，这档节目完全虚拟了市场的消费状态，容纳了"速度""价格""竞争"等诸市场要素，受到了广大观众的欢迎。播出期间，节目收视率一直居于二套节目前列。

三、节目风格：快乐生活

在中国社会经济迅猛发展的过程中，大众的生活逐渐变得紧张、繁忙和匆促，作为电视主要目标受众的都市职业人群生活更是如此。在他们难得的闲暇时光，他们需要更多的是轻松和快乐，而不太需要电视荧屏来复制生活之重、生活之累、生活之烦恼。因此，电视生活服务类节目应当以一幅快乐的姿态出现在观众面前，以愉悦观众，缓释观众有可能从白天工作中带来的焦虑抑郁的情绪。具体说来，电视生活节目的"快乐"之道应包含发现快乐、放大快乐、创造快乐三个层面。

---

❶ 罗杰·西尔弗斯通. 电视与日常生活. 南京：江苏人民出版社，2004：160.

1. 发现快乐

套用罗丹的名言,生活当中不是缺少快乐,而是缺少发现快乐的眼睛。事实上,生活中快乐无处不在,既有类似申奥成功后的民族集体喜悦,也有小学生考试拿了一百分的兴奋;既有恋人们远赴夏威夷海滩旅游度假的激动,也有民工们劳累一天香甜入睡的满足;既有令年轻的父母感觉无比幸福的婴儿啼哭,也有耄耋老人街头健身的爽朗笑声;既有文士们高歌纵酒的无比洒脱,也有小家庭一碟小菜一碗白粥的温馨。只要生活节目的策划者沉潜进原生态的生活,仔细地思考与观察,便能锤炼出敏锐的快乐眼光,挖掘出令人耳目一新的快乐素材。

2. 放大快乐

现实生活中的快乐往往是分散的、短暂的,而生活类电视节目则可以扮演快乐的倍增器,将这些快乐积聚起来,甚至加以夸张放大,以营造超越现实的节目氛围。以中央电视台经济频道推出的《满汉全席》栏目为例,这个栏目彻底改变了传统的美食服务类节目形式。电视演播室变成了美食荟萃的竞争擂台,来自全国各地的名厨们磨刀霍霍、锅铲翻飞,使尽十八般工夫比拼厨艺,再辅之以嘉宾助威、主持加油、专家点评,硕大的摇臂摄影机在演播室纵横移动。这时,尽管观众们不能直接享受到大快朵颐之乐,但却能感受到声光色影中传统饮食文化的诸般乐趣。

3. 创造快乐

快乐不仅在于节目所选取的生活素材,也在于节目用于表现素材的形式。这就需要编辑人员在节目形式的策划组织上具有创造力和想象力,以更多"有意味的形式"主动加入到快乐元素的生产。比如前述央视《超市大赢家》《满汉全席》等栏目就采取了竞赛的形式,将原本平淡的日常生活转变为紧张的赛事争夺,尽管其间也有失败者的沮丧和懊恼,但节目带给人们更多的还是旁观刀光剑影的刺激与愉悦。北京电视台生活频道的《快乐生活一点通》的节目形式也颇有特色,它就是将生活内容用情景剧的方式表现出来,祖孙三代五口之家每期都在生活小故事中话家长里短,给受众带来了有如自己家庭般生动的收视体验。节目在北京地区取得了月平均近 4% 的高收视率,单期最高收视率达到 6.7%。而央视的另一档生活栏目《交换空间》则采用个体交互的方式展现家装生活的新意与乐趣,同样赢得了观众的喜爱。

电视生活服务类栏目要不要追求深度?这也是业界经常考虑的一个问题。比如央视《生活》栏目改版后,我们就看到了新闻性、调查性、思想性的增强。然而深度的增加也往往容易带来节目辨识度的削弱。事实上,其他类型的电视节目,无论是电视剧、还是电视新闻,它们都是在反映与表现生活,对于生活的思考与批判的责任,主要可以由它们来承担。电视生活服务类栏目的落脚点是在"服务"上,很显然,"服务"本身不需要太多深度的。

因此,"深入浅出"才是生活频道或生活栏目意义表达的途径。"深入"并不是指节目本身的深度模式,而是指编创人员必须深入地体验观察生活,把握当代大众生活嬗变的脉络与特征,并进行细致、辨证的思考;浅出则是指编创人员将"深入"的思考成果内蕴于节目中所选择的生活素材,或者转化为通俗新颖的节目表现形式。让观众在开心快乐之余若有所悟,有时候或许比严肃的叙述与沉重的叹息更能获得良好的传播效果。

第六节 文化知识电视节目解析

近年来,文化知识电视节目频频出现,在广受好评的同时,也收获了高收视率。2017年春节前后,中央电视台推出的《中国诗词大会》第二季引发各年龄段、各阶层的狂热追捧，收视一路飘红。它主打全民参与的诗词知识的比拼和赏析，基本宗旨是"赏中华诗词、寻文化基因、品生活之美"。与它同一系列的文化知识节目还有《中国汉字听写大会》《中国成语大会》《中国谜语大会》。紧接着，中央电视台又全力打造了一档情感阅读形式的节目——《朗读者》，这档节目不仅成为热门话题，也再次掀起收视高潮。地方电视台也不甘落后，河南电视台也先后推出《汉字英雄》《成语英雄》，河北电视台推出《中华好诗词》等文化知识电视节目。这些节目规模渐次越做越大，"中国"命名气势磅礴，"大会"赛事刀光剑影；节目内容往往越发精深，从简单的汉字，到烧脑的成语；从动情的书信，到悦耳的戏曲。中央台一马当先，地方卫视当仁不让，视频网站紧紧跟上。全社会提倡"文化自信"的今天，这一派红红火火的电视文化景观无疑让人兴奋。

一、知识"生产"的节目定位

文化类电视节目热的背后是政治和资本的推手。一方面，相关部门的调控和引导政策大大约束了纯娱乐节目的发展空间，而映射传统文化、价值观传播等符号，通常以正面形象示人的文化类电视节目便得到来自各方的鼓励和支持；另一方面，近年来一些较为成功的节目引发制作机构及其背后资本的关注，使得文化类电视节目外延不断扩展，内涵大幅提升。其背后的资本逻辑与抗日题材受到影视制作机构的青睐大体是一致的。

纵观近年来一些热播的文化类电视节目，"知识"往往成为其内容构成中最凸显的符号。事实上，在中国电视节目的发展过程中，知识性内容从未缺席。20世纪90年代通过电视直播的大专辩论会，《正大综艺》的知识问答，《开心辞典》《幸运52》等节目的闯关游戏，《百家讲坛》的历史文化宣讲，都曾经成功集聚观众的注意力。但这些节目都很难像《中国汉字听写大会》《中国成语大会》《中国诗词大会》等节目那样在民间引发持续且广泛的收视热潮。究其原因，后者提供的节目体验更近似于观众们的日常生活体验，其所表述的以汉语言文字为内核的知识矩阵贯穿并萦绕了观众们无时无刻都不曾脱离的日常。

当主持人、嘉宾或选手在演播现场"言说"时，既是在言说着节目本身的程序与文本，又是在言说着每一位中国观众熟悉或陌生、熟记或忘却的文化和语言知识——这些知识伴随着受众成长又映射着他们几乎所有的生活记忆。一句古诗，很可能是受众童趣时代的写照；一个成语，或许可以牵连起受众某个难忘的现实情境；一段朗诵，也许可以唤起受众内心情感的共鸣。于是，在这种共时化的交互情境中，电视提供了一个共同的象征性体验和一种共同的话语结构。换言之，支撑这些节目受欢迎的深层心理机制其实是一个民族想象共同体的确认。

从表面上看，对大众而言，这些文化类电视节目并不生产知识，而更像是对传统文化或是语言常规的再现和致敬。但当大量不同系列、类型的节目汇集交错时，当无数的观众对节目众声喧哗时，就会形成一个庞大的、熠熠生辉的话语场域。在这里，不同的文化因子会发生碰撞聚变，部分传统的文化因子也会被阐释出时代新意。这样的话，文化类电视节目便具有了文化继承、创新路径中的知识再生产功能，它们不仅能够源源不断地生产新的意义，同时也可能因缘际会地生产新的成果。这恰恰是文化类电视节目最引人注目的积极意义所在。

二、知识传播的节目模式

另一个非常重要的社会背景是，随着民众生活水平的提高和计划生育政策的长期执行，中国社会的整体教育意识前所未有地提升。尤其是围绕基础教育，父母们对孩子的期许和投入成就了庞大的教育衍生产业。文化类电视节目恰恰迎合了家长们的需要，使他们在遥控器或确认键的选择中毫不犹豫地倾向于替孩子们作出决定。在网络相关视频的留言讨论区中，观众们就常常可以看到父母或学生自己对于节目的赞许或者建议。

　　大多数文化类电视节目都体现着或隐或显的学习模式。比如循序渐进的节目流程，编创者对于字词或诗句的选择，通常是由简单变为困难，释义通常由通俗变为专业。观众们在观看节目的过程中，重温不断做题的乐趣或挫折，仿佛有种学习通关的快乐感与情境感；比如竞争激烈的赛事环节设置，相当多的节目采用了演播厅直播的方式，而"这些节目的'现场直播'或'现时性'对于吸引观众是十分重要的，因为这就把观众置于与叙事中的人物同等的地位上。"观众们因此很容易成为某一方参赛选手的拥趸，并常常设身处地地投入到你来我往的比赛中去。这与学校激烈的考试排名竞争氛围恰恰是一致的；比如温故而知新的知识挖掘，《朗读者》《见字如面》这些节目以经典的文章和书信作为聚焦点和切入口，仿佛中学语文课堂上的课文精读，以延展开来的人物故事和相关的历史文化知识来打动读者，如《朗读者》的制作人兼主持人董卿所说，"尽我们所能去做情感类的一种共鸣，去唤起大家对文学的一种认知和最温柔的记忆"。从浅阅读转向深阅读，这些知识就有了更多二次传播的可能。

　　再者，老师和学生往往成为这些文化类电视节目的主角。专业领域的大学教授容易被邀请为适合的嘉宾与评委，而中小学生则成为活跃的观众和参赛选手。对于学者专家而言，他们或许并不特别擅长在摄像机前的表演，但切中肯綮的点评和阐释却往往让演播厅瞬间成了知识宣讲的课堂；对于中小学生而言，天南地北，学校与学校碰撞，学生与学生竞逐，他们在节目现场的表现往往又是他们学习与生活的本色写照。因其本色，所以常常自然活泼，小选手的一蹦一跳，一笑一颦，都会给节目带来更多新鲜灵动的气息。如此，类似于师生互动的电视情境得以形成，这是绝大多数家长和学生所喜闻乐见的。

三、娱乐化的节目环节

　　电视节目毕竟不等于电视课堂，即便是再严肃的知识传播诉求，也必须通过娱乐化的电视手段来表达。在节目环节设置上，以往文化类电视节目的形态往往是纯粹问答、简单闯关游戏或授课宣讲。这些形式平铺直叙，线条式发展，"情节"缺少曲折和悬念。而近年来的文化类电视节目环节上突出悬念和变化，叙事方法更加多样，观看过程中带给受众的不只是紧张刺激，还有颇多趣味。追根溯源，节目环节的新鲜变化主要得益于欧美日韩的电视综艺观念创新。随着各省级卫视大量购买国外优秀综艺节目的版权，再加之本土化移植和改造，观众的欣赏口味和习惯也不断被改变提升。感同身受的情境化舞台，跌宕起伏的戏剧化冲突，高低错落的情感化体验，往往也成为当下文化类电视节目的标准化配置。

　　另一个引人瞩目的节目元素是明星。"明星"不仅在真人秀综艺节目大放异彩，也同样为文化类电视节目所用。尽管明星的频繁亮相与高额出场费引发颇多争议，但他们与很多电视节目实际形成了彼此依靠、彼此成就的伴生关系。在文化的电视场域中，明星的长袖善舞或能言善辩并非是编导们关注的重点，某种程度上，能够集聚受众注意力的名人身份，使得他们可以更好地担当"知识"代言人的角色。于是，通常抽象或枯燥的知识通过他们娱乐化的传达，便实现了"广而告之"的大众化传播。

　　以《见字如面》为例，该节目选择的读信嘉宾多是明星，而选择的书信主人多是历史或文化名人。明星读信是现在进行时，而信件本身的呈现又是名人们过去进行时态的情感。于观众而言，他们"看"的是演播现场的精彩演绎，"听"的却是过往时空的绵绵情愫。比如归亚蕾用低沉的嗓音读出蔡琴怀念杨德昌的信时，一句"杨德昌，你怎么可以就这么走了呢？"可以惹得无数观众落泪；蒋勤勤和徐涛深情款款地念出陆小曼与徐志摩的情书时，又引发人们对这段感情前后的恩怨情仇的讨论……如此，跨场域、跨时空的情感实现对接和共鸣，观众们记住的不仅是名人的爱情、亲情、友情故事，不仅是他们不为人所熟知的"后台"形象，更可以真切感受明星嘉宾们被感染的内心世界——这同样也是他们不为人所熟知的"后台"世界。

当然，借助于网络新媒体的话题加热与次生传播，文化类电视节目同样也在源源不断地制造着准明星式的话题人物。如"00后才女武亦姝""北大才女陈更"都凭借节目中的出色表现一度占据着新浪微博热搜榜，她们的故事也在微信公众号等新媒体场域中被多次加工和宣传。无论是现场的影像剪辑还是后期的宣发推广，不少文化类电视节目都使用了贴标签式的"造星"方式，这种标签化使得选手呈现出鲜明的个性，也在无形中一遍遍加深观众对他们的印象，最终达到"造星"的目的。对于荧屏前的家长们而言，这一定会有不错的传播效果，因为家长们或许更愿意让这样的"明星"成为孩子们的学习榜样。

四、节目的类型创新

需要警惕的是，文化类电视节目热的风潮依然折射出中国电视业界的根深蒂固的周期律问题：一个节目的成功和风行往往会引来一大批类似节目的跟风效仿，从而导致节目平均质量水准的下降，进而引发观众的审美疲劳，缩短整个节目类型的生命周期。比如赛会制的文化类电视节目已经出现了较严重的同质化竞争，很难想象，在你方唱罢我登场的擂台赛中，还有多少适于大众化传播的字词常识、文化典故能够一季又一季地被发掘？也很难想象，当各个电视台、网站群起效之，搭筑起一个又一个的绚丽舞台时，观众的判断力又如何能保持清醒，注意力又如何能保持集中？

从类型突破的角度来看，央视今年推出的《朗读者》是极富成效的创新尝试——不仅在于其典雅的舞台环境，在于其"朗读"加"者"的情感融合，更在于其从线上到线下、从都市到乡村铺就的洋洋洒洒的朗读景观。但类似于《朗读者》这样的富有创新意识的文化类电视节目依然不多，越来越苛刻的观众们需要的不是下一个《朗读者》，而是能给他们带来期待和惊喜的下一个未知。

从知识传播的视域来看，文化类电视节目让人们看到了中国电视的责任担当与广阔舞台。但正如知识世界本身的无穷无尽一样，如何在电视场域表现知识也有无限的可能性。仅以内容而言，BBC纪录片频道、探索发现频道的那些探求大千世界的绚烂作品，就足以给文化类电视节目编创者极大的启发，因为文化的疆界远不止是语言文字或者是传统文化，其无垠的边界正需要中国电视人无边的想象。

思考题

1. 社教类节目的基本特点是什么？
2. 女性电视节目的选题角度有哪些？
3. 少儿电视节目主持人应具备哪些能力素质？
4. 如何理解在社会系统中办好老年电视节目？
5. 如何理解生活服务类节目的"快乐"，以家庭装修为话题，设计一档生活类服务节目，写出你的创意与策划。
6. 如何理解文化知识节目的定位？

参 考 文 献

[1] 熊忠辉. 广播电视节目形态解析. 北京：化学工业出版社，2010.
[2] [澳] 约翰·艾伦等. 大型活动项目管理. 王增东，杨磊译. 北京：机械工业出版社，2002.
[3] [美] 埃尔·李伯曼. 娱乐营销革命. 谢新洲等译. 北京：中国人民大学出版社，2003.
[4] [美] 吉妮·格拉汉姆·斯克特. 脱口秀——广播电视谈话节目的威力与影响. 苗棣译. 北京：新华出版社，1999.
[5] [美] 罗杰·西尔弗斯通. 电视与日常生活. 陶庆梅译. 南京：江苏人民出版社，2004.
[6] [美] 迈克尔·沃尔夫. 娱乐经济. 黄光传，邓盛华译. 北京：光明日报出版社，2001.
[7] [加] 马歇尔·麦克卢汉. 理解媒介. 何道宽译. 北京：商务印书馆，2000.
[8] [英] 大卫·麦克奎恩. 理解电视：电视节目类型的概念与变迁. 苗棣，赵长军，李黎丹译. 北京：华夏出版社，2003.
[9] 毕一鸣. 现代广播电视论纲. 北京：中国广播电视出版社，2007.
[10] 蔡凯如，黄勇贤. 广播电视传播论. 北京：新华出版社，2003.
[11] 陈兵. 电视品牌建构. 北京：中国传媒大学出版社，2006.
[12] 陈尔泰. 中国广播发轫史稿. 北京：中国广播电视出版社，2008.
[13] 陈笑春. 电视新闻采编学. 成都：四川大学出版社，2007.
[14] 代树兰. 电视访谈话语研究. 北京：中国社会科学出版社，2009.
[15] 董旸. 广播节目策划与制作. 北京：中国传媒大学出版社，2007.
[16] 胡智锋. 电视节目策划学. 上海：复旦大学出版社，2008.
[17] 阚乃庆，谢来. 最新欧美电视节目模式. 北京：中国广播电视出版社，2008.
[18] 李岩. 广播学导论. 杭州：杭州大学出版社，1997.
[19] 陆锡初. 主持人节目学教程. 北京：中国广播电视出版社，2001.
[20] 陆晔，赵民. 当代广播电视概论. 上海：复旦大学出版社，2002.
[21] 马庆平. 外国广播电视史. 北京：北京广播学院出版社 1997.
[22] 苗棣. 美国经典电视栏目. 北京：中国广播电视出版社，2006.
[23] 苗棣，王怡林. 脱口成秀——电视谈话节目的理念与技巧. 北京：中国广播电视出版社，2006.
[24] 欧阳国忠. 媒体活动实战报告. 广州：南方日报出版社，2006.
[25] 彭国元. 电视文化新论. 长沙：湖南师范大学出版社，2001.
[26] 石长顺. 当代电视实务教程. 上海：复旦大学出版社，2005.
[27] 石长顺. 电视栏目解析. 武汉：华中科技大学出版社，2003.
[28] 时间等. 实话实说的实话. 上海：上海文化出版社，1999.
[29] 宋晓阳. 日本经典电视节目模式. 北京：中国广播电视出版社，2008.
[30] 孙宝国. 中国电视娱乐节目形态学. 北京：新华出版社，2009.
[31] 王彩平，池建新. 电视频道运营攻略. 上海：复旦大学出版社，2006.
[32] 王群，曹可凡. 谈话节目主持艺术. 上海：上海社会科学院出版社，2002.
[33] 翁佳. 名牌电视访谈节目研究报告. 北京：中国经济出版社，2006.
[34] 吴缦，曹璐. 新闻广播研究. 北京：北京广播学院出版社，1997.
[35] 吴郁. 主持人的语言艺术. 北京：北京广播学院出版社，1999.
[36] 俞虹. 节目主持人通论. 北京：中国广播电视出版社，2004.
[37] 苑子熙. 外国广播电视事业史简编. 北京：新华出版社，1990.
[38] 张凤铸. 中国广播文艺. 北京：北京广播学院出版社，2000.
[39] 张宏. 媒介营销管理. 北京：北京大学出版社，2006.
[40] 张勉之. 世界广播趋势. 北京：中国广播电视出版社，2005.
[41] 张小琴，王彩平. 电视节目新形态. 北京：中国广播电视出版社，2007.
[42] 张晓锋. 电视制作原理与节目编辑. 北京：中国广播电视出版社，2004.